효과 빠른 **약점 처방전**

국어 고전 시가 S

STAFF

발행인 정선욱
퍼블리싱 총괄 남형주
개발 김태원 김한길 김성준 육인선
기획·디자인·마케팅 조비호 김정인
유통·제작 서준성 김경수

531 PROJECT 고전 시가 S 202105 초판 1쇄 202504 초판 9쇄
펴낸곳 이투스에듀(주) 서울시 서초구 남부순환로 2547
전화 1599-3225
등록번호 제2007-000035호
ISBN 979-11-6598-776-3 [53700]

531 PROJECT

효과 빠른 약점 처방전

**531 프로젝트는
쉽게 익히고, 빠르게 다지고, 확실히 성적을 올릴 수 있는
영역별 단기 특강 교재입니다.**

E 쉽게

**531 PROJECT 는
단기 특강 교재 중 가장 '쉽게' 개념을 익힐 수 있는 교재입니다.**

01 영역별 꼭 알아야 하는 핵심 개념만을 선별하여 충실하게 기술한 교재입니다.

02 개념을 학습하고 이해한 내용을 확인해 보도록 문제를 명징하게 제시한 교재입니다.

03 문제 풀이를 통해 학습한 내용을 제대로 습득하도록 친절하고 상세한 해설과 첨삭을 덧붙인 교재입니다.

S 빠르게

**531 PROJECT 는
단기 특강 교재 중 가장 '빠르게' 공부할 수 있는 교재입니다.**

01 대충 훑어서 빠르게 공부하는 게 아니라 꼭 필요한 내용으로 구성함으로써 빠르게 실력을 향상시킬 수 있는 교재입니다.

02 국어 각 영역의 개념 학습, 기출 및 변형 등 다양한 형태의 문제로 12강을 구성하여 빠르게 국어 공부를 완성할 수 있는 교재입니다.

03 학생들의 효율적인 학습을 위해 3단계의 과정을 제시하여 눈에 띄게 빠른 실력 향상을 가능하게 해 주는 교재입니다.

H 우월하게

**531 PROJECT 는
단기 특강 교재 중 가장 '우월하게' 실력을 향상시킬 수 있는 교재입니다.**

01 엄선된 문제와 차별화된 구성으로 고난도 수능을 효과적으로 대비할 수 있는 교재입니다.

02 1등급이 되기 위해 필수적으로 학습해야 할 내용을 충실히 담은 교재입니다.
1등급을 쟁취하고 여러분의 꿈을 향해 도약해 봅시다!

구성과 특징

고전 시가 읽기 I~IV

고전 시가 작품을 정확히 읽고 이해하도록 고어의 특징, 고어 읽기 방법, 필수 고전 어휘, 빈출 주제 어휘를 정리하였습니다. 또한 선인들의 인생관과 세계관을 예시 작품과 함께 제시하여 고전 시가 작품 이해를 돕도록 하였습니다.

① 고어의 특징과 읽기 방법

고어 표기의 특징을 정리하고 이를 정확히 읽기 위한 방법 10가지를 제시하였습니다.

② 필수 고전 어휘

고전 시가 작품을 읽을 때 꼭 기억해야 하는 필수 어휘를 4개 유형으로 나눈 후 예시와 함께 제시하였습니다.

③ 빈출 주제 어휘

주제별로 자주 나오는 고전 어휘를 정리하여 고전 시가의 주제와 분위기, 배경을 파악할 때 기억할 수 있도록 하였습니다.

④ 선인들의 인생관과 세계관

고전 시가 주요 작가들이 가졌던 인생관과 세계관을 예시 작품을 통해 설명하여 고전 시가 창작 배경을 이해할 수 있도록 하였습니다.

STEP 1 · 시대별 주요 갈래의 개념과 특징

시대별 주요 갈래에 대한 개념, 특징, 대표 작품을 제시하여 고전 시가의 변천사를 익히고, 각 갈래의 특징을 정확히 이해할 수 있도록 하였습니다.

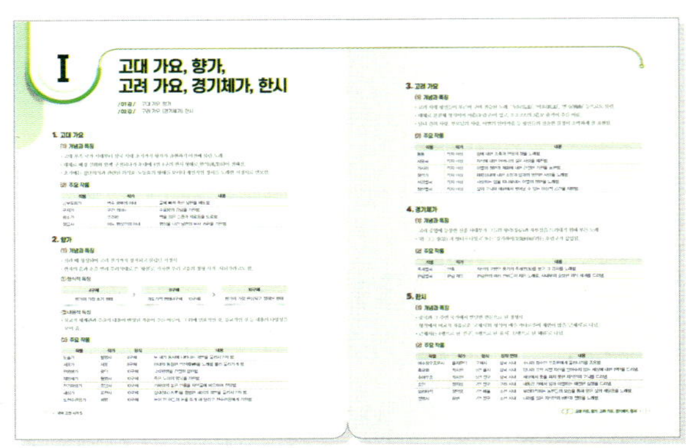

STEP 2 · 갈래별, 주제별 대표 작품과 신출 문제

고전 시가를 주요 갈래별로 정리하고 주요 빈출 갈래인 시조와 가사는 다시 주제별로 나누었습니다. 그리고 각 갈래와 주제에 맞는 작품을 선정하고 수능형 문제를 제시하였습니다.

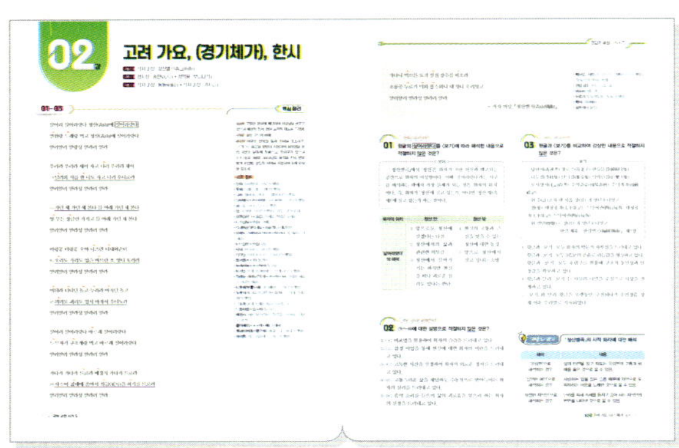

① 대표 작품

각 갈래와 주제에 맞는 교과서 및 수능 주요 출제 대표 작품을 선정하여 고어를 사용한 원문으로 제시하였습니다.

② 핵심 정리

각 작품의 핵심 내용을 화자, 주제, 특징으로 나누어 간략히 정리하여 제시하였습니다.

③ 어휘 풀이

작품에 사용된 어려운 고전 어휘를 한자어 풀이, 옛말의 쓰임 등으로 풀어 쉬운 현대어로 제시하였습니다. 또한 '고전 시가 읽기'에서 살펴본 필수 고전 어휘(　)와 빈출 주제 어휘(　)는 별도의 색표시를 해 두어 확인해 볼 수 있도록 하였습니다.

④ 수능형 문제

최신 수능 경향을 반영한 수능형 문제 풀이로 작품을 더 정확히 이해할 수 있도록 하였습니다.

STEP 3 · 내신 or 수능 실전 기출문제

실제 학교 내신 시험, 수능, 모의평가, 학력평가 등에 출제된 대표 작품별 기출문제를 풀어 봄으로써 출제 경향을 파악하고 실전 문제 접근 방법을 익힐 수 있도록 하였습니다.

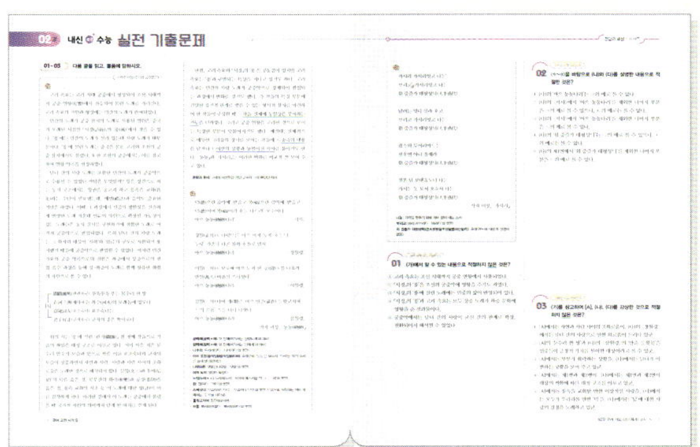

작품별 현대어 풀이

지문에 수록된 작품의 원문을 제시하고 그에 대한 현대어 풀이를 제시하여 원문과 현대어 풀이를 비교하여 읽어 볼 수 있도록 하였습니다. 주요 어휘를 비교해 보도록 별도의 표시를 해 두어 고전 시가 읽기 능력을 향상시킬 수 있도록 하였습니다.

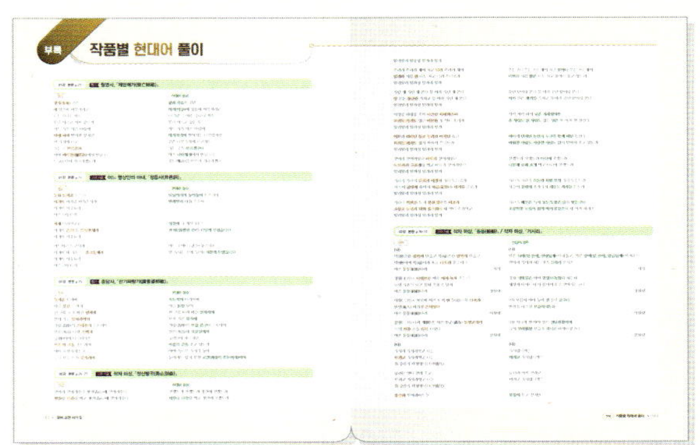

정답과 해설

상세하고 정확한 해설을 통해 작품 이해와 문제 풀이를 더욱 쉽게 할 수 있도록 하였습니다.

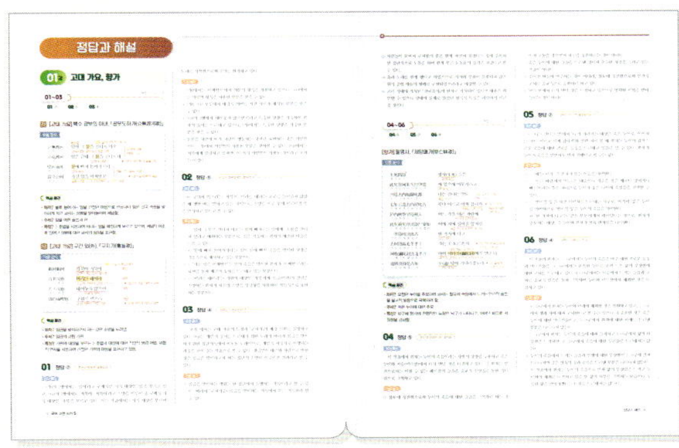

1 작품 분석

모든 지문의 각 작품에 대한 자세한 첨삭 해설을 제시하여 작품을 완벽히 이해할 수 있도록 하였습니다.

2 핵심 정리

각 작품의 화자, 주제, 특징으로 구성된 핵심 내용을 다시 정리하여 작품에 대한 이해를 확실히 할 수 있도록 하였습니다.

3 정답과 오답 풀이

모든 문항의 정답 풀이 및 오답 풀이를 친절하게 설명하여 정확한 문제 해결을 할 수 있도록 하였습니다.

차례

고어의 특징과 읽기 방법

※ 고어 읽기 방법을 익힌 후 본문의 작품을 소리 내어 읽어 보고, 98~120쪽의 〈작품별 현대어 풀이〉와 비교해 보세요.

01

고어의 특징　이어적기(연철) 표기를 사용함　　　**읽기 TIP** ≫ 소리 내어 읽어 보자

고전 작품들은 대부분 소리 나는 대로(이어적기) 적었기 때문에 고전 작품을 읽을 때는 소리 내어 읽는 것이 중요하다. 소리 내어 읽으면 연철의 글자들이 귀를 통해 분철(끊어적기) 표기로 들리기 때문에 내용을 추리해서 읽기가 가능하다.

> **예**
> - 찰하리 잠을 드러 꿈의나 보려 하니 → 차라리 잠을 들어 꿈에나 보려 하니
> - 우러라 우러라 새여 → 울어라 울어라 새여
> - 오리도 가리도 업슨 → 올 이도 갈 이도 없는

02

고어의 특징　대체로 8종성법이나 7종성법을 사용함　　　**읽기 TIP** ≫ 소리 내어 발음해 보자

8종성법은 받침으로 여덟 개의 자음 'ㄱ, ㄴ, ㄷ, ㄹ, ㅁ, ㅂ, ㅅ, ㅇ'만을 쓰는 표기법으로 훈민정음 창제 이후 16세기까지 사용되었다. 7종성법은 받침으로 일곱 개의 자음 'ㄱ, ㄴ, ㄹ, ㅁ, ㅂ, ㅅ, ㅇ'만을 쓰는 표기법으로 16세기 이후에 등장하여 20세기 초까지 사용되었다. 8종성법에서 'ㄷ'을 'ㅅ'으로 표기하게 된 것이다.

> **예**
> - 곳 → 꽃
> - 숫불빗 → 숯불빛

03

고어의 특징　'·(아래아)'를 많이 사용함　　　**읽기 TIP** ≫ 'ㅏ'나 'ㅡ'로 바꾸어 읽자

훈민정음 창제 시기에 사용되었던 '·'는 소리와 글자가 없어지면서 대체로 'ㅏ' 혹은 'ㅡ'로 바뀌었다. 첫 번째 음절에서는 주로 'ㅏ'로 바꾸어 읽고, 두 번째 음절 이하에서는 주로 'ㅡ'로 바꾸어 읽는다.

> **예**
> - ᄇᆞ람 → 바람
> - ᄆᆞᄋᆞᆯ → 마을
> - 하ᄂᆞᆯ → 하늘

04

고어의 특징　'ㆎ'를 사용함　　　**읽기 TIP** ≫ 'ㅐ'로 바꾸어 읽자

'·'는 소리와 글자가 사라지면서 'ㅏ' 혹은 'ㅡ'로 바뀌었으므로, 'ㆎ'는 'ㅐ'로 바꾸어 읽는다.

> **예**
> - 빈 ᄇᆡ → 빈 배

05

고어의 특징　'ㅿ(반치음)'을 사용함　　　**읽기 TIP** ≫ 'ㅿ(반치음)'은 'ㅇ'으로 바꾸어 읽자

훈민정음 창제 시기에는 사용되었던 'ㅿ(반치음)'은 현재는 사라졌으므로 'ㅇ'으로 바꾸어 읽는다.

> **예**
> - ᄆᆞᅀᆞᆷ → 마음
> - ᄀᆞᅀᆞᆯ → 가을

06

어두자음군이 사용됨

 >> 둘 이상의 자음이 붙어 있을 때에는 뒤의 자음을 된소리로 바꾸어 읽자

'어두자음군'이란 단어의 초성에 서로 다른 자음을 2개 이상 사용하는 것을 말하며, 어두자음군을 사용하는 표기법은 현대어로 오면서 사라졌다. 이러한 어두자음군이 나오면 뒤에 있는 자음을 된소리로 바꾸어 읽는다.

예
- 뜯 ➡ 뜻
- 쑤메 ➡ 꿈에

07

두음법칙이 나타나지 않음

 >> 단어의 맨 앞의 'ㄴ'은 'ㅇ'으로 바꾸어 읽자

'두음법칙'이란 첫음절 초성에 일부 'ㄴ'을 꺼리는 현상을 말한다. '두음법칙'이 일어나지 않은 표현은 초성을 'ㅇ'으로 바꾸어 읽는다.

예
- 녯스람 ➡ 옛 사람
- 니불 ➡ 이불

08

구개음화가 부분적으로 일어남

 >> '디, 댜, 뎌, 됴, 듀, 뎨'는 '지, 자, 저, 조, 주, 제'로, '티, 탸, 텨, 툐, 튜, 톄'는 '치, 차, 처, 초, 추, 체'로 바꾸어 읽자

'구개음화'란 'ㄷ, ㅌ'이 'ㅣ'나 '반모음 ㅣ'를 만났을 때 'ㅈ, ㅊ(구개음)'으로 바뀌는 현상을 말한다. '구개음화'가 일어나지 않은 표현은 구개음화를 적용해서 읽는다.

예
- 엇디후야 ➡ 어찌하여
- 텬디 ➡ 천지
- 뎨 가는 뎌 각시 ➡ 저기 가는 저 각시

09

원순 모음화가 부분적으로 일어남

 >> 'ㅁ, ㅂ, ㅍ' 다음의 'ㅡ'는 'ㅜ'로 바꾸어 읽자

'원순 모음화'란 입술소리인 'ㅁ, ㅂ, ㅍ'의 영향으로 '평순 모음'인 'ㅡ'가 '원순 모음'인 'ㅜ'로 변하는 현상을 말한다. 중세 국어 시기의 특징에 따라 원순 모음화가 일어나지 않은 표현은 원순 모음화를 적용해서 읽는다.

예
- 스믈 ➡ 스물
- 더브러 ➡ 더불어
- 플 ➡ 풀

10

'ㅅ, ㅈ, ㅊ' 아래에 붙는 'ㅡ'

 >> 'ㅅ, ㅈ, ㅊ' 뒤의 'ㅡ'를 'ㅣ'로 바꾸어 읽어야 할 때가 많음을 기억하자

중세 국어에서는 'ㅅ, ㅈ, ㅊ' 뒤의 'ㅡ'를 붙여 발음하던 것을 현대 국어에서는 발음의 편리성 때문에 'ㅡ'가 아닌 'ㅣ'로 발음하는 경우가 많다. 이러한 중세 국어와 현대 국어의 차이를 고려하여 경우에 따라서 'ㅡ'를 'ㅣ'로 바꾸어 읽는다.

예
- 즌 틱 ➡ 진 데(질퍽한 데)

II 필수 고전 어휘

※ 본문 어휘 풀이에서 〔   〕로 표시된 다음 어휘를 찾아 확인해 보세요.

조사와 어미

- **(장소 뒤의) 의/희, 에, 애, 예** » **에(조사)**

  예
  - 궁왕 대궐 터희 오쟉이 지지괴니
    → 궁왕(궁예왕) 대궐 터에 까막까치가 지저귀니
  - 시비예 거러 보고, 정자애 안자 보니
    → 사립문에 걸어 보고, 정자에 앉아 보니

- **도곤** » **보다(조사)**

  예
  - 녀산이 여긔도곤 낫단 말 못 ᄒ려니
    → 여산이 여기보다 낫단 말 못 하려니

- **라와** » **보다(조사), 'ㄹ' 받침으로 끝나는 체언류 뒤에 붙음**

  예
  - 널라와 시름 한 나도 자고 니러 우니노라
    → 너보다 시름이 많은 나도 자고 일어나 울고 있노라

- **A쿠니와 B** » **A는커녕 B, A는 물론이고 B(조사)**

  예
  - 구롬은쿠니와 안개는 므스일고
    → 구름은 물론이고 안개는 무슨 일인가
  - 각시님 돌이야쿠니와 구준 비나 되쇼셔
    → 각시님 달은커녕 궂은 비나 되소서

- **하** » **체언을 높여 주는 조사, '(이)시여'로 바꿈**

  예
  - 돌하 → 달님이시여

- **곰** » **앞말의 뜻을 강조하는 조사, 앞말을 두 번 반복하면 강조의 의미가 살아남**

  예
  - 돌하 노피곰 도ᄃ샤
    → 달님이시여, 높이높이 돋으시어

- **-ㄹ샤, -ㄹ셔, -셰라, -노매라, ㄴ뎌** » **종결 어미, -구나(영탄적 어조)**

  예
  - 호올로 녈셔 → 혼자 살아가는구나
  - 옥 ᄀ톤 얼굴이 반이나마 늘거셰라
    → 옥 같은 얼굴이 반 넘어 늙었구나
  - 추강에 밤이 드니 물결이 차노매라
    → 가을 강에 밤이 드니 물결이 차구나
  - 슬프다 녯 사ᄅ미 마롤 아디 몯ᄒ논뎌
    → 슬프다 옛 사람의 말을 알지 못 하는구나

- **-ㄹ셰라** » **종결 어미, -할까 봐 두렵다**

  예
  - 선ᄒ면 아니 올셰라
    → 서운하면 아니 올까 봐 두렵다

- **(2인칭 주어 문장에서) -ㄴ다** » **종결 어미, 의문형으로 바꿈**

  예
  - 무음 ᄒ리라 주야에 흐르는다
    → (시냇물이 청자인 상황) 무엇 하려고 밤낮으로 흐르는가

- **-잇가, -잇고** » **상대 높임의 의문형 종결 어미, -습니까?, -ㅂ니까?**

  예
  - 가시리 가시리잇고 → 가시겠습니까?

- **-이다** » **상대 높임의 평서형 종결 어미, -습니다, -ㅂ니다**

  예
  - 잔월 효성(殘月曉星)이 아ᄅ시리이다
    → 천지신명이 아실 것입니다

- **-ㅅ-, -돗-** » **다른 어미의 앞에 붙어 강조의 의미를 나타내는 어미(빼고 읽으면 더 쉬움)**

  예
  - 어즈러이 구돗썬디
    → 어지러이 굴던지 (※어간의 'ㄹ'은 자주 탈락함)

동사와 형용사

- 니르다, 닐러, 이르다, 일러 》 말하다, 말해

  > 예
  > • 이 즁에 왕래 풍류룰 닐러 므슴 ᄒᆞᆯ고
  >   → 이 중에 오가는 풍류를 말해 무엇할 것인가

- 디다, 지다,
  (주어가 액체일 때) 듣다, 듯다 》 떨어지다

  > 예
  > • 청강(淸江)에 비 듯는 소리 긔 무어시 우읍관ᄃᆡ
  >   → 맑은 강물에 비 떨어지는 소리 그 무엇이 우스워서

- 머흘다 》 험하다

  > 예
  > • 구루미 머흐레라 → 구름이 험하구나

- 버히다 》 베다

  > 예
  > • 동지ㅅ돌 기나긴 밤을 한 허리를 버혀 내여
  >   → 동짓달 기나긴 밤을 한 허리를 베어 내어

- 삼기다 》 생기다, 태어나다, 만들다

  > 예
  > • 이 몸 삼기실 제 → 이 몸이 생겨날 때

- 싀어디다, 싀어지다 》 사라지다, 죽다

  > 예
  > • 출하리 싀어디여 범나비 되오리라
  >   → 차라리 죽어서 범나비가 되리라

- 여희다 》 잃다, 헤어지다

  > 예
  > • 고은 님 여희옵고 → 고운 임과 헤어지고

- 계우다 》 못 이기다

  > 예
  > • 강개(慷慨) 계운 장기(壯氣)ᄂᆞᆫ 노당익장(老當益壯) ᄒᆞ다마ᄂᆞᆫ
  >   → 분히 여기는 마음을 이기지 못하는 씩씩한 기운은 늙을수록 더욱 장하다마는

- 예다, 녜다, 녀다, 니다 》 가다, 살다, 지내다

  > 예
  > • 져 믈이 거스리 흐르고져 나도 우러 녜리라
  >   → 저 물이 거슬러 흐른다면 나도 울어 가리라

- 하다 》 [형용사] 많다, 크다

  > 예
  > • 널라와 시름 한 나도 자고 니러 우니노라
  >   → 너보다 시름 많은 나도 자고 일어나 우니노라

- ᄒᆞ다 》 [동사] 하다[爲]

  > 예
  > • 아마도 이 님의 지위로 살동말동 ᄒᆞ여라
  >   → 아마도 이 님의 탓으로 살 듯 말 듯 하여라

- 혀다 》 켜다, 연주하다

  > 예
  > • 이월 보로매 아으 노피 현 등ㅅ블 다호라
  >   → 이월 보름에 아아 높이 켠 등불 같구나

감정이나 판단

- 괴다 》 사랑하다

  > 예
  > • 나 ᄒᆞ나 졈어 잇고 님 ᄒᆞ나 날 괴시니
  >   → 나 하나 젊어 있고 님 하나 날 사랑하시니

- 둏다 》 좋다

  > 예
  > • 곳 됴코 여름 하나니 → 꽃이 좋고 열매가 많다

- 믜다 》 미워하다

  > 예
  > • 믜리도 괴리도 없이
  >   → 미워할 이도 사랑하는 이도 없이

- 슬허ᄒᆞ다 》 슬퍼하다

  > 예
  > • 잔(盞) 자바 권(勸)ᄒᆞᆯ 이 업스니 그를 슬허ᄒᆞ노라
  >   → 잔 잡아 권할 이 없으니 그것을 슬퍼하노라

- **슬믜다** »» 싫어하고 미워하다

  예 · 풍경(風景)이 못 슬믜니 → 풍경은 싫지 않으니

- **어리다** »» 어리석다

  예 · 이 마음 어리기도 님 위한 탓이로세
  → 이 마음 어리석기도 님 위한 탓이로세

- **어엿브다, 에엿브다** »» 불쌍하다, 가엾다

  예 · 귓도리 뎌 귓도리 에엿브다 뎌 귓도리
  → 귀뚜라미 저 귀뚜라미 불쌍하다 저 귀뚜라미

- **외다** »» 그르다, 잘못되다

  예 · 슬프거나 즐거우나 옳다 하나 외다 하나
  → 슬프거나 즐겁거나 옳다 하나 그르다 하나

- **좋다** »» 깨끗하다(형용사)

  예 · 구름비치 좋다 하나 검기를 자로 한다
  → 구름빛이 깨끗하다 하나 검기를 자주 한다

- **헌ᄉ하다** »» 야단스럽다

  예 · 어와 조화옹이 헌사토 헌사홀샤
  → 아아 조물주의 솜씨가 야단스럽기도 야단스럽구나

- **혬, 혜음, 혜다, 혜여ᄒ다** »» 생각, 생각하다, 헤아리다

  예 · 긴 한숨 디는 눈물 속절업시 혬만 만타
  → 긴 한숨 떨어지는 눈물 속절없이 생각만 많다

부사

- **고텨, 고쳐** »» 다시

  예 · 주렴을 고텨 것고
  → 주렴(구슬을 꿰어 만든 발)을 다시 걷고

- **마초아** »» 어떤 경우나 기회에 알맞게, 마침

  예 · 회양(淮陽) 녜 일홈이 마초아 ᄀ톨시고
  → 회양 너의 이름이 마침 (중국의 회양과) 같을시고

- **모쳐라** »» 어떤 경우나 기회에 알맞게, 마침

  예 · 모쳐라 밤일식 망정 힝혀 낫이런들 놈 우일 번ᄒ괘라
  → 마침 밤이기에 망정이지 행여 낮이었다면 남 웃길 뻔 했구나

- **무삼** »» 무슨

  예 · 이슬 갓튼 인싱이 무슴 일노 삼겨눈고
  → 이슬 같은 인생이 무슨 일로 생겨나는고

- **슬ᄏ지, 슬ᄏ장** »» 실컷

  예 · 바횟 긋 믉ᄀ의 슬ᄏ지 노니노라
  → 바위 끝 물가에서 실컷 노니노라

- **져근덧, 건듯** »» 잠깐 사이에, 잠시, 문득

  예 · 져근덧 싱각마라 이 시롬 닛쟈 ᄒ니
  → 잠깐 사이라도 생각 말아 이 시름 잊고자 하니

- **죠히** »» 깨끗이, 잘

  예 · 손잡고 이른 말솜 죠히 가라 당부(當付)ᄒ니
  → 손잡고 이르는 말씀 잘 가라 당부하니

- **출하리** »» 차라리

  예 · 출하리 잠을 드러 꿈의나 보려 ᄒ니
  → 차라리 잠이 들어 꿈에서나 임을 보려 하니

- **하** »» 매우

  예 · 시절(時節)이 하 수상(殊常)ᄒ니 올동 말동 ᄒ여라
  → 시절이 매우 뒤숭숭하니 다시 돌아올지 어떨지 모르겠구나

- **ᄒ마** »» 이미, 벌써

  예 · 니미 나롤 ᄒ마 니즈시니잇가
  → 임께서 나를 벌써 잊으셨습니까?

III 빈출 주제 어휘

※ 본문 어휘 풀이에서 ▬▬ 로 표시된 다음 어휘를 찾아 확인해 보세요.

◖ 자연 친화, 풍류

- 풍월(風月), 청풍명월(淸風明月), 연하(煙霞, 안개와 노을), 강호(江湖), 물외(物外), 임천(林泉, 숲과 시내), 산수(山水), 산림(山林), 뫼ㅎ
  → 자연을 의미하는 표현

- 인간(人間), 인세(人世), 홍진(紅塵, 붉은 먼지), 성진(腥塵, 비린내가 나는 먼지. 어지러운 세상), 삼공(三公, 높은 벼슬), 만승(萬乘, 천자나 황제), 공명(功名), 부귀(富貴)
  → 자연과 대비되는 속세, 속세적 가치를 의미하는 표현

- 어옹(漁翁, 늙은 어부), 조수(釣水, 낚시질), 낙대(낚싯대), 일엽편주(一葉片舟, 한 척의 조그마한 배), 소정(小艇, 작은 배), 어적(漁笛, 어부의 피리)
  → 어부(자연을 즐기는 사람)와 관련

- 풍월주인(風月主人)
  → 자연을 즐기는 사람

- 물아일체(物我一體), 물심일여(物心一如)
  → 자연과 하나가 되는 경지

- 무릉(武陵), 무릉도원(武陵桃源)
  → 자연에서 확장된 신선이 사는 이상향을 의미함. 복숭아꽃(도화)이 피어 있음

- 소부(巢父) 허유(許由)
  → 자연을 가까이 하고 속세를 멀리한 고사 속 인물

- 천석고황(泉石膏肓), 연하고질(煙霞痼疾)
  → 자연을 사랑하는 병

- 만경창파(萬頃蒼波), 천심녹수(千尋綠水), 벽계수(碧溪水), 나릿물(시냇물), 소(沼)
  → 넓은 바다, 깊은 물, (푸른) 시냇물, 연못

- 백구(白鷗)
  → 갈매기. 물아일체를 나타내는 상징물

- 조화옹(造化翁)
  → 만물을 창조하는 노인, 조물주(자연 경치에 감탄할 때 '조화옹'의 솜씨를 예찬하며 쓰임)

- 술, 탁료(濁醪, 막걸리), 녹준(綠樽, 술잔)
  → 술(풍류를 즐길 때 자주 등장함)

◖ 자연에서의 소박한 삶

- 쉬집, 초려 삼간(草廬三間), 수간 모옥(數間茅屋), 초당(草堂), 모첨, 초막(草幕), 와실(蝸室), 누항(陋巷), 초막(草幕)
  → 초가집, 초가집의 처마, 작고 초라한 집

- 시비(柴扉)
  → 사립문(초가집의 문)

- 무심(無心)
  → 욕심이 없음

- 박주산채(薄酒山菜), 단사표음(簞食瓢飮), 단표누항(簞瓢陋巷)
  → 소박한 의식주

- 빈이무원(貧而無怨), 안분지족(安分知足), 안빈낙도(安貧樂道), 안빈일념(安貧一念)
  → 소박한 삶의 태도

◖ 계절감을 지닌 자연물

- 도화(桃花, 복숭아꽃), 이화(梨花, 배꽃), 행화(杏花, 살구꽃), 세우(細雨, 가랑비), 녹양방초(綠楊芳草, 푸른 버드나무와 향기로운 풀)
  → 봄

- 녹음(綠陰, 푸른 잎이 우거진 나무나 수풀. 나무 그늘), 수음(樹蔭, 나무 그늘), 녹수(綠樹, 푸른 나무), 연잎, 부용(芙蓉, 연꽃)
  → 여름

- 서리, 황운(黃雲, 잘 익은 벼 비유), 기러기, 실솔(蟋蟀, 귀뚜라미), 노화(蘆花, 갈대꽃)
  → 가을

- 옥해 은산(玉海銀山, 눈 덮인 바다와 산), 경궁요대(瓊宮瑤臺, 얼어붙은 궁궐과 대), 백설(白雪), 눈
  → 겨울

유교적 지조를 지닌 자연물(사군자)

- 매화, 아치고절(雅致高節), 빙자옥질(氷姿玉質)
  - → 사군자 중 봄에 해당함(눈을 뚫고 피어남, 임금에 대한 지조와 절개)
- 난초, 유곡군자(幽谷君子)
  - → 사군자 중 여름에 해당함(깊은 산중에서 은은한 향기를 퍼뜨림, 고고하고 지조 높은 선비)
- 국화, 오상고절(傲霜孤節)
  - → 사군자 중 가을에 해당함(늦은 가을 추위를 이겨내고 피어남, 임금에 대한 지조와 절개)
- 대나무, 세한고절(歲寒孤節)
  - → 사군자 중 겨울에 해당함(눈이 내려도 푸른 색을 유지함, 임금에 대한 지조와 절개)

연군지정, 우국지정

- 해(날빛), 달, 북극성(북극)
  - → 세상을 밝혀 주므로 임금을 상징함
- 장안(長安), 북궐(北闕), 백옥경(白玉京), 옥루, 옥누
  - → 임금이 계신 서울이나 궁궐을 상징함
- 연군지정(戀君之情)
  - → 임금에 대한 그리움
- 군은(君恩), 역군은(亦君恩), 성은(聖恩)
  - → 임금의 은혜
- 일편단심(一片丹心)
  - → 한 조각의 붉은 마음. 변하지 않는 충정
- 우국지정(憂國之情)
  - → 나라를 걱정하는 마음
- 맥수지탄(麥秀之嘆)
  - → 멸망한 나라에 대한 탄식
- 이제, 백이와 숙제
  - → 임금에 대한 지조를 지키기 위해 고사리를 캐어 먹다가 굶어 죽는 것을 선택한 고사 속 충신
- 고신(孤臣)
  - → 외로운 신하
- 구름
  - → (햇빛을 가리거나 임 계신 곳을 못 보게 한다면) 간신을 상징함

효, 향수

- 풍수지탄(風樹之嘆)
  - → 효도를 다하지 못한 채 어버이를 여읜 자식의 슬픔
- 반포지효(反哺之孝)
  - → 까마귀 새끼가 자라서 늙은 어미에게 먹이를 물어다 주는 효(孝)라는 뜻으로, 자식이 자란 후에 어버이의 은혜를 갚는 효성을 이르는 말
- 망운지정(望雲之情)
  - → 자식이 객지에서 고향에 계신 어버이를 생각하는 마음
- 나그네, 객수(客愁)
  - → 고향을 떠나 떠도는 사람. 고향을 떠난 사람의 시름

여성 화자, 이별

- 규방(閨房), 내방(內房), 사창(紗窓), 휘장(揮帳)
  - → 여성의 방이나 여성의 방을 가리는 물건
- 중문(中門)
  - → 대문 안에 있는 또 다른 문으로, 보통 중문 안에는 여성이 거주함
- 녹의홍상(綠衣紅裳), 홍상(紅裳)
  - → 젊은 여인의 옷차림
- 홍안(紅顔)
  - → 볼이 불그스레한 얼굴. 젊은 여인의 얼굴
- 연지분(臙脂粉)
  - → 여성의 화장품
- 독수공방(獨守空房), 무인동방(無人洞房)
  - → 여성이 남편 없이 혼자 지냄
- 강, 천심녹수(千尋綠水), 은하수(銀河水), 약수(弱水), 고개, 산, 구름, 안개
  - → (임과 헤어진 상황이라면) 임과의 사이에 놓인 장애물
- 원앙금, 앙금, 원앙침
  - → 원앙새를 수놓은 이불이나 베개. 원앙새는 부부간의 금슬을 상징함
- 견우직녀
  - → 일 년에 단 한 번, 음력 7월 7일에만 만날 수 있는 연인. 이별의 상황을 나타내는 전설 속 인물

IV 선인들의 인생관과 세계관

절대적 충성

'충(忠)'은 신하(관리)들에게는 목숨을 걸고 지켜야 할 가치이자 덕목이었다. 사극에 자주 볼 수 있는 죄인이 사약을 받는 장면에서, 죽는 순간까지 임금 있는 쪽을 향해 절을 올리면서 인사를 하는 모습은 그러한 면모를 단적으로 보여 주는 것이다. 예전의 사대부들은 임금에게 절대적으로 복종하는 것이 신하된 자의 도리이자 미덕이라고 어린 시절부터 철저하게 교육받으며 자랐기에 뼛속까지 충성이 각인된 사람들이었다. 임금은 천명(天命)을 받고 하늘에 의해 선택된 자이기에 그를 거역하는 것은 곧 하늘을 부정하는 것이었다.

• 모든 것은 자신의 탓

내 얼굴 이 거동이 님 괴얌즉 혼가마는 엇딘디 날 보시고 녜로다 녀기실시 나도 님을 미더 군쁘디 젼혀 업서 이릭야 교틱야 어즈러이 흐돗썬디 반기시는 눗비치 녜와 엇디 다릭신고 누어 싱각흐고 니러 안자 혜여흐니 내 몸의 지은 죄 뫼フ티 싸혀시니 하눌히라 원망흐며 사롬이라 허믈흐랴 셜워 플텨 혜니 조믈(造物)의 타시로다	내 몸(모습)과 나의 몸의 움직임은 임께서 사랑하실 만한가마는 어쩐지 나를 보시고 너로구나 하고 여기시기에 나도 임을 믿어 딴 생각이 전혀 없어 응석이야 교태야 지나치게 굴었던지 반기시는 낯빛이 옛날과 어찌 다르신고? 누워 생각하고 일어나 앉아 생각하니 내 몸이 지은 죄가 산같이 쌓였으니 하늘을 원망하며 사람을 탓하랴 서러워서 풀어 생각하니 조물주의 탓이로다

– 정철, 「속미인곡(續美人曲)」 중에서

16세기 후반 선조 임금 때 송강 정철이 당쟁에 휘말려 잠시 벼슬에서 물러나 있으면서 지은 가사 작품이다. 자신의 이런 처지를 옥황상제로부터 버림받은 선녀에 빗대어 아름다운 우리말로 멋지게 표현한 고전 시가의 백미라 할 수 있다. 내용을 살펴보면, 임(옥황상제=임금)의 변심이 이별의 원인이다. 하지만 화자는 자신의 죄가 산처럼 커서 이런 일이 벌어졌다고 하면서 어느 누구도 원망하지 않는다. 마지막 조물주의 탓이라고 한 구절은 조물주가 화자와 임을 이별할 운명으로 만들었다는 것이지 조물주를 원망하는 것이 아니다. 즉, 운명의 탓으로 돌리고 있는 것이다.

• 모든 것은 임금 덕분

강호(江湖)에 봄이 드니 미친 흥(興)이 절로 난다 탁료계변(濁醪溪邊)에 금린어(錦鱗魚) ㅣ 안주로다 이 몸이 한가(閑暇)하옴도 역군은(亦君恩)이샷다	자연에 봄이 찾아오니 미친 듯한 흥이 절로 난다 시냇가에서 막걸리를 마시니 쏘가리가 안주로다 이 몸이 한가롭게 지내는 것도 모두 임금님의 은혜이시도다

– 맹사성, 「강호사시가(江湖四時歌)」 〈제1수〉

예나 지금이나 신하들은 나이가 들어 노쇠해지면 자연스럽게 관직에서 물러났다. 이 작품의 작가 맹사성도 벼슬에서 물러나 자연 속에서 한가롭게 여생을 보내고 있었다. 그러면서 계절별로 자신의 편안한 삶을 노래로 남긴 작품이 바로 우리나라 최초의 연시조인 「강호사시가」이다. 다른 계절도 모두 마찬가지로 초장과 중장에서는 자신의 은퇴한 삶을 말하고 결국 종장에서는 이러한 삶은 모두 임금의 은혜로 누릴 수 있다고 마무리한다. 벼슬을 떠난 후까지도 자신이 모셨던 임금에 대한 변함없는 존경과 충성을 보이고 있다.

정치 혹은 학문과 수양

양반 집안에서 태어난 남자들의 미래는 두 갈래의 길이었다. 첫 번째 길은 과거를 보고 관리가 되어 정치 무대에 오르는 것이고, 다른 하나는 개인적 인격 수양과 학문적 성취에 일생을 바치는 것이었다. 둘 중 어느 길이 옳다고 할 수는 없다. 우리들이 알고 있는 몇몇 사람들은 두 길을 모두 경험하기도 했다. 하지만 높은 학문적 성취와 주위의 존경에도 불구하고 평생 벼슬길에는 얼씬도 하지 않은 선비들도 많았다. 벼슬을 하고 관리가 되는 것을 세속적 욕망에 빠지는 순수하지 못한 행동이라고 보았기 때문이다. 반면에 정치에 나선 사람들은 백성들을 사랑하면서[애민(愛民)] 나라를 태평하게 하는 좋은 정치[선정(善政)]를 하는 것을 목표로 삼았다.

• 세속적 욕망은 버려야 할 것

공명(功名)도 날 씌우고 부귀(富貴)도 날 씌우니 청풍명월(淸風明月) 외에 엇던 벗이 잇소올고 단표누항(簞瓢陋巷)에 흣튼 혜음 아니 ᄒᆞ닉 아모타 백년행락(百年行樂)이 이만ᄒᆞᆫ 둘 엇지ᄒᆞ리 　　　　　　　　 – 정극인, 「상춘곡(賞春曲)」 중에서	공을 세워 이름을 날리는 것도 나를 꺼려 하고, 부유하고 귀하게 되는 것도 나를 꺼리니 맑은 바람과 밝은 달 외에 어떤 벗이 있을까? 누추한 집에서 먹는 가난한 식사에 헛된 생각 하지 않네 아무튼 평생 동안 누리는 즐거움이 이만한들 어찌할 것인가?

　　우리나라 최초의 가사 작품인 정극인의 「상춘곡」 마지막 부분이다. 부귀와 공명이라는 인간의 본능적 욕망을 꺼려야 할 대상으로 여기고 있는 것은 이 작품의 작가 정극인만의 생각은 아니었다. 대다수 사대부들이 공유하고 있던 세계관이라 할 수 있다.

• 정치보다는 공부와 수양

당시(當時) 녀던 길을 몃 ᄒᆡ룰 ᄇᆞ려 두고 어듸 가 ᄃᆞ니다가 이제ᅀᅡ 도라온고 이제야 도라오나니 년 ᄃᆡ 무ᄉᆞᆷ 마로리 　　　　　　– 이황, 「도산십이곡(陶山十二曲)」 〈제10수〉	그 당시 가던 길을 몇 해씩이나 버려두고 어디 가 다니다가 이제야 돌아왔는가? 이제야 돌아왔으니 딴 마음을 먹지 않으리

　　퇴계 이황의 연시조 중 일부이다. 정치의 중심에 나섰다가 상처와 실망만 안고 돌아와 말년에 자연 속에서 후학들을 가르치고 벗들과 학문을 논하는 삶에 흠뻑 빠졌던 작가는 앞에서 이야기했던 바로 그 두 가지 길을 다 경험했던 사람이다. 몇 번이나 사직을 청했으나 받아들여지지 않아 괴로워했던 이황은 노년이 되어서야 자신이 원했던 길을 다시 갈 수 있었다. 벼슬을 추구하는 것을 다른 곳에 한눈을 파는 행위라고 표현한 이황의 말 속에서 그 삶의 태도를 엿볼 수 있다.

• 백성을 위한 좋은 정치

원통(圓通)골 ᄀᆞᄂᆞ 길로 ᄉᆞᄌᆞ봉(獅子峰)을 ᄎᆞ자가니 그 알ᄑᆡ 너러바회 화룡(化龍)쇠 되여셰라 쳔년(千年) 노룡(老龍)이 구비구비 서려 이셔 듀야(晝夜)의 흘녀 내여 창ᄒᆡ(滄海)예 니어시니 풍운(風雲)을 언제 어더 삼일우(三日雨)룰 디련ᄂᆞᆫ다 음애(陰崖)예 이온 플을 다 살와 내여ᄉᆞ라 　　　　　　　– 정철, 「관동별곡(關東別曲)」 중에서	원통골 좁은 길로 사자봉을 찾아가니 그 앞의 넓은 바위 화룡소가 되었어라 천 년 노룡이 굽이굽이 서려 있어 밤낮으로 흘러 내어 넓은 바다에 이었으니 풍운을 언제 얻어 삼일우(풍족한 비)를 내리려는가? 그늘진 벼랑에 시든 풀을 다 살려 내어라

　　강원도 관찰사로 임명받은 작가 정철이 금강산을 여행하던 중 '화룡소'라는 연못에서 동해로 흘러나는 물줄기를 보며 늙은 용의 모습을 떠올리고 있는 장면이다. 연못에 웅크리고 있는 용은 승천하고자 하는 목표를 지니고 있다. 그런 모습은 바로 중앙 정치 무대로 보란 듯이 복귀하고자 했던 작가의 모습을 상징한다. 바람과 구름이라는 정치적 기회를 얻어 목표한 바를 이루어서 그늘진 벼랑에 시든 풀처럼 고통받고 있는 백성들에게 흡족한 비로 비유된 좋은 정치를 펴고자 했던 의지가 잘 드러난 구절이다. 백성들을 위한 좋은 정치 행위는 사대부들의 중요한 목표였다.

자연에 대한 끝없는 동경

사대부들에게 '자연'은 세속적 욕망이 가득찬 인간 세상인 속세와는 상반되는 공간으로 인식되었다. 따라서 그들은 속세에 환멸을 느끼거나 정치적으로 은퇴를 한 이후에 최종적으로 돌아갈 곳으로 자연을 늘 가슴에 품고 살았다. 자연은 인간 세상과 같은 이기적 다툼이 없는 공간일 뿐만 아니라 인간처럼 유한한 존재가 아닌 영원한 자연물들이 존재하는 이상적인 공간이었기에 동경과 지향의 목표였던 것이다.

• 속세와의 단절

슈국(水國)의 ᄀ올히 드니 고기마다 술져읻다 만경 딩파(萬頃澄波)의 슬ᄏ지 용여(容與)ᄒᄌᆞ 인간(人間)을 도라보니 머도록 더욱 됴타 — 윤선도, 「어부사시사(漁父四時詞)」〈추사 2〉	어촌에 가을이 오니 물고기마다 살쪄 있다 넓고 넓은 파도 위에서 실컷 즐겨 보자 인간 세상을 돌아보니 멀수록 더욱 좋다

조선 최고의 시조 시인으로 추앙받는 윤선도의 연시조 작품이다. 이 작품은 윤선도가 말년에 벼슬을 던져 버리고 해남의 보길도로 들어가 지은 것으로 알려졌는데, 화자는 풍요로운 가을날 배를 타고 바다에 나가 실컷 즐기면서 속세인 인간 세상은 멀수록 더욱 좋다고 노래하고 있다.

• 고민과 갈등이 없는 세계, 자연

강산 죠흔 경(景)을 힘센 이 닷톨 양이면 ᄂᆡ 힘과 ᄂᆡ 분(分)으로 어이ᄒᆞ여 엇들쏜이 진실로 금(禁)ᄒ리 업쓸씌 나도 두고 논이노라 — 김천택, 「강산 죠흔 경(景)을〜」	강산의 아름다운 경치를 놓고 내가 힘센 사람과 다툰다면 나처럼 약한 힘과 가난한 처지에 어찌 자연을 얻을 수 있겠는가 자연을 즐기는 것을 막을 사람이 없으니 나 같은 사람도 자연에서 노닐 수 있구나

자연은 누구에게나 공평하다. 권력도 부도 없는 화자는 자연만큼은 마음껏 누릴 수 있는 대상이라고 생각한다. 세속적 욕망은 기본적으로 다툼과 경쟁을 전제로 하고 있기 때문에 그것에 환멸을 느끼거나 경쟁에서 뒤처진 사대부들은 결국 자연으로 눈을 돌릴 수밖에 없었다.

• 자연인으로 살고 싶은 정치인

명사(鳴沙)길 니근 몰이 취션(醉仙)을 빗기 시러 바다ᄒᆞᆯ 겻틱 두고 히당화(海棠花)로 드러가니 빅구(白鷗)야 ᄂᆞ디 마라 네 버딘 줄 엇디 아ᄂᆞᆫ (중략) 왕뎡(王程)이 유흔(有限)ᄒ고 풍경(風景)이 못 슬믜니 유회(幽懷)도 하도 할샤 긱수(客愁)도 둘 듸 업다 션사(仙槎)롤 씌워 내여 두우(斗牛)로 향(向)ᄒ살가 션인(仙人)을 ᄎᄌ려 단혈(丹穴)의 머므살가 — 정철, 「관동별곡(關東別曲)」 중에서	명사길에 익숙한 말이 취한 신선을 비스듬히 실어 바다를 곁에 두고 해당화로 들어가니 흰 갈매기야 날지 마라, 네 벗인 줄 어찌 아느냐? (중략) 왕명을 받은 신하의 길은 유한하고 풍경은 싫지 않으니 깊은 회포도 많기도 많구나 나그네의 쓸쓸함을 둘 데 없다 신선의 뗏목을 띄워 내어 북두칠성과 견우성으로 향할까? 선인을 찾으러 단혈에 머무를까

작가는 관찰사라는 정치인이자 공직자이면서 동시에 정철이라는 한 개인, 즉 자연인 신분이기도 하다. 관찰사는 지역의 백성들을 돌보는 것이 최우선 과제였다. 하지만 작가 정철은 골치 아픈 관직에서 벗어나 한 사람의 자연인으로 살고 싶기도 했다. 말을 타고 해변을 산책하면서 갈매기와 소통하는 작가의 모습은 자연을 마음껏 즐기는 영락없는 자연인의 모습이다. 여행이 계속되고 정해진 기한이 다가올수록 정철의 갈등과 고민은 깊어만 갔다. 여행을 끝내고 관찰사의 직분으로 돌아가야 하지만 금강산과 동해의 아름다운 풍광 속에서 자연인으로 남아 더 즐기고 싶은 마음도 숨길 수 없었다. 그래서 본인을 나그네라고 부르면서 시름을 둘 곳이 없어 고민하고 심지어 신선처럼 자유롭게 살고 싶은 개인적 바람을 드러내었다.

고대 가요, 향가,
고려 가요, 경기체가, 한시

/ 01 강 / 고대 가요, 향가
/ 02 강 / 고려 가요, (경기체가), 한시

1. 고대 가요

(1) 개념과 특징

- 고대 부족 국가 시대부터 삼국 시대 초기까지 향가가 출현하기 이전에 불린 노래
- 대체로 배경 설화와 함께 구전되다가 후대에 4언 4구의 한시 형태로 한역(漢譯)되어 전해짐.
- 초기에는 집단의식과 관련된 의식요·노동요의 형태를 보이다 개인적인 정서를 노래한 서정시로 변모함.

(2) 주요 작품

작품	작가	내용
공무도하가	백수 광부의 아내	물에 빠져 죽은 남편을 애도함.
구지가	구간 외(外)	수로왕의 강림을 기원함.
황조가	유리왕	짝을 잃은 슬픔과 외로움을 토로함.
정읍사	어느 행상인의 아내	행상을 나간 남편의 무사 귀환을 기원함.

2. 향가

(1) 개념과 특징

- 신라 때 형성되어 고려 전기까지 창작되고 불렸던 서정시
- 한자의 음과 훈을 빌려 우리식대로 쓴 '향찰'로 기록한 우리 고유의 정형 시가. '사뇌가'라고도 함.

① 형식적 특징

4구체	8구체	10구체
향가의 가장 초기 형태	과도기적 형태(4구체 → 10구체)	향가의 가장 완성되고 정제된 형태

② 내용적 특징

- 불교적 세계관과 주술적 내용이 반영된 작품이 주를 이루며, 그 외에 민요적인 것, 유교적인 것 등 내용의 다양성을 보여 줌.

(2) 주요 작품

작품	작가	형식	내용
도솔가	월명사	4구체	두 해가 동시에 나타나는 괴변을 물리치고자 함.
처용가	처용	8구체	아내와 동침한 역신(疫神)을 노래를 불러 물러가게 함.
원왕생가	광덕	10구체	극락왕생을 간절히 염원함.
제망매가	월명사	10구체	죽은 누이의 명복을 기원함.
찬기파랑가	충담사	10구체	기파랑의 높은 인품을 자연물에 비유하여 찬양함.
혜성가	융천사	10구체	심대성(心大星)을 침범한 혜성의 괴변을 물리치고자 함.
도천수관음가	희명	10구체	눈이 먼 아들의 눈을 뜨게 해 달라고 천수관음에게 기원함.

3. 고려 가요

(1) 개념과 특징

- 고려 시대 평민들이 부르며 구비 전승된 노래. '속요(俗謠)', '여요(麗謠)', '별곡(別曲)' 등으로도 불림.
- 대체로 분절체 형식이며 여음(후렴구)이 있고, 3·3·2조의 3음보 율격이 주를 이룸.
- 남녀 간의 사랑, 부모님의 사랑, 이별의 안타까움 등 평민들의 진솔한 감정이 소박하게 잘 표현됨.

(2) 주요 작품

작품	작가	내용
동동	작자 미상	임에 대한 송축과 연모의 정을 노래함.
사모곡	작자 미상	자식에 대한 어머니의 깊은 사랑을 예찬함.
가시리	작자 미상	이별의 정한과 재회에 대한 간절한 기원을 표현함.
정석가	작자 미상	태평성대에 대한 소망과 임과의 영원한 사랑을 노래함.
서경별곡	작자 미상	사랑하는 임을 떠나보내는 이별의 정한을 노래함.
청산별곡	작자 미상	삶의 고뇌와 애환에서 벗어날 수 있는 이상적 공간을 지향함.

4. 경기체가

(1) 개념과 특징

- 고려 중엽에 등장한 신흥 사대부가 그들의 향락(풍류)과 자부심을 드러내기 위해 부른 노래
- '위 ○○ 경(景) 긔 엇더ᄒ니잇고' 또는 '경기하여(景幾何如)'라는 후렴구가 삽입됨.

(2) 주요 작품

작품	작가	내용
죽계별곡	안축	자신의 고향인 풍기의 죽계(竹溪)를 보고 그 경치를 노래함.
한림별곡	한림 제유	한림원의 여러 선비들이 지은 노래로, 사대부의 호방한 의식 세계를 드러냄.

5. 한시

(1) 개념과 특징

- 중국과 그 주변 국가에서 발달한 한문으로 된 정형시
- 형식에서 비교적 자유로운 '고체시'와 형식이 매우 까다로우며 제한이 많은 '근체시'로 나뉨.
- 근체시는 4행으로 된 '절구', 8행으로 된 '율시', 12행으로 된 '배율'로 나뉨.

(2) 주요 작품

작품	작가	형식	창작 연대	내용
여수장우중문시	을지문덕	고체시	삼국 시대	수나라 장수인 우중문에게 물러나기를 종용함.
촉규화	최치원	5언 율시	삼국 시대	당나라 유학 시절 자신을 알아주지 않는 세상에 대한 한탄을 드러냄.
추야우중	최치원	5언 절구	삼국 시대	세상에서 뜻을 펴지 못한 지식인의 고뇌를 드러냄.
송인	정지상	7언 절구	고려 시대	대동강 가에서 임과 이별하는 애절한 심정을 드러냄.
보리타작	정약용	7언 배율	조선 시대	보리타작하는 농민들의 모습을 통해 얻은 삶의 깨달음을 노래함.
절명시	황현	7언 절구	조선 시대	나라를 잃은 지식인의 비탄과 절망을 노래함.

고대 가요, 향가

작품 1 백수 광부의 아내 「공무도하가(公無渡河歌)」 + 구간 외(外) 「구지가(龜旨歌)」
작품 2 월명사 「제망매가(祭亡妹歌)」
작품 3 어느 행상인의 아내 「정읍사(井邑詞)」 / 충담사 「찬기파랑가(讚耆婆郎歌)」

01~03

가

公無渡河	㉠임아 그 물을 건너지 마오
公竟渡河	임은 끝내 그 물을 건너시네
墮河而死	㉡물에 빠져 돌아가시니
當奈公何	㉢가신 임을 어찌할꼬

— 백수 광부의 아내, 「공무도하가(公無渡河歌)」

나

龜何龜何	거북아 거북아
首其現也	㉣머리를 내어라
若不現也	내어놓지 않으면
燔灼而喫也	㉤구워서 먹으리

— 구간 외(外), 「구지가(龜旨歌)」

핵심 정리

가

- **화자?** 물로 들어가는 임을 간절한 마음으로 만류하나 임은 결국 죽음을 맞이하게 되고 화자는 상황을 받아들이며 체념함.
- **주제?** 임을 여읜 슬픔과 한
- **특징?** 돈호법을 사용하여 떠나는 임을 애절하게 부르고 있으며, 체념적 어조로 일어난 상황에 대한 화자의 심정을 표현함.

나

- **화자?** 임금을 맞이하고자 하는 강한 소망을 드러냄.
- **주제?** 임금의 강림 기원
- **특징?** 기원의 대상을 부르는 돈호법과 대상에 대한 직설적 명령 어법, 위협적 언사를 사용하여 간절한 기원의 마음을 표현함.

표현상의 특징 이해하기

01 (가)와 (나)의 공통점으로 가장 적절한 것은?

① 의문의 형식을 활용하여 정서를 강조하고 있다.
② 구체적인 시적 대상을 불러 주의를 환기하고 있다.
③ 대립적 의미의 시어를 병치하여 주제를 드러내고 있다.
④ 특정한 상황을 가정하여 소망의 간절함을 부각하고 있다.
⑤ 동물을 사람에 비겨 시적 대상을 인상적으로 제시하고 있다.

화자의 정서와 태도 파악하기

02 ㉠~㉤에 대한 이해로 적절하지 <u>않은</u> 것은?

① ㉠: 임을 향한 화자의 애절한 마음을 알 수 있군.
② ㉡: 임이 처한 상황을 직접적으로 제시하고 있군.
③ ㉢: 자신이 맞이한 상황에 대한 화자의 체념적 정서를 드러내고 있군.
④ ㉣: 명령형을 통해 소망의 내용을 직설적으로 표현하고 있군.
⑤ ㉤: 화자가 소망을 이룬 후에 발생하게 될 일을 암시하고 있군.

자료를 통해 감상하기

03 〈보기〉를 참고하여 (나)를 이해한 내용으로 적절하지 <u>않은</u> 것은?

> **보기**
>
> 고대 가요는 의식요, 노동요 등과 같이 집단적이고 서사적인 원시 종합 예술(시가, 무용, 음악 따위가 분화하지 않고 종합적으로 제시되는 예술)에서 출발하여 개인적이고 서정적인 내용의 시가로 이행된다. 현재 전해지는 작품들은 후대에 배경 설화와 함께 기록된 것으로 한자로 표기되어 있어 노래의 본래 모습을 알기는 어렵다.
>
> 「구지가」도 『삼국유사』에 배경 설화와 함께 한자로 실려 있는데, 배경 설화의 내용은 대략 다음과 같다. 가락국의 구지봉에 모인 사람들에게 하늘의 소리가 들리는데, 함께 구지봉의 흙을 파며 춤을 추고 노래(「구지가」)를 불러 임금을 맞이하라는 명령을 내린다. 사람들이 이를 실행하자 하늘에서 여섯 개의 황금알이 내려와 사람으로 변하였고, 그 중 제일 먼저 알에서 나온 사람이 수로왕이었다.

① '임금을 맞이하라는 명령'을 실행하기 위해 불린 노래인 점에서 (나)는 의식요라 할 수 있겠군.
② '함께 구지봉의 흙을 파며' 노래를 부른 것에서 (나)가 집단적 노동요의 성격을 가지고 있다고 판단할 수 있겠군.
③ '춤을 추고 노래(「구지가」)를 불렀다'는 점에서 (나)는 원시 종합 예술의 형태로 구현되었다고 할 수 있겠군.
④ '황금알이 내려와 사람으로 변'한 것은 개인의 소망이 투영된 결과라는 점에서 (나)는 개인 서정시로의 이행 과정을 보여 준다고 할 수 있겠군.
⑤ 『삼국유사』에 '한자로 표기'되어 있다고 하였으므로 (나)를 통해 가락국 시가의 형식적 특성을 파악하기는 어렵겠군.

💡 **개념 더 보기** 고대 가요 「구지가(龜旨歌)」와 「해가(海歌)」의 비교

「해가」는 납치된 수로 부인의 귀환을 기원하는 고대 가요로, 「구지가」의 형식과 내용을 계승한 작품임.

龜乎龜乎出水路　거북아 거북아 수로를 내놔라
掠人婦女罪何極　남의 아내를 앗은 죄가 얼마나 큰가?
汝若悖逆不出獻　네 만약 어기어 바치지 않으면
入網捕掠燔之喫　그물로 잡아서 구워 먹으리
　　　　　　　　　　　– 작자 미상, 「해가(海歌)」

구분	「구지가」	「해가」
공통점	• '부름 → 명령 → 가정 → 위협'의 구조로 전개됨. • 주술적 성격과 명령형의 어법을 사용함.	
차이점	• '거북'의 의미: 신성한 존재, 기원의 대상 • 4언 4구의 한역 시가 • 임금의 강림을 기원함(공적).	• '거북'의 의미: 수로 부인을 납치한 부정적 존재, 공격의 대상 • 7언 4구의 한역 시가 • 수로 부인(여인)의 귀환을 기원함(사적).

04~06

생사(生死) 길은

㉠예 있으매 머뭇거리고

㉡나는 간다는 말도

못다 이르고 어찌 갑니까

어느 가을 ㉢이른 바람에

이에 저에 ㉣떨어질 잎처럼

㉤한 가지에 나고

가는 곳 모르온저

아아 미타찰(彌陀刹)에서 만날 나

도(道) 닦아 기다리겠노라

生死路隱

此矣有阿米次肹伊遣

吾隱去內如辭叱都

毛如云遣去內尼叱古

於內秋察早隱風未

此矣彼矣浮良落尸葉如

一等隱枝良出古

去奴隱處毛冬乎丁

阿也彌陀刹良逢乎吾

道修良待是古如

　　　　　　　　　– 월명사, 「제망매가(祭亡妹歌)」〈양주동 해독〉

- **화자?** 요절한 누이를 추모하며 혈육의 죽음에서 느끼는 인간적 슬픔을 불교적 믿음으로 극복하며 수용하려 함.
- **주제?** 죽은 누이에 대한 추모
- **특징?** 10구체 향가의 전형적인 특징인 낙구가 나타나고, 뛰어난 비유로 서정성을 강화함.

어휘 풀이

- **생사(날生죽을死)**: 삶과 죽음
- **예**: 여기
- **이에 저에**: 여기저기에
- **모르온저**: 모르겠구나
- **미타찰(두루彌비탈질陀절刹)**: 서방 정토, 극락세계를 의미함

화자의 정서와 태도 파악하기

04 윗글에 나타난 시적 화자의 태도로 적절한 것은?

① 스스로 고통을 겪음으로써 자신을 정화하고자 한다.
② 순수한 사랑을 통해 삶의 허무에서 벗어나고자 한다.
③ 이상과 거리를 둠으로써 주어진 현실에 안주하고자 한다.
④ 삶과 죽음이 공존할 수 없음을 인정하고 영원한 이별을 수용하고자 한다.
⑤ 어쩔 수 없는 헤어짐의 상황을 받아들이며 이를 기다림으로 극복하고자 한다.

시어 · 시구의 의미 파악하기

05 ㉠~㉤에 대한 이해로 적절하지 <u>않은</u> 것은?

① ㉠: 시적 화자가 살고 있는 세상인 이승을 의미한다.
② ㉡: 누이가 죽게 될 것을 알면서도 막지 못했음을 알 수 있다.
③ ㉢: 누이가 이른 나이에 죽었음을 암시하고 있다.
④ ㉣: 하강 이미지를 통해 누이의 죽음을 드러내고 있다.
⑤ ㉤: 화자가 추모하는 대상이 혈육이라는 것을 나타내고 있다.

자료를 통해 감상하기

06 〈보기〉를 참고하여 윗글의 시상 전개 방식을 정리한 내용으로 가장 적절한 것은?

> **보기**
>
> 10구체 향가는 세 부분으로 구성되어 시상이 전개된다. 먼저 '기(1~4구)'에서는 시상을 일으키고, '서(5~8구)'에서는 이를 심화 혹은 전이시킨 후, 마지막 '결(9~10구)'에서는 시상을 완결한다.

① 인간 생사에 대한 고뇌 – 원죄에 대한 비애 – 누이와의 재회 염원
② 누이의 죽음에 대한 슬픔 – 인간 삶의 허망함 – 죽음에 대한 두려움
③ 깊은 혈육의 정과 추억 – 죽은 누이에 대한 그리움 – 인생의 무상함 탄식
④ 누이의 죽음에 대한 안타까움 – 삶의 무상감 한탄 – 슬픔의 종교적 승화
⑤ 삶의 허무 극복 – 인간의 죽음에서 느끼는 슬픔과 아쉬움 – 성실한 삶에 대한 다짐

개념 더 보기 『삼국유사』에 수록된 14수의 향가

형식	작품	형식	작품
4구체	「도솔가」, 「서동요」, 「풍요」, 「헌화가」	10구체	「도천수관음가」, 「안민가」, 「우적가」, 「원가」, 「원왕생가」, 「제망매가」, 「찬기파랑가」, 「혜성가」
8구체	「모죽지랑가」, 「처용가」		

10구체 향가의 특징 – '낙구'

• 한 편의 시가가 '시상의 제기 – 시상의 심화 또는 전이 – 감탄사, 서정적 완결'과 같이 감탄사를 경계로 하여 정서적으로 전환되는 구조를 가질 때에, 감탄사 다음의 서정적 완결 부분을 '낙구'라 함.
• 향가에서는 10구체 향가만이 낙구를 가지며, 낙구의 첫머리로 시상의 마무리 단계에 들어감.
• 향가의 낙구는 시조나 가사와의 연속성을 뒷받침하는 것으로 시조의 종장 첫 구의 '두어라', '아이야', '어즈버' 등과 관련이 있음.

01~02 다음 글을 읽고, 물음에 답하시오.

> ㉠ᄃᆞᆯ하˚ 노피곰˚ 도ᄃᆞ샤
> 어긔야 ㉡머리곰 비취오시라
> 어긔야 어강됴리
> 아으 다롱디리
>
> 져재˚ 녀러신고요
> 어긔야 ㉢즌˚ ᄃᆡ를 드ᄃᆡ욜셰라˚
> 어긔야 어강됴리
>
> 어느이다 노코시라
> 어긔야 ㉣내 가논 ᄃᆡ ㉤졈그를셰라˚
> 어긔야 어강됴리
> 아으 다롱디리
>
>   – 어느 행상인의 아내, 「정읍사(井邑詞)」

- **ᄃᆞᆯ하:** 달이시여(하='~시여, ~이시여'의 옛말)
- **노피곰:** 높이높이(곰=단어의 뜻을 강조하는 조사)
- **어긔야:** 여음구(시가에서 일정한 간격을 두고 반복되어 나타나는 말이나 소리)
- **져재:** 시장에(저자='시장'을 옛스럽게 이르는 말)
- **즌:** 진(즐다='질다'의 옛말)
- **드ᄃᆡ욜셰라:** 디딜까 두렵습니다(-ㄹ셰라='-ㄹ세라'의 옛말. 혹시 그러할까 염려하는 뜻을 나타내는 종결 어미)
- **졈그롤셰라:** 저물까 두렵습니다(졈글다='저물다'의 옛말)

표현상의 특징 이해하기

01 윗글에 대한 설명으로 적절하지 <u>않은</u> 것은?

① 시각적 이미지를 활용하여 주제를 형상화하고 있다.
② 부재하는 대상에 대한 화자의 정서를 드러내고 있다.
③ 동일한 어구를 반복함으로써 리듬감을 형성하고 있다.
④ 어조에 변화를 주어 대상에 대한 화자의 태도 변화를 드러내고 있다.
⑤ 여음구를 제외하면 3장 6구로 이루어지는 시조와 유사한 형태를 취하고 있다.

시어·시구의 의미 파악하기

02 ㉠~㉤에 대한 설명으로 적절하지 <u>않은</u> 것은?

① ㉠: 남편의 안전을 지켜 줄 수 있는 기원의 대상을 상징한다.
② ㉡: '머리'에 '곰'을 결합하여 화자의 소망을 강조한다.
③ ㉢: 남편에게 닥칠 수도 있는 위험이나 위협을 비유한 말이다.
④ ㉣: '내가 가는 길', '내 남편이 가는 곳' 등 다양하게 해석 가능하다.
⑤ ㉤: 어둠의 이미지를 형성하며 대상에 대한 화자의 불신의 감정을 드러낸다.

03~04 다음 글을 읽고, 물음에 답하시오.

늣겨곰° 브라매
이슬 볼갼° 드라리
힌 구룸 조초 뼈간 언저레°
몰이 가른 믈서리여희°
기랑(耆郎)이 즈싀올시° 수프리야
일오(逸烏)° 나릿 지벽긔°
낭(郎)이여 디니더시온
무슨미° 구슬° 좃노라져
아야 자싯가지 노포
누니 모둘 두폴 곳가리여°

咽鳴爾處米
露曉邪隱月羅理
白雲音逐于浮去隱安支下
沙是八陵隱汀理也中
耆郎矣皃史是史藪邪
逸烏川理叱磧惡希
郎也持以支如賜烏隱
心未際叱肹逐內良齊
阿耶栢史叱枝次高支好
雪是毛冬乃乎尸花判也

　　　　　 － 충담사, 「찬기파랑가(讚耆婆郎歌)」
　　　　　　　　　　　　　　 〈김완진 해독〉

- **늣겨곰**: 흐느끼며
- **볼갼**: 밝힌
- **언저레**: 언저리에
- **믈서리여희**: 물가에(믈='물'의 옛말)
- **즈싀올시**: 모습 같구나(즈싀='모습, 모양'의 옛말)
- **일오(달아날逸까마귀烏)**: 냇물 이름
- **지벽긔**: 자갈길에(지벽='자갈'의 옛말)
- **무슨미**: 마음의(무슨='마음'의 옛말)
- **구술**: 끝을(곳='끝'의 옛말)
- **곳가리여**: 고깔이여(곳갈='고깔'의 옛말). 여기서 '고깔'은 화랑의 우두머리를 의미함

03 윗글에 대한 설명으로 가장 적절한 것은?

① 자연물에 빗대어 화자의 현재 상황을 부각하고 있다.
② 공간의 이동에 따른 화자의 심리 변화를 드러내고 있다.
③ 구체적인 사물을 활용하여 화자의 삶을 형상화하고 있다.
④ 대상의 속성을 구체적이고 감각적인 이미지를 사용하여 제시하고 있다.
⑤ 개인의 정서를 드러내는 것보다는 언어의 주술성에 초점을 맞추어 창작된 작품이다.

04 〈보기〉의 관점을 바탕으로 윗글을 감상한 내용으로 적절하지 <u>않은</u> 것은?

--- 보기 ---

「찬기파랑가」는 충담사가 신라 시대의 화랑이었던 기파랑의 높은 인격을 사모하여 지은 10구체 향가이다. 특정 시어에 대해서는 여러 가지 해석이 가능하지만 자연물을 보조 관념으로 활용하여 기파랑의 인물됨을 찬양한 노래로 해석할 수도 있다.

① '둘'은 모두가 우러러보는 기파랑의 인품을 상징한다.
② '힌 구룸'은 속세를 초월한 기파랑이 보여 준 무욕의 삶을 드러낸다.
③ '믈'은 기파랑의 맑고 깨끗한 인품을 찬양하기 위해 사용된 자연물이다.
④ '지벽'은 원만하면서도 강직한 성품의 소유자였던 기파랑의 인품을 비유적으로 제시한다.
⑤ '자싯가지'는 높은 절개와 기상을 가진 기파랑의 고매한 인품을 나타낸다.

고려 가요, (경기체가), 한시

작품 1 작자 미상 「청산별곡(靑山別曲)」
작품 2 정지상 「송인(送人)」 + 정약용 「보리타작」
작품 3 작자 미상 「동동(動動)」 + 작자 미상 「가시리」

01~03

살어리 살어리랏다 청산(靑山)애 살어리랏다

멀위랑 드래랑 먹고 청산(靑山)애 살어리랏다

얄리얄리 얄랑셩 얄라리 얄라

우러라 우러라 새여 자고 니러 우러라 새여

㉠널라와 시름 한 나도 자고 니러 우니로라

얄리얄리 얄라셩 얄라리 얄라

㉡가던 새 가던 새 본다 믈 아래 가던 새 본다

잉 무든 장글란 가지고 믈 아래 가던 새 본다

얄리얄리 얄라셩 얄라리 얄라

이링공 뎌링공 ᄒᆞ야 나즈란 디내와손뎌

㉢오리도 가리도 업슨 바므란 ᄯᅩ 엇디 호리라

얄리얄리 얄라셩 얄라리 얄라

어듸라 더디던 돌코 누리라 마치던 돌코

㉣믜리도 괴리도 업시 마자셔 우니노라

얄리얄리 얄라셩 얄라리 얄라

살어리 살어리랏다 바ᄅᆞ래 살어리랏다

ᄂᆞ 무자기 구조개랑 먹고 바ᄅᆞ래 살어리랏다

얄리얄리 얄라셩 얄라리 얄라

가다가 가다가 드로라 에졍지 가다가 드로라

㉤사스미 짒대예 올아셔 히금(奚琴)을 혀거를 드로라

얄리얄리 얄라셩 얄라리 얄라

- **화자?** 고달픈 현실에 체념하여 이상향을 꿈꾸고 있으며 애상적 정서, 현실 도피적 태도를 드러냄.
- **주제?** 삶의 고뇌와 비애
- **특징?** 어구의 반복을 통해 의미를 강조하고, 'ㄹ'과 'ㅇ' 음운을 빈번히 사용하여 음악성을 살림. 8연의 분절체 작품으로 후렴구가 있으며 3·3·2조의 3음보, aaba형의 율격을 지님. 반복법과 의인법, 상징적 시어를 사용하여 주제 의식을 강조함.

어휘 풀이

- **멀위:** 머루(멀위='머루'의 옛말)
- **ᄃᆞ래:** 다래(ᄃᆞ래='다래'의 옛말)
- **니러:** 일어나(니러나다='일어나다'의 옛말)
- **널라와(너+ㄹ+라와):** 너보다(라와=조사 '보다'의 옛말)
- **한:** 많은(하다='많다'의 옛말)
- **잉:** 이끼(잇='이끼'의 옛말로 '잉'은 '잇'의 오기)
- **장글란(잠ㄱ+을란):** 쟁기를, 연장을, 무기를
- **나즈란(낮+으란):** 낮에는
- **디내와손뎌(디내오+아손뎌):** 지내왔지만
- **오리도 가리도(오(가)+ㄹ+이+도):** 올 사람도 갈 사람도
- **바므란(밤+으란):** 밤은
- **어듸:** 어디(어듸='어디'의 옛말)
- **더디던:** 던지던(더디다='던지다'의 옛말)
- **돌코(돌ㅎ+고):** 돌인가
- **누리라(누+ㄹ+이라):** 누구를
- **마치던:** 맞게 하던(마치다='맞게 하다'의 옛말)
- **믜리도 괴리도(믜(괴)+ㄹ+이+도):** 미워할 사람도 사랑할 사람도
- **바ᄅᆞ래(ᄇᆞ롤+애):** 바다에(바롤='바다'의 옛말)
- **ᄂᆞ 무자기:** 해초의 일종인 나문재(ᄂᆞ 무자기='나문재'의 옛말)
- **구조개:** 굴과 조개를 아울러 이르는 말
- **드로라(듣+오+라):** 듣노라
- **에졍지:** 외딴 부엌(졍지='부엌'을 의미하는 경상도 방언)
- **짒대예(짐+ㅅ+대+예):** 장대에
- **히금(어찌奚거문고琴):** 해금(히금='해금'의 옛말)
- **혀거를:** 켜는 것을(혀다='켜다'의 옛말)

가다니 빅브른 도긔 설진 강수를 비조라

조롱곳 누로기 미와 잡스와니 내 엇디 ᄒᆞ리잇고

얄리얄리 얄라셩 얄라리 얄라

　　　　　　　　　　－ 작자 미상, 「청산별곡(靑山別曲)」

• **빅브른**: 배부른(비브르다 ='배부르다'의 옛말로 '불룩한'의 의미로 쓰임)
• **설진 강수**: 농도가 짙은 술
• **비조라**: 빚는구나
• **누로기**: 누룩이(누록 ='누룩'의 옛말)
• **미와**: 얽어매어
• **잡스와니**: 붙잡으니

---

01 윗글의 살어리랏다 를 〈보기〉에 따라 해석한 내용으로 적절하지 <u>않은</u> 것은?

> ─ 보기 ─
>
> 「청산별곡」에서 '청산'은 화자가 처한 현실과 대조되는 공간으로 화자의 이상향이다. 이때 '살어리랏다'라는 시구를 해석하는 데에서 가장 문제가 되는 것은 '화자의 위치'이다. 즉, 화자가 '청산'에 살고 있는가, 아니면 '청산 밖(속세)'에 살고 있는가 하는 것이다.

화자의 위치	청산 안	청산 밖
'살어리랏다'의 해석	① 앞으로도 청산에 살겠다는 다짐 ② 청산에서의 삶과 관련한 의무감 ③ 청산에서 살아가기는 하지만 현실을 떠나 괴로운 심리도 있다는 한탄	④ 현실의 고통과 근심을 잊을 수 있는 청산에 대한 동경 ⑤ 앞으로 청산에서 살고 싶다는 소망

02 ㉠~㉤에 대한 설명으로 적절하지 <u>않은</u> 것은?

① ㉠: 비교법을 활용하여 화자의 슬픔을 드러내고 있다.
② ㉡: 감정 이입을 통해 현실에 대한 화자의 미련을 드러내고 있다.
③ ㉢: 고독한 시간을 설정하여 화자의 외로운 정서를 드러내고 있다.
④ ㉣: 고통스러운 삶을 체념하듯 수동적으로 받아들이는 화자의 심리를 드러내고 있다.
⑤ ㉤: 음악 소리를 들으며 삶의 괴로움을 잊으려 하는 화자의 심정을 드러내고 있다.

03 윗글과 〈보기〉를 비교하여 감상한 내용으로 적절하지 <u>않은</u> 것은?

> ─ 보기 ─
>
> 당한셔(唐漢書) 장로즈(莊老子) 한류문집(韓柳文集)
> 니두집(李杜集) 난딕집(蘭臺集) 빅락텬집(白樂天集)
> 모시샹셔(毛詩尙書) 주역츈츄(周易春秋) 주딕례긔(周戴禮記)
> 　위 주(註)조쳐 내 외옴 경(景) 긔 엇더ᄒᆞ니잇고
> 　엽(葉) 대평광긔(太平廣記) 스빅여권(四百餘卷) 대평광긔(太平廣記) 스빅여권(四百餘卷)
> 　위 력남(歷覽)ㅅ 경(景) 긔 엇더ᄒᆞ니잇고
> 　　　　　－ 한림 제유, 「한림별곡(翰林別曲)」〈제2장〉

① 윗글과 〈보기〉 모두 화자의 학문적 자부심을 드러내고 있다.
② 윗글과 〈보기〉 모두 3음보의 운율로 리듬감을 형성하고 있다.
③ 윗글과 〈보기〉 모두 후렴구를 활용해 구조적 통일성과 안정감을 확보하고 있다.
④ 윗글과 달리 〈보기〉는 사물의 나열을 중심으로 시상을 전개하고 있다.
⑤ 〈보기〉와 달리 윗글은 오랫동안 구전되다가 훈민정음 창제 이후 우리말로 기록되었다.

개념 더 보기　「청산별곡」의 시적 화자에 대한 해석

해석	내용
'유랑민'으로 해석하는 경우	삶의 터전을 잃고 떠도는 유랑민의 고통과 비애를 읊은 것으로 볼 수 있음.
'실연한 여인'으로 해석하는 경우	사랑하는 임을 잃은 슬픔 때문에 자연으로 도피하려는 마음을 노래한 것으로 볼 수 있음.
'좌절한 지식인'으로 해석하는 경우	난리를 피해 속세를 등지고 숨어 사는 지식인의 번민을 나타낸 것으로 볼 수 있음.

04~07

핵심 정리

가

雨歇長堤草色多	비 개인 긴 둑에 풀빛이 고운데
送君南浦動悲歌	남포에서 임 보내며 슬픈 노래 부르네
大洞江水何時盡	대동강 물이야 언제나 마르려나
別淚年年添綠波	이별 눈물 해마다 푸른 물결 보태나니

– 정지상, 「송인(送人)」

가
- **화자?** 임을 떠나보내고 있는 화자가 대동강 물을 바라보며 이별의 슬픔을 느낌.
- **주제?** 임과 이별하는 슬픔
- **특징?** 서러운 화자의 모습과 아름다운 자연의 모습을 대조하고, 과장법과 도치법을 사용하여 이별의 슬픔을 강조함.

어휘 풀이
- **남포:** 평안남도 서남부에 있는 항구 도시

나

新蒭濁酒如湩白	ⓐ <u>새로 거른 막걸리 젖빛처럼 뿌옇고</u>
大碗麥飯高一尺	큰 사발에 보리밥 높기가 한 자로세
飯罷取耞登場立	밥 먹자 도리깨 잡고 마당에 나서니
雙肩漆澤翻日赤	ⓑ <u>검게 탄 두 어깨 햇볕 받아 번쩍이네</u>
呼耶作聲擧趾齊	옹헤야 소리 내며 발맞추어 두드리니
須臾麥穗都狼藉	ⓒ <u>삽시간에 보리 낟알 온 마당에 가득하네</u>
雜歌互答聲轉高	주고받는 노랫가락 점점 높아지는데
但見屋角紛飛麥	보이느니 지붕 위에 보리티끌뿐이로다
觀其氣色樂莫樂	그 기색 살펴보니 즐겁기 짝이 없어
了不以心爲形役	ⓓ <u>마음이 몸의 노예 되지 않았네</u>
樂園樂郊不遠有	낙원이 먼 곳에 있는 게 아닌데
何苦去作風塵客	ⓔ <u>무엇하러 고향 떠나 벼슬길에 헤매리오</u>

– 정약용, 「보리타작」

나
- **화자?** 농민들이 보리타작을 하고 있는 모습을 지켜보는 화자가 농민의 삶을 긍정하고 자신의 삶을 반성함.
- **주제?** 농민들의 건강한 노동에서 얻은 깨달음
- **특징?** 농민들의 생활상을 알 수 있는 일상적 시어를 사용하여 사실성을 높였으며, 선경후정 및 기승전결의 구성으로 시상을 전개함.

어휘 풀이
- **자:** 길이의 단위, 약 30.3cm
- **도리깨:** 곡식의 낟알을 떠는 데 쓰는 농구
- **삽시간:** 매우 짧은 시간
- **낟알:** 껍질을 벗기지 아니한 곡식의 알
- **기색:** 마음의 작용으로 얼굴에 드러나는 빛
- **낙원:** 아무런 괴로움이나 고통이 없이 안락하게 살 수 있는 즐거운 곳

표현상의 특징 이해하기

04 (가)와 (나)의 공통점으로 적절한 것은?

① 의문형 어미를 활용하여 주제와 관련된 화자의 생각을 강조하고 있다.
② 과장된 표현을 활용하여 화자가 깨달은 바를 효과적으로 전달하고 있다.
③ 색채 이미지를 사용하여 대상을 통해 느끼는 화자의 비애를 강조하고 있다.
④ 청각적 이미지를 사용하여 계절의 변화에 따른 자연물의 아름다움을 드러내고 있다.
⑤ 대비되는 시어를 배치하여 자연물과 인간사의 차이점을 대조적으로 제시하고 있다.

화자의 정서와 태도 파악하기

05 (가)의 화자에 대한 설명으로 적절한 것은?

① 임과의 미래가 행복할 것이라고 여기는 낙관적인 모습을 보인다.
② 임과의 이별을 인정하고 슬픈 감정을 충분히 드러내는 진솔한 모습을 보인다.
③ 임과의 이별을 부정하고 떠나는 임의 마음을 돌리려는 능동적인 모습을 보인다.
④ 임과 헤어지게 된 상황에서 자신의 슬픔을 드러내지 않는 소극적인 모습을 보인다.
⑤ 임과 행복했던 지난날을 떠올리며 미련을 버리지 못하는 과거 지향적인 모습을 보인다.

시어 · 시구의 의미 파악하기

06 (나)의 밑줄 친 ⓐ~ⓔ에 대한 설명으로 적절하지 않은 것은?

① ⓐ: 농민들의 소박한 음식을 나타내는 시어인 '막걸리'를 통해 관찰 대상의 일상을 드러낸다.
② ⓑ: 역동적인 몸의 움직임을 보여 줌으로써 농민의 건강한 모습을 시각적 이미지로 드러낸다.
③ ⓒ: 작품의 제목인 '보리타작'과 관련되는 구절로, 농민들의 노동의 내용이 구체적으로 드러난다.
④ ⓓ: 육체와 정신이 조화를 이룬 농민들의 삶의 모습을 보여 준다.
⑤ ⓔ: 화자 자신이 추구했던 세속적 가치에 대한 반성이 드러난다.

자료를 통해 감상하기

07 〈보기〉를 바탕으로 (가)와 (나)를 이해한 내용으로 적절한 것은?

> 보기
>
> 한시는 한문으로 기록한 운문 문학의 한 종류이다. 우리나라에서는 고유의 글자가 없던 시절에 한문을 사용할 수 있던 지배층이 주로 창작하고 향유했던 갈래이다. 한시는 한 구의 글자 수에 따라 사언, 오언, 칠언으로 나뉜다. 또한 네 구로 이루어졌으면 절구, 여덟 구로 이루어졌으면 율시 등으로 분류할 수 있다. 한시의 주제는 충(忠), 효(孝), 의(義) 등 다양하며, 개인적인 정서를 노래한 작품들도 존재한다. 주로 기승전결의 구성을 취하며 대구를 이루는 구절을 포함하기도 한다.

① (가)는 7언 절구, (나)는 7언 율시에 해당한다고 볼 수 있겠군.
② (가)는 지배층이 창작했지만 (나)는 평민들이 창작했다고 볼 수 있겠군.
③ (가)의 3행과 4행, (나)의 1행과 2행이 각각 대구를 이루는 구절이라고 볼 수 있겠군.
④ (가)는 이별과, (나)는 관찰 대상과 관련하여 느끼는 개인적인 정서를 노래했다고 볼 수 있겠군.
⑤ (가)는 기승전결의 구성에 따라 시상이 전개되고 있지 않지만 (나)는 기승전결의 구성에 따라 시상이 전개되고 있다고 볼 수 있겠군.

01~03 다음 글을 읽고, 물음에 답하시오.

대학수학능력시험 모의평가

가

고려 속요는 고려 시대 궁중에서 형성되어 조선 시대까지 궁중 연향(宴饗)에서 전승되어 불린 노래를 가리킨다. 고려 속요의 기원과 형성에는 민간의 노래가 관여되었다.

민간의 노래가 궁중 잔치의 노래로 사용된 연원은 중국의 오래된 시집인 『시경(詩經)』의 '풍(風)'에서 찾을 수 있다. '풍'에는 민간의 노래가 실려 있는데 사랑 노래가 대부분이다. '풍'에 실린 노래는 중국은 물론 고려와 조선의 궁중 잔치에서도 불렸다. 또한 조선의 궁중에서는 이를 참고하여 연향 악곡을 선정하였다.

남녀 간의 사랑 노래를 포함한 민간의 노래가 궁중악으로 수용될 수 있었던 까닭은 무엇일까? 왕을 정점으로 하는 통치 구조에서는 왕권을 공고히 하고 풍속을 교화(教化)하는 수단이 필요했는데, 예법(禮法)과 음악도 중요한 역할을 하였다. 이때 그 과정에서 민중의 생활상을 진솔하게 반영한 노래 가운데 인륜의 차원으로 확장될 가능성이 있는 노래들은 통치 질서를 구현하기에 적합한 노래로 여겨져 궁중악으로 편입되었다. 특히 남녀 간의 사랑 노래는 그 화자와 대상이 '신하'와 '임금'의 구도로 치환되기 용이했기 때문에 궁중악으로 편입될 수 있었다. 이처럼 민간 가요의 궁중 악곡으로의 전환은 하층에서 상층으로의 편입·흡수 과정을 통해 상·하층이 노래를 함께 향유한 화합의 차원으로 볼 수 있다.

[A]
關關雎鳩(관관저구) 꾸욱꾸욱 우는 물수리 한 쌍
在河之洲(재하지주) 하수(河水)의 모래톱에 있도다
窈窕淑女(요조숙녀) 요조숙녀는
君子好逑(군자호구) 군자의 좋은 짝이로다

위의 시는 '풍'에 실린 「관저(關雎)」 편 첫째 작품으로 작품의 짜임은 대칭 구조를 이루고 있다. 이미 짝을 지은 물수리 암수의 모습과 앞으로 짝을 이룰 요조숙녀와 군자의 모습이 상응하면서 자연과 사람, 사람과 사람 사이의 조화로움을 노래한 것으로 해석되어 왔다. 문왕(文王)과 후비(后妃)*의 덕을 읊은 것, 부부간의 화락(和樂)과 공경(恭敬)을 읊은 것, 풍속 교화의 시초 등 이 노래에 대한 평(評)이 이를 짐작하게 한다. 이러한 점에서 이 노래는 궁중에서 불렸을 때 국가적 차원의 의미까지 담게 될 여지를 갖게 된다.

한편, 고려 속요와 『시경』의 '풍'은 공통점이 있지만 고려 속요는 '풍'과 구별되는 특성을 지니고 있기도 하다. 고려 속요는 민간의 사랑 노래가 궁중악으로 정제되어 편입되는 과정에서 변화를 겪기도 했다. 즉 작품의 특정 부분에 긴밀한 유기적 관계를 맺을 수 있는 형식적 장치를 마련하여 한 작품이 구성될 때 ⊙작품 전체에 통일성을 부여하는 기능을 더하였다. 그리고 궁중 연향을 고려한 것으로 보이는 특정한 부분이 덧붙여지기도 했다. 예컨대, 전체적으로 애틋한 그리움의 정서를 보이는 작품에 ⓒ송축의 내용을 담거나 ⓒ이별의 상황과 동떨어진 시어를 붙이기도 한다. 「동동」과 「가시리」는 이러한 변화를 비교적 잘 보여 주고 있다.

• **문왕과 후비**: 고대의 이상적인 성인 군주와 그의 부인인 태사

나

덕(德)으란 곰비예* 받줍고 복(福)으란 림비예* 받줍고
덕(德)이여 복(福)이라 호늘 나ᅀᅡ라* 오소이다
아으 동동(動動)다리*   〈서사〉

정월(正月)ㅅ 나릿므른* 아으 어져 녹져* ᄒᄂᆫ듸
누릿* 가온ᄃᆡ 나곤 몸하 ᄒᆞ올로 녈셔
아으 동동(動動)다리   〈정월령〉

이월(二月)ㅅ 보로매 아으 노피 현* 등(燈)ㅅ블 다호라
만인(萬人) 비취실 즈시샷다*
아으 동동(動動)다리   〈이월령〉

삼월(三月) 나며 개(開)호 아으 만춘(滿春) 들욋고지여*
ᄂᆞᆷ이 브롤* 즈을 디녀 나샷다
아으 동동(動動)다리   〈삼월령〉

– 작자 미상, 「동동(動動)」

• **곰비예**(곰비+예): 뒷 잔에(여기서는 '신령님께'의 의미)
• **림비예**(림비+예): 앞 잔에(여기서는 '임에게'의 의미)
• **나ᅀᅡ라**: 드리러(낫다='나아가다'의 옛말)
• **아으 동동**(움직일動움직일動)**다리**: 후렴구로 '동동'은 북소리. '다리'는 악기 소리를 흉내 낸 의성어임
• **나릿므른**: 냇물은(나릿믈='냇물'의 옛말)
• **어져 녹져**: 얼었다 녹았다
• **누릿**(누리+ㅅ): 누리의(누리='세상'의 예스러운 말, ㅅ='의'의 옛말)
• **현**: 켠(혀다='켜다'의 옛말)
• **즈시샷다**: 모습이시도다(즛='모습이나 모양'의 옛말. 모음으로 시작하는 어미 앞에서는 '즞'으로 나타남)
• **돌욋고지여**: 진달래꽃이여
• **브롤**: 부러워할(블다='부러워하다'의 옛말)

다

가시리 가시리잇고 나는
ᄇ리고 가시리잇고 나는
위 증즐가 대평셩되(大平盛代)

날러는 엇디 살라 ᄒ고
ᄇ리고 가시리잇고 나는
위 증즐가 대평셩되(大平盛代)

잡ᄉ와 두어리마ᄂᆞᆫ
선ᄒ면 아니 올셰라
위 증즐가 대평셩되(大平盛代)

셜온 님 보내읍노니 나는
가시ᄂᆞᆫ 듯 도셔 오쇼셔 나는
위 증즐가 대평셩되(大平盛代)

― 작자 미상, 「가시리」

- **나는**: 가락을 맞추기 위해 의미 없이 내는 소리
- **ᄇ리고**: 버리고(ᄇ리다='버리다'의 옛말)
- **위 증즐가 대평셩되(큰大평평할平성성할盛대신할代)**: 후렴구(노래 내용과 상관이 없음)

01 **(가)에서 알 수 있는 내용으로 적절하지 않은 것은?**

① 고려 속요는 조선 시대까지 궁중 연향에서 사용되었다.
②『시경』의 '풍'은 조선의 궁중악에 영향을 주기도 하였다.
③『시경』의 '풍'에 실린 노래에는 민중의 삶이 반영되어 있다.
④『시경』의 '풍'과 고려 속요는 모두 상층 노래가 하층 문화에 영향을 준 결과물이다.
⑤ 궁중악에서는 남녀 간의 사랑이 군신 간의 관계로 확장, 전환되어서 해석될 수 있었다.

02 **㉠~㉢을 바탕으로 (나)와 (다)를 설명한 내용으로 적절한 것은?**

① (나)의 '아으 동동다리'는 ㉠의 예로 볼 수 없다.
② (나)의 〈서사〉에서 '아으 동동다리'를 제외한 나머지 부분은 ㉠의 예로 볼 수 있으나, ㉢의 예로는 볼 수 없다.
③ (나)의 〈서사〉에서 '아으 동동다리'를 제외한 나머지 부분은 ㉡의 예로 볼 수 있다.
④ (다)의 '위 증즐가 대평셩되'는 ㉡의 예로 볼 수 있으나, ㉢의 예로는 볼 수 없다.
⑤ (다)의 제1연에서 '위 증즐가 대평셩되'를 제외한 나머지 부분은 ㉡의 예로 볼 수 있다.

03 **(가)를 참고하여 [A], (나), (다)를 감상한 것으로 적절하지 않은 것은?**

① [A]에서는 자연과 사람 사이의 조화로움이, (나)의 〈정월령〉에서는 남녀 간의 사랑으로 인한 외로움이 드러나 있군.
② [A]의 '물수리 한 쌍'과 (나)의 〈삼월령〉의 '만춘 둘욋곶'은 민중들이 긍정적 가치를 부여한 대상이라고 볼 수 있군.
③ [A]에서는 부부가 화락하는 상황을, (다)에서는 남녀가 이별하는 상황을 보여 주고 있군.
④ [A]에서는 제1행과 제2행이, (다)에서는 제1연과 제2연이 대상의 변화에 따른 대칭 구조를 이루고 있군.
⑤ [A]에서는 풍속을 교화할 만한 이상적인 사랑을, (나)에서는 모두가 우러러볼 만한 '덕'을, (다)에서는 '님'에 대한 사랑의 감정을 노래하고 있군.

Ⅱ 시조

1. 시조의 개념

- 고려 중엽 이후에 형성되어 조선 초기에 완성된 우리 고유의 정형시

2. 시조의 종류와 특징

- 시조는 형식에 따라 평시조, 엇시조, 사설시조, 연시조로 나눌 수 있음.

평시조	• 3장 6구의 형식으로 이루어진 가장 기본적이고 대표적인 시조 • 초·중·종장이 각각 4음보로 이루어지며, 글자는 전체 45자 내외를 이룸.
엇시조	• 초·중장 가운데 어느 한 장이 평시조보다 1음보 정도 더 길어진 시조
연시조	• 초·중·종장으로 이루어진 평시조를 한 연으로 하여 2연 이상 중첩되는 시조 • 단일한 주제 아래 여러 수가 연작된 형태와, 주제가 다른 여러 수를 하나의 제목으로 묶은 형태로 나뉨.
사설시조	• 평시조의 기본형에서 2구 이상이 10자 이상으로 길어진 시조 • 재치 있는 언어를 구사하거나 시적 상황을 해학적으로 연출함. • 현실 사회의 모순과 부조리를 빗대어 폭로하고 그 극복 의지를 간접적으로 표출함.

3. 시조의 전개 양상

고려 말	• 고려 후기에 새롭게 등장한 신흥 사대부들의 유교적 이념을 표출함. • 주로 신흥 사대부들의 서정을 간결하게 담아낸 평시조가 창작됨. • 유교적 충의 사상, 늙음에 대한 한탄, 개인의 서정 등을 다룸.
조선 전기	• 훈민정음의 창제로 시조의 창작이 활발해졌으며, 평시조의 중첩 형태인 연시조가 등장함. • 건국 초기에는 사대부들의 유교 사상과 송축가 등이 창작됨. • 세조가 즉위한 후에는 세조의 왕위 찬탈을 비판하는 충절의 노래가 창작됨. • 성종 이후 조선이 안정기에 접어들면서 자연 친화적 사상을 담은 강호 한정가가 창작되었고, 기녀들도 창작에 참여하면서 시조의 향유 계층이 확대됨.
조선 후기	• 서민 의식의 성장과 실학사상의 영향으로 기녀뿐만 아니라 평민층까지 시조의 향유 계층이 확대됨. • 시조를 전문적으로 가창하는 가객이 등장하여 『청구영언(靑丘永言)』, 『해동가요(海東歌謠)』, 『가곡원류(歌曲源流)』 등과 같은 시조집을 편찬하면서 시조 창작을 이끌어 감. • 산문화 경향과 서민 의식의 발달로 평민들의 체험과 생활 감정을 다룬 사설시조가 등장함. • 유교 사상, 사랑과 이별, 사실적인 삶, 현실에 대한 풍자 등과 같은 다양한 내용을 담은 시조가 창작됨.

4. 시조의 주제별 분류

(1) 자연 예찬

• 자신의 신념을 실현할 수 없었던 양반들이 속세를 벗어나 자연을 벗하며 살고자 하는 마음을 노래함.

작품	작가	형식	주요 내용
십 년을 경영ᄒ야~	송순	평시조	자연 속에서 안빈낙도와 물아일체의 삶을 추구함.
두류산 양단수를~	조식	평시조	지리산 양단수의 아름다운 풍경을 예찬함.
말 업슨 청산이요~	성혼	평시조	자연과 더불어 살고 싶은 마음을 노래함.
짚방석 내지 마라~	한호	평시조	자연을 있는 그대로 즐기며 안빈낙도하는 삶을 노래함.
어부가	이현보	연시조	어부의 한가로운 흥취와 나라에 대한 걱정을 드러냄.
강호사시가	맹사성	연시조	자연을 벗 삼아 살면서 임금의 은혜를 생각함.
도산십이곡	이황	연시조	자연 친화적 삶의 지향과 학문 수양의 의지를 드러냄.

(2) 연군지정

• 나랏일을 근심하거나 임금에 대한 그리움을 노래하고 충성과 절개를 다짐함.

작품	작가	형식	주요 내용
눈 마즈 휘여진 디를~	원천석	평시조	고려 왕조에 대한 충절을 다짐함.
이런들 엇더ᄒ며~	이방원	평시조	고려의 충신에게 함께 살아갈 것을 권유하고 회유함.
방 안에 혓는 촉불~	이개	평시조	임(단종)과 이별한 슬픔을 표현함.
천만 리 머나먼 길히~	왕방연	평시조	임(단종)을 남겨 두고 돌아온 비통함을 노래함.
간밤의 부던 바람에~	유응부	평시조	계유정난으로 인재들이 죽어 가는 상황을 안타까워함.
견회요	윤선도	연시조	부모에 대한 그리움과 임금에 대한 충정을 노래함.

(3) 사랑과 이별

• 인간의 보편적 정서인 사랑과 이별의 감정을 절절하게 드러냄.

작품	작가	형식	주요 내용
동지ㅅ돌 기나긴 밤을~	황진이	평시조	임을 기다리는 애타는 마음을 표현함.
묏버들 골히 것거~	홍랑	평시조	소박한 자연물을 통해 자신의 사랑을 은근히 표현함.
이화우 흣쑤릴 제~	계랑	평시조	이별의 슬픔과 임에 대한 그리움을 드러냄.
귓도리 져 귓도리~	작자 미상	사설시조	독수공방하며 느끼는 외로움과 고독함을 드러냄.

(4) 교훈

• 당시의 지배 이념과 윤리 의식을 백성들에게 전파하기 위해 유교 윤리를 강조함.

작품	작가	형식	주요 내용
오륜가	주세붕	연시조	백성들을 교화하기 위해 삼강오륜의 유교적 덕목을 전달함.
훈민가	정철	연시조	유교 윤리의 실천을 권장함.
조홍시가	박인로	연시조	부모님을 생각하는 마음과 유학자로서의 자긍심을 드러냄.

(5) 현실 풍자와 비판

• 당대 사회를 비판하거나 자신이 처한 상황을 우회적으로 풍자하고 해학적 표현을 통해 웃음을 유발함.

작품	작가	형식	주요 내용
싀어마님 며ᄂ라기 낫바~	작자 미상	사설시조	시집살이의 어려움에 대한 고충을 토로함.
개를 여라믄이나 기르되~	작자 미상	사설시조	오지 않는 임에 대한 원망을 개에게 전가시킴.
두터비 ᄑ리를 물고~	작자 미상	사설시조	탐관오리의 이중성과 횡포를 해학적으로 풍자함.
창 내고쟈 창을 내고쟈~	작자 미상	사설시조	삶의 괴로움과 답답함이 해소되기를 소망함.

시조 1 자연 예찬

작품 1 송순 「십 년(十年)을 경영(經營)ᄒ야~」 + 조식 「두류산(頭流山) 양단수(兩端水)를~」 + 한호 「짚방석(方席) 내지 마라~」

작품 2 윤선도 「만흥(漫興)」

작품 3 맹사성 「강호사시가(江湖四時歌)」 / 이황 「도산십이곡(陶山十二曲)」

01~04

가

십 년(十年)을 경영(經營)ᄒ야 **초려 삼간(草廬三間)** 지어 내니

나 ᄒ 간 둘 ᄒ 간에 **청풍(靑風)** ᄒ 간 맛져 두고

㉠강산(江山)은 들일 되 업스니 둘러 두고 보리라

— 송순

나

두류산(頭流山) 양단수(兩端水)를 녜 듯고 이제 보니

㉡도화(桃花) ᄯᅳᆫ 묽은 물에 산영(山影)조ᄎ 잠겻셰라

아희야 **무릉(茂陵)**이 어듸오 나ᄂᆞᆫ 옌가 ᄒ노라

— 조식

다

㉢짚방석(方席) 내지 마라 ㉣낙엽(落葉)엔들 못 안즈랴

솔불 혀지 마라 어제 진 ㉤달 도다온다

아희야 박주산채(薄酒山菜)ㄹ망졍 업다 말고 내여라

— 한호

가

- **화자?** 자연과 하나되고자 하는 화자는 방에 자연물을 들인다는 기발한 발상으로 자연과 함께 사는 삶에 대한 만족감을 표현함.
- **주제?** 자연 속에서의 안빈낙도와 물아일체의 삶
- **특징?** 의인법을 활용하여 자연물을 친근한 존재로 표현함.

◖ 어휘 풀이

- 경영(지날經경영할營)ᄒ야: 준비하여
- **초려 삼간(풀草오두막廬석三사이間)**: 방이 세 칸인 초가집
- 맛져: 맡겨(맡기다='맡기다'의 옛말)

나

- **화자?** 아름다운 두류산의 경치에 감탄하며 무릉도원과 같다고 느낌.
- **주제?** 두류산 양단수의 절경에 대한 예찬
- **특징?** 문답법을 활용하여 자연에 대한 예찬적 태도를 효과적으로 드러냄.

◖ 어휘 풀이

- 두류산(머리頭흐를流뫼山): '지리산'의 다른 이름
- 양단수(두兩끝端물水): 두 갈래로 갈라져 흐르는 물줄기
- 녜: 옛날(녜='옛날'의 옛말)
- **도화(복숭아桃꽃花)**: 복숭아꽃
- 산영(뫼山그림자影): 산 그림자
- **-셰라**: -구나. 감탄형 종결 어미
- **무릉(호반茂언덕陵)**: '무릉도원'의 약칭

다

- **화자?** 인위적인 대상을 거부하고 자연적인 것을 추구하며, 소박한 삶을 즐김.
- **주제?** 자연 속에서 즐기는 풍류와 안분지족
- **특징?** 대구법, 대조법을 활용하여 소박한 삶에 대한 화자의 지향을 드러냄.

◖ 어휘 풀이

- **솔불**: 소나무 가지나 옹이에 붙인 불
- **혀자**: 켜자(혀다='켜다'의 옛말)
- **어제**: 어제(어제='어제'의 옛말)
- **박주산채(엷을薄술酒뫼山나물菜)**: 맛이 변변하지 못한 술과 산나물

표현상의 특징 이해하기

01 (가)~(다)의 표현상의 특징으로 적절하지 <u>않은</u> 것은?

① (가)는 (나)와 달리 자연물에 인격을 부여하여 주제를 강조하고 있다.
② (나)는 (가)와 달리 감탄형 종결 어미를 활용하여 특정 대상에 대한 화자의 태도를 드러내고 있다.
③ (나)는 (다)와 달리 묻고 답하는 방식을 활용하여 주제를 효과적으로 표현하고 있다.
④ (다)는 (가)와 달리 설의적 표현을 활용하여 화자의 정서를 부각하고 있다.
⑤ (나)와 (다)는 모두 유사한 통사 구조를 반복하여 화자가 긍정적으로 생각하는 삶의 태도를 강조하고 있다.

화자의 정서와 태도 파악하기

02 (가)~(다)의 화자에 대한 이해로 적절하지 <u>않은</u> 것은?

① (가)의 화자는 '초려 삼간'을 마련하는 데 '십 년'이나 걸렸음을 강조하며 소박한 삶의 태도를 드러내고 있군.
② (가)의 화자는 '둘', '청풍'에게 방을 내어 준다고 말하며 물아일체적 삶에 대한 동경을 나타내고 있군.
③ (나)의 화자는 '무릉'에 도착하여 그곳에서 본 자연의 아름다움에 감탄하고 있군.
④ (다)의 화자는 성격이 대조적인 소재를 활용하여 자신이 추구하는 삶의 방향을 드러내고 있군.
⑤ (다)의 화자는 자연을 생활 공간으로 삼아 그곳에서 흥취를 즐기며 살아가는 삶을 긍정적으로 표현하고 있군.

시어 · 시구의 의미 파악하기

03 대상을 대하는 화자의 태도를 고려할 때, ㉠~㉤ 중 그 성격이 가장 <u>이질적인</u> 것은?

① ㉠　　　② ㉡　　　③ ㉢
④ ㉣　　　⑤ ㉤

자료를 통해 감상하기

04 〈보기〉를 참고하여 (가)~(다)를 감상한 내용으로 적절하지 <u>않은</u> 것은?

| 보기 |

평시조는 우리나라 고유의 정형시로 단형 시조라고도 한다. 평시조는 초장−중장−종장의 3장 구조로 이루어져 있고 글자 수는 45자 내외이며, 각 장의 글자 수는 편차가 크지 않다. 시조는 4음보의 율격을 띠며, 특히 종장의 첫 어절은 3음절로 고정되는데, 이렇게 시작하는 종장에서 시상이 집약된다. 또한 종장은 보통 3/5/4/3의 글자 수로 이루어져 있고 각 부분을 한 호흡 안에 읽어야 하기 때문에 글자 수가 많은 부분에서 시적 긴장감이 유발된다.

작자 미상으로 남아 있는 사설시조와 달리 평시조의 주요 작자층은 사대부로, 유교적 사상, 자연 친화적 삶 등을 작품의 주요 주제로 삼았다.

① (가)의 종장에서는 첫 어절을 읽을 때 시적 긴장감이 가장 강하게 조성되는군.
② (나)의 종장은 '아희야 / 무릉이 어듸오 / 나는 옌가 / ᄒ노라'와 같이 끊어 읽는 것이 자연스럽군.
③ (가)~(다)는 모두 종장의 첫 어절이 3음절로 시작한다는 공통점이 있군.
④ (가)~(다)는 모두 3장의 구성을 이루면서 각 장의 글자 수의 차이가 크지 않다는 공통점이 있군.
⑤ (가)~(다)는 모두 창작자가 명확하고 자연 친화적 삶을 주제로 삼고 있다는 점에서 사대부 계층이 창작한 작품일 가능성이 높군.

05~07

산슈 간(山水間) 바회 아래 뛰집을 짓노라 ᄒ니

그 모른 놈들흔 욷는다 혼다마ᄂ

어리고 햐암의 ᄠ의ᄂ 내 분(分)인가 ᄒ노라 〈제1수〉

㉠보리밥 픗ᄂ 믈을 알마초 머근 후(後)에

바횟 굿 믉ᄀ의 슬ᄏ지 노니노라

㉡그 나믄 녀나믄 일이야 부롤 줄이 이시랴 〈제2수〉

㉢잔 들고 혼자 안자 먼 뫼흘 브라보니

그리던 님이 오다 반가옴이 이러ᄒ랴

말ᄉᆞ도 우움도 아녀도 몯내 됴하ᄒ노라 〈제3수〉

누고셔 삼공(三公)도곤 낫다 ᄒ더니 만승(萬乘)이 이만ᄒ랴

㉣이제로 헤어든 소부(巢父) 허유(許由)] 냑돗더라

아마도 님쳔 한흥(林泉閑興)을 비길 곳이 업세라 〈제4수〉

㉤내 셩이 게으르더니 하늘히 아ᄅ실샤

인간 만ᄉ(人間萬事)를 ᄒ 일도 아니 맛뎌

다만당 ᄃ토리 업슨 강산(江山)을 딕희라 ᄒ시도다 〈제5수〉

강산(江山)이 됴타 ᄒ들 내 분(分)으로 누엇ᄂ냐

님군 은혜(恩惠)를 이제 더옥 아노이다

아므리 갑고쟈 ᄒ야도 ᄒ올 일이 업세라 〈제6수〉

– 윤선도, 「만흥(漫興)」

• **소부(巢父) 허유(許由):** 고대 중국 사람. 중국의 황제가 허유에게 직책을 준다고 하자 허유는 더러운 말을 들었다며 강물에 귀를 씻었고, 소에게 물을 먹이러 오던 소부는 허유가 귀를 씻은 더러운 물을 소에게 먹일 수 없다며 소를 다시 끌고 돌아가 버렸다는 이야기가 전해져 내려옴.

◗ 핵심 정리

• **화자?** 세속적인 것을 멀리하고 자연에서 사는 삶에 자부심을 느끼며 자연 친화적 태도를 가지고 있음.
• **주제?** 자연에 묻혀 살아가는 삶의 즐거움
• **특징?** 설의적 표현을 통해 주제를 강조하고, 세속적인 것과 자연을 대비하여 주제를 부각함. 한 문투보다 우리말의 묘미를 잘 살림.

◖ 어휘 풀이

• **뛰집:** 띠로 지붕을 인 집. 초가집(뛰='띠'의 옛말. 볏과의 여러해살이풀)
• **어리고:** 어리석고(어리다='어리석다'의 옛말)
• **햐암(시골鄕숨을闇):** 향암. 시골에서 자라 온갖 사리에 어둡고 어리석은 사람
• **분(나눌分):** 자기 신분이나 처지에 맞는 한도
• **픗ᄂ 믈:** 풋나물(픗ᄂ 믈='풋나물'의 옛말)
• **알마초:** 알맞게(알마초='알맞추(알맞게)'의 옛말)
• **슬ᄏ지:** 실컷(슬ᄏ지='실컷'의 옛말)
• **녀나믄:** 다른(녀나믄='다른'의 옛말)
• **뫼:** 산(뫼='산'의 옛말)
• **삼공(석三벼슬公):** 삼정승으로 의정부의 영의정, 좌의정, 우의정을 지칭하는 말
• **도곤:** 보다. 비교 부사격 조사
• **만승(일만萬탈乘):** 수레 만 대. 황제의 지위를 나타냄
• **냑돗더라(냑+돗+더라):** 약했더라
• **님쳔 한흥(수풀林샘泉한가할閑일興):** 임천 한흥. 자연에서 한가롭게 살아가는 즐거움
• **셩(성품性):** 성. 본래 타고난 성격이나 성품
• **인간 만ᄉ(사람人사이間일만萬일事):** 인간 만사. 인간 세상의 수많은 일. 속세
• **딕희랴:** 지키래(딕희다='지키다'의 옛말)
• **님군 은혜(은혜恩惠은혜惠):** 임금의 은혜

표현상의 특징 이해하기

05 윗글에 대한 설명으로 가장 적절한 것은?

① 다양한 사물들을 열거하며 대상에 대한 그리움을 심화하고 있다.
② 설의적 표현을 사용하여 자연에서 비롯된 화자의 감흥을 드러내고 있다.
③ 자연물에 감정을 이입하여 화자의 심리적 변화를 우회적으로 표출하고 있다.
④ 특정 상황을 구체적으로 묘사하여 화자의 심리적 갈등을 우회적으로 전달하고 있다.
⑤ 낯선 자연 풍경을 소개하고 이에 대한 정서를 제시함으로써 이상향에 대한 지향을 보여 주고 있다.

시어·시구의 의미 파악하기

06 ㉠~㉤을 이해한 내용으로 가장 적절한 것은?

① ㉠: 감각적 이미지를 활용하여 대상을 생동감 있게 그리고 있다.
② ㉡: 대립적인 시어를 나란히 배치하여 상황의 모순을 나타내고 있다.
③ ㉢: 비교의 방식을 사용하여 대상에 대한 화자의 애정을 강조하고 있다.
④ ㉣: 고사 속 인물을 동원하여 자신의 삶에 대한 반성적 태도를 부각하고 있다.
⑤ ㉤: 대구를 이루는 표현을 사용하여 화자와 상대가 동등한 가치를 지녔음을 강조하고 있다.

자료를 통해 감상하기

07 〈보기〉를 참고하여 윗글을 감상한 내용으로 적절하지 <u>않은</u> 것은?

> ─ 보기 ─
>
> 「만흥」은 작가가 병자호란 때 왕을 모시고 따라가지 않았다 하여 영덕에 유배되었다가 풀려난 뒤 해남 금쇄동에 은거하고 있을 때 지은 연시조로, 『산중신곡(山中新曲)』 속에 들어 있다. 세속을 떠나 자연 경치를 완상하며 살아가는 은자의 삶이 부귀공명을 추구하며 살아가는 것보다 월등히 낫다는 가치관과 자부심을 드러내는 작품으로, 조선 시대 선비의 이상인 안빈낙도의 표본이라 할 만하다.

① '산슈 간 바회 아래', '쒸집' 등은 화자가 은거하고 있는 해남 금쇄동의 모습이 투영된 공간이라 추측할 수 있다.
② '내 분인가 ᄒ노라'라고 말하는 데서 화자가 추구하는 안빈낙도의 태도를 확인할 수 있다.
③ '삼공', '만승'과 비교하여 자신의 삶을 더 낫다고 말하는 데서 화자의 자부심을 엿볼 수 있다.
④ '인간 만ᄉ를 ᄒᆞᆫ 일도 아니 맛뎌'를 통해 벼슬을 하지 않고 세속과 떨어져 사는 은자의 삶을 드러내고 있다.
⑤ '두토리 업슨 강산을 딕희라'를 통해 현실의 부조리한 정치 상황에 저항하는 화자의 적극적인 자세를 강조하고 있다.

💡 **개념 더 보기** | 시조에서 자연 친화를 드러내는 표현

시어·시구	의미	예시
초려 삼간, 쒸집, 보리밥, 풋ᄂᆞ물	소박한 자연 속에서의 삶	• 십 년을 경영ᄒᆞ야 초려 삼간 지여 내니 • 산슈 간 바회 아래 쒸집을 짓노라 ᄒᆞ니 • 보리밥 풋ᄂᆞ물을 알마초 머근 후에
죠흔 쯧을 알 리 잇다 ᄒᆞ리오 / 부롤 줄이 이시랴	자연 속에서의 삶에 대한 자부심	• 언의 뉘 이 죠흔 쯧을 알 리 잇다 ᄒᆞ리오 • 그 나믄 녀나믄 일이야 부롤 줄이 이시랴

01~02 다음 글을 읽고, 물음에 답하시오.

〈 전국연합학력평가 변형 〉

강호(江湖)에 봄이 드니 미친 흥(興)이 절로 난다
㉠탁료계변(濁醪溪邊)˚에 금린어(錦鱗魚)ㅣ 안주로다
이 몸이 한가(閑暇)하옴도 역군은(亦君恩)이샷다˚

〈제1수〉

강호(江湖)에 여름이 드니 초당(草堂)에 일이 업다
㉡유신(有信)한 강파(江波)˚는 보내노니 바람이로다
이 몸이 서늘하옴도 역군은(亦君恩)이샷다

〈제2수〉

강호(江湖)에 가을이 드니 고기마다 살져 잇다
㉢소정(小艇)˚에 그물 시러 흘리 띄여 더뎌 두고
㉣이 몸이 소일(消日)˚하옴도 역군은(亦君恩)이샷다

〈제3수〉

강호(江湖)에 겨울이 드니 눈 기픠 자히 남다
㉤삿갓 빗기 쓰고 누역˚으로 오슬 삼아
이 몸이 칩디 아니하옴도 역군은(亦君恩)이샷다

〈제4수〉

– 맹사성, 「강호사시가(江湖四時歌)」

- 탁료계변(흐릴濁막걸리醪시내溪가邊): 막걸리를 마시며 노는 시냇가
- 역군은(또亦임금君은혜恩)이샷다: 역시 모두 임금의 은혜로다
- 강파(강江물결波): 강에서 일어나는 물결
- 소정(작을小거룻배艇): 작은 배
- 소일(사라질消날日): 하는 일 없이 세월을 보냄
- 누역: 짚으로 엮어 만든 비옷(누역='도롱이'의 옛말)

표현상의 특징 이해하기

01 〈보기〉는 윗글의 구조를 도표로 정리한 것이다. A~E에 대한 설명으로 적절하지 않은 것은?

보기

각 수는 다음과 같은 짜임을 가지고 있다.

구분	구조 및 내용
초장	강호에 (A)이 드니 (B)
중장	(C)
종장	이 몸이 (D)도 (E) 은혜로다.

① 〈제1수〉~〈제4수〉의 A에는 화자가 맞이하게 되는 계절이 드러나 있다.
② 〈제2수〉와 〈제3수〉의 B에는 자연 경관에 대한 화자의 평가가 드러나 있다.
③ 〈제1수〉와 〈제3수〉의 C에는 화자의 삶의 모습이 구체적으로 드러나 있다.
④ 〈제1수〉와 〈제2수〉의 D에는 초장과 중장의 상황 속에서 화자가 느끼는 정서가 드러나 있다.
⑤ 〈제1수〉~〈제4수〉의 E에는 D를 가능하게 해 주는 존재로 화자가 인식하는 대상이 드러나 있다.

시어·시구의 의미 파악하기

02 ㉠~㉤에 대한 설명으로 적절하지 않은 것은?

① ㉠: 물고기를 잡아 술과 함께 먹는 소박한 삶의 모습을 표현하였다.
② ㉡: 의인화의 방식으로 시원한 강바람을 맞으며 여름 더위를 식히는 모습을 표현하였다.
③ ㉢: 작은 배에서 그물을 던져둔 채 유유자적하는 모습을 표현하였다.
④ ㉣: 자연에서 소일하며 지내는 것이 임금의 은혜 덕이라며 유교적 충의 사상을 표현하였다.
⑤ ㉤: 외롭게 살아가는 화자의 모습을 삿갓을 비스듬히 쓰고 누역을 걸친 해학적인 모습으로 표현하였다.

03~04 다음 글을 읽고, 물음에 답하시오.

이런들 엇더ᄒ며 뎌런들 엇더ᄒ료
초야우생(草野愚生)*이 이러타 엇더ᄒ료
ᄒ믈며 천석고황(泉石膏肓)*을 고텨 므슴 ᄒ료
〈제1수〉

고인(古人)*도 날 몯 보고 나도 고인(古人)을 몯 뵈
고인을 몯 뵈도 녀던* 길 알ᄑᆡ 잇ᄂᆡ
녀던 길 알ᄑᆡ 잇거든 아니 녀고 엇뎔고
〈제9수〉

당시(當時) 녀던 길을 몃 ᄒᆡ를 ᄇᆞ려 두고
어듸 가 ᄃᆞ니다가 이제ᅀᅡ 도라온고
이제야 도라오나니 년 ᄃᆡ* 므슴 마로리
〈제10수〉

청산(靑山)은 엇뎨ᄒᆞ야 만고(萬古)에 프르르며
유수(流水)ᄂᆞᆫ 엇뎨ᄒᆞ야 주야(晝夜)애 긋디 아니ᄂᆞᆫ고
우리도 그치지 마라 만고상청(萬古常靑)*호리라
〈제11수〉
– 이황, 「도산십이곡(陶山十二曲)」

- **초야우생(草草들野어리석을愚날生)**: 시골에 묻혀 사는 어리석은 사람
- **천석고황(샘泉돌石기름膏명치肓)**: 자연의 아름다운 경치를 몹시 사랑하고 즐기는 성질
- **고인(옛古사람人)**: 옛 사람
- **녀던**: 가던(녀다='가다, 다니다'의 옛말)
- **년 ᄃᆡ**: 다른 곳에
- **만고상청(일만萬옛古항상常푸를靑)**: 영원히 변함없이 푸름

표현상의 특징 이해하기

03 윗글에 대한 설명으로 적절한 것은?

① 〈제1수〉에서는 대조를 통해 대상의 속성을 강조하고 있다.
② 〈제9수〉에서는 연쇄법을 활용하여 시상을 전개하고 있다.
③ 〈제10수〉에서는 대구를 통해 당시의 세태를 비판하고 있다.
④ 〈제10수〉에서는 색채 대비를 통해 화자의 정서를 드러내고 있다.
⑤ 〈제11수〉에서는 문답법을 활용하여 화자의 소망을 나타내고 있다.

자료를 통해 감상하기

04 〈보기〉를 참고하여 윗글의 〈제9수〉와 〈제10수〉를 이해한 내용으로 적절하지 <u>않은</u> 것은?

── 보기 ──

이황은 오랜 벼슬 생활의 끝에 다시 학문에 정진하기로 결심한다. 학문을 통해 성현들의 지혜를 배우고 이를 제자들에게 가르치며 살아가고자 한 이황은 낙향하여 도산 서당을 짓고 후학을 양성하는 데 매진하였다. 「도산십이곡」은 이 시기에 지어진 작품으로, 어지러운 속세를 떠나 자연 속에서 누리는 생활, 후진 양성을 위한 강학, 자신의 삶에 대한 생각 등을 솔직 담백하게 표현해 놓은 점이 돋보인다.

① '고인을 몯 뵈도 녀던 길 알ᄑᆡ 잇ᄂᆡ'에는 학문을 통해 성현들의 지혜를 배울 수 있다는 의미가 담겨 있군.
② '녀던 길 알ᄑᆡ 잇거든 아니 녀고 엇뎔고'에서는 끝없이 학문에 매진하려는 화자의 각오가 드러나는군.
③ '몃 ᄒᆡ를 ᄇᆞ려 두고'는 소박한 자연 생활을 기피하고 속세에서 청렴하지 못하게 살았던 과거에 대한 반성을 보여 주는군.
④ '어듸', '년 ᄃᆡ' 등은 학문에 정진하지 못하고 벼슬 생활을 하던 시기의 삶을 환기하는 시어로군.
⑤ '이제야 도라오나니'에서는 벼슬을 그만두고 고향에 도산 서당을 세워 학문에 열중할 수 있게 된 상황을 나타내는군.

04강 시조 2 연군지정

01~03

핵심 정리

가

눈 마즈 휘여진 티를 뉘라셔 굽다턴고

구블 졀(節)이면 눈 속에 프를소냐

아마도 세한고절(歲寒孤節)은 너쑨인가 ᄒ노라

— 원천석

가
- **화자?** 눈 맞아 휘어진 대나무를 바라보며 대나무의 세한고절을 예찬함.
- **주제?** 고려 왕조에 대한 굳은 지조와 충절의 다짐
- **특징?** 상징법, 설의법, 의인법 등을 사용하여 주제를 강조함. 자연물을 통해 화자의 심정을 우회적으로 표현하고 대조적인 소재를 사용함.

어휘 풀이
- **마즈:** 맞아
- **뉘라셔:** 누가(뉘='누구'의 옛말)
- **구블:** 굽을
- **세한고절(해歲찰寒외로울孤마디節):** 한겨울 추위도 이겨 내는 높은 절개

나

이런들 엇더ᄒ며 져런들 엇더하료

만수산(萬壽山) 드렁츩이 얼거진들 엇더ᄒ리

우리도 이ᄀᆞᆺ치 얼거져 백 년(百年)ᄭᆞ지 누리리라

— 이방원

나
- **화자?** 상대방에게 자신과 같은 편이 되어 조선 건국에 협력할 것을 회유하고 권유함.
- **주제?** 조선 건국에 협력하도록 회유하고 함께 어울려 살아가기를 권유함.
- **특징?** 「하여가(何如歌)」로 불리며, 대구법, 설의법, 직유법 등을 사용하여 상대방을 회유함.

어휘 풀이
- **엇더ᄒ며:** 어떠하며(엇더ᄒ다='어떠하다'의 옛말)
- **드렁츩:** 칡덩굴(드렁츩='드렁칡'의 옛말)
- **얼거진들:** 얽혀진들(얼기다='얽히다'의 옛말)
- **이ᄀᆞᆺ치:** 이와 같이(ᄀᆞᆺ치='같이'의 옛말)
- **ᄭᆞ지:** 까지(ᄭᆞ지='까지'의 옛말)

다

이 몸이 주거 주거 일백 번(一百番) 고쳐 주거

백골(白骨)이 진토(塵土)되여 넉시라도 잇고 업고

님 향(向)ᄒ 일편단심(一片丹心)이야 가실 줄이 이시랴

— 정몽주

다
- **화자?** 조선의 건국에 협력하라고 회유를 받았으나 이를 단호하고 직설적인 태도로 거절함.
- **주제?** 고려 왕조에 대한 변함없는 충절
- **특징?** 반복법, 점층법, 과장법, 설의법 등을 사용하여 화자의 강한 의지를 드러내며, 이방원의 「하여가(何如歌)」에 대한 답가로 「단심가(丹心歌)」로 불림.

어휘 풀이
- **백골(흰白뼈骨):** 죽은 사람의 몸이 썩고 남은 뼈
- **진토(티끌塵흙土):** 티끌과 흙
- **일편단심(한一조각片붉을丹마음心):** 한 조각의 붉은 마음이라는 뜻. 진심에서 우러나오는 변치 아니하는 마음을 이르는 말
- **가실:** 변할(가시다='변하다'의 옛말)

01 (가)~(다)의 공통점으로 가장 적절한 것은?

① 시적 대상과 조화를 이루려는 삶의 태도를 드러내고 있다.
② 구도적 자세로 사물이 지닌 본질적 의미를 탐구하고 있다.
③ 화자가 작품 내에서 자신의 가치관을 일관되게 추구하고 있다.
④ 화자가 추구하는 이상 세계의 모습을 상징적으로 형상화하고 있다.
⑤ 자연물의 긍정적 속성을 인간의 부정적 삶의 태도와 대비하여 시상을 전개하고 있다.

02 〈보기〉를 참고하여 (나), (다)를 감상한 내용으로 적절하지 않은 것은?

> ┤ 보기 ├
>
> 고려 말과 조선 초의 혼란한 정치적 상황 속에서 조선 건국의 주역 중 한 사람인 이방원은 고려의 충신들을 회유하려는 방안을 모색하였고 그 일환으로 (나)의 작품을 이용하였다. 즉, 이방원은 「하여가(何如歌)」라는 노래를 통해 우회적으로 새로운 나라를 세우는 데 협력하기를 권했으나, 정몽주는 이에 대한 답가인 (다)의 작품으로 고려에 대한 지조와 절개를 지키겠다는 자신의 의지를 나타내었다.

① (나)의 '이런들 엇더ᄒ며 져런들 엇더하료'는 지조를 지키기보다 유연하게 살아가는 것이 좋다는 뜻을 내포하고 있군.
② (나)의 '만수산 드렁츩'은 고려의 충신을 우회적인 방법으로 회유하기 위해 사용된 소재로군.
③ (나)의 '백 년ᄭ지 누리리라'는 새로운 나라를 세워 오랫동안 함께 살아가자는 뜻을 담고 있군.
④ (다)의 '백골이 진토되여'는 현재의 혼란한 상황이 사라질 것이라는 확신을 드러내는군.
⑤ (다)의 '님'은 창작 당시의 정치적 상황을 고려하면 고려 왕조를 가리킨다고 이해할 수 있군.

03 (다)와 〈보기〉의 공통점으로 가장 적절한 것은?

> ┤ 보기 ├
>
> 가마귀 눈비 마즈 희ᄂ 듯 검노미라
> 야광명월(夜光明月)이 밤인들 어두오랴
> 님 향(向)ᄒ 일편단심(一片丹心)이야 고칠 줄이 이시랴
>
> ─ 박팽년

① 과장법을 사용하여 화자의 태도를 드러낸다.
② 직설적인 화법으로 화자의 의지를 전달한다.
③ 의인법을 사용하여 대상과의 친밀감을 보여 준다.
④ 어조를 변화시킴으로써 화자의 내면적 갈등을 암시한다.
⑤ 표면적 의미와 이면적 의미가 반대인 뜻을 가지는 표현을 사용하여 주제를 강조한다.

개념 더 보기 　고려 말~조선 전기 시조의 유형

유형	특징
회고가	옛 자취나 지나간 일을 생각하며 지은 노래. 주로 고려가 망한 후, 그 유신(遺臣)들이 고려를 회상하며 부른 노래를 통틀어 이름.
절의가	임금이나 나라에 대한 절개와 의리를 주제로 한 시나 시조 따위의 작품을 통틀어 이름.
강호 한정가	자연 속에서 한가한 정서를 느끼며 지내는 삶을 노래한 작품을 통틀어 이름.

04~06

슬프나 즐거오나 옳다 하나 외다 하나

내 몸의 해올 일만 닦고 닦을 뿐이언정

그 밧긔 여남은 일이야 분별(分別)할 줄 이시랴　〈제1수〉

내 일 망녕된 줄을 내라 하여 모랄 손가

이 마음 어리기도 님 위한 탓이로세

아뫼 아무리 일러도 임이 혜여 보소서　〈제2수〉

추성(秋城) 진호루(鎭胡樓) 밧긔 **울어 예는 저 시내**야

무음 호리라 주야(晝夜)의 흐르는다

님 향한 내 뜻을 조차 그칠 뉘를 모르나다　〈제3수〉

㉠**뫼흔** 길고 길고 ㉡**물**은 멀고 멀고

어버이 그린 뜯은 많고 많고 하고 하고

어디서 **외기러기**는 울고 울고 가느니　〈제4수〉

어버이 그릴 줄을 처엄부터 알아마는

님군 향한 뜻도 하날이 삼겨시니

진실로 **님군을 잊으면** 긔 **불효(不孝)**인가 여기노라　〈제5수〉

　　　　　　　　　　　　　　 – 윤선도, 「견회요(遣懷謠)」

- **화자?** 유배지에서 자신의 결백함을 하소연하고 부모와 임금에 대한 그리움을 드러냄.
- **주제?** 유배지에서 느끼는 부모에 대한 그리움과 임금에 대한 변함없는 충성심
- **특징?** 객관적 상관물(시내, 기러기)에 화자가 느끼는 고뇌를 감정 이입하여 정서를 효과적으로 드러내고, 반복과 대조를 통해 주제를 강조함.

어휘 풀이
- **외다:** 그르다(외다='그르다'의 옛말)
- **해올 일:** 할 일
- **밧긔:** 밖의(밧='밖'의 옛말)
- **어리기도:** 어리석게도(어리다='어리석다'의 옛말)
- **아뫼(아모+ㅣ):** 아무개(아모='아무'의 옛말)
- **혜여:** 헤아려(혜다='세다, 헤아리다'의 옛말)
- **추성(가을秋성城):** 함경북도 경원의 옛 이름
- **진호루(진압할鎭오랑캐이름胡누각樓):** 경원에 있는 누각 이름
- **주야(낮晝밤夜):** 밤낮
- **흐르는다:** 흐르는가('~ㄴ다'는 2인칭 의문문)
- **뫼흔(뫼+ㅎ+은):** 산은(뫼='산'의 옛말)
- **하고:** 많고(하다='많다'의 옛말)
- **처엄:** 처음(처엄='처음'의 옛말)
- **삼겨시니:** 생기게 하니(삼기다='생기다'의 옛말)
- **불효(아닐不효도孝):** 어버이를 효성스럽게 잘 섬기지 아니하여 자식 된 도리를 하지 못함

표현상의 특징 이해하기

04 윗글에 대한 설명으로 적절하지 <u>않은</u> 것은?

① 특정 대상에게 말하는 듯한 어투를 사용하고 있다.
② 설의적 표현을 사용하여 화자의 뜻을 드러내고 있다.
③ 자연과 인간사를 대비하여 시적 감흥을 나타내고 있다.
④ 반복과 대구의 기법을 사용하여 시적 의미를 강조하고 있다.
⑤ 객관적 상관물을 사용하여 화자의 정서를 간접적으로 드러내고 있다.

자료를 통해 감상하기

06 〈보기〉를 참고하여 윗글을 감상한 내용으로 적절하지 <u>않은</u> 것은?

| 보기 |

「견회요(遣懷謠)」는 윤선도가 당시의 세력가였던 이이첨 등의 횡포를 규탄하는 상소를 올렸다가 함경도 경원 지방으로 유배되었을 때 지은 작품이다. 윤선도는 상소를 올린 일이 망령된 일인 것 같으나 임금을 위한 옳은 결정이었다는 자신의 신념을 작품에 반영하였다. 또한 임금을 위한 자신의 충심은 효의 확장이며 자신에게 주어진 운명론적 소명임을 드러내고 있다.

① 〈제1수〉의 '내 몸의 해올 일'에서 화자는 자신의 할 일이 나라와 임금을 위해 충심을 다하는 것뿐임을 드러내고 있군.
② 〈제2수〉의 '내 일 망녕된 줄'에서 화자는 자신이 상소를 썼던 것이 어리석은 일이었음을 깨닫고 이를 후회하는 마음을 나타내고 있군.
③ 〈제3수〉의 '울어 예는 저 시내'는 유배된 화자가 느끼는 서러운 마음을 대변하고 있군.
④ 〈제4수〉의 '외기러기'가 '울고 울고 가'는 모습에는 북방으로 유배를 온 처지로 인해 부모 곁에 있을 수 없는 화자의 안타까움이 담겨 있군.
⑤ 〈제5수〉의 '님군을 잊으면 그 불효인가 여기노라'에서 화자는 부모에 대한 효심과 임금에 대한 충심을 동일하게 여기는 태도를 보여 주고 있군.

시어 · 시구의 의미 파악하기

05 ㉠과 ㉡의 공통적 기능으로 가장 적절한 것은?

① 화자의 자연 친화적 태도를 부각한다.
② 화자가 느끼는 세월의 무상함을 강조한다.
③ 화자와 '어버이' 사이의 공간적 거리감을 형상화한다.
④ 화자와 '어버이' 사이의 갈등이 심화되고 있음을 암시한다.
⑤ 화자가 '어버이'와 함께 지냈던 과거를 회상하게 하는 매개체로 작용한다.

01~02 다음 글을 읽고, 물음에 답하시오.

가

백설(白雪)이 잦아진 골에 구름이 머흐레라*
반가온 매화(梅花)는 어느 곳에 피었는고
석양(夕陽)에 ㉠홀로 셔 이셔 갈 곳 몰라 하노라

— 이색

• 머흐레라: 험하고 사납구나(머흘다='험하고 사납다'의 옛말)

나

이 몸이 주거 가서 무어시 될꼬 하니
봉래산(蓬萊山)* 제일봉(第一峯)에 낙락장송(落落長松)*
되야 이셔
백설(白雪)이 만건곤(滿乾坤)홀* 제 ㉡독야청청(獨也靑靑)*ㅎ리라

— 성삼문

• 봉래산(쑥蓬명아주萊뫼山): 중국 전설에서 나타나는 가상적인 공간으로 신선이 사는 산의 하나. 여름의 금강산을 달리 이르는 말
• 낙락장송(떨어질落떨어질落길長소나무松): 가지가 길게 축축 늘어진 키가 큰 소나무. 굳은 절개를 의미함
• 만건곤(찰滿하늘乾땅坤)홀: 하늘과 땅에 가득 찰
• 독야청청(홀로獨어조사也푸를靑푸를靑): 홀로 푸르고 푸르다. 홀로 절개를 굳세게 지키고 있음을 비유적으로 이르는 말

01 윗글의 ㉠과 ㉡을 이해한 내용으로 가장 적절한 것은?

① ㉠과 ㉡ 모두 다른 대상에 빗대어 화자의 의지를 강조하고 있다.
② ㉠과 ㉡ 모두 '고립(孤立)'의 의미를 내포하며 화자의 '외로움'을 강조하고 있다.
③ ㉠과 달리 ㉡은 색채어를 활용하여 부정적 의미를 강화하고 있다.
④ ㉠은 화자의 안타까운 심정을, ㉡은 화자의 굳건한 다짐을 드러내고 있다.
⑤ ㉠은 '거부하는 입장'이라는 점에서, ㉡은 '소외된 처지'라는 점에서 대조적인 의미를 지니고 있다.

02 〈보기〉를 참고하여 (가)와 (나)를 감상한 내용으로 적절하지 <u>않은</u> 것은?

─ 보기 ─

작품 창작 당시 작가가 처한 상황이나 작가를 둘러싼 외부 환경과 같은 작품의 외적 정보는 작품에 대한 이해를 넓혀 주고 독자에게 보다 심화된 감상의 기회를 제공한다.
이런 맥락에서 살펴보면 (가)는 신흥 세력이 득세하는 상황에서 고려의 신하인 화자가 고려 왕조가 무너지는 것에 대한 안타까움을 드러내며 창작한 작품이다. 한편 조선 초기에 창작된 (나)는 단종이 유배된 영월의 봉래산을 언급하면서 수양 대군의 왕권 찬탈에 대한 거부감과 단종에 대한 화자의 굳은 절개와 충절을 드러내고 있는 작품이다.

① (가)의 '구름'은 조선 건국을 도모하는 신흥 세력을 상징하는군.
② (가)의 시간적 배경인 '석양'은 기울어 가는 고려 왕조를 의미하는군.
③ (나)의 '낙락장송'은 수양 대군의 득세에도 단종에 대한 절개를 지키는 화자를 비유하는군.
④ (나)의 '봉래산 제일봉'은 단종의 곁을 지키고자 하는 화자의 충절을 상징적으로 드러내는군.
⑤ (가)의 '백설'과 (나)의 '백설'은 모두 부정적인 대상으로 화자와 대립하고 있는 세력을 나타내는군.

03~04 다음 글을 읽고, 물음에 답하시오.

〈 대학수학능력평가 변형 〉

반(半) 밤중 혼자 일어 묻노라 이내 꿈아
만 리(萬里) 요양(遼陽)˙을 어느덧 다녀온고
반갑다 학가(鶴駕)˙ 선객(仙客)을 친히 뵌 듯ᄒ여라

〈제1수〉

박제상˙ 죽은 후에 **님의 시름** 알 이 업다
이역(異域) 춘궁(春宮)을 뉘라서 모셔 오리
지금에 치술령 귀혼(歸魂)을 못내 슬허ᄒ노라˙

〈제4수〉

조정을 바라보니 **무신(武臣)**도 하 만하라
신고(辛苦)˙ᄒ **화친(和親)**을 누를 두고 ᄒ 것인고
슬프다 **조구리(趙廐吏)**˙ 이미 죽으니 참승(參乘)홀˙ 이
업세라

〈제6수〉

구중(九重) 달 발근 밤의 성려(聖慮)˙ 일정 만흐려니
이역 풍상(風霜)에 학가인들 이즐쏘냐
이 밖에 억만창생(億萬蒼生)을 못내 분별ᄒ시도다

〈제7수〉

구렁에 났는 풀이 **봄비**에 절로 길어
아는 일 업스니 긔 아니 조흘쏘냐
우리는 너희만 못ᄒ야 시름겨워 ᄒ노라

〈제8수〉

조그만 이 한 몸이 하늘 밖에 떨어지니
오색 구름 깊은 곳에 어느 것이 **서울**인고
바람에 지나는 검불˙ 갓ᄒ야 갈 길 몰라 ᄒ노라

〈제9수〉

– 이정환, 「비가(悲歌)」

- 요양(멀遼벌陽): 청나라의 심양
- 학가(학鶴탈駕것): 세자가 탄 수레. 또는 세자. 여기서는 병자호란에서 패배하여 심양에 잡혀간 소현 세자를 가리킴
- 박제상: 신라의 충신. 왕의 아우가 왜에 볼모로 잡히자 그를 구하고 자신은 희생됨
- 슬허ᄒ노라: 슬퍼하노래[슬허ᄒ다='슬퍼하다'의 옛말]
- 신고(매울辛쓸苦): 어려운 일을 당하여 몹시 애씀
- 조구리(나라趙마구廐벼슬아치吏): 조씨 성을 가진 마부. 충신을 가리킴
- 참승(간여할參탈乘)˙홀: 높은 이를 호위하여 수레에 같이 탈
- 성려(성인聖생각할慮): 임금의 염려
- 검불: 마른 나뭇가지나 낙엽 따위

화자의 정서와 태도 파악하기

03 윗글에 대한 설명으로 가장 적절한 것은?

① 인간의 유한한 삶에 대해 한탄하는 태도가 드러나 있다.
② 화자가 지향하는 이상 세계의 모습이 상징적으로 드러나 있다.
③ 이상과 현실의 괴리에서 비롯된 삶에 대한 냉소적 태도가 드러나 있다.
④ 해소하기 어려운 문제적 상황에 당면하여 고뇌하는 태도가 드러나 있다.
⑤ 시대적 고난에 맞서지 못하는 자신의 나약함을 극복하고자 하는 태도가 드러나 있다.

자료를 통해 감상하기

04 〈보기〉를 바탕으로 (가)를 이해한 내용으로 적절하지 **않은** 것은?

┤ 보기 ├

임진왜란과 병자호란을 겪은 이후 사대부들 사이에서는 긴 사연을 담을 수 있는 연시조 양식을 활용해 전란 후 현실의 문제를 다루려는 경향이 나타났다. 병자호란 직후 지어진 「비가(悲歌)」에도 청나라에 잡혀간 세자를 그리는 마음, 임금을 향한 충정, 전란 후 상황에 대한 견해 등 여러 내용이 복합되어 있다. 따라서 각 수의 시어를 연결하여 이해할 때 그 같은 내용들이 적절하게 파악될 수 있다.

① 〈제1수〉의 '어느덧 다녀온고'와 〈제4수〉의 '뉘라서 모셔 오리'라는 진술에는 잡혀간 세자를 그리는 화자의 마음이 반영되어 있다.
② 〈제4수〉의 아무도 알아주지 못하는 '님의 시름'에 대해, 〈제6수〉의 '조구리'와 같은 인물이 없는 현실에 처한 화자는 애석함을 느끼고 있다.
③ 〈제6수〉에서 조정에 많은 '무신'이 남아 있음에도 '신고ᄒ 화친'을 맺은 결과로 〈제7수〉에서 세자가 '이역 풍상'을 겪는다고 화자는 판단하고 있다.
④ 〈제7수〉에서 근심에 싸여 있는 '구중'의 임금을 떠올렸던 화자는 〈제9수〉에서는 '서울'을 찾지 못해 애태우고 있다.
⑤ 〈제7수〉의 '달 발근 밤'과 〈제8수〉의 '봄비'에는 부정적 현실이 개선되리라는 화자의 전망과 기대가 담겨 있다.

05강 시조 3 사랑, 그리움, 교훈

작품 1 황진이 「동지(冬至)ㅅ돌 기나긴 밤을~」 + 홍랑 「묏버들 골히 것거~」 + 계랑 「이화우(梨花雨) 훗샐릴 제~」

작품 2 정철 「훈민가(訓民歌)」

작품 3 이정보 「국화(菊花)야 너는 어이~」 + 이조년 「이화(梨花)에 월백(月白)ㅎ고~」 / 박인로 「조홍시가(早紅枾歌)」

01~03

핵심 정리

가

ⓐ동지(冬至)ㅅ돌 기나긴 밤을 한 허리를 버혀 내여

춘풍(春風) 니블 아레 서리서리 너헛다가

ⓑ어론 님 오신 날 밤이여든 구뷔구뷔 펴리라

— 황진이

가

- **화자?** 떨어져 있는 임을 그리워함.
- **주제?** 임에 대한 그리움과 사랑
- **특징?** 추상적 개념을 감각적으로 표현하고, 음성 상징어를 사용해 우리말의 아름다움을 드러냄.

어휘 풀이

- **동지(겨울冬이르다至)ㅅ돌**: 동짓달(음력으로 열한 번째 달)
- **버혀**: 베어(버히다='베다'의 옛말)
- **춘풍(봄春바람風)**: 봄철에 불어오는 바람
- **니블**: 이불(니블='이불'의 옛말)
- **서리서리**: 긴 것을 헝클어지지 아니하도록 둥그렇게 포개어 감아 놓은 모양
- **어론**: 사랑하는, 배필로 삼은(어르다='배필로 삼다'의 옛말)

나

묏버들 골히 것거 보내노라 님의손딕

자시는 창(窓) 밧긔 심거 두고 보쇼셔

밤비예 새닙곳 나거든 날인가도 너기쇼셔

— 홍랑

나

- **화자?** 임에 대한 사랑과 그리움을 드러냄.
- **주제?** 임에게 보내는 사랑
- **특징?** 화자의 처지와 심정을 대변하는 자연물을 활용하여 임에 대한 마음을 표현하였으며, 도치법을 사용함.

어휘 풀이

- **골히**: 가려(골히다='가리다, 구별하다'의 옛말)
- **것거(겄+어)**: 꺾어(겄다='꺾다'의 옛말)
- **의손딕**: 에게(의손딕='에게'의 옛말)
- **밧긔(밝+의)**: 밖에(밝='밖'의 옛말, 의='에'의 옛말)
- **너기쇼셔**: 여기소서(너기다='여기다'의 옛말)

다

이화우(梨花雨) 훗샐릴 제 울며 잡고 이별(離別)흔 님

추풍낙엽(秋風落葉)에 저도 날 싱각는가

천 리(千里)에 외로운 꿈만 오락가락 ㅎ노매

— 계랑

다

- **화자?** 임과 이별한 화자가 임을 그리워함.
- **주제?** 임에 대한 그리움
- **특징?** 구체적인 시어를 활용하여 시간적·공간적 거리감을 구체화하였으며, 하강 이미지를 통해 이별의 슬픔을 부각함.

어휘 풀이

- **이화우(배나무梨꽃花비雨)**: 비가 오는 것처럼 떨어지는 배꽃. 또는 봄비
- **제**: 때(제='때'의 옛말)
- **추풍낙엽(가을秋바람風떨어질落잎葉)**: 가을바람에 떨어지는 나뭇잎
- **천 리(일천千마을里)**: 백 리의 열 곱절이라는 뜻으로, 매우 먼 거리를 이르는 말
- **꿈**: 꿈(꿈='꿈'의 옛말)
- **ㅎ노매(ㅎ+노매)**: 하는구나(-노매='-는구나'의 옛말)

01 (가)~(다)에 대한 설명으로 적절하지 <u>않은</u> 것은?

① (가)는 우리말로 된 음성 상징어를 사용하여 대상의 아름다움을 나타내고 있다.

② (가)는 관념적인 개념을 감각적으로 느낄 수 있는 대상으로 표현하여 주제를 효과적으로 드러내고 있다.

③ (나)는 문장 성분의 순서를 의도적으로 바꾸어 화자의 마음을 강조하고 있다.

④ (다)는 하강의 이미지를 지닌 시어를 통해 작품 전체의 분위기를 조성하고 있다.

⑤ (다)는 화자와 임의 거리감을 구체적인 시어를 통해 시간적, 공간적으로 드러내고 있다.

02 ⓐ와 ⓑ를 비교한 내용으로 적절하지 <u>않은</u> 것은?

① ⓐ와 달리 ⓑ는 화자의 소망이 이루어진 시간이다.

② ⓐ와 달리 ⓑ는 화자가 준비한 것을 임과 공유하려는 시간이다.

③ ⓐ와 달리 ⓑ는 화자가 임과의 공간적 거리감을 느끼지 않는 시간이다.

④ ⓑ와 달리 ⓐ는 임과 관련하여 화자가 부정적으로 생각하는 시간이다.

⑤ ⓑ와 달리 ⓐ는 화자가 심리적으로 짧게 느껴 연장하고자 하는 시간이다.

03 〈보기〉를 바탕으로 (나)와 (다)를 감상한 내용으로 가장 적절한 것은?

> ┤ 보기 ├
>
> **[학습 자료 1]**
>
> 조선 중기에 이르러 사대부와 교류하였던 기녀들이 시조를 짓고 향유하기 시작하면서 사대부가 주를 이루었던 시조의 작가층이 확대되었다. 이에 따라 유교적 충군애민, 강호가도와 안빈낙도를 주제로 했던 기존의 시조는 사랑, 이별 등의 인간적 감정을 진솔하게 표현하는 모습으로 변하였다. 이러한 변화로 시조는 서정시로서의 성격이 한층 더 강화되었다. 또한 표현 면에서도 세련된 기교와 순우리말 시어가 자주 사용되며 시적 언어의 발전을 가져왔다.
>
> **[학습 자료 2]**
>
> 홍랑은 함경도 홍원의 기녀로, 조선 시대의 시인이었던 최경창과 사랑하는 사이였다. 계랑은 전라도 부안의 기녀로, 시와 노래, 거문고에 두루 능하였으며 조선 시대의 학자였던 유희경과 교류하는 사이였다.

① (나)와 (다) 모두 자연물을 제시하여, 조선 중기 시조의 강호가도적 특징을 나타내고 있다.

② (나)와 (다) 모두 기녀의 작품으로, 시조를 창작하는 계층이 다양화된 것을 확인할 수 있다.

③ (나)와 달리 (다)는 순우리말 시어를 주로 사용하여 화자의 감정을 세련된 기교로 표현하고 있다.

④ (다)와 달리 (나)의 '님'은 임금으로도 해석할 수 있어서 기존 시조의 주제를 벗어나지 못함을 알 수 있다.

⑤ (다)와 달리 (나)는 사랑과 이별이라는 인간적 감정을 진솔하게 표현하여 서정시로서의 성격을 드러내고 있다.

04~06

아바님 날 나ᄒ시고 어마님 날 기르시니

두분곳 아니시면 이 몸이 사라실가

하늘 ᄀᆞ튼 ᄀᆞ업슨 **은덕을 어ᄃᆡ 다혀 갑ᄉᆞ오리**　〈제1수〉

님금과 ᄇᆡ셩과 ᄉᆞ이 하늘과 싸히로ᄃᆡ

내의 셜운 이를 다 아로려 ᄒᆞ시거든

우린들 ㉠ 술진 미나리를 홈자 엇디 머그리　〈제2수〉

형아 아ᄋᆞ야 네 ᄉᆞᆯ홀 ᄆᆞᆫ져 보아

뉘손ᄃᆡ 타나관ᄃᆡ 양ᄌᆞ(樣子)조차 ᄀᆞ타슨다

ᄒᆞᆫ 졋 먹고 길러나 이셔 **닷 ᄆᆞ음을 먹디 마라**　〈제3수〉

어버이 사라진 제 셤길 일란 다ᄒᆞ여라

디나간 휘면 애ᄃᆞᆲ다 엇디ᄒᆞ리

평ᄉᆡᆼ(平生)에 고텨 못홀 이리 이ᄲᆞᆫ인가 ᄒᆞ노라　〈제4수〉

ᄆᆞ읠 ᄉᆞᄅᆞᆷ들아 **올ᄒᆞᆫ 일 ᄒᆞ쟈스라**

ᄉᆞᄅᆞᆷ이 되어나셔 올치옷 못ᄒᆞ면

ᄆᆞ쇼롤 갓 곳갈 ᄡᅱ워 밥 머기나 다ᄅᆞ랴　〈제8수〉

풀목 쥐시거든 두 손으로 바티리라

나갈 ᄃᆡ 겨시거든 막대 들고 조ᄎᆞ리라

향음주(鄕飮酒) 다 파ᄒᆞᆫ 후에 뫼셔 가려 ᄒᆞ노라　〈제9수〉

오늘도 다 새거다 호믜 메고 가쟈ᄉᆞ라

내 논 다 ᄆᆡ여든 네 논 졈 ᄆᆡ여 주마

올 길헤 ᄲᅩᆼ ᄯᅡ다가 누에 머겨 보쟈ᄉᆞ라　〈제13수〉

　　　　　　　　　　　　　　 – 정철, 「훈민가(訓民歌)」

> **핵심 정리**

- **화자?** 유교적 도리와 덕목을 강조하며 백성들에게 윤리를 실천하도록 권장함.
- **주제?** 유교 윤리의 실천 권장
- **특징?** 백성들이 쉽게 이해할 수 있도록 주로 순우리말을 사용하고, 당위적 표현과 청유형 표현을 적절히 활용하여 전달 효과를 극대화함.

어휘 풀이

- **두분곳**: 두 분이('곳'은 강세 접미사)
- **ᄀᆞ업슨**: 끝없는(ᄀᆞ업다='끝이 없다'의 옛말)
- **은덕**: 은혜와 덕
- **셜운(셜+은)**: 서러운(셟다='섧다, 서럽다'의 옛말)
- **술진**: 살진(술지다='살지다'의 옛말)
- **아ᄋᆞ야**: 아우야
- **뉘손ᄃᆡ**: 누구에게서
- **타나관ᄃᆡ**: 태어났기에(타나다='태어나다'의 옛말)
- **양ᄌᆞ(모양樣아들子)**: 모양
- **ᄀᆞ타슨다**: 같은 것인가('~ㄴ다'=의문형 어미)
- **사라진 제**: 살아계실 적에('제'는 '적에'가 줄어든 말)
- **애ᄃᆞᆲ다**: 애태우다
- **평ᄉᆡᆼ(평평할平날生)**: 평생
- **ᄒᆞ쟈스라**: 하자꾸나('-쟈스라'는 청유형 어미)
- **올치옷**: 옳지('옷'은 강세 접미사)
- **ᄆᆞ쇼**: 짐승. 말[馬]과 소[牛]
- **곳갈**: 고깔(곳갈='고깔'의 옛말)
- **바티리라(바티+리라)**: 받들리라(바티다='받들다'의 옛말)
- **향음주(시골鄕마실飮술酒)**: 온 고을의 유생이 모여 향약을 읽고 술을 마시며 잔치하던 일
- **새거다**: 날이 밝다
- **호믜**: 호미(호믜='호미'의 옛말)
- **졈**: 좀(졈='좀'의 옛말)

04 윗글에 대한 설명으로 적절하지 <u>않은</u> 것은?

① 설의적 표현을 활용하여 화자의 의도를 부각하고 있다.
② 유사한 문장 구조를 반복하여 운율을 만들어 내고 있다.
③ 비유적 표현을 통해 말하고자 하는 바를 강조하고 있다.
④ 자연물과 화자를 대조하는 방식으로 화자의 정서를 드러
내고 있다.
⑤ 특정한 대상에게 말을 건네는 방식을 통해 교훈적 내용을
전달하고 있다.

05 〈보기〉를 참고하여 ㉠의 함축적 의미를 파악한 것으
로 가장 적절한 것은?

| 보기 |

『여씨춘추(呂氏春秋)』에 '야인미근 원헌지지존(野人美芹
願獻之至尊)'이라는 말이 있다. '임금의 것이 무엇 하나 귀
하지 않은 물건이 있겠는가마는 시골 백성의 살진 미나리
를 임금에게 보내고 싶다.'라는 뜻이다.

① 어떠한 시련에도 변치 않는 지조와 절개를 상징한다고 할
수 있어.
② 임금이 백성들의 고달픈 처지를 생각할 수 있게 하는 매개
가 되고 있어.
③ 보잘것없는 대상이지만 정성스러운 마음을 드러내는 소재
라고 할 수 있어.
④ 호화스러운 생활과 대비되는 가난하고 볼품없는 생활을
뜻한다고 할 수 있어.
⑤ 자신의 현재 처지에 만족하며 청빈하게 살고 있는 상황을
보여 준다고 할 수 있어.

06 〈보기〉를 참고하여 윗글을 감상한 내용으로 적절하지
<u>않은</u> 것은?

| 보기 |

「훈민가(訓民歌)」는 정철이 강원도에서 관찰사로 근무하
던 시절에 지은 작품으로, 임금과 백성의 수직적 위계질서
를 강조하는 체제 안에서 신하의 도리를 다하고 백성을 교
화하겠다는 의지를 보여 주고 있다. 이 작품은 삼강오륜이
라는 유교적 윤리 의식을 바탕으로 한 교훈적 메시지를 다
양한 표현 방식과 직설적 화법을 활용해 효과적으로 드러
내고 있다.

① '은덕을 어딘 다혀 갑스오리'라는 표현에서 부모의 은혜에
감사하고 효도하라는 유교적 사상을 읽어낼 수 있군.
② '님금과 빅셩과 스이 하늘과 싸히로딘'라는 표현을 통해
작가가 임금과 백성을 수직적 위계 관계로 인식하고 있음
을 알 수 있군.
③ '닷 무 음을 먹디 마라', '올흔 일 ᄒ쟈스라'라는 표현에서
백성을 교화하고 설득하고자 하는 작가의 의지를 파악할
수 있군.
④ '무쇼룰 갓 곳갈 씌워 밥 머기나 다ᄅ랴'라는 표현을 통해
백성들에게 도덕이 사람으로서의 도리라는 윤리 의식을
가르치고 있음을 파악할 수 있군.
⑤ '향음주(鄕飮酒) 다 파ᄒ 후에 뫼셔 가려 ᄒ노라'라는 표현
을 통해 작가가 윤리적 관점에서 흥취와 향락을 즐기는 삶
을 비판하고 있음을 알 수 있군.

💡 **개념 더 보기** | **송강 '정철'의 삶과 작품**

1560년	25세	당쟁으로 물러나 있으면서 고향 창평에서 「성산별곡」을 지음.
1580년	45세	강원도 관찰사로 부임하여 「관동별곡」과 「훈민가」를 지음.
1585년~ 1589년	50~54세	반대파의 탄핵을 받아 사직하고 고향 창평에서 「사미인곡」, 「속미인곡」을 지음.

01~02 다음 글을 읽고, 물음에 답하시오.

〈 대학수학능력시험 모의평가 변형 〉

가

국화(菊花)야 너는 어이 **삼월 동풍(三月東風)** 다 지닉고
낙목한천(落木寒天)*에 **네 홀로** 퓌엿는다
아마도 **오상고절(傲霜孤節)***은 **너쑨인가 ㅎ노라**

– 이정보

- **낙목한천(떨어질落나무木찰寒하늘天)**: 나뭇잎이 떨어지는 때의 추운 하늘
- **오상고절(거만할傲서리霜외로울孤마디節)**: 서릿발이 심한 추위 속에서도 굴하지 않고 외로이 지키는 절개

나

이화(梨花)에 월백(月白)ㅎ고 **은한(銀漢)**이 **삼경(三更)**인 제
일지 춘심(一枝春心)을 **자규(子規)**야 알랴마는
다정(多情)도 병(病)인 양ㅎ여 **줌 못 드러 ㅎ노라**

– 이조년

- **은한(은銀한나라漢)**: 은하수
- **삼경(석三고칠更)**: 밤 11시~오전 1시경
- **자규(아들子법規)**: 두견새, 소쩍새

표현상의 특징 이해하기

01 (가)와 (나)의 공통점으로 가장 적절한 것은?

① 설의적 표현으로 냉소적 태도를 드러내고 있다.
② 계절감을 주는 어휘로 시적 분위기를 조성하고 있다.
③ 직유법을 사용하여 대상과의 친밀감을 나타내고 있다.
④ 청각적 심상을 활용하여 화자의 처지를 부각하고 있다.
⑤ 영탄적 표현을 통해 화자의 단호한 의지를 표출하고 있다.

시어·시구의 의미 파악하기

02 (가)와 (나)에 대한 설명으로 적절하지 <u>않은</u> 것은?

① (가)의 '네 홀로'에는 다른 꽃들과 대조되는 국화의 속성이 드러나 있다.
② (나)에서는 밝은 달빛을 받는 '이화'에서 환기된 화자의 정서가 '자규'를 통해 심화되고 있다.
③ (가)에서는 '동풍'이 불어오는 '삼월'이, (나)에서는 '은한'이 기우는 '삼경'이 화자가 대상과 이별하는 시간적 배경으로 제시되어 있다.
④ (가)의 '오상고절'에는 굳건한 절개가, (나)의 '다정'에는 애상적 정서가 표현되어 있다.
⑤ (가)의 '너쑨인가 ㅎ노라'에는 대상을 예찬하는 화자의 태도가, (나)의 '줌 못 드러 ㅎ노라'에는 감정을 주체하지 못하는 화자의 모습이 나타나 있다.

03~04 다음 글을 읽고, 물음에 답하시오.

〈전국연합학력평가 변형〉

반중(盤中) 조홍(早紅)감이 고아도 보이ᄂ다
유자이 안이라도 품엄즉도 ᄒ다마ᄂ
품어 가 반기리 업슬식 글노 설워 ᄒᄂ이다
〈제1수〉

왕상의 잉어 잡고 맹종의 죽순 썩어
검던 멀리* 희도록 노래자의 오슬 입고
일생애 양지성효(養志誠孝)*를 증자*같이 하리이다
〈제2수〉

만균(萬鈞)*을 늘려내야 길게길게 노*흘 쏘아
구만리 장천에 가ᄂ 희를 자바믜야
북당(北堂)*의 학발쌍친(鶴髮雙親)*을 더듸 늘게 ᄒ리이다
〈제3수〉

군봉(群鳳)* 모다신 듸 **외가마귀** 드러오니
백옥 사힌 곳애 돌 흔아 갓다마ᄂ
두어라 봉황도 비조(飛鳥)와 류(類)시니* 뫼셔 논들 엇더
ᄒ리
〈제4수〉
– 박인로, 「조홍시가(早紅柿歌)」

- **반중(소반盤가운데中) 조홍(일찍무붉을紅)감:** 소반 위에 담긴 일찍 익은 홍시
- **멀리:** 머리(멀리='머리'의 옛말)
- **양지성효(기를養뜻志정성誠효孝):** 부모의 뜻을 받드는 정성스러운 효성
- **증자:** 효심이 깊은 것으로 유명한 공자의 제자
- **만균(일만萬서른근鈞):** 큰 쇳덩어리('균'은 30근을 이르므로 30만 근에 해당함)
- **노:** 노끈
- **북당(북녘北집堂):** 늙은 부모가 계신 안방
- **학발쌍친(학鶴터럭髮쌍雙친할親):** 머리 흰 늙은 부모
- **군봉(무리群봉황새鳳):** 여러 마리의 봉황새
- **비조(날飛새鳥)와 류(무리類)시니:** 나는 새와 한 종류이시니

표현상의 특징 이해하기

03 윗글에 대한 설명으로 가장 적절한 것은?

① 〈제1수〉에서는 계절적 배경을 묘사하여 생동감을 주고 있다.
② 〈제2수〉에서는 선경후정의 방식으로 시상을 전개하고 있다.
③ 〈제3수〉에서는 불가능한 상황을 설정하여 화자의 소망을 드러내고 있다.
④ 〈제4수〉에서는 점층적 표현을 사용해 대상의 특성을 부각하고 있다.
⑤ 〈제1수〉와 〈제3수〉에서는 자연물을 활용하여 삶의 무상함을 제시하고 있다.

자료를 통해 감상하기

04 〈보기〉의 밑줄 친 부분을 바탕으로 윗글을 이해한 내용으로 적절하지 않은 것은?

─ 보기 ─

「조홍시가(早紅柿歌)」의 〈제4수〉는 위대한 봉황새들의 무리에 보잘것없는 까마귀가 어울리고 싶다는 내용을 담고 있어, 앞선 작품들과 다소 이질적으로 느껴질 수 있다. 그러나 까마귀가 효조(孝鳥)로도 널리 알려진 점을 고려하면 시 전체가 일관성을 가지고 있다고도 볼 수 있다.

① '군봉'은 〈제2수〉에서 언급된 효를 실천한 위대한 사람들로 볼 수 있겠어.
② '외가마귀'는 부모님께 효도를 하고자 하는 화자를 나타내는 소재로 볼 수 있겠어.
③ '백옥 사힌 곳'에 '돌 흔아 갓다'는 것은 화자가 부모님께 불효했던 일을 자책한 표현으로 볼 수 있겠어.
④ '봉황'도 '비조와 류'라고 한 것은 위대한 효자도 화자와 같은 인간이라는 점을 이야기하는 것으로 볼 수 있겠어.
⑤ '봉황'을 '뫼셔 논'다는 것은 효자로 이름난 사람들을 본받고 싶어 하는 마음을 담고 있다고 볼 수 있겠어.

01~03

핵심 정리

가

어이 못 오던다 므스 일로 못 오던다

너 오는 길 우희 무쇠로 성(城)을 ᄡᅡ고 성(城) 안헤 담 ᄡᅡ고 담 안헤란 집을 짓고 집 안헤란 ㉠두지 노코 두지 안헤 궤(櫃)를 노코 궤(櫃) 안헤 너를 결박(結縛)ᄒ여 노코 쌍(雙)비목 외걸새에 용(龍)거북 ᄌᆞ물쇠로 수기수기 ᄌᆞᆷ갓더냐 ㉡네 어이 그리 아니 오던다

ᄒᆞᆫ 해도 열두 ᄃᆞᆯ이오 ᄒᆞᆫ ᄃᆞᆯ이 셜흔 날이여니 날 보라 올 ᄒᆞ리 업스랴

— 작자 미상

가

- **화자?** 임이 오지 않는 상황에 대해 답답함과 안타까움을 느끼고 임에 대한 원망을 드러냄.
- **주제?** 임을 기다리는 안타까운 마음과 원망
- **특징?** 연쇄적 표현과 열거법 등을 통해 이별 상황을 과장적으로 표현함.

C 어휘 풀이

- **우희:** 위에(웋='위'의 옛말)
- **ᄡᅡ고:** 쌓고(ᄡᅡ다='쌓다'의 옛말)
- **두지:** 뒤주. 쌀 따위의 곡식을 담아 두는 세간
- **결박(맺을結묶을縛):** 몸이나 손 따위를 움직이지 못하도록 동이어 묶음
- **수기수기:** 깊이깊이

나

나모도 바히돌도 업슨 뫼헤 매게 ᄧᅩ친 ㉢가토릐 안과

대천(大川) 바다 한가온대 일천 석(一千石) 시른 빈에 노도 일코 닷도 일코 농총도 근코 돗대도 것고 치도 ᄲᅡ지고 ᄇᆞ람 부러 물결 치고 안개 뒤섯계 ᄌᆞ자진 날에 갈 길은 천리 만리(千里萬里) 나믄듸 사면(四面)이 거머어득 져뭇 천지 적막(天地寂寞) 가치노을 ᄯᅥᆺᄂᆞᆫ듸 ㉣수적(水賊) 만난 도사공(都沙工)의 안과

엊그제 님 여횐 내 안히야 엇다가 ᄀᆞ을ᄒᆞ리오

— 작자 미상

나

- **화자?** 임과 이별한 후 절망감과 참담함을 느낌.
- **주제?** 임을 여읜 슬픔
- **특징?** 열거법, 비교법, 과장법, 점층법 등을 활용해 화자의 슬픔과 참담함을 효과적으로 표현함.

C 어휘 풀이

- **뫼헤:** 산에서
- **가토릐:** 까투리(암꿩)의
- **안:** 마음
- **농총:** 용총줄. 돛대에 매어 놓은 줄
- **치:** 키. 배의 방향을 조절하는 기구
- **나믄듸:** 남았는데
- **가치노을:** 사나운 파도
- **수적(물水도적賊):** 바다나 큰 강의 도적
- **도사공(도읍都모래沙장인工):** 뱃사공의 우두머리

다

개를 여라믄이나 기르되 ㉤요 개ᄀᆞᆺ치 얄믜오랴

뮈온 님 오며는 ᄭᅩ리를 홰홰 치며 ᄧᅱ락 ᄂᆞ리 ᄧᅱ락 반겨서 내ᄃᆞᆺ고 고온 님 오며는 뒷발을 바동바동 므르락 나으락 캉캉 즈져서 도라가게 ᄒᆞᆫ다

쉰밥이 그릇그릇 난들 너 머길 줄이 이시랴

— 작자 미상

다

- **화자?** 오지 않는 임에 대한 원망을 개에게 전가하여 임에 대한 그리움을 간접적으로 드러냄.
- **주제?** 사랑하는 임을 기다리는 안타까운 마음
- **특징?** 개에 대한 미움을 표현하며, 의성·의태어로 개의 행동을 해학적으로 묘사함.

C 어휘 풀이

- **여라믄:** 여남은(열이 조금 넘는 수)
- **ᄀᆞᆺ치:** 같이
- **뮈온:** 미워하는(믜다='미워하다'의 옛말)
- **므르락 나으락:** 뒤로 물러나기도 하고 앞으로 나아가기도 하고

01 (가)~(다)의 표현상의 특징에 대한 이해로 적절하지 <u>않은</u> 것은?

① (가)는 (나), (다)와 달리 연쇄적 표현을 활용하여 화자가 하고자 하는 말을 효과적으로 전달하고 있다.

② (가), (나)는 (다)와 달리 가상의 상황을 설정하여 화자의 정서를 부각하고 있다.

③ (나), (다)는 (가)와 달리 점층적 표현을 활용하여 시적 상황을 형상화하고 있다.

④ (다)는 (가), (나)와 달리 음성 상징어를 사용하여 시적 대상의 행동을 사실적으로 묘사하고 있다.

⑤ (가)~(다)는 모두 설의적 표현을 활용하여 화자의 정서를 드러내면서 시상을 마무리하고 있다.

02 ㉠~㉤에 대한 설명으로 적절하지 <u>않은</u> 것은?

① ㉠: 화자의 상상 속에서 임을 오지 못하게 막는 사물이다.

② ㉡: 화자가 애타게 기다리는 사람으로, 사랑의 대상이자 원망의 대상이다.

③ ㉢: 위기에 빠진 자연물로, 화자가 자신의 심정을 부각하기 위해 내세운 비교 대상이다.

④ ㉣: 화자가 부정적인 상황에 처하게 된 근본적 원인으로, 화자의 힘으로는 극복할 수 없는 장애물이다.

⑤ ㉤: 화자와 표면적 갈등 관계에 있는 대상으로, 임에 대한 원망의 감정을 드러내기 위한 소재이다.

03 〈보기〉를 바탕으로 (가)~(다)를 감상한 것으로 적절하지 <u>않은</u> 것은?

─ 보기 ─

사설시조는 사대부의 전유물이었던 시조를 평민도 향유하게 되면서 평시조와 다른 형태로 등장하였다. 사설시조는 초장, 중장, 종장의 3장 구성, 종장의 첫 음보가 3음절이라는 평시조의 형식을 이어받았다. 그러나 평시조와 달리 사설시조는 함축적으로 의미를 표현하는 한자어가 아닌 고유어를 주로 사용했기 때문에 감정을 구체적으로 표현하기 위해 중장이 제한 없이 길어질 수 있었다. 사설시조는 평민층이 주 작자층이었기 때문에 친숙한 소재를 활용해 일상 속에서 느끼는 진솔한 감정을 표현한 작품이 많다. 또한 부정적인 상황을 해학적으로 표현하며 삶의 고단함을 긍정적으로 해소하고자 한 흔적을 엿볼 수 있다.

① (가): 일상의 사물을 열거하여 화자의 답답한 심정을 부각하고 있군.

② (나): 화자가 삶의 애환을 낙천적인 태도를 통해 긍정적으로 해소하고 있군.

③ (다): 친숙한 대상인 '개'를 소재로 하여 화자의 정서를 해학적으로 표현하고 있군.

④ (가)~(다): 종장의 첫 음보를 통해 평시조의 형식을 일부 계승한 갈래적 특성을 엿볼 수 있군.

⑤ (가)~(다): 임에 대해 화자가 느끼는 정서를 진솔하게 표현하기 위해 중장을 확대하였군.

💡 **개념 더 보기** 평시조와 사설시조의 비교

구분	평시조	사설시조
시기	고려 말 이후	조선 중기 이후
작자층	양반 사대부	중인, 평민층(작자 미상인 경우가 많음.)
주제	유교적 이념과 사상, 자연 친화적인 삶	남녀 간의 사랑, 서민들의 애환, 현실에 대한 비판과 풍자

04~07

가

㉠창(窓) 내고쟈 창(窓)을 내고쟈 이내 가슴에 창(窓) 내고쟈

고모장지 셰살장지 들장지 열장지 암돌져귀 수돌져귀 비목걸새 크나큰 쟝도리로 둑닥 바가 이내 가슴에 창(窓) 내고쟈

잇다감 하 답답홀 제면 여다져 볼가 ᄒ노라

— 작자 미상

가
- **화자?** 세상살이의 고달픔에서 벗어나고 싶은 마음을 기발한 발상을 통해 웃음으로 극복하고자 함.
- **주제?** 삶의 답답함에서 벗어나고 싶은 마음
- **특징?** 답답한 화자의 심정을 사방이 막힌 방에 비유함. 반복법과 열거법을 통해 답답한 마음을 수다스럽게 표현해 해학적 분위기를 조성함.

어휘 풀이
- **장도리:** 장도리·망치(장도리='장도리'의 옛말)
- **잇다감:** 이따금(잇다감='이따금'의 옛말)
- **하:** 정도가 매우 심하거나 큼을 강조하여 이르는 말. '아주', '몹시'의 뜻을 나타냄.
- **여다져:** 여닫아(여다지다='여닫다'의 옛말)

나

일신(一身)이 ᄉ쟈 ᄒ엿더니 ㉡물ᄀ것 계워 못 슬니로다

핏겨 것튼 가랑니며 보리알 것튼 수통니며 듀린 니 갓싼 니 쟌 벼룩 굴근 벼룩 강벼룩 왜(倭)벼룩 긔는 놈 ᄲᅱ는 놈에 비파(琵琶) 것튼 빈아(蠙蛾) 삿기 사령(使令) 것튼 등에아비 갈ᄯᅩ귀 ᄉ위약이 셴 박퀴 누른 박퀴 바금이 거절이 부리 ᄲᅩ쪽ᄒ 모긔 다리 기다헌 모긔 여윈 모긔 ᄉ딘 모긔 그림아 ᄲᅩ록이 주야(晝夜)로 빈 씌 업시 물거니 ᄲᅩ거니 셜거니 ᄯᅳᆺ거니 심(甚)ᄒ 당(唐)비루에 더 어려웨라

그중에 ᄎ마 못 견딀 쏜 오뉴월(五六月) 복다림에 ㉢쉬ᄑ린가 ᄒ노라

— 작자 미상

나
- **화자?** 물것 때문에 살기 어려운 상황, 즉 탐관오리들이 가렴주구를 일삼는 상황을 풍자함.
- **주제?** 세상살이의 고단함과 탐관오리에 대한 비판
- **특징?** 탐관오리들을 물것에 빗대어 열거함. 삶의 고통을 우의적·해학적으로 표현함.

어휘 풀이
- **일신(한一몸身):** 자기 한 몸
- **계워:** 견뎌 내기 어려워
- **비파(비파琵비파琶):** 동양 현악기의 하나
- **빈아(가난할蠙아이蛾):** 가난한 집의 어린아이. 작품에서는 '빈대'로 쓰임
- **사령(부릴使명령할令):** 조선 시대에 각 관아에서 심부름하던 사람
- **셴:** 흰(셰다='세다'의 옛말)
- **ᄲᅩ쪽ᄒ:** 뾰족한(ᄲᅩ쪽ᄒ다='뾰족하다'의 옛말)
- **셜거니:** 빨거니(셜다='빨다'의 옛말)
- **ᄯᅳᆺ거니:** 뜯거니(ᄯᅳᆺ다='뜯다'의 옛말)
- **쉬ᄑ리:** 쉬파래(쉬ᄑ리='쉬파리'의 옛말)

다

㉣뒥들에 동난지이 사오 져 쟝스야 네 황후 그 무서시라 웨ᄂ다 사쟈

외골내육(外骨內肉) 양목(兩目)이 상천(上天) 전행 후행(前行後行) 소(小)아리 팔족(八足) 대(大)아리 이족(二足) 청장(淸醬) ᄋ 스슥ᄒ 는 동난지이 사오

쟝스야 하 거복이 웨지 말고 ㉤게젓이라 ᄒ렴은

— 작자 미상

다
- **화자?** 게젓 장수를 지켜보는 사람이 게젓 장수의 현학적인 자세를 비꼬고 풍자함.
- **주제?** 게젓 장수의 현학적 태도 풍자
- **특징?** 대화체와 의성어를 사용하여 현장감을 살림. 한자어를 통해 게의 모습을 장황하게 묘사하는 게젓 장수의 현학적 태도를 해학적으로 풍자함.

어휘 풀이
- **동난지이:** 게젓(동난지이='게젓'의 옛말)
- **황후:** 잡화. 팔 물건
- **외골내육(바깥外뼈骨안內고기肉):** 밖은 단단하고 안은 물렁함
- **양목(두兩눈目):** 양쪽 눈
- **전행 후행(앞前다닐行뒤後다닐行):** 앞뒤로 감
- **아리:** 다리(아리='다리'의 옛말)
- **청장(맑을淸장醬):** 맑은 간장. 게 뱃속의 푸른 장

표현상의 특징 이해하기

04 (가)와 (나)의 표현상 특징으로 가장 적절한 것은?

① (가)와 (나)는 모두 a-a-b-a 구조로 운율감을 형성하고 있다.
② (가)와 (나)는 모두 반어법을 활용하여 화자의 정서를 강조하고 있다.
③ (가)와 (나)는 모두 색채 대비를 통해 강렬한 시각적 인상을 전달하고 있다.
④ (가)는 (나)와 달리 불가능한 상황을 설정하여 화자의 소망을 나타내고 있다.
⑤ (나)는 (가)와 달리 의인화된 청자에게 말을 건네는 방식을 사용하여 친밀감을 드러내고 있다.

작품의 세부 내용 이해하기

05 (다)를 감상한 후 학생이 메모한 내용으로 적절하지 않은 것은?

① 손님과 상인의 대화를 그대로 옮겨 와 현장감을 느끼게 하고 있다.
② 상인은 손님에게 자신이 판매하는 상품을 장황하게 설명하고 있다.
③ 상인은 게젓에 들어간 게의 특징을 한자를 사용하여 제시하고 있다.
④ 손님은 상인의 현학적 태도에 대해 못마땅하다는 반응을 보이고 있다.
⑤ 상인은 손님의 질문과 관계없이 일방적으로 자신이 하고 싶은 이야기만을 이어 가고 있다.

시어·시구의 의미 파악하기

06 ㉠~㉤에 대한 설명으로 적절하지 않은 것은?

① ㉠: 화자의 답답함을 해소해 주는 매개체
② ㉡: '일신'을 괴롭게 하는 해충을 통틀어 이르는 말
③ ㉢: 화자가 가장 견디기 어려워하는 존재
④ ㉣: 작품을 읽고 있는 독자들
⑤ ㉤: '쟝스'가 손님에게 팔고자 하는 물건

자료를 통해 감상하기

07 〈보기〉를 통해 (가)~(다)를 이해한 내용으로 적절하지 않은 것은?

> ┤ 보기 ├
>
> 사설시조는 조선 후기에 등장한 새로운 형식의 시조로, 서민들의 일상적 삶이나 일상에서 마주친 대상을 사실적이고 생동감 있게 그려 낸다. 또한 당대의 현실이 지닌 사회적 모순과 부조리를 풍자하거나 비극적인 상황을 웃음으로 승화하는 우리 민족 특유의 낙천적 모습을 보여 준다. 사설시조는 이전까지 평시조가 보여 주었던 유교적이고 관념적인 세계를 탈피하여 서민들의 생활상과 정서를 진솔하게 표현하였다는 점에서 그 의의를 찾을 수 있다.

① (가)~(다)에는 익살스러운 말투로 수다스럽게 내용을 확장해 나가며 부정적인 삶의 상황을 웃음으로 승화하려는 낙천적인 모습이 반영되어 있다.
② (가)와 (나)에서는 일상적 대상을 나열함으로써 관념적 세계에서 벗어나 서민들의 생활상을 진솔하게 형상화하고 있다.
③ (가)와 (다)에서는 음성 상징어를 활용하여 시적 상황을 생동감 있게 그려 내고 있다.
④ (나)에서는 백성을 괴롭히는 무리들을 '물것'에 비유하여 사회적 부조리를 풍자하고 있다.
⑤ (다)에서는 상인과 손님의 대화를 제시함으로써 당시 서민들의 생활상을 보여 주고 있다.

💡 개념 더 보기 　**사설시조의 성격**

사실성	구체적인 삶의 현장 속에서 인물들의 일상적 행위를 생동감 있게 표현함.
풍자성	당대 현실의 모순과 부조리를 우회적으로 비판하고 그 극복 의지를 간접적으로 표출함.
해학성	웃음을 유발하는 상황 설정과 재치 있는 언어 구사로 삶의 고통과 슬픔을 웃음으로 승화함.

01~02 다음 글을 읽고, 물음에 답하시오.

〈 전국연합학력평가 변형 〉

가

⊙두터비 ᄑ리를 물고 두험 우희 치ᄃ라 안자

ⓛ것넌 산(山) ᄇ라보니 백송골(白松鶻)이 ᄶ 잇거늘

ⓒ가슴이 금즉ᄒ여° 풀덕 쒸여 내ᄃ다가 @두험 아래 쟛바지거고

ⓜ모쳐라° 늘낸 낼싀만졍 어혈(瘀血)°질 번 ᄒ괘라

— 작자 미상

- **백송골(흰白소나무松송골매鶻):** 흰 송골매
- **금즉ᄒ여:** 섬뜩하여(금즉ᄒ다='끔찍하다'의 옛말)
- **모쳐라:** 마침(모쳐라='마침'의 옛말)
- **어혈(병瘀피血):** 타박상 등으로 피멍이 드는 일

나

@님이 오마 ᄒ거늘 저녁밥을 일 지어 먹고

중문(中門) 나서 대문(大門) 나가 지방(地方) 위에 치ᄃ라 안자 이수(以手)로 가액(加額)하고° 오ᄂ가 가ᄂ가 ⓑ건넌 산 ᄇ라보니 거머횟들° ᄶ 잇거늘 ⓒ져야 님이로다 보션 버서 품에 품고 신 버서 손에 쥐고 곰븨님븨 님븨곰븨 천방지방 지방천방° 즌 데 ᄆ른 데 굴희지 말고 위렁충창° 건너가셔 졍(情)엣말 ᄒ려 ᄒ고 곁눈을 흘긧 보니 상년(上年) 칠월(七月) 사흔날 굴아 벅긴 @주추리 삼대° 솔드리도 날 소겨거다

ⓔ모쳐라 밤일싀만졍 ᄒᆡ여 낫이런들 ᄂᆞᆷ 우일 번 ᄒ괘라

— 작자 미상

- **이수(써以손手)로 가액(더할加이마額)하고:** 손을 들어 이마에 얹고
- **거머횟들:** 검은 듯 흰 듯한 것
- **곰븨님븨 님븨곰븨 천방지방 지방천방:** 엎치락뒤치락 허둥거리며
- **위렁충창:** 우당탕퉁탕
- **주추리 삼대:** 밭머리에 심어 둔 삼의 줄기

01 (가)와 (나)의 공통점으로 가장 적절한 것은?

① 대구법을 사용하여 리듬감을 형성하고 있다.
② 반어적 표현을 통해 화자의 정서를 부각하고 있다.
③ 상황을 희화화하여 표현하여 웃음을 유발하고 있다.
④ 불가능한 상황을 설정하여 내적 욕망을 표현하고 있다.
⑤ 우의적인 표현을 통해 주제를 효과적으로 전달하고 있다.

02 〈보기〉를 바탕으로 하여 (가)와 (나)를 비교한 것으로 적절하지 <u>않은</u> 것은?

┤ 보기 ├

　(가)와 (나)는 유사한 구조를 보이면서 시상이 전개되고 있다. 구조상 ⊙~ⓜ과 @~ⓔ는 비슷한 위치에서 서로 대응되고 있지만 그 의미는 각각 다르다. 이는, (가)가 거만하게 위세를 뽐내다가 강자 앞에서 비굴해지는 탐관오리의 허장성세를, (나)는 오겠다고는 했지만 아직 오지 않은 임을 애타게 기다리는 여인의 심정을 담고 있는 작품이기 때문이다.

① ⊙이 비판의 대상이라면, @는 그리움의 대상이라고 할 수 있겠군.
② ⓛ이 거만함이 반영된 것이라면, ⓑ는 기대감이 행동화된 것이라고 할 수 있겠군.
③ ⓒ이 시적 대상의 심리라면, ⓒ는 시적 화자의 생각이라고 할 수 있겠군.
④ @이 성찰을 유도하는 소재라면, @는 착각을 유발하는 소재라고 할 수 있겠군.
⑤ ⓜ이 자신을 합리화한 표현이라면, ⓔ는 자조적인 표현이라고 할 수 있겠군.

03~04) 다음 글을 읽고, 물음에 답하시오.

〈 전국연합학력평가 변형 〉

가

귓도리 져 귓도리 에엿부다˚ 져 귓도리

어인 귓도리 지는 달 새는 밤의 긴 소릭 쟈른 소릭 ㉠절절(節節)이 슬픈 소릭 제 혼자 우러 녜어 사창(紗窓) ㉡여왼 줌을 슬드리도˚ 씨오는고야

두어라 제 비록 미물(微物)˚이나 ㉢무인동방(無人洞房)에 내 뜻 알 리는 너쑌인가 ᄒ노라

　　　　　　　　　　　　　　　　– 작자 미상

• **에엿부다**: 불쌍하다(에엿브다='불쌍하다'의 옛말)
• **슬드리도**: 알뜰하게도. 여기서는 '알밉게도'의 뜻
• **미물(작을微만물物)**: 인간에 비하여 보잘것없는 것이라는 뜻으로, '동물'을 이르는 말

나

싀어마님 며ᄂᆞ라기 낫바 벽 바흘˚ 구르지 마오

빗에 바든 며ᄂᆞ린가 갑세 쳐 온 며ᄂᆞ린가 ㉣밤나모 서근 등걸에 휘초리 나니ᄀᆞ치 알살픠신˚ 싀아바님 볏 뵌 쇳동ᄀᆞ치 되죵고신˚ 싀어마님 삼 년(三年) 겨론 망태에 새 송곳 부리ᄀᆞ치 샏쪽ᄒ신 싀누으님 당(唐)피 가론˚ 밧틔 돌피 나니ᄀᆞ치 싀노란 외곳 ᄀᆞ튼 피ᄶᆞᆼ 누는 아들 ᄒ나 두고

건 밧틔 멋곳 ᄀᆞ튼 며ᄂᆞ리를 ㉤어듸를 낫바 ᄒ시는고

　　　　　　　　　　　　　　　　– 작자 미상

• **벽 바흘**: 부엌 바닥을
• **알살픠신**: 말라서 앙상하고 매서운(알살픠다='앙상궂다'의 옛말)
• **되죵고신**: 말라빠진
• **가론**: 간, 경작한

（ 표현상의 특징 이해하기 ）

03 (가)와 (나)에 대한 설명으로 가장 적절한 것은?

① (가)와 달리 (나)는 동일한 시어의 반복을 통해 운율을 형성하고 있다.

② (나)와 달리 (가)는 청각적 심상을 통해 화자의 정서를 환기하고 있다.

③ (가)와 (나)는 모두 색채의 대비를 통해 표현의 효과를 높이고 있다.

④ (가)와 (나)는 모두 설의적 표현을 통해 시적 의미를 강조하고 있다.

⑤ (가)와 (나)는 모두 시간적 배경을 통해 시적 상황을 구체화하고 있다.

（ 시어·시구의 의미 파악하기 ）

04 ㉠~㉤을 감상한 내용으로 적절하지 않은 것은?

① ㉠: 화자의 내면적 슬픔을 '귓도리'의 울음소리를 통해 간접적으로 드러내는군.

② ㉡: '슬드리도'에는 대상에 대한 긍정적 인식이 담겨 있군.

③ ㉢: 화자는 자신의 외로운 처지를 알아주는 유일한 대상이 '귓도리'라고 생각하는군.

④ ㉣: '싀아바님'의 외양과 성격을 일상적 소재에 빗대어 해학성을 느끼게 하는군.

⑤ ㉤: 의문형 어미를 사용하여 '며ᄂᆞ리'의 고충과 억울한 심정을 호소하고 있군.

Ⅲ 가사

1. 가사의 개념

- 시조보다는 긴 형식의, 운문과 산문의 중간적 형태를 띠고 있는 노래로, 주로 사대부들이 자신들의 이념과 정서를 좀 더 자유롭게 표현하기 위해 만든 시가

2. 가사의 성격

- 가사는 내용상 '서정성', '서사성', '교술성'의 성격을 지님.

서정성	서사성	교술성
내면의 심리나 정서, 자연에 대한 감동 등을 노래한 작품이 많음.	기행 가사와 같이 이야기의 구조를 가진 작품이 많음.	교훈적인 내용을 담고 있는 작품이 많아 교술 시가로 불리기도 함.

3. 가사의 특징

(1) 형식상의 특징

- 3·4조, 4·4조의 4음보 연속체로 행수에는 제한이 없음.
- 대개 '서사 – 본사 – 결사'의 짜임을 갖추고 있으며, 마지막 행의 형태에 따라 '정격 가사'와 '변격 가사'로 나뉨.

정격 가사	마지막 행이 시조의 종장의 음수율(3·5·4·3)과 유사하게 끝나는 가사
변격 가사	마지막 행이 시조의 종장의 음수율(3·5·4·3)에 구애받지 않는 가사

(2) 내용상의 특징

- 강호 한정(자연 속에서 지내는 즐거움), 임금에 대한 충성, 민중들의 삶의 애환, 부녀자의 삶, 전쟁 체험 등의 내용이 창작됨.

4. 가사의 전개 양상

발생	• 고려 말 나옹 화상 혜근(惠勤)의 「서왕가(西往歌)」 등에서 비롯되었다는 설 • 조선 성종 때 정극인의 「상춘곡」을 가사의 효시로 보는 설

∨

조선 전기	• 조선이 안정기에 접어들고 개인의 서정을 표현하고자 하는 욕구가 강해지며 가사가 크게 발전함. • 주요 향유 계층은 양반 사대부로, 강호 한정, 임금에 대한 충성 등을 노래한 것이 대부분이었음.

∨

조선 후기	• 수필에 가까운 장편 가사가 등장하고 형식이 파괴되며 변격 가사가 출현함. • 관념적인 내용에서 벗어나 일상적이고 현실적인 체험을 사실적으로 표현함. • 양반뿐만 아니라, 일반 평민과 여성들로 향유 계층이 확대되었고, 실생활의 구체적 내용을 다룬 작품들이 다수 창작됨.

5. 가사의 주제별 분류

(1) 은일 가사

• 자연에 묻혀 사는 선비로서의 생활을 다루며, 화자의 자연 친화적 태도가 드러남.

작품	작가	주요 내용
상춘곡	정극인	봄의 완상과 안빈낙도의 삶을 노래함.
면앙정가	송순	면앙정(정자)에서 자연을 벗 삼아 사는 삶을 노래함.
성산별곡	정철	김성원에 대한 애정을 담아 성산의 사시풍경을 노래함.
누항사	박인로	심한 가난에 시달리고 있으면서도 자연을 벗 삼아 빈이무원(貧而無怨)하는 생활을 노래함.

(2) 유배 가사

• 대체로 시적 대상인 '임'에 대한 화자의 일방적인 내면 토로가 주를 이룸.

• 대부분 임금과 신하의 관계라는 특별한 정치 현실을 우의적으로 형상화함.

작품	작가	주요 내용
만분가	조위	유배 온 것에 대한 억울한 심정과 임금에 대한 변함없는 충성을 노래함.
사미인곡	정철	조정에서 탄핵되어 전남 창평에 머물며 임금에 대한 연군의 정을 노래함.
속미인곡	정철	「사미인곡」의 후속편으로 두 여인의 대화 형식을 통해 연군의 정을 노래함.
별사미인곡	김춘택	「사미인곡」을 모방한 작품으로, 임금에 대한 변함없는 사랑을 노래함.

(3) 기행 가사

• 명승지나 사신으로 간 지역을 기행하는 과정의 여정과 견문, 감회 등을 읊음.

• 국내 기행 가사와 국외 기행 가사로 분류됨.

작품	작가	주요 내용
관동별곡	정철	강원 관찰사로 부임하여 관동 팔경을 돌아보면서 선정(善政)의 포부를 노래함.
일동장유가	김인겸	사신단의 일행으로 일본에 다녀와서 그 견문을 노래함.
연행가	홍순학	서장관으로 청나라 연경에 다녀온 130일간의 여정과 견문을 노래함.

(4) 풍속 가사

• 우리 민족의 고유한 습속에 대한 것과 농사에 대한 권장을 내용으로 함.

작품	작가	주요 내용
농가월령가	정학유	권농(勸農)을 주제로 농촌의 연중 행사와 농가에서 일 년 동안 할 일을 노래함.
용부가	작자 미상	못난 여인이 시집살이하는 동안 일삼은 잘못된 행실을 풍자적으로 그려 냄.

(5) 규방 가사

• 내방 가사, 규중 가사라고도 하며 부녀자들에 의해 지어진 가사를 총칭함.

• 여성의 일상과 삶을 그리는 한편 시집살이의 괴로움 등 봉건 사회를 살아가는 여인으로서의 고충을 호소함.

작품	작가	주요 내용
봉선화가	작자 미상	봉선화 꽃물을 들이는 풍속을 소재로 하여 봉선화 물이 든 손톱의 아름다움을 예찬함.
규원가	허난설헌	남편의 사랑을 잃고 독수공방하는 규방 여인의 한스러운 삶을 읊음.
덴동어미 화전가	작자 미상	덴동어미의 기구한 인생 역정과 운명에 순응하는 삶의 태도를 노래함.

가사 1 자연 예찬

작품 1 정극인 「상춘곡(賞春曲)」
작품 2 송순 「면앙정가(俛仰亭歌)」
작품 3 정철 「관동별곡(關東別曲)」

01~03

홍진(紅塵)에 뭇친 분네 이내 생애(生涯) 엇더ᄒ고
㉠녯 사름 풍류(風流)를 미츨가 못 미츨가
천지간(天地間) 남자 몸이 날만ᄒ 이 하건 마는
산림(山林)에 뭇쳐 이셔 지락(至樂)을 ᄆᆞᆯ 것가
수간모옥(數間茅屋)을 벽계수(碧溪水) 앏픠 두고
송죽(松竹) 울울리(鬱鬱裏)예 풍월주인(風月主人) 되여셔라
엇그제 겨울 지나 새봄이 도라오니
㉡도화행화(桃花杏花)는 석양리(夕陽裏)예 퓌여 잇고
녹양방초(綠楊芳草)는 세우 중(細雨中)에 프르도다
칼로 몰아 낸가 붓으로 그려 낸가
조화신공(造化神功)이 물물(物物)마다 헌ᄉ롭다
㉢수풀에 우는 새는 춘기(春氣)를 못내 계워 소리마다 교태(嬌態)로다
물아일체(物我一體)어니 흥(興)이이 다를소냐
시비(柴扉)예 거러 보고 정자(亭子)애 안자 보니
소요음영(逍遙吟詠)ᄒ야 산일(山日)이 적적(寂寂)ᄒᆫ듸
한중진미(閑中眞味)를 알 니 업시 호재로다
이바 니웃드라 산수(山水) 구경 가쟈스라
답청(踏靑)으란 오늘 ᄒ고 욕기(浴沂)란 내일(來日) ᄒ새
아춤에 채산(採山)ᄒ고 나조히 조수(釣水)ᄒ새
ᄀᆞᆺ 괴여 닉은 술을 갈건(葛巾)으로 밧타 노코
곳나모 가지 것거 수 노코 먹으리라
㉣화풍(和風)이 건듯 부러 녹수(綠水)를 건너오니
청향(淸香)은 잔에 지고 낙홍(落紅)은 옷새 진다
준중(樽中)이 뷔엿거든 날ᄃ려 알외여라
소동(小童) 아히ᄃ려 주가(酒家)에 술을 믈어
얼운은 막대 집고 아히는 술을 메고
미음완보(微吟緩步)ᄒ야 시냇ᄀ의 호자 안자
명사(明沙) 조흔 믈에 잔 시어 부어 들고
청류(淸流)를 굽어 보니 써오ᄂᆞ니 도화(桃花)ㅣ 로다
무릉(武陵)이 갓갑도다 져 믹이 긘 거이고
송간(松間) 세로(細路)에 두견화를 부치 들고
봉두(峯頭)에 급피 올나 구름 소긔 안자 보니

핵심 정리

- **화자?** 봄을 맞은 화자는 자연의 아름다움에 감탄하며, 가난하지만 자연에 사는 자부심을 느낌.
- **주제?** 봄을 맞이한 자연에 대한 감상과 즐거움
- **특징?** 대구법, 직유법, 의인법, 고사 인용 등의 다양한 표현 방법을 사용하여 봄의 풍경과 자연의 아름다움을 예찬하고, 화자의 시선(공간)의 이동에 따라 시상을 전개함.

어휘 풀이

- **홍진(붉을紅티끌塵):** 붉은 먼지(속세)
- **분네(분+네):** 분들(세상 사람들)
- **하건:** 많건(하다='많다'의 옛말)
- **지락(지극할至즐거울樂):** 지극한 즐거움
- **수간모옥(셀數틈間띠茅집屋):** 몇 칸짜리 작은 초가
- **풍월주인(바람風달月주인主사람人):** 자연을 즐기는 사람
- **도화행화(복숭아桃꽃花살구杏꽃花):** 복숭아꽃, 살구꽃
- **녹양방초(초록綠버들楊꽃다울芳풀草):** 푸른 버들과 꽃다운 풀
- **세우(가늘細비雨):** 가랑비, 봄비
- **물아:** 치수에 맞게 잘래(ᄆᆞᆯ다='마르다'의 옛말)
- **조화신공(지을造될化귀신神공功):** 조물주의 신기한 재주
- **헌ᄉ롭다:** 야단스럽다, 화려하다(헌ᄉ하다='수다를 부리다'의 옛말)
- **계워:** 못 이겨(계우다='못 이기다'의 옛말)
- **시비예(섶柴문짝扉+예):** 사립문에(예='에'의 옛말)
- **소요음영(거닐逍멀遙읊을吟읊을詠)ᄒ야:** 천천히 거닐며 시를 읊조리며
- **적적(고요할寂고요할寂)ᄒᆫ듸:** 고요한데
- **한중진미(한가할閑가운데中참眞맛味):** 한가로운 가운데 느끼는 참된 맛
- **호재로다:** 혼자로다
- **가쟈스라(가+ᄌᆞ스라):** 가자(ᄌᆞ스라=청유형 어미)
- **답청(밟을踏푸를靑):** 풀을 밟으며 하는 산책
- **욕기(목욕할浴물이름沂):** 물놀이
- **채산(캘採뫼山)ᄒ고:** 나물을 캐고
- **나조히(나좋+이):** 저녁에(나좋='저녁'의 옛말)
- **조수(낚시釣물水)ᄒ새:** 낚시하세
- **건듯:** 문득, 잠깐
- **낙홍(떨어질落붉은紅):** 붉은 꽃잎
- **준중(술통樽가운데中):** 술통 속
- **알외여라:** 알리어라(알외다='알리다'의 옛말)
- **얼운은:** 어른은(얼운='어른'의 옛말)
- **미음완보(작을微읊을吟느릴緩걸음步)ᄒ야:** 작게 읊조리며 천천히 걸으며
- **조흔:** 깨끗한(조ᄒ다='깨끗하다'의 옛말)
- **갓갑도다:** 가깝도다(갓갑다='가깝다'의 옛말)
- **세로(가늘細길路):** 좁은 길
- **두견화:** 진달래꽃
- **봉두(봉우리峯머리頭):** 산봉우리

천촌만락(千村萬落)이 곳곳이 버러 잇니
연하일휘(煙霞日輝)는 금수(錦繡)를 재폇는 둧
엊그제 검은 들이 봄빗도 유여(有餘) 홀샤
ⓜ공명(功名)도 날 씌우고 부귀(富貴)도 날 씌우니
청풍명월(淸風明月) 외에 엇던 벗이 잇스올고
단표누항(簞瓢陋巷)에 훗튼 혜음 아니 ᄒᆞ니
아모타 백년행락(百年行樂)이 이만훈 둘 엇지ᄒᆞ리

— 정극인, 「상춘곡(賞春曲)」

- 천촌만락(일천天마을村일만萬떨어질落): 수많은 마을
- 연하일휘(연기煙노을霞해日빛날輝): 안개와 노을과 햇빛이라는 뜻으로, 자연의 아름다움을 의미함
- 금수(비단錦수繡): 수를 놓은 비단
- 공명(공功이름名): 공을 세워 이름을 날림
- 씌우고: 꺼리고(씌리다='꺼리다'의 옛말)
- 단표누항(대광주리簞박瓢좁을陋거리巷): 소박하고 청빈한 생활을 이름
- 혜음: 생각(혜음='생각'의 고유어)
- 백년행락(일백百년年갈行즐거울樂): 한평생 즐겁게 지냄

---

01 윗글에 대한 설명으로 적절하지 <u>않은</u> 것은?

① 현재 생활에 대한 화자의 만족감이 드러나 있다.
② 감각적 이미지를 활용하여 시상을 전개하고 있다.
③ 안빈낙도(安貧樂道)하는 화자의 태도가 드러나 있다.
④ 일정한 운율을 반복하며 안정된 리듬감을 형성하고 있다.
⑤ 자연과 어울리면서도 유교적인 충의를 따르는 모습을 강조하고 있다.

02 ㉠~㉤에 대한 설명으로 적절하지 <u>않은</u> 것은?

① ㉠: 다른 대상과 비교하며 화자의 자부심을 드러내고 있다.
② ㉡: 계절이 드러나는 시어들을 대구 형태로 배치하여 봄의 아름다움을 인상적으로 전달하고 있다.
③ ㉢: 자연물에 감정을 이입하여 봄기운이 가득한 상황을 표현하고 있다.
④ ㉣: 봄바람과 봄꽃을 감각적 이미지를 활용해 제시함으로써 아름다운 봄의 풍경을 묘사하고 있다.
⑤ ㉤: 주객전도의 표현으로 세상에 두고 온 부귀공명이 자신을 부르고 있음을 우회적으로 드러내고 있다.

03 〈보기〉를 바탕으로 하여 윗글을 감상한 내용으로 적절하지 <u>않은</u> 것은?

> **보기**
>
> 「상춘곡」은 공간의 이동에 따라 시상이 전개된다. 화자는 자신이 사는 소박한 집에서 시작하여 주변의 자연 풍경을 관찰하다 더 넓고 높은 곳으로 나아간다. 그리고 화자의 흥취와 감흥은 점점 더 커진다.

① ⓐ는 화자가 '홍진'에서 벗어나 자연 속에서 소박하게 살아가는 공간이다.
② ⓑ는 화자가 봄기운이 완연한 자연의 모습을 보며 '한중진미'를 느끼는 공간이다.
③ ⓒ는 화자가 '미음완보'한 후 혼자 술을 마시면서 풍류를 즐기는 공간이다.
④ ⓒ는 화자가 '무릉'에 머무르지 못한 이유가 드러나는 공간이다.
⑤ ⓓ는 화자가 '천촌만락'을 내려다보며 '공명'과 '부귀'를 좇지 않고 청빈한 삶을 살겠다고 다짐하는 공간이다.

💡 **개념 더 보기** | 시조와 가사의 비교

구분	시조	가사
갈래	서정 갈래. 내면의 정서를 표현하기에 적절함.	교술 갈래. 성리학자들의 관념의 세계를 표현하기에 적절함.
공통점	• 고려 말 주로 신흥 사대부에 의해 창작되어 조선 시대에 발달·성행함. • 4음보의 율격을 지니며, 시조의 경우 종장, 정격 가사의 경우 마지막 행이 3·5·4·3의 율격을 이룸.	
차이점	3장 6구의 단형체	연속체

04~05

무등산(无等山) 흔 활기 뫼희 동다히로 버더 이셔

멀리 쎼쳐 와 제월봉(霽月峰)의 되어거늘

무변대야(無邊大野)의 므슴 짐쟉 ᄒ노라

일곱 구비 홀머움쳐 므득므득 버려ᄂ 듯

㉠가온대 구비ᄂ 굼긔 든 늘근 뇽이

선좀을 ᄀ 씨야 머리를 안쳐시니

너ᄅ바회 우희 송죽(松竹)을 헤혀고 정자(亭子)를 안쳐시니

구름 튼 청학(靑鶴)이 천리(千里)를 가리라 두 ᄂ릐 버렷ᄂ 듯

옥천산(玉泉山) 용천산(龍泉山) ᄂ린 믈히

정자(亭子) 압 너븐 들히 올올(兀兀)히 펴진 드시

넙그든 기노라 프료거든 희지마니

쌍룡(雙龍)이 뒤트ᄂ 듯 긴 깁을 치펏ᄂ 듯

어드러로 가노라 므슴 일 비얏바

㉡닷ᄂ 듯 ᄯ로ᄂ 듯 밤늣즈로 흐르ᄂ 듯

므소친 사정(沙汀)은 눈ᄀ치 펴졋거든

이즈러온 기럭기ᄂ 므스거슬 어르노라

안즈락 ᄂ리락 모드락 흐트락

노화(蘆花)을 ᄉ이 두고 우러곰 좃ᄂ는고

너븐 길 밧기요 긴 하늘 아릭 두르고

㉢쇼죤 거슨 뫼힌가 병풍(屛風)인가 그림가 아닌가

노픈 듯 ᄂ즌 듯 긋ᄂ 듯 닛ᄂ 듯

숨거니 뵈거니 가거니 머물거니

이츠러온 가온듸 일홈ᄂ 양ᄒ야 하늘도 젓치 아녀

웃득이 셧ᄂ 거시 추월산(秋月山) 머리 짓고

용귀산(龍歸山) 봉선산(鳳旋山) 불대산(佛臺山) 어등산(漁燈山)

용진산(湧珍山) 금성산(錦城山)이 허공(虛空)의 버러거든

원근(遠近) 창애(蒼崖)의 머믄 것도 하도 할샤

흰구름 브흰 연하(煙霞) 프르ᄂ는 산람(山嵐)이라

천암만학(千巖萬壑)을 제 집으로 사마 두고

나명셩 들명셩 일희도 구ᄂ지고

오르거니 ᄂ리거니 장공(長空)의 ᄯ나거니 광야(廣野)로 거너거니

프르락 블그락 여트락 지트락

사양(斜陽)과 섯거 디어 세우(細雨)조차 ᄲ리ᄂ다

남여(籃輿)를 비야 ᄐ고 솔 아릭 구븐 길노 오며 가며 ᄒᄂ 적의

㉣녹양(綠楊)의 우ᄂ 황앵(黃鶯) 교태(嬌態) 겨워 ᄒᄂ고야

나모 새 ᄌ자지어 수음(樹陰)이 얼읜 적의

백 척(百尺) 난간(欄干)의 긴 조으름 내여 펴니

수면양풍(水面涼風)이야 그칠 줄 모르ᄂ가

어휘 풀이

- **화자?** 면앙정과 주변의 아름다운 자연에서 느끼는 흥취를 사계절의 변화에 따라 노래함.
- **주제?** 면앙정과 주변 자연에 대한 예찬과 임금의 은혜에 대한 감사
- **특징?** 의인법, 직유법, 대구법 등 다양한 표현 방법을 사용하여 대상을 생동감 있게 묘사함.

어휘 풀이

- **활기**: '활개'의 옛말. 어깨에서 팔까지의 부분
- **동다히**: '동녘'의 옛말
- **쎼쳐**: 떼어 내고(쎄치다='떼치다'의 옛말)
- **무변대야(없을無가邊클大들野)**: 끝없이 넓은 들판
- **짐쟉**: 짐작(짐쟉='짐작'의 옛말)
- **굼긔(구무+ㄱ+의)**: 구멍에(구무='구멍'의 옛말)
- **선좀**: 깊이 들지 못하거나 흡족하게 이루지 못한 잠(선좀='선잠'의 옛말)
- **너ᄅ바회**: 너럭바위(넓고 평평한 큰 돌)
- **청학(푸를靑학鶴)**: 푸른 학. 면앙정을 비유함
- **버렷ᄂ 듯**: 펼친 듯(버리다='벌리다'의 옛말)
- **ᄂ린**: 내린(ᄂ리다='내리다'의 옛말)
- **올올(우뚝할兀우뚝할兀)히**: 끊임없이
- **깁**: 비단. 시냇물을 비유함
- **사정(모래沙물가汀)**: 모래밭
- **어르노라**: 달래려고
- **노화(갈대蘆꽃花)**: 갈대꽃
- **우러곰(우러+곰)**: 울면서('곰'은 강세 접미사)
- **쇼죤**: 꽂은(쇼죤='꽂다'의 옛말)
- **일홈ᄂ**: 이름난(일홈='이름'의 옛말)
- **젓치**: 두려워하지(젓다='두려워하다'의 옛말)
- **창애(푸를蒼벼랑崖)**: 아주 높은 절벽
- **하도 할샤**: 많기도 많구나(하다='많다'의 옛말)
- **연하(연기煙노을霞)**: 안개와 노을
- **산람(뫼山남기嵐)**: 산 아지랑이 같은 기운
- **천암만학(일천千바위巖일만萬골짜기壑)**: 수많은 바위와 여러 골짜기
- **일희**: 아양, 응석(일의='응석'의 옛말)
- **장공(길長빌空)**: 끝없이 높고 먼 공중
- **사양(기울斜볕陽)**: 석양
- **세우(가늘細비雨)**: 가랑비
- **남여(쪽藍수레輿)**: 뚜껑이 없는 작은 가마
- **비야**: 재촉하여(뵈야다='재촉하다'의 옛말)
- **녹양(초록綠버들楊)**: 푸른 버드나무
- **황앵(누를黃꾀꼬리鶯)**: 까마귓과의 여름 철새. 꾀꼬리
- **ᄌ자지어**: 우거져(ᄌ다='잦다'의 옛말)
- **수음(나무樹응달陰)**: 나무 그늘
- **난간(난간欄방패干)**: 층계 다리의 가장자리를 막아 세우는 구조물
- **수면양풍(물水겉面서늘할凉바람風)**: 물 위의 서늘한 바람

즌 서리 싸딘 후의 산 빗치 금슈(錦繡)로다
황운(黃雲)은 쏘 엇디 만경(萬頃)의 편 거긔요
ⓜ어적(漁笛)도 흥을 계워 둘룰 쑌라 브니는다

– 송순, 「면앙정가(俛仰亭歌)」

• 즌 서리: 된서리
• 금슈(비단錦수놓을繡): 수놓은 비단. 단풍을 비유함
• 황운(누를黃구름雲): 누런 구름. 가을 들판
• 만경(일만萬밭넓이頃): 지면이나 수면이 아주 넓음
• 어적(고기잡을漁피리笛): 어부가 부는 피리

---

04 시어·시구의 의미 파악하기

ㄱ~ⓜ에 대한 설명으로 적절하지 않은 것은?

① ㄱ: 대상을 용의 모습에 빗대어 구체화하고 있다.
② ㄴ: 대상의 움직임을 연속적으로 부각하여 역동성을 더하고 있다.
③ ㄷ: 가상 세계와 현실 세계 사이에서 혼란스러워하는 화자의 상황을 보여 주고 있다.
④ ㄹ: 대상에 감정을 이입하여 자연의 아름다움에 대한 감흥을 드러내고 있다.
⑤ ⓜ: 시각적·청각적 이미지를 활용해 가을 경치를 보며 느끼는 흥취를 노래하고 있다.

05 자료를 통해 감상하기

〈보기〉의 내용을 참고하여 윗글을 감상한 내용으로 적절하지 않은 것은?

> **보기**
>
> 「면앙정가」는 송순이 벼슬에서 물러나 고향인 전남 담양에 머물던 시기에 창작한 것으로, 면앙정이 위치한 제월봉의 광활한 형세, 면앙정과 그 주변의 풍경, 사계절의 변화 등을 구체적 묘사를 통해 그려 내고 있다. 특히 화자의 시선을 따라 펼쳐지는 정경에 대한 묘사가 탁월하며, 반복·점층·대구 등의 표현법을 활용하여 대상에 생동감을 부여한 점이 두드러진 특징이라 할 수 있다.

① '무등산 한 활기 뫼희 동다히로 버더 이셔'에서 제월봉이 무등산의 동쪽에 위치함을 알 수 있다.
② '구름 탄 청학이 천리를 가리라 두 느릐 버렷는 듯'에서 면앙정의 고고한 기풍을 확인할 수 있다.
③ '정자 압'에서 시작하여 면앙정 주변의 모습을 원경에서 근경으로 시선을 이동하면서 구체적으로 묘사하고 있다.
④ '넙그든 기노라 프르거든 희지마니'에서 대구법을 사용해 넓으면서도 길고 푸르면서도 흰 시냇물의 특징을 부각하고 있다.
⑤ '안즈락 느리락 모드락 흐트락'에서 동일한 음절을 반복함으로써 운율을 형성하고 있다.

💡 **개념 더 보기** 「면앙정가」의 문학사적 위치

「면앙정가」는 정극인의 「상춘곡」에 담긴 자연 친화적인 사상을 이어받고 이에 유교적 충의 사상을 결합하여 강호가도를 확립한 작품이다. 또한 구성과 표현 면에서 정철의 「성산별곡」, 「관동별곡」 등에 지대한 영향을 미쳤다.

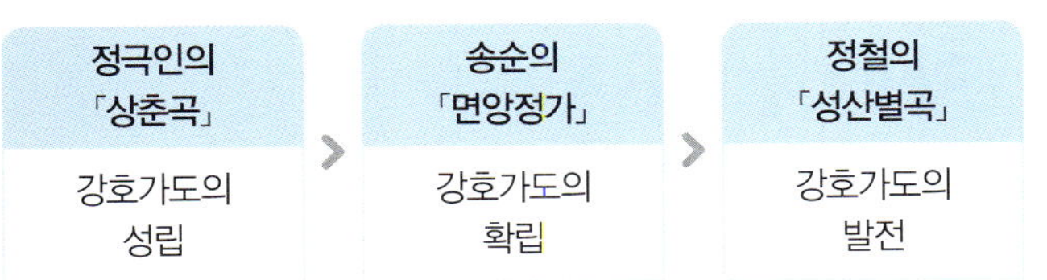

정극인의 「상춘곡」	송순의 「면앙정가」	정철의 「성산별곡」
강호가도의 성립	강호가도의 확립	강호가도의 발전

01~04 다음 글을 읽고, 물음에 답하시오.

가

강호(江湖)애 병(病)이 깁퍼 듁님(竹林)의 누엇더니
관동(關東) 팔빅(八百) 니(里)에 ㉠방면(方面)을 맛디시니
어와 성은(聖恩)˚이야 가디록 망극(罔極)˚ᄒ다
연츄문(延秋門) 드리ᄃ라 경회(慶會) 남문(南門) 브라보며
하직(下直)고 믈너나니 옥졀(玉節)˚이 알픠 셧다
평구역(平丘驛) 물을 ᄀ라 흑슈(黑水)로 도라드니
셤강(蟾江)은 어듸메오 티악(雉岳)이 여긔로다
쇼양강(昭陽江) 누린 믈이 어드러로 든단 말고
㉡고신거국(孤臣去國)˚에 빅발(白髮)도 하도 할샤
동쥐(東州) 밤 계오 새와 븍관뎡(北寬亭)의 올나ᄒ니
삼각산(三角山) 뎨일봉(第一峰)이 ᄒ마면 뵈리로다
궁왕(弓王) 대궐(大闕) 터희 오쟉(烏鵲)이 지지괴니
쳔고(千古) 흥망(興亡)을 아ᄂ다 몰ᄋᄂ다
㉢회양(淮陽)˚ 녜 일홈이 마초아 ᄀᄐᆯ시고
급댱유(汲長孺)˚ 풍치(風彩)를 고텨 아니 볼 게이고

- **성은(성인聖은혜恩):** 성은. 임금의 큰 은혜
- **망극(없을罔다할極):** 임금이나 어버이의 은혜가 한이 없음
- **옥졀(구슬玉마디節):** 옥절. 옥으로 만든 부신(符信). 예전에 관직을 받을 때에 증서로서 받았음
- **고신거국(외로울孤신하臣하때去갈나라國):** 임금의 신임이나 사랑을 받지 못하는 신하가 서울을 떠남
- **회양(물이름淮볕陽):** 중국 한나라의 한 고을. 강원도 서북쪽의 고을
- **급댱유(길을汲길長젖먹이孺):** 급장유. 중국 한무제 때 선정을 베푼 회양의 태수

나

금강딕(金剛臺) 민 우(層)층의 션학(仙鶴)이 삿기 치니
츈풍(春風) 옥뎍셩(玉笛聲)의 첫 ᄌ음을 씌돗던디
호의현샹(縞衣玄裳)˚이 반공(半空)의 소소 쓰니
셔호(西湖) 녯 주인(主人)을 반겨셔 넘노ᄂ 듯
쇼향노(小香爐) 대향노(大香爐) 눈 아래 구버보고
졍양ᄉ(正陽寺) 진헐딕(眞歇臺) 고텨 올나 안즌마리
녀산(廬山) 진면목(眞面目)이 여긔야 다 뵈ᄂ다
어와 조화옹(造化翁)이 헌ᄉ토 헌ᄉ 홀샤˚
놀거든 씌디 마나 셧거든 솟디 마나
부용(芙蓉)을 고잣ᄂ 듯 빅옥(白玉)을 믓것ᄂ 듯
동명(東溟)을 박츠ᄂ 듯 북극(北極)을 괴왓ᄂ 듯
놉흘시고 망고딕(望高臺) 외로울샤 혈망봉(穴望奉)이
하늘의 추미러 므스 일을 ᄉ로리라
쳔만(千萬) 겁(劫) 디나ᄃ록 구필 줄 모ᄅᄂ다

어와 너여이고 너 ᄀᄐ니 쏘 잇ᄂ가

- **옥뎍셩(옥玉피리笛소리聲):** 옥적성. 옥피리 소리
- **호의현샹(명주縞옷衣검을玄치마裳):** 호의현상. 흰 비단 저고리와 검은 치마 차림. 학의 아름다운 모습을 비유적으로 이르는 말
- **조화옹(지을造될化늙은이翁):** 만물을 창조하는 노인이라는 뜻으로, '조물주'를 이르는 말
- **헌ᄉ토 헌ᄉ홀샤:** 야단스럽기도 야단스럽구나

다

진쥬관(眞珠館) 듁셔루(竹西樓) 오십쳔(五十川) ᄂ린 믈이
㉣태빅산(太白山) 그림재를 동희(東海)로 다마 가니
출하리 한강(漢江)의 목멱(木覓)의 다히고져
㉤왕뎡(王程)˚이 유흔(有限)ᄒ고 풍경(風景)이 못 슬믜니
유회(幽懷)˚도 하도 할샤 긱수(客愁)˚도 둘 듸 업다

- **왕뎡(왕王단위程):** 왕정. 임금의 일로 다니는 여정
- **유회(그윽할幽품을懷):** 마음속 깊이 품은 생각
- **긱수(손님客근심愁):** 객수. 객지에서 느끼는 쓸쓸함이나 시름

라

텬근(天根)을 못내 보와 망양뎡(望洋亭) 올은말이˚
바다 밧근 하ᄂᆯ이니 하ᄂᆯ 밧근 므서신고
ᄀᆺ득 노흔 고래 뉘라셔 놀내관듸
블거니 씀거니 어즈러이 구ᄂᆫ디고
은산(銀山)을 것거 내여 뉵합(六合)˚의 ᄂ리ᄂᆫ 듯
오월(五月) 댱텬(長天)의 빅셜(白雪)은 므스 일고
져근덧˚ 밤이 드러 풍낭(風浪)이 뎡(定)ᄒ거늘
부상(扶桑)˚ 지쳑(咫尺)의 명월을 기ᄃ리니
셔광(瑞光) 쳔댱(千丈)이 뵈ᄂᆫ 듯 숨ᄂᆫ고야
쥬렴(珠簾)˚을 고텨 것고 옥계(玉階)ᄅᆯ 다시 쓸며
계명셩(啓明星) 돗도록 곳초 안자 브라보니
빅년화(白蓮花) 혼 가지ᄅᆯ 뉘라셔 보내신고
일이 됴흔 셰계(世界) 눔대되 다 뵈고져

- **올은말이:** 오르니
- **뉵합(여섯六합할合):** 육합. 천지와 사방을 통틀어 이르는 말
- **져근덧:** 잠깐 동안에
- **부상(도울扶뽕나무桑):** 해가 뜨는 동쪽 바다
- **쥬렴(구슬珠발簾):** 주렴. 구슬 따위를 꿰어 만든 발

마

숑근(松根)을 볘여 누어 풋ᄌᆷ을 얼픗 드니
ᄭᅮ매 혼 사ᄅᆷ이 날ᄃ려 닐온 말이
그듸ᄅᆯ 내 모ᄅᆞ랴 상계(上界)˚예 진션(眞仙)이라
황뎡경(黃庭經)˚ 일 ᄌ(一字)ᄅᆯ 엇디 그릇 닐거 두고

인간의 내려와셔 우리를 쏠오는다
져근덧 가지 마오 이 술 흔 잔 머거 보오
북두셩(北斗星) 기우려 챵히슈(滄海水) 부어 내여
저 먹고 날 머겨늘 서너 잔 거후로니
화풍(和風)이 습습(習習)ᄒ야 냥익(兩腋)을 추혀드니
구만 리 댱공(長空)애 져기면 늘리로다
이 술 가져다가 ᄉ히(四海)예 고로 ᄂ화
억만창ᄉᆡᆼ(億萬蒼生)을 다 취(醉)케 밍근 후의
그제야 고텨 맛나 ᄯ오 흔 잔 ᄒ쟛고야

- **상계(위上경계界):** 상계. 천상계
- **황뎡경(누를黃뜰庭경서經):** 황정경. 신선들이 읽는다는 도가의 경서
- **냥익(두兩겨드랑이腋):** 양액. 양쪽 겨드랑이
- **져기면:** 잠깐이면
- **억만창ᄉᆡᆼ(억億일만萬푸를蒼날生):** 억만창생. 수많은 백성

– 정철, 「관동별곡(關東別曲)」

---

01 윗글에 대한 설명으로 적절하지 <u>않은</u> 것은?

① 여정에 따른 추보식 구성으로 시상을 전개하고 있다.
② 계절의 변화에 따른 자연의 변화 과정을 서술하고 있다.
③ 유교적 충의 사상과 도교적 신선 사상이 반영되어 있다.
④ 한문과 한시 구절, 중국의 고사(故事)를 인용하여 화자의 생각을 효과적으로 표현하고 있다.
⑤ 화자는 관동 팔경의 절경에 감탄하면서도, 연군(戀君)과 애민(愛民)의 정서를 드러내고 있다.

---

02 ㉠~㉤에 대한 설명으로 적절하지 <u>않은</u> 것은?

① ㉠: 화자가 새로운 공간으로 이동하게 되는 계기이다.
② ㉡: 아무것도 이룬 것 없이 나이만 들어 버린 것에 대해 한탄하고 있다.
③ ㉢: 급장유가 선정을 베풀었던 곳과 지명이 같음을 생각하며 선정을 베풀고자 하는 포부를 드러내고 있다.
④ ㉣: 화자가 아름다운 '태백산 그림자'를 임금에게 보여 주고 싶은 마음을 표현하고 있다.
⑤ ㉤: 공인(公人)의 임무를 수행해야 하는 현실적 의무와 자연을 즐기고 싶은 욕망이 함께 드러나 있다.

---

03 (나)와 (라)를 비교하여 감상한 내용으로 적절하지 <u>않은</u> 것은?

① (나)와 (라) 모두 대상의 모습을 역동적으로 묘사하고 있다.
② (나)와 달리 (라)에서는 시간의 경과가 구체적으로 언급되어 있다.
③ (나)는 '금강딕'에서 화자의 신선적 풍모를, (라)는 '망양뎡'에서 바라본 바다의 정경을 그리고 있다.
④ (나)에는 수려한 경치에 감탄하는 화자의 태도가, (라)에는 대상이 사라진 사실에 좌절하는 화자의 태도가 드러나 있다.
⑤ (나)에는 화자가 추구하는 신하의 모습이 '산'을 통해서, (라)에는 자연의 아름다움을 향유하는 화자의 모습이 '바다'를 통해 형상화되어 있다.

---

04 (마)에 대한 감상으로 적절하지 <u>않은</u> 것은?

① 화자가 현실 세계에서 '흔 사람'을 만나 얻게 된 깨달음에 대해 이야기하고 있군.
② '상계'와 '인간'을 언급한 것으로 보아 화자는 이중적 세계관을 갖고 있군.
③ '북두셩'을 도구로 삼아 '챵히슈'를 술로 부어 마시는 모습에서 화자가 지닌 호탕한 기상을 엿볼 수 있군.
④ 술을 마시며 '억만창ᄉᆡᆼ'을 떠올린 것으로 보아 화자는 백성을 매우 사랑하는 것 같군.
⑤ 자연을 즐기면서도 위정자로서의 태도를 잃지 않는 것으로 보아 화자는 자신의 본분을 잘 자각하고 있군.

08강 가사 2 연군지정

01~03

동풍(東風)이 건듯 부러 젹셜(積雪)을 헤텨 내니
창 밧긔 심근 미화(梅花) 두세 가지 픠여셰라
㉠ᄀᆞ득 닝담ᄒᆞᆫ듸 암향(暗香)은 무스 일고
황혼(黃昏)의 ᄃᆞᆯ이 조차 벼마티 빗최니
늣기는 듯 반기는 듯 님이신가 아니신가
뎌 미화(梅花) 것거 내여 님 겨신 듸 보내오져
님이 너를 보고 엇더타 너기실고
곳 디고 새 닙 나니 녹음이 ᄭᆞᆯ렷ᄂᆞᆫ듸
㉡나위(羅幃) 젹막ᄒᆞ고 슈막(繡幕)이 뷔여 잇다
부용(芙蓉)을 거더 노코 공쟉을 둘러 두니
ᄀᆞ득 시름 흔듸 날은 엇디 기돗던고
원앙금(鴛鴦錦) 버혀 노코 오ᄉᆡᆨ션 플텨내여
금자히 견화이셔 님의 옷 지어 내니
슈품(手品)은 코니와 졔도(制度)도 ᄀᆞᆯ 즐시고
㉢산호슈(珊瑚樹) 지게 우희 빅옥함(白玉函)의 다마 두고
님의게 보내오려 님 겨신 듸 ᄇᆞ라보니
산인가 구롬인가 머흐도 머흘시고
쳔 리(千里) 만 리(萬里) 길흘 뉘라셔 ᄎᆞ자 갈고
니거든 여러 두고 날인가 반기실가
ᄒᆞᄅᆞ밤 서리김의 기러기 우러 녤 제
위루(危樓)에 혼자 올나 수졍념(水晶簾) 거든 말이
동산의 ᄃᆞᆯ이 나고 븍극의 별이 뵈니
님이신가 반기니 눈믈이 절로 난다

[A]
┌ 쳥광(淸光)을 쥐여 내여 봉황누(鳳凰樓)의 븟티고져
│ 누(樓) 우희 거러 두고 팔황(八荒)의 다 비최여
└ 심산궁곡(深山窮谷) 졈낫ᄀᆞ티 밍그쇼셔

건곤이 폐ᄉᆡᆨ(閉塞)ᄒᆞ야 빅셜이 ᄒᆞᆫ 빗친 제
㉣사ᄅᆞᆷ은 코니와 ᄂᆞᆯ새도 긋쳐 잇다

[B]
┌ 쇼상남반(瀟湘南畔)도 치오미 이러커든
│ 옥누고쳐(玉樓高處)야 더옥 닐너 므슴ᄒᆞ리
│ 양츈(陽春)을 부쳐 내여 님 겨신 듸 쏘이고져
└ 모쳠(茅簷) 비쵠 ᄒᆡ를 옥누(玉樓)의 올리고져

홍샹(紅裳)을 니믜ᄎᆞ고 취슈(翠袖)를 반만 거더

핵심 정리

- 화자? 임에게 버림받아 홀로 지내며, 임을 간절히 그리워함.
- 주제? 임(임금)을 향한 일편단심
- 특징? 계절의 변화에 따른 자연의 모습을 그리면서 연군의 정을 드러내고, 우리말 구사가 절묘하며 다양한 비유와 상징적 기법을 활용함.

어휘 풀이

- 동풍(동녘東바람風): 봄철에 불어오는 바람
- 젹셜(쌓을積눈雪): 쌓여 있는 눈
- 픠여셰라: 피었구나(픠다='피다'의 옛말)
- ᄀᆞ득: 가뜩이나
- 암향(어두울暗향기香): 그윽이 풍기는 향기. 매화 향기를 이름
- 황혼(누를黃어두울昏): 해가 지고 어스름해질 때. 또는 그때의 어스름한 빛
- 벼마티: 베갯머리에(벼맡='머리맡'의 옛말)
- 늣기는 듯: 흐느껴 우는 듯
- 겨신: 계신(겨시다='계시다'의 옛말)
- 너기실고: 여기실고(너기다='여기다'의 옛말)
- 디고: 지고(디다='지다'의 옛말)
- 나위(그물羅휘장幃): 얇은 비단으로 만든 장막
- 슈막(수놓을繡장막幕): 수를 놓아 장식한 장막
- 부용(연꽃芙연꽃蓉): 부용을 그리거나 수놓은 방장
- 흔듸: 많은데(하다='많다'의 옛말)
- 기돗던고: 길던고
- 견화이셔: 재어서
- 슈품(손手물건品): 손으로 무엇을 만들거나 어떤 일을 하는 재주
- 코니와: 말할 것도 없거니와
- 머흐도 머흘시고: 험하기도 험하구나(머흘다='험하고 사납다'의 옛말)
- 니거든: 가거든(니다='가다'의 옛말)
- 녤: 갈녜다='가게 하다'의 옛말)
- 위루(위태할危다락樓): 위험스러울 만큼 매우 높은 누각
- 수졍념(물水맑을晶발簾): 수정 구슬을 꿰어 만든 발
- 팔황(여덟八거칠荒): 여덟 방위의 멀고 너른 범위라는 뜻으로, 온 세상을 이르는 말
- 심산궁곡(깊을深뫼山다할窮골谷): 깊은 산속의 험한 골짜기
- 졈낫: 대낮
- 건곤: 하늘과 땅을 아울러 이르는 말. 천지
- 폐ᄉᆡᆨ(닫을閉막힐塞): 겨울에 천지가 얼어붙어 생기가 막힘
- 쇼상남반(강이름瀟강이름湘남녘南지경畔): 소상강 남쪽. 여기서는 전라도 창평을 의미함
- 옥누고쳐(옥玉다락樓높을高살處): 옥으로 된 누각과 높은 곳. 임금이 계신 궁궐을 의미함
- 모쳠(띠茅처마簷): 초가지붕의 처마
- 홍샹(붉을紅치마裳): 붉은 치마. 다홍치마
- 취슈(푸를翠소매袖): 푸른 소매

일모슈듁(日暮脩竹)의 혬가림도 하도 할샤
댜론 히 수이 디여 긴 밤을 고초 안자
청등(靑燈) 거른 겻틔 뎐공후(鈿箜篌) 노하 두고
㉤ 꿈의나 님을 보려 톡 밧고 비겨시니
앙금(鴦衾)도 츠도 출샤 이 밤은 언제 샐고

― 정철, 「사미인곡(思美人曲)」

• **일모슈듁(해日 저물暮 포脩 대竹):** 해 저문 날의 긴 대나무
• **혬가림:** 사리분별. 여러 가지 생각(혬='생각, 헤아림'의 옛말)
• **댜론:** 짧은(댜르다='짧다'의 방언)
• **뎐공후(비녀鈿 공후箜篌):** 자개로 장식한 공후(악기의 일종)
• **톡 밧고:** 턱을 받치고(밧다='받치다'의 옛말)
• **앙금(원앙鴦 이불衾):** 원앙새를 수놓은 이불

---

01 윗글에 대한 설명으로 가장 적절한 것은?

① 공감각적 표현으로 대상을 묘사하고 있다.
② 풍자를 통해 부정적 현실을 비판하고 있다.
③ 계절의 변화에 따라 시상을 전개하고 있다.
④ 의성어와 의태어를 활용하여 생동감을 높이고 있다.
⑤ 의인화한 자연물과 대화를 나누는 형식을 취하고 있다.

02 ㉠~㉤에 대한 이해로 적절하지 않은 것은?

① ㉠: '미화'와 주변 환경을 대비하여 '미화'의 긍정적인 면을 부각하고 있다.
② ㉡: 화자가 머물고 있는 공간을 묘사하여 '님'이 부재한 현실을 나타내고 있다.
③ ㉢: 사물을 아름답게 표현하여 '님'에 대한 화자의 정성을 강조하고 있다.
④ ㉣: 눈으로 인해 인적이 끊긴 적막한 상황을 드러내고 있다.
⑤ ㉤: '꿈'에서 소망을 이룬 기쁨을 행동으로 구체화하고 있다.

03 〈보기〉를 참고하여 [A], [B]를 감상한 내용으로 적절하지 않은 것은?

> **보기**
>
> 「사미인곡(思美人曲)」은 송강 정철이 조정에서 탄핵을 받고 물러나 고향인 전라도 창평에서 지낼 때 지은 가사이다. 이 작품은 화자를 여성으로 설정하여 선조 임금에 대한 정철 자신의 충절과 연군의 정을 이별한 여인이 임을 그리워하는 심정에 빗대어 노래하고 있다.

① [A]의 '청광'은 임금을 향한 정철의 충절을 의미한다고 볼 수 있겠군.
② [A]의 '누 우힉 거러 두고'의 행위의 주체는 임금으로 볼 수 있겠군.
③ [B]의 '쇼상남반'은 정철이 탄핵을 받고 은거했던 지역을 의미한다고 볼 수 있겠군.
④ [B]의 '양츈'은 임에 대한 사랑과 정성을 의미하는 소재로 임금에 대한 연군의 정을 표현한 것이라고 볼 수 있겠군.
⑤ [A]의 '심산궁곡'과 [B]의 '옥누고쳐'는 모두 임금이 계신 궁궐을 비유적으로 나타낸 것이라고 볼 수 있겠군.

개념 더 보기 | 「사미인곡」, 「속미인곡」에 드러난 임에 대한 간절한 마음

임을 그리워하는 화자의 간절한 마음은 크게 두 가지 양상으로 표현됨.
① 화자의 정성이 담긴 사물을 임에게 전하고자 하는 방식으로 화자의 간절한 마음이 표출됨.
② 임의 곁에 가까이 다가갈 수 있는 소재인 '매화, 옷, 맑은 달빛, 봄기운, 범나비, 낙월, 궂은비' 등을 통해 화자의 간절한 마음이 표출됨.

사미인곡	• 뎌 미화(梅花) 것거 내여 님 겨신 뒤 보내오져 • 청광(淸光)을 피워 내여 봉황누(鳳凰樓)의 븟티고져 • 양츈(陽春)을 부쳐 내어 님 겨신 뒤 쏘이고져 • 출하리 싀어디여 범나븨 되오리라
속미인곡	• 출하리 싀여디여 낙월(落月)이나 되야이셔 • 각시님 돌이야쿠 니와 구존비나 되쇼셔

04~06

㉠네 가는 뎌 각시 본 듯도 ᄒᆞ더이고
텬상(天上) 빅옥경(白玉京)을 엇디ᄒᆞ야 니별(離別)ᄒᆞ고
ᄒᆡ 다 뎌 져믄 날의 눌을 보라 가시ᄂᆞᆫ고
㉡어와 네여이고 이내 ᄉᆞ셜 드러 보오
내 얼굴 이 거동이 님 괴얌즉 ᄒᆞ가마ᄂᆞᆫ
엇딘디 날 보시고 네로다 녀기실ᄉᆡ / 나도 님을 미더 군ᄠᅳ디 젼혀 업서
이리야 교틱야 어ᄌᆞ러이 ᄒᆞ돗썬디 / 반기시ᄂᆞᆫ ᄂᆞᆺ비치 녜와 엇디 다ᄅᆞ신고
누어 싱각ᄒᆞ고 니러 안자 혜여ᄒᆞ니
내 몸의 지은 죄 뫼ᄀᆞ티 빠혀시니
하ᄂᆞᆯ히라 원망ᄒᆞ며 사ᄅᆞᆷ이라 허믈ᄒᆞ랴
셜워 플텨 혜니 조믈(造物)의 타시로다
㉢글란 싱각 마오
㉣ᄆᆡ친 일이 이셔이다
님을 뫼셔 이셔 님의 일을 내 알거니
믈 ᄀᆞᄐᆞᆫ 얼굴이 편ᄒᆞ실 적 몃 날일고
츈한(春寒) 고열(苦熱)은 엇디ᄒᆞ야 디내시며
츄일(秋日) 동텬(冬天)은 뉘라셔 뫼셧ᄂᆞᆫ고
죽조반(粥早飯) 죠셕(朝夕) 뫼 녜와 ᄀᆞᆺ티 셰시ᄂᆞᆫ가
기나긴 밤의 ᄌᆞᆷ은 엇디 자시ᄂᆞᆫ고
님다히 쇼식(消息)을 아므려나 아쟈 ᄒᆞ니
오늘도 거의로다 ᄂᆡ일이나 사ᄅᆞᆷ 올가
내 ᄆᆞᄋᆞᆷ 둘 ᄃᆡ 업다 어드러로 가쟛 말고
잡거니 밀거니 놉픈 뫼히 올라가니
구롬은ᄏᆞ니와 안개ᄂᆞᆫ 므스 일고
산쳔(山川)이 어둡거니 일월(日月)을 엇디 보며
지쳑(咫尺)을 모ᄅᆞ거든 쳔 리(千里)를 ᄇᆞ라보랴
출하리 믈ᄀᆞ의 가 ᄇᆡ 길히나 보랴 ᄒᆞ니
ᄇᆞ람이야 **믈결**이야 어둥졍 된뎌이고
샤공은 어듸 가고 **븬 ᄇᆡ**만 걸렷ᄂᆞᆫ고
강텬(江天)의 혼쟈 셔셔 디ᄂᆞᆫ ᄒᆡ를 구버보니
님다히 쇼식(消息.)이 더옥 아득ᄒᆞ뎌이고
모쳠(茅簷) 춘 자리의 밤듕만 도라오니
반벽(半壁) **쳥등(靑燈)**은 눌 위ᄒᆞ야 불갓ᄂᆞᆫ고
오ᄅᆞ며 ᄂᆞ리며 헤쓰며 바자니니 / 져근덧 녁진(力盡)ᄒᆞ야 풋ᄌᆞᆷ을 잠간 드니
졍셩(精誠)이 지극ᄒᆞ야 ᄭᅮᆷ의 님을 보니
옥(玉) ᄀᆞᄐᆞᆫ 얼구리 반(半)이나마 늘거셰라
ᄆᆞᄋᆞᆷ의 머근 말ᄉᆞᆷ 슬ᄏᆞ장 ᄉᆞᆲ쟈 ᄒᆞ니
눈믈이 바라 나니 말ᄉᆞᆷ인들 어이ᄒᆞ며

정(情)을 못다ᄒ야 목이조차 메여ᄒ니
오뎐된 **계성(鷄聲)**의 좀은 엇디 씨돗던고
어와 허ᄉ(虛事)로다 이 님이 어듸 간고
결의 니러 안자 창(窓)을 열고 ᄇ라보니
어엿븐 **그림재** 날 조찰 ᄲ니로다
출하리 싀여디여 낙월(落月)이나 되야이셔
님 겨신 창(窓) 안히 번드시 비최리라
ⓜ각시님 ᄃ이야ᄏ니와 구ᄌᆫ비나 되쇼셔

　　　　　　　　　　– 정철, 「속미인곡(續美人曲)」

- **오뎐된**: 방정맞은
- **계성(닭鷄소리聲)**: 닭 울음소리
- **엇디**: 어찌(엇디='어찌'의 옛말)
- **허ᄉ(빌虛일事)**: 보람을 얻지 못하고 쓸데없이 한 노력
- **니러**: 일어나(니러나다='일어나다'의 옛말)
- **그림재**: 그림자(그림재='그림자'의 방언)
- **싀여디여**: 죽어서(싀여디다='물 새듯이 없어지다'의 옛말)
- **낙월(떨어질落달月)**: 지는 달
- **번드시**: 환히(번드시='환히'의 옛말)
- **비최리라**: 비추리라(비최다='비추다'의 옛말)

---

04 윗글의 표현상의 특징으로 가장 적절한 것은?

① 의성어를 활용하여 운율감을 높이고 있다.
② 동일한 문장을 반복하여 주제를 부각하고 있다.
③ 자연물을 동원하여 화자의 바람을 나타내고 있다.
④ 반어적 표현을 통해 부조리한 현실을 비판하고 있다.
⑤ 자조적 표현을 사용하여 삶의 의지를 상실한 화자의 모습을 드러내고 있다.

05 윗글의 시어에 대한 설명으로 적절하지 않은 것은?

① 'ᄇ람'과 '믈결'은 화자의 내적 갈등을 부각하는 소재이다.
② '빈 비'는 화자의 외로움을 심화시키는 객관적 상관물이다.
③ '쳥등(靑燈)'은 화자의 처지를 부각시키는 대상이다.
④ '계성(鷄聲)'은 화자와 임과의 만남을 방해하는 소리이다.
⑤ '그림재'는 임의 부재를 강조하여 홀로 남은 화자의 쓸쓸함을 드러낸다.

06 〈보기〉를 참고하여 ㉠~ⓜ을 이해한 내용으로 적절하지 않은 것은?

> **보기**
>
> 「속미인곡(續美人曲)」은 임금과 떨어져 있는 작가가 임금을 그리워하는 마음을 '각시'와 '길 가던 여인'의 대화를 통해 효과적으로 드러낸 작품이다. 「사미인곡(思美人曲)」과 달리 두 명의 화자의 문답형 사설을 통해 내면에 감추어 둔 진솔한 이야기를 표출하는 것이 가능해진 것이다.

① ㉠: '길 가던 여인'이 '각시'의 과거 행적을 이야기하며 현재 상황에 대해 질문하고 있다.
② ㉡: '각시'는 '이내 ᄉ셜'을 통해 '길 가던 여인'에게 임과 이별하게 된 사연을 밝히고 있다.
③ ㉢: '각시'가 이별의 원인을 자신에게 돌리며 슬퍼하자 '길 가던 여인'은 '각시'를 위로하고 있다.
④ ㉣: '각시'는 임과의 이별과 관련하여 자신을 헐뜯었던 무리들에 대한 한을 드러내며 하소연하고 있다.
⑤ ⓜ: '길 가던 여인'은 죽어 '낙월'이 되어 임을 만나고자 하는 '각시'에게 '구ᄌᆫ비'나 되라며 조언하고 있다.

01~03) 다음 글을 읽고, 물음에 답하시오.

〈 대학수학능력시험 모의평가 〉

천상(天上) 백옥경(白玉京)* 십이루(十二樓)* 어듸매오
오색운(五色雲) 깁픈 곳의 자청전(紫淸殿)*이 ᄀ려시니*
천문(天門) ㉠구만 리(九萬里)를 꿈이라도 갈동말동
차라리 싀여지여* 억만(億萬) 번 변화(變化)ᄒ여 ⎤
남산(南山) 늣즌 봄의 두견(杜鵑)의 넉시 되여 ⎟ … [A]
이화(梨花) 가디* 우희 밤낫즐 못 울거든
삼청동리(三淸洞裡)*에 졈은* 한널 ㉡구름 되여
㉢바람의 흘리 ᄂ려 자미궁(紫微宮)*의 ᄂ라 올라
옥황(玉皇) 향안전(香案前)*의 지쳑(咫尺)의 나아 안자
흉중(胸中)의 싸힌 말ᄉ 쓸커시* ᄉ로리라 ················· [B]
어와 이 내 몸이 천지간(天地間)에 느저 나니
황하수(黃河水)* 몰다만는
㉣초객(楚客)*의 후신(後身)*인가 상심(傷心)도 ᄀ이 업고*
가 태부(賈太傅)*의 넉시런가 한숨은 무스 일고
형강(荊江)*은 고향(故鄕)이라 십 년(十年)을 유락(流落)*
ᄒ니
㉤백구(白鷗)와 버디 되여 흠씌 놀쟈 ᄒ엿더니
어루는 듯 괴는 듯 놈의 업슨 님을 만나
금화성(金華省)* 백옥당(白玉堂)*의 쑴이죠차 향긔롭다
오색(五色)실 니음 졀너 님의 옷슬 못 ᄒ야도
바다 ᄀ튼 임의 은(恩)을 추호(秋毫)*나 갑프리라
백옥(白玉) ᄀ튼 이 내 ᄆ음 님 위ᄒ여 직희더니 ········ [C]
장안(長安) 어제 밤에 무서리 섯거 치니
일모수죽(日暮脩竹)*에 취수(翠袖)도 냉박(冷薄)* 홀샤 ·· [D]
유란(幽蘭)*을 것거 쥐고 님 겨신 듸 ᄇ라보니 ··········· [E]
약수(弱水)* ᄀ리진듸 구름 길이 머흐러라
– 조위, 「만분가(萬憤歌)」

- **백옥경(흰白옥玉서울京)**: 하늘 위에 옥황상제가 산다고 하는 가상적인 서울
- **십이루(열十둘二다락樓)**: 중국 곤륜산 선인(仙人)이 산다는 열두 채의 높은 누각
- **자청전(자줏빛紫맑을淸큰집殿)**: 신선이 사는 집
- **ᄀ려시니**: 가리시니(ᄀ리다='가리다'의 옛말)
- **싀여지여**: 죽어(싀여디다='물 새듯이 없어지다'의 옛말)
- **가디**: 가지(가디='가지'의 옛말)
- **삼청동리(석三맑을淸골洞속裡)**: 신선이 사는 동네 안
- **졈은**: 저문(저믈다='저물다'의 옛말)
- **자미궁(자줏빛紫작을微집宮)**: 북두칠성의 동북쪽에 있는 열다섯 개의 별 가운데 하나. 여기서는 한양의 궁궐
- **향안전(향기香즐책床案앞前)**: 제사 때에 향로나 향합을 올려놓는 상 앞
- **쓸커시**: 실컷(슬컷='실컷'의 옛말)
- **황하수(누를黃강이름河물水)**: 중국의 강 '황하'의 물
- **초객(모형楚손님客)**: 초나라 사람. 여기서는 초나라의 시인 '굴원'을 의미함. '굴원'은 누명을 쓰고 귀양을 가서 투신함
- **후신(뒤後몸身)**: 죽어서 다시 태어난 몸

- **ᄀ이 업고**: 끝이 없고(ᄀ업다='끝이 없다'의 옛말)
- **가 태부(값賈클太스승傅)**: 한나라의 '태부'라는 벼슬을 하던 사람인 '가의'를 이름. '가의'는 대신들의 시기를 받아 벼슬에서 물러남
- **형강(가시나무荊江)**: 중국의 강 이름. 징장강
- **유락(흐를流떨어질落)**: 자기 고향이 아닌 고장에서 사는 일(=타향살이)
- **괴눈**: 사랑하는(괴다='사랑하다'의 옛말)
- **금화성(쇠金꽃華살필省)**: 중국 절강성 금화현
- **백옥당(흰白구슬玉집堂)**: 금화현의 금화산에서 신선 적송자가 득도한 곳
- **추호(가을秋터럭毫)**: 매우 적거나 조금인 것을 비유적으로 이르는 말
- **일모수죽(해日저물暮脩대나무竹)**: 해 질 녘 긴 대나무
- **냉박(찰冷엷을薄)**: 찬 기운이 돌 만큼 얇음
- **유란(그윽할幽난초蘭)**: 난초
- **약수(약할弱물水)**: 신선이 살았다는 중국 서쪽의 전설 속의 강. 부력이 낮아 기러기의 털도 가라앉는다고 함

(표현상의 특징 이해하기)

01 윗글에 대한 설명으로 가장 적절한 것은?

① 자연물을 활용하여 화자의 심정을 드러내고 있다.
② 반어적 표현을 반복하여 상대방을 희화화하고 있다.
③ 의성어와 의태어를 사용하여 생동감을 높이고 있다.
④ 풍자적 기법을 활용하여 교훈의 효과를 높이고 있다.
⑤ 구체적인 묘사를 통해 경치의 변화를 보여 주고 있다.

02 ㉠~㉢의 의미로 적절하지 <u>않은</u> 것은?

① ㉠: 화자와 대상 사이의 거리
② ㉡: 화자와 대상 사이를 가로막는 방해물
③ ㉢: 화자와 대상의 만남을 도와주는 매개체
④ ㉣: 화자가 동질감을 느끼는 존재
⑤ ㉤: 화자가 교감을 나누는 대상

03 〈보기 1〉을 참고하여 윗글과 〈보기 2〉를 감상한 내용으로 적절하지 <u>않은</u> 것은?

─ 보기 1 ─

「만분가(萬憤歌)」는 유배를 당한 작가가 천상의 옥황에게 호소하는 형식으로 연군(戀君)의 마음을 표현한 유배 가사의 효시이며 이후 여러 작품에 영향을 주었다. 가사 문학의 대표작인 「속미인곡(續美人曲)」 역시 탄핵을 받아 조정에서 물러나게 된 작가가 임금에 대한 그리움을 「만분가(萬憤歌)」의 형식을 계승하여 표현한 작품이다.

─ 보기 2 ─

모쳠(茅簷) 춘 자리의 밤듕만 도라오니 ·················· [가]
반벽(半壁) 청등(靑燈)은 눌 위ᄒᆞ야 볼갓ᄂᆞ고
오르며 ᄂᆞ리며 헤쓰며 바자니니
져근덧 녁진(力盡)ᄒᆞ야 픗줌을 잠간 드니
정셩(精誠)이 지극ᄒᆞ야 쑴의 님을 보니
옥(玉) ᄀᆞᄐᆞᆫ 얼구리 반(半)이나마 늘거셰라 ·············· [나]
ᄆᆞᄋᆞᆷ의 머근 말ᄉᆞᆷ 슬ᄏᆞ장 ᄉᆞᆲ쟈 ᄒᆞ니 ················· [다]
눈믈이 바라 나니 말ᄉᆞᆷ인들 어이ᄒᆞ며
정(情)을 못다ᄒᆞ야 목이조차 몌여ᄒᆞ니
오뎐된 계셩(鷄聲)의 ᄌᆞᆷ은 엇디 ᄭᆡ돗던고
어와 허ᄉᆞ(虛事)로다 이 님이 어듸 간고
결의 니러 안자 창(窓)을 열고 ᄇᆞ라보니 ·················· [라]
어엿븐 그림재 날 조출 ᄲᅮᆫ이로다
ᄎᆞᆯ하리 싀여디여 낙월(落月)이나 되야이셔 ················ [마]
님 겨신 창(窓) 안히 번드시 비최리라
각시님 둘이야ᄏᆞ니와 구준비나 되쇼셔
– 정철, 「속미인곡(續美人曲)」

① [A]와 [마]에는 죽어서 다른 존재가 되어서라도 자신의 소망을 이루고자 하는 의지가 담겨 있다.
② [B]와 [다]에는 마음에 담아 둔 말을 실컷 전하고 싶어 하는 화자의 바람이 담겨 있다.
③ [C]와 [나]에는 임금에 대한 자신의 마음이 옥처럼 순수하다는 뜻이 담겨 있다.
④ [D]와 [가]에는 임금과 떨어져 있는 고독한 시·공간에서 느끼는 화자의 쓸쓸함이 담겨 있다.
⑤ [E]와 [라]에는 먼 곳에 있는 임금을 향한 화자의 그리움이 담겨 있다.

가사 3 안분지족, 농촌 생활, 신세 한탄

작품 1 박인로 「누항사(陋巷詞)」　　**작품 2** 정훈 「탄궁가(嘆窮歌)」　　**작품 3** 안조원 「만언사(萬言詞)」

01~03

어리고 우활(迂闊)홀산 이 니 우히 더니 업다 / 길흉화복(吉凶禍福)을 하날긔 부쳐 두고

누항(陋巷) 깁픈 곳의 초막(草幕)을 지어 두고

풍조우석(風朝雨夕)에 석은 딥히 셥히 되야

셔 홉 밥 닷 홉 죽(粥)에 연기(煙氣)도 하도 할샤

㉠설 데인 숙냉(熟冷)애 뷘 비 쇠일 쑨이로다

생애(生涯) 이러ᄒ다 장부(丈夫) 뜻을 옴길넌가

안빈 일념(安貧一念)을 젹을망졍 품고 이셔

수의(隨宜)로 살려 ᄒ니 날로조차 저어(齟齬)ᄒ다

ᄀ을히 부족(不足)거든 봄이라 유여(有餘)ᄒ며 / 주머니 뷔엿거든 병(瓶)이라 담겨시랴

빈곤(貧困)ᄒ 인생(人生)이 천지간(天地間)의 나쑨이라

㉡기한(飢寒)이 절신(切身)ᄒ다 일단심(一丹心)을 이질ᄂ가

(중략)

경당문노(耕當問奴)인들 눌ᄃ려 물롤ᄂ고

궁경가색(躬耕稼穡)이 ᄂ 분(分)인 줄 알리로다

신야경수(莘野耕叟)와 농상경옹(壟上耕翁)을 천(賤)타 ᄒ리 업것마ᄂ

㉢아므려 갈고젼들 어ᄂ 쇼로 갈로손고

한기태심(旱旣太甚)ᄒ야 시절(時節)이 다 느즌 졔

서주(西疇) 놉흔 논애 잠깐 긴 녈비예

도상(道上) 무원수(無源水)를 반만깐 ᄃ혀 두고

쇼 ᄒ 젹 듀마 ᄒ고 엄섬이 ᄒᄂ 말삼

친절(親切)호라 너긴 집의 **둘 업슨 황혼(黃昏)의 허위허위 다라 가셔**

구디 다든 문(門) 밧긔 어득히 혼자 셔셔

큰 기춤 아함이를 양구(良久)토록 ᄒ온 후(後)에

어와 긔 뉘신고 염치(廉恥) 업산 ᄂ옵노라

(중략)

와실(蝸室)에 드러간들 잠이 와사 누어시랴

북창(北窓)을 비겨 안자 ᄉ비를 기다리니

무정(無情)ᄒ 대승(戴勝)은 이ᄂ 한(恨)을 도우ᄂ다

종조추창(終朝惆悵)ᄒ야 먼 들흘 바라보니

즐기ᄂ 농가(農歌)도 흥(興) 업서 들리ᄂ다

세정(世情) 모ᄅ 한숨은 그칠 줄을 모ᄅᄂ다

아ᄉ온 져 소뷔ᄂ 볏보님도 됴흘셰고 / 가시 엉권 묵은 밧도 용이(容易)케 갈련마ᄂ

허당 반벽(虛堂半壁)에 슬듸업시 걸려고야

<hr>

- **화자?** 가난한 현실로 인해 비애와 좌절감을 느끼지만 원망하지 않고 안빈낙도의 삶을 추구함.
- **주제?** 누항에 묻혀 사는 선비의 곤궁한 삶과 안빈낙도하는 삶의 추구
- **특징?** 임진왜란 직후의 궁핍한 삶을 일상 언어를 사용하여 사실적이고 구체적으로 형상화하고, 어려운 한자어가 많이 쓰임. 대구법, 설의법, 과장법, 열거법 등 다양한 표현법이 사용됨.

어휘 풀이

- **어리고:** 어리석고(어리다='어리석다'의 옛말)
- **우활(멀迂트일闊)홀산:** 사리에 어둡고 세상 물정을 잘 모르기로
- **길흉화복(길할吉흉할凶재앙禍복福):** 좋은 일과 나쁜 일. 행복한 일과 불행한 일을 아울러 이르는 말
- **풍조우석(바람風아침朝비雨저녁夕):** 바람 부는 아침과 비 오는 저녁. 변화가 심한 날씨
- **셥:** 섶. 땔감
- **숙냉(익을熟찰冷):** 숭늉. 밥을 지은 솥에서 밥을 푼 뒤 물을 붓고 끓인 물
- **안빈 일념(편안安가난할貧한一생각念):** 가난한 가운데 만족하는 마음
- **수의(따를隨마땅宜):** 옳은 일을 좇음
- **저어(어긋날齟어긋날齬)ᄒ다:** 서로 맞지 않고 어긋나 뜻대로 되지 않다
- **유여(있을有남을餘)ᄒ며:** 여유가 있으며
- **기한(주릴飢찰寒)이 절신(끊을切몸身)ᄒ다:** 굶주림과 추위에 몸이 끊어지다
- **경당문노(밭갈耕마땅할當물을問종奴):** 밭 가는 일은 종에게 묻는 것이 마땅함
- **궁경가색(몸躬밭갈耕심을稼거둘穡):** 몸소 밭을 갈고 씨를 뿌려 곡식을 거둠
- **신야경수(족두리풀莘밭들野밭갈耕늙은이叟):** 잡초 많은 들에서 밭 갈던 늙은이. 산야에서 밭을 갈다 입신하여 재상이 된 이윤을 의미함
- **농상경옹(밭두둑壟윗上밭갈耕늙은이翁):** 밭두둑 위에서 밭 갈던 늙은이. 진나라 진승을 의미함
- **한기태심(가물旱이미旣클太심할甚):** 가뭄이 이미 크게 심함
- **녈비:** 지나가는 비
- **무원수(없을無근원源물水):** 근원이 없이 흐르는 물
- **양구(어질良오랠久)토록:** 오래도록
- **와실(달팽이蝸집室):** 달팽이 집이라는 뜻으로, 작고 초라한 집을 비유적으로 이르는 말
- **대승(일戴이길勝):** 오디새. 후투팃과의 새
- **종조추창(마칠終아침朝실심할惆원망할悵):** 아침이 끝날 때까지 슬퍼함
- **소뷔:** 밭 가는 기구의 하나. 쟁기
- **볏:** 보습 위에 비스듬히 끼우는 쇳조각
- **용이(얼굴容쉬울易)케:** 쉽게
- **허당 반벽(빌虛집堂절반半벽壁):** 빈 집 벽 가운데

ⓐ춘경(春耕)도 거의거다 후리쳐 더뎌두쟈

강호(江湖) 흔 숨을 쭈언 지도 오릭러니

구복(口腹)이 위루(爲累)ᄒ야 어지버 이져써다

쳠피기욱(瞻彼淇澳) 흔 듸 녹죽(綠竹)도 하도 할샤

유비군자(有斐君子)들아 **낙듸 ᄒ나 빌려스라**

노화(蘆花) 깁픈 곳애 명월청풍(明月淸風) 벗이 되야

님지 업슨 풍월강산(風月江山)애 절로절로 늘그리라

무심(無心)흔 백구(白鷗)야 오라 ᄒ며 말라 ᄒ랴 / 다토리 업슬슨 다믄 인가 너기로다

무상(無狀)흔 이 몸애 무슨 지취(志趣) 이스리마는

두세 이렁 밧논를 다 무겨 더뎌두고

ⓜ이시면 죽(粥)이오 업시면 굴물망졍 / 남의 집 남의 거슨 전혀 부러 말렷노라

– 박인로, 「누항사(陋巷詞)」

- **구복(입口배腹)**: 입과 배
- **위루(할爲폐累)ᄒ야**: 누가 되어
- **쳠피기욱(볼瞻저彼물이름淇후미澳)**: 저 기수(강 이름)의 물가를 바라봄(시경의 한 구절)
- **녹죽(푸를綠대竹)**: 푸른 대나무
- **유비군자(있을有문채날斐임금君아들子)**: 교양 있는 선비
- **노화(갈대蘆꽃花)**: 갈대꽃
- **명월청풍(밝을明달月맑을淸바람風)**: 밝은 달과 깨끗한 바람
- **백구(흰白갈매기鷗)**: 갈매기
- **무상(없을無형상狀)ᄒ**: 보잘것없는, 내세울 만한 선행이나 공적이 없는
- **지취(뜻志뜻趣)**: 의지와 취향을 아울러 이르는 말

---

01 윗글에 대한 설명으로 가장 적절한 것은?

① 반어적 표현을 활용하여 대상을 풍자하고 있다.

② 의태어를 나열하여 화자의 심리를 드러내고 있다.

③ 공감각적 이미지를 통해 대상을 구체화하고 있다.

④ 묻고 답하는 형식으로 대상과 친밀감을 형성하고 있다.

⑤ 설의적 표현을 활용하여 화자의 태도를 드러내고 있다.

02 ㉠~㉤을 감상한 내용으로 적절하지 <u>않은</u> 것은?

① ㉠: 화자가 기본적인 식생활조차 해결하기 어려울 정도로 가난한 생활을 하고 있음을 알 수 있군.

② ㉡: 궁핍한 현실 속에서도 자신이 추구하는 정신적 가치를 지키고자 하는 화자의 의지가 엿보이는군.

③ ㉢: 자신의 분수를 깨닫고 몸소 행동하려 하지만 농사짓는 수단이 없어 고심하는 화자의 모습이 나타나는군.

④ ㉣: 자연의 순환적 흐름에 순응하며 가난으로 인한 비애를 극복하고자 하는 화자의 태도를 확인할 수 있군.

⑤ ㉤: 가난한 현실을 받아들이고 주어진 삶에 만족하며 살아가고자 하는 안빈낙도의 삶의 자세를 보여 주고 있군.

03 〈보기〉를 참고하여 윗글을 이해한 것으로 적절하지 <u>않</u>은 것은?

> **보기**
>
> 「누항사(陋巷詞)」에는 사대부인 화자가 스스로 노동하려고 하며 가난하게 살면서도 이상적 삶을 추구하는 모습이 나타난다. 화자가 처한 상황과 심리의 변화는 다음과 같은 흐름을 나타낸다.

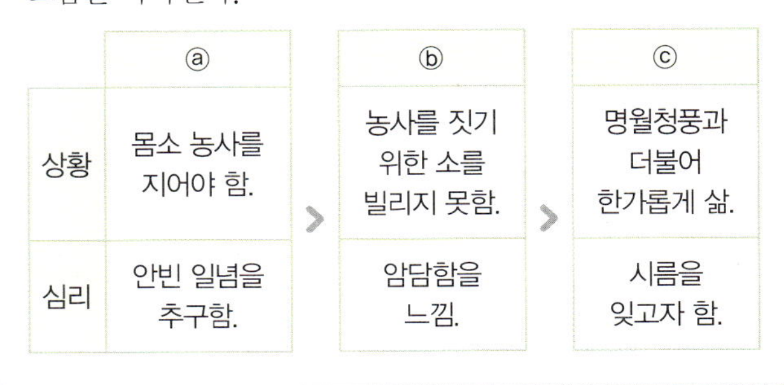

	ⓐ	ⓑ	ⓒ
상황	몸소 농사를 지어야 함.	농사를 짓기 위한 소를 빌리지 못함.	명월청풍과 더불어 한가롭게 삶.
심리	안빈 일념을 추구함.	암담함을 느낌.	시름을 잊고자 함.

① '생애(生涯) 이러ᄒ다 장부(丈夫) 뜻을 옴길넌가'에는 ⓐ의 심리를 이루고자 하는 화자의 의지가 나타나 있다.

② '둘 업슨 황혼(黃昏)의 허위허위 다라 가셔'에는 ⓐ의 상황 해결을 위한 화자의 모습이 나타나 있다.

③ '종조추창(終朝惆悵)ᄒ야 먼 들흘 바라보니'에는 ⓑ의 심리를 극복하려는 화자의 의지가 나타나 있다.

④ '아ᄉ 온 져 소뷔는 벗보님도 묘흘 셰고'에는 ⓑ의 상황으로 쓸모없어진 대상이 나타나 있다.

⑤ '낙듸 ᄒ나 빌려스라'에는 ⓒ의 상황을 실천하기 위한 화자의 의도가 나타나 있다.

04~06

하늘이 만드시길 일정 고루 하련마는
어찌된 인생(人生)이 이토록 괴로운고
삼순구식(三旬九食)을 얻거나 못 얻거나
십 년에 갓 한 번 쓰거나 못 쓰거나
안표누공(顔瓢屢空)인들 나같이 비었으며
원헌간난(原憲艱難)인들 나같이 심했을까
봄날이 더디 흘러 뻐꾸기가 보채거늘
㉠동편 이웃에 따비 얻고 서편 이웃에 호미 얻고
집 안에 들어가 씨앗을 마련하니
㉡올벼 씨 한 말은 반 넘어 쥐 먹었고
기장 피 조 팥은 서너 되 심었거늘
한아한 식구(食口) 이리하여 어이 살리
이봐 아이들아 아무려나 힘써 일하라
죽 쑨 물 상전 먹고 건더기 건져 종을 주니
㉢눈 위에 바늘 젓고 코로 휘파람 분다
올벼는 한 발 뜯고 조 팥은 다 묵히니
싸리피 바랑이는 나기도 싫지 않던가
나라 빚과 이자는 무엇으로 장만하며
부역과 세금은 어찌하여 차려 낼꼬
이리저리 생각해도 견딜 가능성이 전혀 없다
장초(萇楚)의 무지(無知)를 부러워하나 어찌하리
시절이 풍년인들 지어미 배 부르며
겨울을 덥다 한들 몸을 어이 가릴꼬
베틀 북도 쓸 데 없어 빈 벽에 걸려 있고
시루 솥도 버려두니 붉은 녹이 다 끼었다
㉣세시(歲時) 절기 명절 제사는 무엇으로 해 올리며
친척들과 손님들은 어이하야 접대(接待)할꼬
이 얼굴 지녀 있어 어려운 일 많고 많다
이 원수 궁귀(窮鬼)를 어이하야 여의려뇨
술에 음식 갖추고 이름 불러 전송(餞送)하여
좋은 날 좋은 때에 사방(四方)으로 가라 하니
추추분분(啾啾憤憤)하야 화를 내어 이른 말이
㉤어려서 지금까지 희로우락(喜怒憂樂)을 너와 함께하여
죽거나 살거나 여읠 줄이 없었거늘
어디 가 뉘 말 듣고 가라 하여 이르느뇨
타이르듯 꾸짖는 듯 온 가지로 공혁(恐嚇)커늘
돌이켜 생각하니 네 말도 다 옳도다
무정(無情)한 세상(世上)은 다 나를 버리거늘

핵심 정리

- **화자?** 가난한 생활을 한탄하다가 결국 가난을 자신의 운명으로 수용하고 체념함.
- **주제?** 가난한 생활에 대한 원망과 체념
- **특징?** 가난을 의인화하여 가난한 상황을 희화화하고, 설의법을 활용하여 가난에 대한 한탄의 정서를 강조함. 구체적이고 사실적인 생활 묘사가 나타나고, 고사를 인용하여 화자의 궁핍한 생활을 부각함.

어휘 풀이

- **고루:** 차이가 없이 엇비슷하거나 같게
- **삼순구식(석三열흘旬아홉九밥食):** 삼십 일 동안 아홉 끼니밖에 먹지 못한다는 뜻으로, 몹시 가난함을 이르는 말
- **안표누공(낯顏표주박瓢자주屢빌空):** 안연(顏淵)의 표주박이 자주 빔. 공자의 제자인 안연이 가난하여 음식을 담는 표주박이 자주 비었음을 일컬음
- **원헌간난(근원原법憲어려울艱어려울難):** 원헌의 가난. 공자의 제자인 원헌이 몹시 가난하였음을 의미함
- **따비:** 풀뿌리를 뽑거나 밭을 가는 데 쓰는 농기구
- **올벼:** 제철보다 일찍 여무는 벼
- **한아한:** 춥고 굶주린
- **상전:** 예전에, 종에 상대하여 그 주인을 이르던 말
- **싸리피 바랑이:** 잡초의 일종
- **부역:** 백성이 부담하는 공역
- **장초(나무이름萇가시나무楚):** 갯벌에서 자라는 나무
- **무지(없을無알智):** 아는 것이 없음
- **세시(해歲때時):** 새해의 처음. 설
- **절기:** 한 해를 스물넷으로 나눈, 계절의 표준이 되는 것
- **어이하야:** 어찌하여(어이하다='어찌하다'를 예스럽게 이르는 말)
- **접대(접할接기다릴待):** 손님을 맞아서 시중을 듦
- **궁귀(다할窮귀신鬼):** 가난 귀신
- **여의려뇨:** 떠나보낼까
- **전송(전송할餞보낼送):** 서운하여 잔치를 베풀고 보낸다는 뜻으로, 예를 갖추어 떠나보냄을 이르는 말
- **사방(넉四모方):** 동, 서, 남, 북 네 방위를 통틀어 이르는 말
- **추추분분(소리啾소리啾분할憤분할憤):** 시끄럽게 떠들며 화를 냄
- **희로우락(기쁠喜성낼怒근심할憂즐길樂):** 기쁨과 노여움과 근심과 즐거움을 아울러 이르는 말
- **공혁(두려울恐성낼嚇)커늘:** 을러대어 꾸짖거늘
- **무정(없을無뜻情):** 따뜻한 정이 없이 쌀쌀맞고 인정이 없음

네 혼자 신의 있어 나를 아니 버리거든
억지로 피하여 잔꾀로 여읠려냐
하늘이 만든 이 내 궁(窮)을 설마한들 어이하리
빈천(貧賤)도 내 분(分)이어니 설워 무엇하리

– 정훈, 「탄궁가(嘆窮歌)」

- **궁(궁할窮)**: 가난한 상태. 또는 그런 기색
- **빈천(가난할貧·천할賤)**: 가난하고 천함
- **설워**: '서러워'의 준말

표현상의 특징 이해하기

04 윗글에 대한 설명으로 가장 적절한 것은?

① 여음구를 사용하여 리듬감을 형성하고 있다.
② 색채 대비를 통해 화자의 긍지를 나타내고 있다.
③ 대구의 형식을 활용하여 화자의 처지를 드러내고 있다.
④ 설의법을 사용하여 절대자에 대한 귀의를 다짐하고 있다.
⑤ 대립적 공간을 설정하여 이상 세계에 대한 소망을 표현하고 있다.

시어 · 시구의 의미 파악하기

05 ㉠~㉢에 대한 이해로 적절하지 <u>않은</u> 것은?

① ㉠: 농기구를 빌리며 농사를 준비하는 화자의 모습이 드러나 있다.
② ㉡: 화자가 처한 어려움이 구체적으로 제시되고 있다.
③ ㉢: 가난한 처지의 화자를 적극적으로 돕는 종들의 모습이 나타나 있다.
④ ㉣: 자신의 도리조차 다할 수 없는 상황에 대한 화자의 한탄이 표현되어 있다.
⑤ ㉤: 화자가 궁핍한 삶을 오랫동안 지속해 왔음을 짐작할 수 있다.

자료를 통해 감상하기

06 〈보기〉를 참고하여 윗글을 감상한 내용으로 적절하지 <u>않은</u> 것은?

> **보기**
>
> 「탄궁가(嘆窮歌)」는 가난한 생활상을 사실적으로 그리며 가난한 자신의 처지를 한탄하는 노래이다. 이 작품의 화자는 가난한 현실에서 벗어나기 위해 노력하지만 그것이 어렵다는 것을 깨닫고, 비현실적인 방법을 통해서라도 가난에서 벗어나고자 한다. 하지만 그것조차 실패하게 되자 화자는 결국 가난한 현실을 자신의 운명으로 받아들이며 체념한다.

① '어찌된 인생(人生)이 이토록 괴로운고'에서 화자는 가난한 자신의 현실을 원망하고 있군.
② '이리저리 생각해도 견딜 가능성이 전혀 없다'에서 화자는 가난을 극복할 방도가 없다고 생각하고 있군.
③ '술에 음식 갖추고 이름 불러 전송(餞送)하여'에서 화자는 가난에서 벗어나려는 시도를 하고 있군.
④ '타이르듯 꾸짖는 듯 온 가지로 공혁(恐嚇)커늘'에서 화자는 가난에서 벗어날 수 없는 이유인 가난 귀신을 꾸짖고 있군.
⑤ '빈천(貧賤)도 내 분(分)이어니 설워 무엇하리'에서 화자는 가난한 현실에 대해 체념하고 이를 자신의 분수로 수용하는 태도를 보이고 있군.

01~03 다음 글을 읽고, 물음에 답하시오.

전국연합학력평가 변형

가

　유배(流配) 시가는 유배지로 가는 여정이나 유배지에서 느끼고 경험한 바를 소재로 하여 창작된 시가들을 총칭한다. 유배 시가는 고려 시대 정서의 「정과정곡(鄭瓜亭曲)」을 시초로 하여, 조선 시대에 들어와 시조나 가사 등의 다양한 문학 양식으로 활발하게 창작되었다. 시조는 초·중·종 3장의 정형화된 형식 안에 유배객의 삶과 정서를 간결하게 응축해서 전달할 수 있었다. 한편 가사는 연속체(連續體)로, 길이의 조절이 자유로웠기에 유배지에서의 삶과 정서를 좀 더 구체적으로 담아낼 수 있었다.

[A]
　정치적 분쟁으로 인한 유배객이 많았던 조선 시대의 유배 시가에는 정적(政敵)에 대한 원망, 결백의 호소, 정계 복귀에 대한 소망 등이 주로 표현되었다. 또한 정치적 유배객들은 임금에 대한 변함없는 충정을 드러내며 유배의 고통 속에서도 유교 이념을 굳건히 지키는 태도를 보였다. 유배는 정치적인 이유가 아닌 개인적인 잘못에 의한 경우도 있다. 개인적 잘못으로 인한 유배객은 정적에 대해 원망하거나 임금에게 자신의 결백을 호소하는 데 중점을 두기보다는 자신의 과거 잘못에 대한 반성과 후회, 유배지에서의 고통스러운 삶과 사실적 체험을 서술하는 데 중점을 두는 경우가 많았다. 정조 때, 안조원이 공무상의 개인 비리로 유배되어 쓴 가사 「만언사(萬言詞)」가 그러하다.

• 연속체(連續體): 행(行)에 제한을 두지 않는 수필과 같이 자유롭게 써 내려가는 형태

나

　남방 염천(南方炎天) 찌는 날에 **샌지** 못흔 누비바지
　쌈이 빅고 썩 오르니 굴둑 막은 **덕셕**인가
　덥고 검기 다 바리고 **닉음시**를 엇지흐리
　㉠어와 내 일이야 가련히도 되었구나
　손잡고 반기는 집 닉 아니 가옵더니
　등 미러 닉치는 집 **구츠(苟且)**이 비러 잇셔
　㉡**옥식 진찬(玉食珍饌)** 어딕 가고 **믹반 염장(麥飯鹽藏)** 되어시며
　금의 화식(錦衣華飾) 어딕 가고 **현순 빅결(懸鶉百結)** 되엿는고
　㉢이 몸이 스랏는가 죽어서 귀신(鬼神)인가

　말흐니 스랏는가 모양(模樣)은 귀신(鬼神)일다
　㉣한숨 긋팀 눈물 나고 눈물 긋팀 어이업셔
　도로혀 우슴 느니 미친 스름 되거고나
　㉤어와 보리 フ을 되엿는가 젼산 후산에 황금빛이로다
　남풍은 때때 불어 보리 물결 치는고나
　지게를 버셔노코 젼간의 굽닐면서
　한가히 뷔는 농부 뭇노라 뎌 농부야
　밥 우히 보리든술 몃그릇 먹엇느야
　쳥풍의 취흔 얼골 씨연들 무엇흐리
　년년(年年)이 풍년드니 히마다 보리 뷔여
　마당의 두도리고 용졍(舂精)에 쓸허내야
　일분(一分)은 밥뿔흐고 일분(一分)은 술뿔흐야
　밥 먹어 비부르고 술 먹어 취흔 후에
　함포고복(含哺鼓腹) 흐고 **격양가(擊壤歌)** 를 부릭느냐
　농가의 초흔 흥이 뎌런 줄 아랏더면
　공명(功名) 을 탐티 말고 농스를 힘쓰느니
　빅운(白雲)이 즐거는 줄 쳥운(靑雲)이 알양이면
　탐화봉졉(探花蜂蝶) 이 망라(網羅)의 걸녀시랴

– 안조원, 「만언사(萬言詞)」

• 남방 염천(남녘南방위方불탈炎하늘天): 남쪽 지방의 몹시 더운 날씨
• 샌지: 빨지(쌜다='빨다'의 옛말)
• 덕셕: 덕석. 추울 때 소의 등을 덮어 주는 멍석
• 닉음시: 냄새(내옴새='냄새'의 옛말)
• 구츠(구차할苟且): 말이나 행동이 떳떳하거나 버젓하지 못함
• 옥식 진찬(옥玉밥食보배珍반찬饌): 훌륭한 밥과 반찬
• 믹반 염장(보리麥밥飯소금鹽감출藏): 보리밥과 소금장
• 금의 화식(비단錦옷衣꽃華꾸밀飾): 비단옷과 화려한 옷
• 현순 빅결(매달懸메추라기鶉일백百맺을結): 옷이 해어져서 백 군데나 기웠다는 뜻으로, 누덕누덕 기워 짧아진 옷
• 도로혀: 돌이켜(도릭혀다='돌이키다'의 옛말)
• 굽닐면서: 몸을 굽혔다 일으켰다 하면서(굽닐다='굽닐다'의 옛말)
• 뷔는 농부: (벼) 베는 농부(뷔다='베다'의 옛말)
• 용졍(찧을舂찧을精): 용정. 곡식을 찧음
• 함포고복(머금을含먹을哺북鼓배腹): 잔뜩 먹고 배를 두드린다는 뜻으로 먹을 것이 풍족하여 즐겁게 지낸다는 의미
• 격양가(부딪힐擊흙壤노래歌): 풍년이 들어 농부가 태평한 세월을 즐기는 노래
• 공명(공功이름名): 공을 세워서 자기의 이름을 널리 드러냄. 또는 그 이름
• 탐화봉졉(찾을探꽃花벌蜂나비蝶): 꽃을 탐하는 벌과 나비
• 망라(그물網그물羅): 물고기나 새를 잡는 그물

01 (가)를 이해한 내용으로 적절한 것은?

① 가사는 길이의 조절이 자유로웠기 때문에 유배지에서의 삶과 정서를 구체적으로 표현할 수 있었다.
② 유배 시가가 조선 시대에 처음 창작되어 당대에 전성기를 맞이하게 된 것은 정치적 배경과 관련이 깊다.
③ 유배 시가는 유배객으로서의 일상과 유배지에서 보고 들은 바를 왕에게 보고하는 형식의 시가를 말한다.
④ 시조는 3장의 정형화된 형식을 따랐기 때문에 유배지에서의 정서보다는 상황을 자세하게 묘사할 수 있었다.
⑤ 정계에 복귀하고자 하는 유배객의 소망은 임금에 대한 충정보다는 탈속적 세계에 대한 지향으로 표현되었다.

02 ㉠~㉤에 대한 이해로 적절한 것은?

① ㉠: 대상에 감정을 이입하여 화자의 슬픔을 드러내고 있다.
② ㉡: 대조적 시어를 사용하여 안분지족의 태도를 부각하고 있다.
③ ㉢: 동일한 시어를 반복적으로 제시하여 그리움의 정서를 형성하고 있다.
④ ㉣: 대구적 표현을 활용하여 화자가 느끼는 한스러움을 강조하고 있다.
⑤ ㉤: 영탄적 표현을 통해 자신의 성과에 대한 화자의 만족감을 나타내고 있다.

03 [A]를 참고하여 (나)를 감상한 것으로 적절하지 않은 것은?

① '남방 염천 씨는 날에 쓴지 못흔 누비바지'에서, 유배지에서 힘겨운 삶을 살았던 유배객의 사실적 체험이 나타나는군.
② '등 미러 닉치눈 집'에서, 유배지에서의 화자의 처지를 짐작할 수 있군.
③ '함포고복(含哺鼓腹)ㅎ고 격양가(擊壤歌)를 부르ㄴ냐'에서 과거와의 비교를 통해 현재의 고통스러운 삶을 드러내고 있군.
④ '공명(功名)을 탐티 말고 농스를 힘쓰ㄴ니'에서, 화자가 자신의 과거에 대해 후회하고 있음을 알 수 있군.
⑤ '탐화봉접이 망라(網羅)의 걸녀시랴'에서, 개인의 잘못에 의한 유배를 그물에 걸린 것으로 비유하여 표현하고 있군.

가사 4 교훈, 기행, 풍속

작품 1 허전 「고공가(雇工歌)」
작품 2 김인겸 「일동장유가(日東壯遊歌)」
작품 3 정학유 「농가월령가(農家月令歌)」 + 작자 미상 「관등가(觀燈歌)」

01~03

집의 옷밥을 언고 들먹는 져 고공(雇工)아
우리 집 긔별을 아는다 모로는다
ⓐ 비 오는 늘 일 업슬지 숫쏘면서 니르리라
ⓑ 처음의 한어버이 사롬스리 ᄒ려 홀 지
인심(人心)을 만히 쓰니 사룸이 졀로 모다
풀 썻고 터을 닷가 큰 집을 지어 내고
셔리 보십 장기 쇼로 전답(田畓)을 긔경(起耕)ᄒ니
오려논 터밧치 여드레 ᄀ리로다
자손(子孫)에 전계(傳繼)ᄒ야 대대(代代)로 나려오니
논밧도 죠커니와 고공(雇工)도 **근검(勤儉)**터라
저희마다 **녀름**지어 가음 여러 사던 것슬
ⓒ 요스이 고공(雇工)들은 혬이 어이 아조 업서
밥사발 큰나 쟈그나 동옷시 죠코 즈나
ᄆ음을 둣호는 듯 호슈을 싀오는 듯
무슴 일 감드러 흘긧할긧 ᄒ ᄂ 슨다
너희닉 일 아니코 ⓓ 시절(時節)좃ᄎ 소오나와
ᄀᆺ득의 닉 셰간이 플러지게 되야는ᄃ
ⓔ 엇그지 **화강도(火强盜)**에 가산(家産)이 탕진(蕩盡)ᄒ니
집 ᄒ나 불타 붓고 먹을 쩟시 전혀 업다
큰나큰 셰ᄉ(歲事)을 엇지ᄒ여 니로려료
김가(金哥) 이가(李哥) 고공(雇工)들아 식 ᄆ음 먹어슬라
너희닉 졀머는다 혬 혈나 아니슨다
ᄒᆫ 소틱 밥 먹으며 매양의 회회(恢恢)ᄒ랴
ᄒᆫ ᄆ음 ᄒᆫ 쯧으로 녀름을 지어스라
ᄒᆫ 집이 가음 열면 옷밥을 분별(分別)ᄒ랴
누고는 장기 잡고 누고는 쇼을 몰니
밧 갈고 논 살마 벼 셰워 더져 두고
늘 됴흔 호믜로 기음을 믹야스라
산전(山田)도 것츠럿고 무논도 기워 간다
사립피 믈목 나셔 볏 겨틱 셰올셰라

핵심 정리

- **화자?** 집주인인 화자가 근면하지 않은 머슴을 비판하며 성실히 일할 것을 머슴에게 요구함.
- **주제?** 게으르고 이기적인 머슴들(관리들)에 대한 비판
- **특징?** 대구법, 설의법을 사용하여 주제를 효과적으로 나타내고, 말을 건네는 방식을 활용하여 작품의 상황을 잘 드러냄.

어휘 풀이

- **언고:** 얹고(언다='얹다'의 옛말)
- **고공(품살雇인工):** 머슴
- **긔별:** 기별(긔별='기별'의 옛말. 소식)
- **숫쏘면서:** 새끼를 꼬면서(숫='새끼'의 옛말)
- **니르리라:** 말하리라(니르다='이르다'의 옛말)
- **사롬스리:** 살림살이(사롬스리='살림살이'의 옛말)
- **모다:** 모이어(몯다='모이다'의 옛말)
- **썻고:** 뽑고, 베고
- **닷가:** 닦아(닷다='닦다'의 옛말)
- **셔리 보십 장기 쇼:** 농기구(써레, 보습, 쟁기)와 소
- **전답(밭田논畓):** 논밭
- **긔경(일어날起밭갈耕):** 기경. 논밭을 갊
- **오려논:** 올벼를 심은 논
- **ᄀ리:** 갈이(ᄀ리='갈이(소 한 마리가 하루에 갈 만한 넓이)'의 옛말)
- **전계(전할傳을이繼):** 재산을 누구에게 상속한다는 뜻을 문서에 적던 일
- **나려오니:** 내려오니(나리다='내리다'의 옛말)
- **녀름지어:** 농사지어(녀름짓다='농사짓다'의 옛말)
- **가음여리:** 가멸다(가음 멸다='가멸다(재산이나 자원 따위가 넉넉하고 많게)'의 옛말)
- **혬:** 생각, 헤아림(혬='생각, 헤아림'의 옛말)
- **즈나:** 지저분하고 난잡하나
- **둣호는:** 다투는(ᄃ토다='다투다'의 옛말)
- **호슈:** 호수. 땅 여덟 결(結)을 한 단위로 하여 나라에 내는 공물을 바치는 책임을 지는 사람
- **싀오는 듯:** 시기하는 듯(싀오다='시기하다'의 옛말)
- **감드러:** 속임을 들어
- **소오나와:** 사나워(ᄉ오납다='사납다'의 옛말)
- **ᄀᆺ득:** 가뜩(ᄀᆺ득='가뜩'의 옛말)
- **화강도(불火군셀强훔칠盜):** 강도
- **셰ᄉ(해歲일事):** 일 년 중의 일
- **니로려료:** 일으키려는가(니러나다='일어나다'의 옛말)
- **졀머는다:** 젊었다 하여(젊다='젊다'의 옛말)
- **매양:** 매 때마다
- **기음:** 김(논밭에 난 잡풀)
- **사립피:** 도롱이와 삿갓
- **믈목:** 나무 말뚝

칠석(七夕)의 호미 씻고 기음을 다 민 후의

숫 스기 뉘 잘흐며 셤으란 뉘 엿그랴

너희 지조 셰아려 자라자라 맛스라

— 허전, 「고공가(雇工歌)」

- **칠석(일곱七저녁夕):** 음력 7월 7일을 이르는 말
- **셤:** 섬(섬='섬(짚으로 엮어 만든 그릇)'의 옛말)
- **지조:** 재주(지조='재주'의 옛말)
- **자라자라:** 서로서로
- **맛스라:** 맡아라(맛다='맡다'의 옛말)

표현상의 특징 이해하기

01 윗글의 표현상 특징으로 적절하지 <u>않은</u> 것은?

① 의문형 어미를 사용하여 화자가 강조하고자 하는 바를 부각하고 있다.

② 유사한 문장 구조를 병렬적으로 배치하여 작품에 리듬감을 부여하고 있다.

③ 화자가 관찰한 대상의 모습을 구체적으로 표현하여 대상의 특성을 나타내고 있다.

④ 화자가 대상에게 말을 건네는 방식을 사용하여 주제를 효과적으로 드러내고 있다.

⑤ 시간의 경과에 따른 동일 대상의 변화를 제시하여 대상을 비판적으로 평가하고 있다.

시어 · 시구의 의미 파악하기

02 ⓐ~ⓔ에 대한 설명으로 적절한 것은?

① ⓐ: 화자가 새끼를 꼬며 이야기를 하는 시기로, 고공에게 우회적으로 설득과 명령을 하는 시간이다.

② ⓑ: 화자의 조상이 가문을 세우던 시기로, 집안이 경제적으로 어려웠으나 근면한 고공이 있던 시간이다.

③ ⓒ: 고공과 화자가 서로 질투하며 다투는 시기로, 고공이 맡은 일을 수행하지 않는 시간이다.

④ ⓓ: 날씨가 좋지 않아 고공이 어려움을 겪는 시기로, 화자가 고공에게 일을 시킬 수 없는 시간이다.

⑤ ⓔ: 강도에 의해 화자의 재산이 줄어든 시기로, 화자를 둘러싼 상황이 매우 부정적인 시간이다.

자료를 통해 감상하기

03 〈보기〉를 참고하여 윗글을 이해한 내용으로 적절하지 <u>않은</u> 것은?

> **보기**
>
> 임진왜란 직후 허전은 국가의 일을 한 집안의 일에 비유한 「고공가(雇工歌)」를 지어 당시의 상황을 비판하였다. 왜적의 침입으로 백성과 나라가 황폐해졌음에도 불구하고 당파 싸움에 치중하는 부패하고 무능한 신하들의 각성을 촉구하고, 나라를 재건하고자 하는 소망을 담아냈다. 「고공가(雇工歌)」는 신하를 머슴에 비유한 우의적 표현을 통해 주제를 잘 드러내었다고 평가받는다.

① '근검'은 옛 신하들이 지니고 있던 덕목으로서 작품 창작 당시의 신하들이 본받아야 할 태도로 볼 수 있겠군.

② '녀름'은 나라를 다스리는 일을 비유한 것으로서 신하들이 나라를 위하여 수행해야 하는 일로 볼 수 있겠군.

③ '밥사발'은 신하들이 채우고자 하는 사욕을 의미하는 것으로서 신하들끼리 다투는 이유로 볼 수 있겠군.

④ '화강도'는 임진왜란을 일으킨 왜적을 의미하는 것으로서 백성과 나라가 황폐해진 원인으로 볼 수 있겠군.

⑤ '너희 지조'는 신하들이 지닌 능력으로서 나라를 재건하기 위하여 발전시켜야 하는 유일한 요건으로 볼 수 있겠군.

04~06

북궐(北闕)의 하딕(下直)ᄒ고 남대문 내두라셔

관왕묘(關王廟) 얼픗 지나 젼싱셔(典牲署) 다드르니

ᄉ힝을 젼별(餞別)ᄒ랴 만됴(滿潮) 공경(公卿) 다 모닷니

곳곳이 댱막(帳幕)이오 집집이 안마(鞍馬)로다

좌우 젼후 뫼와 들어 인산인히(人山人海) 되어시니

졍 잇ᄂᆞᆫ 친구들은 손 잡고 우탄(吁嘆)ᄒ고

철 모르ᄂᆞᆫ 소년들은 불워ᄒ기 측량(測量) 업니

셕양(夕陽)이 거의 되니 눗눗치 고별(告別)ᄒ고

상마포(上馬砲) 세 번 노코 ᄎᆞ례로 써나갈식

졀월(節鉞) 젼비(前陪) 군관(軍官) **국셔(國書)ᄅᆞᆯ 인도ᄒ고**

비단 일산(日傘) 슌시(巡視) 녕긔(令旗) ᄉ신(使臣)을 뫼와셧다

내 역시 뒤흘 ᄯᆞ라 역마(驛馬)ᄅᆞᆯ 칩더 ᄐᆞ니

가치옷 지로 나쟝(指路羅將) 깃 곳고 압희 셔고

마두셔자(馬頭書子) 부츅ᄒ고 ᄲᅡᆼ것마 잡앗고나

셰피놈의 된소ᄅᆡ로 권마셩(勸馬聲)은 무슴 일고

아모리 말나여도 전례(前例)라고 부듸 ᄒ니

빅슈(白鬚)의 늙은 션비 졸연(猝然)이 별셩(別星) 노릇

우숩고 긔괴(奇怪)ᄒ니 ᄂᆞᆷ 보기 슈괴(羞愧)ᄒ다

(중략)

졈심 먹고 길 써나셔 이십 니ᄂᆞᆫ 겨요 가셔

날 져물고 대우(大雨)ᄒ니 길이 즐기 참혹ᄒ야

밋그럽고 쉬ᄂᆞᆫ디라

가마 멘 다ᄉᆞᆺ 놈이 서로 가며 체번(遞番)ᄒ듸

갈 길이 바히 업서 두던에 가마 노코

이윽이 쥬뎌(躊躇)ᄒ고 갈 ᄯᅳᆺ이 업ᄂᆞᆫ지라

ᄉ면을 도라보니 텬디(天地)가 어득ᄒ고

일ᄒᆡᆼ들은 간 ᄃᆡ 업고 등불은 쩌뎌시니

지쳑(咫尺)은 불분(不分)ᄒ고 망망(茫茫)ᄒᆞᆫ 대야듕(大野中)의

말 못ᄒᆞᆫ 예놈들만 의지ᄒ고 안자시니

어휘 풀이

• **북궐(북녘北대궐闕):** 경복궁을 창덕궁과 경희궁에 상대하여 이르는 말
• **하딕(아래下곧을直):** 하직. 서울을 떠나는 벼슬아치가 임금에게 작별을 아뢰던 일
• **젼싱셔(법典희생牲마을署):** 전생서. 조선 시대에, 나라의 제향에 쓸 양·돼지 따위를 기르는 일을 맡아보던 관아
• **젼별(보낼餞나눌別):** 전별. 잔치를 베풀어 작별한다는 뜻으로, 보내는 쪽에서 예를 차려 작별함을 이르는 말
• **만됴(찰滿아침潮) 공경(공변될公벼슬卿):** 만조 공경. 조정의 높은 벼슬아치
• **댱막(장막帳장막幕):** 장막. 한데에서 볕 또는 비바람을 피할 수 있도록 둘러치는 막
• **뫼와:** 모여(뫼다='모이다'의 방언)
• **인산인히(사람人메山사람人바다海):** 인산인해. 사람이 산을 이루고 바다를 이루었다는 뜻으로, 사람이 수없이 많이 모인 상태를 이르는 말
• **우탄(탄식할吁탄식할嘆):** 탄식함
• **불워ᄒ기:** 부러워하기(불워하다='부러워하다'의 방언)
• **측량(헤아릴測헤아릴量) 업니:** 한이나 끝이 없네
• **졀월(마디節도끼鉞):** 조선 시대에 관리들이 지방에 부임할 때에 임금이 내어 주던 물건
• **젼비(앞前모陪):** 전배. 벼슬아치가 행차할 때나 상관을 배견할 때에 앞을 인도하던 관리나 하인
• **슌시(돌巡볼視):** 순시. 돌아다니며 시찰하는 사람
• **녕긔(명령할令깃발旗):** 영기. 군령(軍令)을 전하는 데 쓰던 기
• **역마(정거장驛말馬):** 조선 시대에, 각 역참에 갖추어 둔 말. 관용(官用)의 교통 및 통신 수단
• **셰피:** 세패. 아주 적은 수의 군사로 편성된 부대
• **권마셩(권할勸말馬소리聲):** 권마성. 말이나 가마가 지나갈 때 위세를 더하기 위하여 그 앞에서 하졸들이 목청을 길게 빼어 부르는 소리
• **전례(앞前법식例):** 예로부터 전하여 내려오는 일 처리의 관습
• **졸연(갑자기猝그럴然):** 갑작스럽게
• **별셩(나눌別星별星):** 별성. 임금의 명령을 받들고 외국으로 가던 사신
• **슈괴(부끄러울羞부끄러울愧):** 수괴. 부끄럽고 창피함
• **밋그럽고:** 미끄럽고(밋그럽다='미끄럽다'의 옛말)
• **체번(번갈아遞차례番):** 체번. 일정 기간 동안을 서로 교대하여 근무하거나 번(番)드는 기간이 만료되어 다음 차례로 바뀌는 것
• **바히:** 바이, 전혀(바히='바이'의 옛말)
• **쥬뎌(머뭇거릴躊머뭇거릴躇):** 주저. 머뭇거리며 망설임
• **지쳑(여덟치咫자尺):** 아주 가까운 거리

오늘밤 이 경상(景狀)은 고단코 위틱ᄒ다

교군(較軍)이 드라나면 낭픽(狼狽)가 오쥭 홀가

그놈들의 오슬 잡아 흔드러 쓰즐 뵈고

가마 속의 잇던 음식 갓갓지로 내여 주니

지져괴며 먹은 후의 그제야 가마 메고

촌촌 젼진ᄒ야 곳곳이 가 이러ᄒ니

만일 음식 업듯더면 필연코 도주홀씨

삼경냥은 겨요ᄒ야 대원셩(大垣城)을 드러가니

두통ᄒ고 구토ᄒ야 밤새도록 대통(大痛)ᄒ다

– 김인겸, 「일동장유가(日東壯遊歌)」

- **경상(경치景형상狀):** 경상. 좋지 못한 몰골
- **교군(치쳬軍사軍):** 가마를 메는 사람
- **낭픽(狼狽):** 낭패. 계획하거나 기대한 일이 실패하거나 어긋나 딱하게 됨
- **갓갓지:** 가지가지(갓갓지='가지가지'의 옛말)
- **지져괴며:** 지져귀며(지져괴다='지저귀다'의 옛말)
- **촌촌(마디寸마디寸):** 한 치 한 치
- **대통(클大아플痛):** 몹시 심한 고통

---

04 윗글의 표현상 특징으로 적절하지 <u>않은</u> 것은?

① 대구법을 활용하여 운율감을 생성하고 있다.
② 설의법을 사용하여 화자의 정서를 강조하고 있다.
③ 화자의 상황을 시간의 흐름에 따라 서술하고 있다.
④ 음성 상징어를 적절히 활용하여 생동감을 주고 있다.
⑤ 열거법을 통해 화자가 본 것을 충실하게 전달하고 있다.

05 윗글의 내용을 영화로 제작한다고 할 때, 그 계획으로 적절하지 <u>않은</u> 것은?

① 만조 공경을 포함한 많은 사람들이 모여 사신단을 배웅하는 장면을 찍기 위해 많은 배우들을 섭외해야겠어.
② 화자와 친한 친구를 연기하는 사람에게 사신단을 향한 부러움을 표정에 담아내도록 요청해야겠어.
③ 권마성하는 것을 부끄러워하며 만류하는 사람과 전례를 들먹이며 계속하는 사람의 대화를 삽입해야겠어.
④ 대원성을 가는 도중 맞이한 밤에 내린 큰비로 다니기 어렵게 된 길을 영상으로 보여 주어야겠어.
⑤ 대원성에 도착한 일행들이 심한 통증에 시달리며 고통스러워하는 모습을 영상으로 보여 주어야겠어.

06 〈보기〉를 참고하여 윗글을 이해한 내용으로 적절하지 <u>않은</u> 것은?

> **보기**
>
> 사행(使行) 가사란 공식적인 사신이나 일행으로 참여하였던 사람이 공적인 임무를 띠고 기록한 것이지만, 실제 작품에는 여행자로서의 감정, 여행지에서의 경험 등 사적인 내용도 포함하고 있어 공적·사적 성격을 공유하는 경우가 많다. 조선 후기의 사행 가사의 경우 중화주의에 기반한 우월 의식에서 벗어나지 못하고 있다는 한계가 있지만 구체적이고 사실적인 묘사처럼 근대 문학에서 보이는 사실주의적 경향을 드러내고 있다는 점이 주목된다.

① '국셔를 인도ᄒ고'를 통해 사신단은 공적인 임무를 수행하기 위해 출발하는 것임을 알 수 있다.
② '비단 일산 슌시 녕긔 스신을 뫼와셧다'와 같은 사신단에 대한 묘사를 통해 중화주의에 기반한 우월 의식에서 벗어나지 못함을 드러내고 있다.
③ '빅슈의 늙은 션빅 졸연이 ~ 눕 보기 슈괴ᄒ다'에서 사행을 떠나는 화자의 개인적 감정을 드러내고 있다.
④ '그놈들의 오슬 잡아 ~ 촌촌 젼진ᄒ야 곳곳이 가 이러ᄒ니'에서 구체적이고 사실적인 묘사를 보여 주고 있다.
⑤ '만일 음식 업듯더면 필연코 도주홀씨'에서 자기들의 이익만 챙기는 야비한 일본인 가마꾼들을 만난 화자의 경험을 그려 내고 있다.

01~03 다음 글을 읽고, 물음에 답하시오.

〈 전국연합학력평가 변형 〉

가

팔월이라 중츄(仲秋)되니 백로(白露) 츄분 졀긔로다
북두성(北斗星) 자로 도라 서편(西便)을 가르 치니
선선흔 죠석 긔운 츄의(秋氣)가 완연흐다
귀쏘람이 말근 쇼릭 벽간(壁間)에 들거고나
아참의 안기 씨고 밤이면 이슬 느려
백곡(百穀)을 성실흐고 만물을 지촉흐니
들 구경 돌나보니 흠들인 일 공생(功生)흐다
백곡(百穀)의 이삭 픠고 여믈 드러 고기 숙어
㉠셔풍(西風)에 익는 빗츤 황운(黃雲)이 이러난다
백셜 갓튼 면화숑이 산호 갓튼 고초다리
첨아에 너러시니 가을 볏 명낭흐다
ⓐ안팟 마당 닷가 노코 발치 망구 작만흐쇼
면화 쏘는 다락키에 수수 이샥 콩가지오
나무꾼 도라올 졔 머루 다릭 산과(山果)로다
뒷동산 밤 듸츄는 아이들 셰샹이라
ⓑ알암 모화 말이어라 쳘 듸여 쓰게 흐쇼
명지(明紬)를 끈혀 내여 추양(秋陽)에 마젼흐고
쪽 듸리고 잇 듸리니 청홍(靑紅)이 색색이라
ⓒ부모님 연만(年晩)흐니 슈의(襚衣)를 유의흐고
그 남아 마로 재아 주녀의 혼슈(婚需)흐세

　　　　　　　　 – 정학유, 「농가월령가(農家月令歌)」

- 즁츄(버금仲가을秋): 중추. 가을이 한창인 때라는 뜻으로, 음력 8월을 달리 이르는 말
- 백곡(일백百곡식穀): 온갖 곡식
- 황운(누를黃구름雲): 넓은 들판에 벼가 누렇게 익은 모습을 비유적으로 이르는 말
- 발치 망구: 농사 도구들
- 명지(밝을明명주紬): 명주. 명주실로 무늬 없이 얇게 짠 피륙
- 추양(가을秋볕陽): 가을철에 내리쬐는 햇볕
- 마젼흐고: 마전하고(마젼흐다＝'마젼하다(생피륙을 삶거나 빨아 볕에 바래다)'의 옛말)
- 연만(해年늦을晩): 나이가 아주 많음
- 슈의(수의襚옷衣): 수의. 염습할 때 시신에 입히는 옷
- 마로 재야: 재단하여

나

ⓓ정월(正月) 상원일(上元日)에
달과 노는 소년들은 답교(踏橋)흐고 노니는데
우리 님은 어듸 가고 답교(踏橋)할 줄 모로는고
이월(二月) 청명일(淸明日)에

나무마다 춘기(春氣) 들고 잔듸 잔듸 속입 나니
만물(萬物)이 화락(和樂)한듸 우리 님은 어듸 가고
춘기 든 줄 모로는고
삼월(三月) 삼일(三日)날에
ⓔ강남(江南)셔 온 졔비 왓노라 현신(現身)흐고
소상강(瀟湘江) 기러기는 가노라 하직(下直)흐다
이화도화(梨花桃花) 만발(滿發)흐고 행화방초(杏花芳草)
흣날린다
우리 님은 어듸 가고 화유(花遊)할 줄 모로는고
사월(四月) 초파일(初八日)에
관등(觀燈)흐러 임고대(臨高臺)하니 원근(遠近) 고저(高低)에
석양(夕陽)은 빗겼는데 어룡등(魚龍燈) 봉학등(鳳鶴燈)과
두루미 남성(南星)이며 종경등(鍾慶燈) 선등(仙燈) 북등(燈)이며
수박등(燈) 마늘등(燈)과 연꼿 속에 선동(仙童)이며
난봉(鸞鳳) 우희 천녀(天女) | 로다 비등(燈) 집등(燈) 산듸등(燈)과
영등(影燈) 알등(燈) 병등(瓶燈) 벽장등(壁欌燈) 가마등(燈) 난간등(欄干燈)과
사자(獅子) 탄 체괄이며 호랑(虎狼)이 탄 오랑캐라
발노 툭 차 구을등(燈)에 일월등(日月燈) 밝아 잇고
칠성등(七星燈) 버러난듸 동령(東嶺)의 월상(月上)하고
곳고지 불을 현다 ㉡우리 님은 어듸 가고
관등(觀燈)할 줄 모로는고

　　　　　　　　 – 작자 미상, 「관등가(觀燈歌)」

- 답교(밟을踏다리橋): 다리를 밟는 풍속
- 화락(화목할和즐길樂): 화평하고 즐거움
- 현신(나타날現몸身): 다른 사람에게 자신을 보임
- 행화방초(살구나무杏꽃花꽃다울芳풀草): 살구꽃과 향기로운 풀
- 화유(꽃花놀遊): 꽃놀이
- 초파일(처음初여덟八날日): 석가모니의 탄생일
- 관등(볼觀등등盞燈): 초파일이나 절의 주요 행사 때에 등대를 세우고 온갖 등을 달아 불을 밝히는 일
- 임고대(임할臨높을高돈대臺)하니: 높은 곳에 오르니
- 선동(신선仙아이童): 선경에 살면서 신선의 시중을 든다는 아이
- 현다: 켠다(혀다＝'켜다'의 옛말)

표현상의 특징 이해하기

01 (가)와 (나)의 공통점으로 가장 적절한 것은?

① 대화체와 독백체를 교차하며 시상을 전개하고 있다.
② 계절적 배경을 바탕으로 화자의 인식을 나타내고 있다.
③ 공간의 대조를 통해 화자의 정서 변화를 부각하고 있다.
④ 반어적 표현을 통해 현실에 대한 비판 의식을 드러내고 있다.
⑤ 자연물에 감정을 이입하여 세상과 거리를 두려는 태도를 드러내고 있다.

화자의 정서와 태도 파악하기

02 ㉠과 ㉡에 대한 설명으로 가장 적절한 것은?

① ㉠은 ㉡과 달리 미래의 소망을 나타내고 있다.
② ㉡은 ㉠과 달리 특정한 대상을 비유적으로 표현하고 있다.
③ ㉠은 현재 상황에 대한 만족, ㉡은 내적 갈등의 심화와 관련이 있다.
④ ㉠과 ㉡ 모두 세월의 흐름과 관련한 인생의 무상함을 느끼게 하고 있다.
⑤ ㉠과 ㉡ 모두 구도적인 자세를 통해 사물이 지닌 의미를 깨닫게 하고 있다.

자료를 통해 감상하기

03 〈보기〉를 참고하여 ⓐ~ⓔ를 이해한 내용으로 적절하지 <u>않은</u> 것은?

> ┤ 보기 ├
>
> 작품의 형식이 일 년 열두 달을 차례대로 맞추어 가며 구성된 시가를 '월령체'라 한다. 조선 후기의 '월령체'는 내용상 농사요와 애정요로 나눌 수 있는데 (가)와 (나)가 대표적인 작품이다. 농사요 (가)는 농촌에 거주하는 양반이 창작한 작품으로, 달의 변화에 따른 농사 일정을 고려하여 농민들에게 필요한 농사일을 장려하고 유교적 윤리를 강조한 시가이다. 애정요 (나)는 부녀자가 창작했다고 추정되는 작품으로, 부재하는 임에 대한 상사와 연정을 열두 달의 순서에 따라 구성한 시가인데, 각 연에서 매월의 세시 풍속을 상사의 매개로 삼아 이별의 정한을 드러내고 있다. (나)는 의식의 충족을 위한 실용적 측면을 지닌 (가)와 달리, 놀며 즐기는 유락적(遊樂的) 요소를 지녀 서민들이 보다 즐겨 감상하였다.

① ⓐ는 농촌에 거주하는 양반이 농민들에게 농사일을 장려하는 것으로 볼 수 있겠군.
② ⓑ는 미래의 용도를 대비한 실용적 측면을 고려한 것으로 볼 수 있겠군.
③ ⓒ는 부모에 대한 유교적 윤리를 농민에게 강조하는 것으로 볼 수 있겠군.
④ ⓓ는 상사의 매개가 되는 세시 풍속과 관련이 있는 것으로 볼 수 있겠군.
⑤ ⓔ는 유락적인 속성을 통해 이별의 정한이 해소된 상황을 드러낸 것으로 볼 수 있겠군.

가사 5 사랑, 그리움, 세태 풍자

작품 1 허난설헌 「규원가(閨怨歌)」   작품 2 작자 미상 「덴동어미 화전가」
작품 3 작자 미상 「상사별곡(相思別曲)」

01~03

삼삼오오(三三五五) 야유원(冶遊園)의 새 사람이 나단 말가

곳 피고 날 저물 제 정처(定處) 업시 나가 잇어

㉠백마 금편(白馬金鞭)으로 어듸어듸 머무는고

원근(遠近)을 모르거니 소식(消息)이야 더욱 알랴

인연(因緣)을 긋쳐신들 싱각이야 업슬소냐

얼골을 못 보거든 그립기나 마르려믄

열두 째 김도 길샤 설흔 날 지리(支離)ᄒ다

㉡옥창(玉窓)에 심근 매화(梅花) 몃 번이나 픠여 진고

겨울밤 차고 찬 제 자최눈 섯거 치고

여름날 길고 길 제 구즌 비는 므스 일고

삼춘 화류(三春花柳) 호시절(好時節)의 경물(景物)이 시름업다

가을 들 방에 들고 ㉢실솔(蟋蟀)이 상(床)에 울 제

긴 한숨 디는 눈물 속절업시 혬만 만타

아마도 모진 목숨 죽기도 어려울사

(중략)

출하리 잠을 드러 쑴의나 보려 ᄒ니

바람의 디는 닢과 풀 속에 우는 ㉣즘생

므스 일 원수로서 잠조차 깨오는다

천상(天上)의 ㉤견우직녀(牽牛織女) 은하수(銀河水) 막혀서도

칠월 칠석(七月七夕) 일년 일도(一年一度) 실기(失期)치 아니거든

우리 님 가신 후는 무슨 약수(弱水) 가렷관듸

오거나 가거나 소식(消息)조차 쓰쳣는고

난간(欄干)의 비겨 셔서 님 가신 듸 바라보니

초로(草露)는 맷쳐 잇고 모운(暮雲)이 디나갈 제

죽림(竹林) 푸른 고듸 새소리 더욱 설다

세상의 서룬 사람 수업다 ᄒ려니와

박명(薄命)ᄒ 홍안(紅顔)이야 날 가트니 쏘 이실가

아마도 이 님의 지위로 살동말동 ᄒ여라

— 허난설헌, 「규원가(閨怨歌)」

- **화자?** 임에게 버림받은 여성으로, 자신의 신세를 한탄하며 임을 원망하고 그리워함. 슬픔과 한을 드러내면서도 우아한 품격을 잃지 않음.
- **주제?** 봉건 제도하에서 겪는 부녀자의 한
- **특징?** 한문 투의 고사를 많이 사용함. 여인의 애절하고 안타까운 심리를 잘 묘사하였고, 대구·비유 등 여러 표현 기교를 구사하여 유려한 느낌을 줌. 감정 이입과 객관적 상관물을 통해 화자의 심정을 드러냄.

어휘 풀이

- **삼삼오오(석三석三다섯五다섯五):** 서너 사람 또는 대여섯 사람이 떼를 지어 다니거나 무슨 일을 함. 또는 그런 모양
- **야유원(풀무冶놀遊동산園):** 기생집
- **곳:** 꽃(곳='꽃'의 옛말)
- **정처(정할定곳處):** 정한 곳. 또는 일정한 장소
- **백마 금편(흰白말馬금金채찍鞭):** 흰말과 금 채찍(호사스러운 행장을 뜻함)
- **원근(멀遠가까울近):** 멀고 가까움
- **긋쳐신들:** 끊었지만(긋다='끊다'의 옛말)
- **김도 길샤:** 길기도 길구나
- **지리(가를支떼놓을離)ᄒ다:** 지루하다
- **옥창(아름다울玉창窓):** 아름답게 꾸민 창문
- **자최눈:** 자국눈(자최눈='자국눈'의 옛말)
- **삼춘 화류(석三봄春꽃花버들柳):** 꽃과 버들이 피는 세 달 동안의 봄
- **호시절(좋을好때時마디節):** 좋은 시절
- **경물(볕景물건物):** 경치
- **실솔(귀뚜라미蟋귀뚜라미蟀):** 귀뚜라미
- **상(평상床):** 침상
- **혬:** 생각(혬='셈'의 옛말)
- **쑴:** 꿈(쑴='꿈'의 옛말)
- **즘생:** 짐승. 벌레(즘생='짐승'의 옛말)
- **천상(하늘天윗上):** 하늘 위
- **실기(잃을失기약할期):** 시기를 놓침
- **약수(약할弱물水):** 신선이 살았다는 중국 서쪽의 전설 속의 강
- **비겨:** 비스듬히(빗겨='비스듬히'의 옛말)
- **초로(풀草이슬露):** 풀잎에 맺힌 이슬
- **모운(저물暮구름雲):** 날이 저물 무렵의 구름
- **죽림(대竹수풀林):** 대나무로 이루어진 숲
- **고듸:** 곳에(곧='곳'의 옛말)
- **박명(엷을薄운명命)ᄒ 홍안(붉을紅낯顔):** 운명이 기구한 젊은 여자

표현상의 특징 이해하기

01 윗글의 표현상 특징으로 가장 적절한 것은?

① 한자어를 구사하여 화자의 태도 변화를 제시하고 있다.
② 자연의 변화를 통해 덧없이 흘러가는 시간을 형상화하고 있다.
③ 자연물을 활용하여 임에 대한 화자의 지극한 정성을 강조하고 있다.
④ 역설적 표현을 사용하여 임에 대한 원망을 효과적으로 나타내고 있다.
⑤ 공감각적 심상을 활용해 화자의 처지와 대비되는 봄의 경치를 묘사하고 있다.

자료를 통해 감상하기

03 〈보기〉를 참고하여 윗글을 이해한 내용으로 적절하지 않은 것은?

> **보기**
>
> 「규원가」는 조선 시대의 모순된 사회 제도하에서 규방에 갇혀 외롭게 살아가는 여인의 한을 여성적 감각으로 표현한 작품이다. 이 작품에 담긴 슬픔은 유교 사회에서 여성들에게 강요된 '남존여비'나 '여필종부'라는 규범으로 인한 작가 자신의 외로움과 한의 표출이라고 할 수 있다. 섬세하고 애절한 서정을 그리움과 슬픔으로 표출하면서 봉건 제도 아래에서 인내해야만 하는 여인의 원망스러운 한을 부각시켰다. 그러면서도 온화하고 품격을 잃지 않은 시풍은 작가의 시적 감각을 더욱 돋보이게 한다.

① '얼골을 못 보거든 그립기나 마르려믄'을 통해 임에 대한 그리움과 슬픔을 표출하고 있다.
② '삼춘 화류 호시절의 경물이 시름업다'를 통해 모순된 사회 현실을 상징적으로 표현하고 있다.
③ '긴 한숨 디는 눈물 속절업시 혬만 만타'를 통해 화자의 원망과 슬픔을 토로하고 있다.
④ '난간의 비겨 서서 님 가신 듸 바라보니'를 통해 규방에 갇힌 상황에 소극적으로 임하는 화자의 모습을 그려 내고 있다.
⑤ '박명흔 홍안이야 날 가트니 또 이실가'를 통해 화자의 운명론적 태도를 드러내고 있다.

시어 · 시구의 의미 파악하기

02 ㉠~㉤에 대한 설명으로 적절하지 않은 것은?

① ㉠: 임의 부정적인 모습을 시각적으로 형상화하고 있다.
② ㉡: 화자가 현재 머무르고 있는 공간적 배경을 드러내고 있다.
③ ㉢: 화자의 슬픔을 심화시키는 소재로 활용되고 있다.
④ ㉣: 임과의 재회를 방해하는 자연물로 설정되어 있다.
⑤ ㉤: 임과 화자의 관계를 비유적으로 표현하고 있다.

💡 **개념 더 보기** | 규방 가사의 종류

종류	내용
계녀가류	시부모와 남편을 섬기는 도리 및 부녀자의 몸가짐·마음가짐을 단속할 것을 훈계하는 내용임.
탄식가류	고된 시집살이의 괴로움, 청춘과부의 고독 등 신세 한탄에 관련된 내용임.
풍류가류	부녀자들이 봄을 맞아 화전놀이를 즐기고 그 감회를 기록하는 가사를 짓는 내용을 담음.

04~06

㉠첫ᄌᆡ 낭군은 츄쳔의 죽고 둘ᄌᆡ 낭군은 괴질의 죽고
셋ᄌᆡ 낭군은 물의 죽고 넷ᄌᆡ 낭군은 불의 죽어
이ᄂᆡ ᄒᆞᆫ번 못 잘살고 ᄂᆡ 신명이 그만일셰
첫ᄌᆡ 낭군 죽을 ᄴᅴ예 나도 ᄒᆞ 가지 죽어거나
사ᄃᆞ릭도 슈졀ᄒᆞ고 다시 가지나 마라더면
산을 보아도 북그럽잔코 져 ᄉᆡ 보아도 무렴찬치
사라싱젼의 ⓐ못된 사람 죽어셔 귀신도 악귀로다
㉡나도 슈졀만 ᄒᆞ여더면 열여각은 못 셰워도
남이라도 층찬ᄒᆞ고 불상ᄒᆞ게는 싱각ᄒᆞᆯ걸
남이라도 욕ᄒᆞᆯ게요 친졍 일가들 반가ᄒᆞᆯ가
잔ᄯᅬ밧테 물게 안자 ᄒᆞᆫ바탕 실컨 우다가니
㉢모로ᄂᆞᆫ 은 노인 나오면셔 웃진 사름이 슬이 우나
우름 근치고 마를 ᄒᆞ게 사정이나 드러 보셰
ᄂᆡ 슬름을 못 이겨셔 ⓑ이곳ᄃᆡ 와셔 우나니다
무신 스럼인지 모로거니와 웃지 그리 스뤄ᄒᆞ나
노인얼낭 드러가오 ᄂᆡ 스럼 아라 쓸ᄃᆡ읍소
일분 인사을 못 차리고 쌍을 허비며 작고 우니
그 노인이 민망ᄒᆞ여 겻ᄐᆡ 안자 ᄒᆞᄂᆞᆫ 말이
간 곳마다 그러ᄒᆞᆫ가 이곳 와셔 더 스런가
간 곳마다 그러릿가 이곳ᄃᆡ 오니 더 스럽소
져 터에 사던 임상찰이 지금의 웃지 사나잇가
그 집이 벌셔 결단나고 지금 아무도 읍나리라
더구다나 통곡ᄒᆞ니 그 집을 웃지 아라던가
져 터의 사던 임상찰이 우리 집과 오촌이라
자사이 본덜 알 슈 인나 아무 형임이 아니신가
㉣달여드러 두 손 잡고 통곡ᄒᆞ며 스러하니
그 노인도 아지 못ᄒᆡ 형임이란 말이 원 말인고
그러나 져러나 드러가셰 손목 잡고 드러가니
㉤청삽사리 웡웡 지져 난 모른다고 소릭치고
큰 ᄃᆡ문 안의 계우 홈 ᄶᆞᆼ 게욱게욱 다라드ᄂᆡ
안방으로 드러가니 늘그나 졀무나 알 슈 인나
북그려워 안자다가 그 노인과 ᄒᆞᆫᄃᆡ 자며
이젼 이이기 ᄃᆡ강 ᄒᆞ고 신명타령 다 못ᄒᆞᄂᆡ
ⓓ엉송이 밤송이 다 쎠 보고 셰상의 별 고싱 다 ᄒᆡ 봔ᄂᆡ
살기도 억지로 못 ᄒᆞ깃고 ᄌᆡ물도 억지로 못 ᄒᆞ깃ᄂᆡ
㉤고약ᄒᆞᆫ 신명도 못 곤치고 고싱ᄒᆞᆯ 팔자는 못 곤칠ᄂᆡ
고약ᄒᆞᆫ 신명은 고약ᄒᆞ고 고싱ᄒᆞᆯ 팔자는 고싱ᄒᆞ지
고싱ᄃᆡ로 ᄒᆞᆯ 지경인 그른 사름이나 되지 마지

핵심 정리

- **화자?** 덴동어미가 청춘과부에게 시련 속에서도 운명에 순응하며 화전놀이를 즐길 것을 권유함.
- **주제?** 기구한 운명과 시련 속에서도 잃지 않는 희망과 화전놀이의 즐거움
- **특징?** 여성들이 화전놀이를 즐기는 내용 속에 덴동어미의 삶이 액자식 구성으로 제시되고, 여러 화자가 등장하여 이야기를 이끌어 감.

어휘 풀이

- **첫ᄌᆡ:** 첫째
- **츄쳔:** 그네
- **괴잘:** 원인을 알 수 없는 이상한 병
- **신명:** 타고난 운명
- **슈졀:** 정절을 지킴
- **북그럽잔코:** 부끄럽지 않고
- **무렴찬치:** 염치없지는 않지(무렴하다='염치가 없다'의 옛말)
- **사라싱젼:** 살아생전
- **열여각:** 열녀각. 열녀(절개가 굳은 여자)의 행적을 기리기 위하여 세운 누각
- **층찬ᄒᆞ고:** 칭찬하고
- **잔ᄯᅬ밧테:** 잔디밭에
- **물게:** 힘없이
- **웃잔:** 어떤
- **슬이:** 슬피
- **슬름:** 서러움
- **스뤄ᄒᆞ나:** 서러워하나
- **얼낭:** 얼른
- **허비며:** 긁어 파며
- **작고:** 자꾸
- **스런갸:** 서러운가
- **사던:** 살던
- **읍나리라:** 없다네
- **자사이:** 자세히
- **형임:** 형님
- **계우:** 거위
- **다라드ᄂᆡ:** 달려드네
- **북그려워:** 부끄러워
- **신명타령:** 신세타령
- **못ᄒᆞᄂᆡ:** 못하네
- **ᄌᆡ물:** 재물(ᄌᆡ물='재물'의 옛말)
- **그른:** 잘못된

그른 사람 될 지경의는 ⓐ오른 사람이나 되지그려
오른 사람 되어 잇셔 남의게나 칭찬듯지
청춘과부 갈나 하면 ⓔ양식 싸고 말일나늬
고싱 팔자 타고나면 열 변 가도 고싱일늬
이팔청춘 쳥싱더라 늬 말 듯고 가지 말게

– 작자 미상, 「덴동어미 화전가」

• 오른: 옳은
• 갈냐: 가려나
• 말일나늬: 말리겠네
• 쳥싱더라: 청상과부들아

표현상의 특징 이해하기

04 윗글에 대한 설명으로 적절하지 <u>않은</u> 것은?

① 설의적 표현으로 시적 의미를 강조하고 있다.
② 음성 상징어를 사용하여 생동감을 부여하고 있다.
③ 인물 간의 대화를 통해 화자의 정서를 드러내고 있다.
④ 계절적 배경을 제시하여 시의 분위기를 형성하고 있다.
⑤ 유사한 문장 형태를 반복하여 화자의 상황을 제시하고 있다.

시어·시구의 의미 파악하기

05 ⓐ~ⓔ를 이해한 내용으로 가장 적절한 것은?

① ⓐ: 덴동어미가 수절하지 않은 것을 욕하는 사람들을 가리킨다.
② ⓑ: 덴동어미가 결혼하기 전에 살던 마을을 가리킨다.
③ ⓒ: 덴동어미를 반기는 대상이라고 할 수 있다.
④ ⓓ: 덴동어미의 자식들을 비유한 표현이라고 할 수 있다.
⑤ ⓔ: 덴동어미가 겪은 시련의 원인 중 하나라고 할 수 있다.

자료를 통해 감상하기

06 〈보기〉를 바탕으로 ㉠~㉤을 감상한 내용으로 적절하지 <u>않은</u> 것은?

> **보기**
>
> 조선 후기 가사인 「덴동어미 화전가」는 꽃놀이의 즐거움을 이야기하면서도 덴동어미의 기구한 인생 역정을 다루고 있다. 덴동어미는 여러 번 재가하며 온갖 고초를 다 겪고 과부가 된 여성이다. 그녀는 자책도 하고 원망도 하면서 삶을 비관하지만, 다른 여성의 위로와 격려로 다시 삶을 살아갈 힘을 얻는다. 그러면서 그녀는 청춘과부들에게 재가하지 말고 운명에 순응하며 살아가자고 조언하기도 한다. 이 작품은 가부장적 사회에서 여성이 겪어야 하는 비극적 삶의 모습과 함께 여성들 사이의 인간적 유대의 모습을 보여 주고 있다.

① ㉠은 덴동어미의 기구한 삶을 압축적으로 드러낸 구절이라 할 수 있어.
② ㉡을 통해 조선 후기 가부장적 사회에서 여성에게 강조되었던 덕목에 대해 짐작할 수 있어.
③ ㉢에서 울고 있는 덴동어미를 위로하려는 한 '노인'을 통해 여성들 사이의 인간적 유대의 모습을 확인할 수 있어.
④ ㉣을 통해 시련에도 좌절하지 않고 희망적으로 살고자 하는 여성들의 모습을 파악할 수 있어.
⑤ ㉤에서 덴동어미는 온갖 고초를 겪은 삶을 자신의 운명으로 수용하는 운명론적 사고를 지니고 있음을 알 수 있어.

01~03 다음 글을 읽고, 물음에 답하시오.

〈 전국연합학력평가 변형 〉

㉠오동추야(梧桐秋夜) 밝은 달에 님 싱각이 식로 는다
흔 번 니별ᄒ고 도라가면 다시 오기 어려왜라
천금쥬옥(千金珠玉)이 귀밧기오 셰사일부(世事一部) 관계ᄒ랴
근원(根源) 흘너 물이 되야 깁고 깁고 다시 깁고
사랑 민혀 뫼히 되여 놉고 놉고 다시 놉고
묘물(造物)이 시우는지 귀신(鬼神)이 희지는지
문허질 줄 모르더니 쓴어질 줄 어이 알니
일됴 낭군(一朝郎君) 니별 후에 소식(消息)죠차 돈절(頓絕)ᄒ니
오날이나 드러올가 ᄂᆡ일이나 긔별 올가
일월무정(日月無情) 절노 가니 옥안운발(玉顔雲鬢) 공로(空老)로다
㉡오동야우(梧桐夜雨) 셩권 비에 밤은 어희 더듸 가고
녹양방쵸(綠楊芳草) 져믄 날애 히는 어히 슈이 가노
이 ᄂᆡ 상사(相思) 아르시면 님도 날을 그리리라
일촌간장(一村肝腸) 셕은 물이 소소나니 눈물이라
가삼 속에 물이 나셔 퓌여나니 한숨이라
눈물이 바다 되면 빅를 타고 아니 가랴
한숨 짓히 불이 나면 님의 옷셰 당그리라
교틱(矯態) 겨워 웃든 우슴 싱각ᄒ니 목이 멘다
디쳑(咫尺) 동방(洞房) 천 리(千里) 되야 바라보니 암암(暗暗)토다
만첩 천희(萬妾千姬) 그려 ᄂᆡᆫ들 흔 붓으로 다 그리랴
날기 돗친 학이 되면 나라가다 아니 가랴
산은 첩첩 고기 지고 물은 즁즁(重重) 흘너 근원 되니

[A]
천지인간(天地人間) 니별(離別) 즁에 날 갓트니 쏘 인는가
히는 도다 져믄 날에 곳츤 퓌여 절로 지니
이슬 갓튼 인싱이 무슴 일노 삼겨ᄂᆞᆫ고
바람 부러 구즌 비와 구름 씨여 져믄 날에
나며들며 빈 방으로 오락가락 혼자 셔셔
기다리고 바라보니 이 ᄂᆡ 상사 허시(虛事)ㅣ로다
공방미인(空房美人) 독상사(獨相思)가 녜로붓터 이러ᄒ가
나 혼자 이러ᄒ가 남도 아니 이러ᄒ가
날 사랑ᄒ든 싯히 남 사랑허이는가
무졍(無情)ᄒ여 그러ᄒ가 유정(有情)ᄒ여 이러ᄒ가

산계야목(山鷄野鶩) 길흘 드러 노흘 줄을 모르는가
노류장화(路柳墻花) 썩어 쥐고 춘싀(春色)으로 닷니는가
가는 쑴이 자최 되면 오는 길이 무되리라
흔 번 죽어 도라가면 다시 보기 어려오니
아마도 네 뎡(情)이 잇거든 다시 보게 삼기쇼셔

– 작자 미상, 「상사별곡(相思別曲)」

- **오동추야(오동나무梧오동나무桐가을秋夜)**: 오동나무 있는 가을밤
- **천금쥬옥(일천千쇠金구슬珠구슬玉)**: 천금주옥. 온갖 보물
- **셰사일부(인간世일事한一나눌部)**: 세사일부. 세상 일의 일부
- **근원(뿌리根근원源)**: 물줄기의 근본
- **묘물(지을造건물)**: 조물. 조물주
- **일됴(한一아침朝)**: 일조. 하루아침 또는 하룻저녁과 같은 짧은 시각
- **낭군(사내郎임금君)**: 예전에, 젊은 여자가 자기 남편이나 연인을 부르던 말
- **돈절(조아릴頓끊을絕)**: 편지나 소식 따위가 딱 끊어짐
- **일월무정(날日달月없을無뜻情)**: 무정하게 흐르는 세월
- **옥안운발(구슬玉낯顔구름雲터럭鬢)**: 옥같이 곱고 해맑은 얼굴과 삼단 같은 검은 머리
- **공로(빌空늙을老)**: 헛되이 늙음
- **오동야우(오동나무梧오동나무桐밤夜비雨)**: 오동나무에 떨어지는 밤비
- **셩권**: 성긴. 물건의 사이가 뜬(성긔다='성기다'의 옛말)
- **녹양방쵸(푸를綠버들楊꽃다울芳풀草)**: 녹양방초. 푸른 버드나무와 향기로운 풀
- **상사(서로相생각思)**: 서로 생각하고 그리워함
- **일촌간장(한一마을村간肝창자腸)**: 한 마디 간장과 창자. 애달프거나 애가 타는 마음을 이르는 말
- **셕은**: 썩은(석다='썩다'의 옛말)
- **퓌여**: 피어(퓌다='피다'의 옛말)
- **한숨**: 한숨(한숨='한숨'의 옛말)
- **당그리라**: 당기리래(당긔다='당기다'의 옛말)
- **우슴**: 웃음(우슴='웃음'의 옛말)
- **싱각ᄒ니**: 생각하니(싱각='생각'의 옛말)
- **디쳑(여덟치咫자尺)**: 지척. 아주 가까운 거리
- **동방(골洞방房)**: 잠자는 방
- **암암(어두울暗어두울暗)**: 아득함
- **만첩 천희(일만萬첩妾일천千여자姬)**: 만첩 천희. 만 명의 첩과 천 명의 여자
- **날기**: 날개(날기='날개'의 옛말)
- **천지인간(하늘天땅地사람人사이間)**: 천지인간. 세상 사람
- **허시(빌虛일事)**: 허사. 헛된 일
- **공방미인(빌空방房아름다울美사람人) 독상사(홀로獨서로相생각思)**: 독수공방하며 임 생각에 몸부림치는 일
- **산계야목(메山닭鷄들野집오리鶩)**: 산 꿩과 들오리라는 뜻으로, 성질이 사납고 거칠어서 제 마음대로만 하며 다잡을 수 없는 사람을 비유적으로 이르는 말
- **노류장화(길셔버들柳담墻꽃花)**: 길가의 버들과 담 밑의 꽃은 누구든지 쉽게 만지고 꺾을 수 있다는 뜻으로, 화류계 여인을 의미함
- **춘싀(봄春빛色)**: 봄의 아름다운 빛. 봄빛
- **자최**: 자취(자최='자취'의 옛말)
- **무되리라**: 무디리래(무되다='무디다'의 옛말)

01 [A]에 대한 설명으로 적절하지 <u>않은</u> 것은?

① 대구의 방식을 활용하여 리듬감을 부여하고 있다.
② 가정의 방식을 사용하여 화자의 소망을 드러내고 있다.
③ 자연물에 인격을 부여하여 대상과의 거리를 좁히고 있다.
④ 설의적인 표현을 사용하여 화자의 처지를 강조하고 있다.
⑤ 비유적 표현을 활용하여 화자가 처한 상황을 드러내고 있다.

02 ㉠, ㉡에 대한 설명으로 가장 적절한 것은?

① ㉠은 화자와 대상을 단절시키고, ㉡은 화자와 대상을 매개한다.
② ㉠은 화자의 정서를 유발하고, ㉡은 화자의 정서를 심화시킨다.
③ ㉠은 화자에게 심정적 위안을 주고, ㉡은 화자에게 깨달음을 준다.
④ ㉠과 ㉡은 모두 화자가 자신의 삶에서 지향해야 하는 바를 제시한다.
⑤ ㉠과 ㉡은 모두 미래에 대한 화자의 인식이 전환되는 계기를 제공한다.

03 〈보기〉를 참고하여 윗글을 감상한 내용으로 적절하지 <u>않은</u> 것은?

> **보기**
>
> 이 작품은 이별하여 임이 부재한 상황을 탄식하며 상심을 드러낸 여성의 노래이다. 화자는 이별과 그 상황이 지속되는 요인을 외부에서 찾기도 하고 상대방에 대한 원망을 드러내기도 한다. 하지만 화자는 이별의 상황을 극복하려는 적극성을 보이기보다는 대체로 소극적인 자세로 일관하며, 자신의 신세를 한탄한다. 이러한 화자의 태도와 자세에도 불구하고 이 작품은 여성의 감정을 솔직하게 토로했다는 점에서 의의가 있다.

① '됴물이 싀우는지 귀신이 희지는지'에서 화자는 자신의 현재 상황을 '됴물'이나 '귀신'과 같은 외부 요인의 탓으로 돌리고 있다.
② '오날이나 드러올가 닉일이나 긔별 올가'에서 화자는 현재 상황을 극복하려 하기보다는 언제 올지 모르는 임과 임의 소식을 기다리는 소극적인 자세를 취하고 있다.
③ '교틱 겨워 웃든 우슴 싱각ᄒ니 목이 멘다'에서 화자는 과거의 상황을 떠올리며 자신의 감정을 직접적으로 표출하고 있다.
④ '날기 돗친 학이 되면 나라가다 아니 가랴'에서 화자는 과거 자신의 모습과 '학'을 동일시하여 과거와 대비되는 현재의 상황에 대해 탄식하고 있다.
⑤ '날 사랑ᄒ든 싯히 남 사랑허이는가'에서 화자는 현재의 상황이 지속되는 이유를 임의 탓으로 돌리며 임을 원망하고 있다.

악장, 언해, 민요

/ 12강 / 악장, 언해, 민요

1. 악장

(1) 악장의 개념

- 왕의 행차나 종묘 제향 등 국가적인 행사에 사용하던 음악의 가사

(2) 악장의 특징

- 2절 4구의 형태(2줄 네 토막)가 기본형이지만 변조형이 많음.
- 한시로 된 악장, 한시 형태에 국문으로 토를 단 악장, 국문으로 된 악장, 경기체가 형식의 악장, 단형 형식의 악장 등 그 형식이 매우 다양함.
- 조선 건국을 찬양하거나 선대 임금의 위업 및 공덕을 기리는 내용, 조선의 번성을 송축하거나 후대 왕에게 왕업의 수호를 권계하는 내용이 주를 이룸.

(3) 악장의 전승 과정

- 건국의 정당성을 밝혀 민심을 수습하기 위한 문학이었으므로, 사회가 안정되자 효용성이 떨어져 소멸함.

(4) 악장의 문학사적 의의

- 향유 계층이 제한적이고 목적성이 지나치게 강해 문학적으로 가치가 낮은 작품이 많음.

(5) 악장의 주요 작품

작품	작가	주요 내용
용비어천가	정인지 외	조선 건국의 위대함과 당위성을 노래함.
월인천강지곡	세종	『석보상절』을 토대로 석가모니의 공덕을 찬양함.

2. 언해

(1) 언해의 개념

- 조선 시대에 한문이나 중국어로 된 원전(原典)을 한글로 번역한 작품

(2) 언해의 특징

- 유학의 경전, 한시 작품 등을 주로 번역하였는데, 문학사적 측면에서는 한시의 언해를 보다 중요시함.
- 문학 작품을 언해한 대표작으로는 중국 당나라 시인 두보의 한시를 언해한 『두시언해』가 있음. 이 작품은 유교적, 교훈적, 우국적 정서를 담고 있음.

(3) 언해의 전승 과정

- 중앙 정부에서만 간행되던 언해서가 16세기에 들어서면서 지방에서도 간행되기 시작함. 이렇게 언해가 확대됨으로써 한글이 널리 보급되어 많은 사람들이 문자 생활을 할 수 있게 되었고, 한문으로 쓰인 책이나 작품을 한글을 통해 향유할 수 있게 됨.

(4) 언해의 문학사적 의의

- 훈민정음의 창제로 한문으로 기록된 유학의 경전, 한시 작품 등을 한글로 번역하여 향유할 수 있게 됨으로써 문화의 향상과 학문의 발달에 기여함.

(5) 언해의 주요 작품

작품	작가	주요 내용	성격
두시언해	유윤겸 외	두보의 시를 언해함.	문학서 언해
석보상절	세조	불경을 발췌하여 언해함.	불교 관련 언해
월인석보	세종, 세조	『월인천강지곡』, 『석보상절』을 합하여 간행함.	
삼강행실도	설순	유교 윤리인 삼강에 대해 언해함.	유교 관련 언해
내훈	소혜왕후	부녀자의 도리를 간추려 언해함.	
소학언해	교정청	『소학』을 직역하여 언해함.	

3. 민요

(1) 민요의 개념

- 민중들 사이에서 오랫동안 구전되며 민중들의 사상, 생활, 감정을 담은 전통적인 노래

(2) 민요의 성격

구전성	서정성	서민성	형식성
설화와 마찬가지로 입에서 입으로 전승됨.	대체로 농축된 정서를 직접적으로 표출함.	서민의 생활 감정이 잘 표출됨.	율격이나 형식이 다듬어져 있으며, 그 율격은 정형성을 띰.

(3) 민요의 특징

- 연속체의 긴 노래로 대개 후렴구가 붙어 있음.
- 3음보 혹은 4음보의 형태가 주류를 이루며 4음절 4음보의 노래가 특히 많음.
- 삶의 애환, 남녀 간의 사랑, 고된 노동과 보람, 윤리 의식 등에 관한 경험과 느낌을 진솔하게 표현함.

(4) 민요의 전승 과정

- 4구체 향가, 고려 가요, 가사 등이 민요에 근거를 두고 발생했으리라고 추측되기도 함.
- 민요 중 일부는 공식적인 기능을 가진 궁중 악곡으로 채택되고, 나머지는 대부분 민간에 전승됨.

(5) 민요의 문학사적 의의

- 민요는 민중의 소리로 우리 민족의 정서를 가장 잘 함축하고 있는 국문 시가라고 평가됨.

(6) 민요의 주요 작품

작품	주요 내용	성격	
논매기 노래	힘든 논매기를 하면서도 흥겹게 일하고자 함.	노동요	기능요
강강술래	인생의 덧없음을 생각하며 현재를 즐기고자 함.	유희요	
정선아리랑	남녀 간의 사랑과 시집살이에 대한 애환 등을 노래함.	비기능요	
시집살이 노래	고된 시집살이에 대한 애환과 체념을 드러냄.		
잠 노래	밤새 바느질을 하는 고달픈 상황 속에서 쏟아지는 잠을 원망함.		

01~04

가

해동(海東) 육룡(六龍)이 ᄂᆞᄅᆞ샤 ㉠일마다 천복(天福)이시니

고성(古聖)이 동부(同符)ᄒᆞ시니

〈제1장〉

나

㉡불휘 기픈 남ᄀᆞᆫ ㉢ᄇᆞᄅᆞ매 아니 뮐씨 곶 됴코 여름 하ᄂᆞ니

㉣ᄉᆡ미 기픈 므른 ᄀᆞᄆᆞ래 아니 그츨씨 내히 이러 바ᄅᆞ래 가ᄂᆞ니

〈제2장〉

다

굴허에 ᄆᆞ를 디내샤 도ᄌᆞ기 다 도라가니 반(半) 길 노ᄑᆡᆫ들 녀기 디나리잇가

석벽(石壁)에 ᄆᆞ를 올이샤 도ᄌᆞᄀᆞᆯ 다 자ᄇᆞ시니 현 번 ᄲᅱ운들 ᄂᆞ미 오ᄅᆞ리잇가

〈제48장〉

라

천 세(千世) 우희 미리 정(定)ᄒᆞ샨 한수(漢水) 북(北)에 ㉤누인개국(累仁開國)ᄒᆞ샤
복년(卜年)이 ᄀᆞᆺ업스시니

성신(聖神)이 니ᅀᅳ샤도 경천근민(敬天勤民)ᄒᆞ샤ᅀᅡ 더욱 구드리시이다

님금하 아ᄅᆞ쇼셔 낙수(落水)예 산행(山行) 가 이셔 하나빌 미드니잇가

〈제125장〉

― 정인지 외(外), 「용비어천가(龍飛御天歌)」

- **화자?** 조선 건국 후 조선 왕조의 정당성을 강조하며, 조선 왕조가 영원히 번창하기를 바람.
- **주제?** 조선 건국의 정당성, 왕실에 대한 송축, 후대 왕들에 대한 권계
- **특징?** 〈제1장〉과 〈제125장〉을 제외한 모든 장이 2절 4구체로 대구를 이루고 있으며 1절에서는 중국 제왕의 사적을, 2절에서는 이와 유사한 조선 왕조의 사적을 배치함.

어휘 풀이

- **해동(바다海동쪽東):** 중국을 기준으로 본 조선의 별칭
- **육룡(여섯六용龍):** 태조 이성계의 조상을 포함한 조선 창업 주역인 6조
- **고성(옛古성인聖):** 중국 역대의 성군
- **동부(같을同부신符):** 짝이 되어 똑같이 들어맞음
- **불휘:** 뿌리(불휘='뿌리'의 옛말)
- **남ᄀᆞᆫ:** 나무는(낡+ᄋᆞᆫ)
- **뮐씨:** 흔들리므로(뮈다='흔들리다'의 옛말)
- **됴코:** 좋고(둏다='좋다'의 옛말)
- **여름:** 열매(여름='열매'의 옛말)
- **하ᄂᆞ니:** 많으니(하다='많다'의 옛말)
- **ᄀᆞᄆᆞ래:** 가뭄에(ᄀᆞ물='가뭄'의 옛말)
- **굴허에:** 구렁에(굴헝='구렁'의 옛말)
- **디내샤:** 지나게 하시자(디내다='지나게 하다'의 옛말)
- **녀기:** 누가, 어떤 사람이
- **석벽(돌石벽壁):** 돌로 된 벽
- **올이샤:** 올리시자(올이다='올리다'의 옛말)
- **ᄲᅱ운돌:** 뛴들(ᄲᅱ다='뛰다'의 옛말)
- **우희:** 위에(웋='위'의 옛말)
- **누인개국(묶을累어질仁열開나라國):** 여러 대에 걸쳐 인을 쌓아 나라를 엶
- **ᄀᆞᆺ:** 끝
- **성신(성스러울聖귀신神):** 성스럽고 신령스러운 임금
- **니ᅀᅳ샤도:** 이으셔도(닛다='잇다'의 옛말)
- **경천근민(공경할敬하늘天부지런할勤백성民):** 하늘을 공경하고 백성을 다스리는 데 부지런히 함
- **하나빌:** 할아버지를(하나비='할아버지'의 옛말)

01 (가), (다), (라)의 내용에 대한 이해로 적절하지 <u>않은</u> 것은?

① (가): 조선의 건국과 중국 옛 성군의 일이 들어맞음을 내세워 조선 건국의 정당성을 강조하고 있다.
② (다): 두 인물을 비교하여 태조 이성계의 능력이 중국 성군보다 훨씬 더 뛰어남을 부각하고 있다.
③ (다): 태조가 영웅적 면모를 가지고 있어 민생을 편안히 할 인물임을 일화를 통해 역설하고 있다.
④ (라): 미리 하늘이 정한 뜻에 따라 조선이 건국되고 도읍지가 정해졌음을 전달하고 있다.
⑤ (라): 중국의 고사를 인용하여 임금이 이를 교훈으로 삼아 정사를 게을리하지 말 것을 당부하고 있다.

02 (나)의 표현상의 특징에 대한 적절한 설명만을 고른 것은?

ㄱ. 점강법을 활용하여 효과적으로 시상을 전개하고 있다.
ㄴ. 유사한 통사 구조를 반복하여 운율을 살리고 주제를 부각하고 있다.
ㄷ. 한자어를 활용하여 추상적이고 상징적인 개념을 압축적으로 표현하고 있다.
ㄹ. 비유적, 상징적 의미를 담은 자연물을 활용하여 화자의 생각을 드러내고 있다.

① ㄱ, ㄴ
② ㄱ, ㄷ
③ ㄴ, ㄷ
④ ㄴ, ㄹ
⑤ ㄷ, ㄹ

03 화자의 태도를 고려할 때 ㉠~㉤ 중 그 성격이 <u>다른</u> 하나는?

① ㉠
② ㉡
③ ㉢
④ ㉣
⑤ ㉤

04 〈보기〉를 바탕으로 (가)~(라)를 감상한 내용으로 적절하지 <u>않은</u> 것은?

— 보기 —

악장은 왕조가 교체되었던 조선 초기에만 나타났던 문학 갈래로, 조선 시대 궁중에서 송축의 목적으로 부르던 노래이다. 악장은 기본적으로 각 장이 4구 2절의 형식을 가지지만, 다양한 변이형도 존재한다. 악장의 내용은 조선 건국의 정당성을 강조하고 태조를 찬양하며, 조선의 문화를 예찬하는 것이 일반적이나 일부 악장에서는 후대 임금에 대한 권계(勸戒)를 다루기도 한다.

① (가), (라)는 (나), (다)와 달리 4구 2절의 형식에서 벗어나 있다.
② (가)의 '천복(天福)이시니'는 조선 건국이 천명에 의한 것임을 강조하기 위한 표현이다.
③ (다)는 특정 인물의 행동을 묘사하여 다른 영웅적 인물의 출현에 대한 기대를 드러내고 있다.
④ (라)의 '복년(卜年)이 ㄱ 업스시니'는 조선의 무궁한 발전을 송축하는 표현이다.
⑤ (라)는 '경천근민(敬天勤民)'의 자세로 올바른 정치를 하라는 권계의 내용을 담고 있다.

💡 **개념 더 보기** 「용비어천가」의 창작 동기

동기	내용
조선 건국의 정당성 강조	전절에서 중국 역대 성인과 제왕의 행적을, 후절에서 조선 육조의 행적을 밝힘.
후대 왕에 대한 권계	선조의 행적을 통해 정사에 임하거나 백성을 대하는 자세 등을 제시함.
훈민정음의 사용	국가적 편찬 사업에 훈민정음을 사용하여 훈민정음에 우리나라의 글자로서의 권위를 부여하고 반포 효과를 기대함.

05~07

잠아 잠아 짙은 잠아 이 내 눈에 쌓인 잠아

㉠염치불구 이 내 잠아 검치두덕 이 내 잠아

어제 간밤 오던 잠이 오늘 아침 다시 오네

㉡잠아 잠아 무삼 잠고 가라 가라 멀리 가라

시상 사람 무수한데 구테 너난 간 데 없어

원치 않는 이 내 눈에 이렇다시 자심하뇨

주야에 한가하여 월명동창 혼자 앉아

삼사경 깊은 밤을 허도이 보내면서

㉢잠 못 들어 한하는데 그런 사람 있건마는

무삼 불청 원망 소래 온 때마다 듣난고니

석반을 거두치고 황혼이 대듯마듯

㉣낮에 못 한 남은 일을 밤에 할랴 마음먹고

언하당 황혼이라 섬섬옥수 바삐 들어

등잔 앞에 고개 숙여 실 한 바람 불어 내어

더문더문 질긋 바늘 두엇 뜸 뜨듯마듯

㉤난데없는 이 내 잠이 소리 없이 달려드네

눈썹 속에 숨었는가 눈 알로 솟아온가

이 눈 저 눈 왕래하며 무삼 요수 피우든고

㉤맑고 맑은 이 내 눈이 절로절로 희미하다

— 작자 미상, 「잠 노래」

- **화자?** 이른 새벽부터 한밤중까지 일을 해야 하는 여성이 자신을 찾아와 괴롭히는 잠을 원망하고 있음.
- **주제?** 밤낮으로 일해야 하는 삶의 고달픔
- **특장?** 일상적이고 사소한 소재를 활용하여 진솔한 정서를 표현하였고, 잠을 의인화하여 삶의 애환을 익살스럽고 해학적으로 풀어냄.

어휘 풀이
- **검치두덕:** 잠의 욕심이 언덕처럼 쌓였다는 뜻
- **간밤:** 바로 어젯밤
- **무삼 잠고:** 무슨 잠이냐
- **시상:** 세상(시상='세상'의 방언)
- **자심하뇨:** 점점 더 심해지느냐
- **주야:** 낮과 밤을 아울러 이르는 말
- **월명동창:** 달이 환히 비치는 동쪽으로 난 창
- **허도이:** 아무 보람이나 실속이 없이
- **한하는데:** 몹시 억울하거나 원통하여 원망스럽게 생각하는데
- **무삼 불청:** 청하지 않은. 덧없는
- **석반:** 저녁에 끼니로 먹는 밥
- **언하당:** 말이 끝나자마자 바로. 여기서는 '그런 생각을 하자마자 바로'의 뜻으로 사용됨
- **섬섬옥수:** 가냘프고 고운 여자의 손을 이르는 말
- **더문더문:** 드문드문(더문더문='드문드문'의 방언)
- **알로:** 아래로
- **요수:** 요상한 수작

05 윗글에 대한 설명으로 가장 적절한 것은?

① 수미 상응의 구조를 통해 시적 안정감을 부여하고 있다.
② 여음을 반복 사용하여 운율을 살리고 흥취를 돋우고 있다.
③ 근경에서 원경으로 시선을 이동하며 시상이 확대되고 있다.
④ 계절감을 드러내는 시어를 활용해 시적 분위기를 형성하고 있다.
⑤ 4·4조의 4음보 율격을 반복적으로 사용하여 운율감을 형성하고 있다.

07 〈보기〉의 선생님의 질문에 대한 답으로 가장 적절한 것은?

―― 보기 ―――

선생님: ㉮에서는 잠을 자는 주체가 화자임에도, 잠이 화자에게 강력한 영향력을 행사하고 있음을 강조하기 위해 잠을 주체로 표현하고 있습니다. 우리 고전 작품에서는 전달하려는 의미를 강조하기 위해 이처럼 주체와 객체를 전도한 표현이 활용되고 있습니다. 다음 작품에서 이러한 표현이 사용된 부분을 찾아보세요.

> 산봉우리에 급히 올라 구름 속에 앉아 보니
> ⓐ수많은 촌락이 곳곳에 벌여 있네
> ⓑ연하일휘(煙霞日輝)*는 비단을 펼친 듯
> ⓒ엊그제 검은 들판이 봄빛도 넘치는구나
> ⓓ공명(功名)도 날 꺼리고 부귀(富貴)도 날 꺼리니
> ⓔ청풍명월(淸風明月) 외(外)에 어떤 벗이 있겠는가
> ― 정극인, 「상춘곡」
>
> • 연하일휘(煙霞日輝): 안개와 노을이 빛나는 햇살이라는 뜻으로, 아름다운 자연 경치를 비유적으로 이르는 말

① ⓐ   ② ⓑ
③ ⓒ   ④ ⓓ
⑤ ⓔ

06 ㉠~㉫에 대한 이해로 적절하지 <u>않은</u> 것은?

① ㉠: 잠을 원망하는 화자의 심정을 나타내고 있다.
② ㉡: 잠에서 깨고 싶어 하는 화자의 간절한 심정을 드러내고 있다.
③ ㉢: 마음껏 잠을 자고 있는 사람을 부러워하는 화자의 심정을 표출하고 있다.
④ ㉣: 하루 종일 노동에 시달리는 화자의 처지를 보여 주고 있다.
⑤ ㉤: 잠이 와서 또렷했던 눈이 점점 감기는 화자의 상황을 표현하고 있다.

01~02 다음 글을 읽고, 물음에 답하시오.

나라히 파망(破亡)ᄒ니 ㉠뫼콰 ᄀ름쑨 잇고

잣 앉 보미 플와 나모쑨 기펫도다

시절(時節)을 감탄(感歎)호니 ㉡고지 눖므를 쓰리게코

여희여슈믈 슬호니 새 ᄆᅀᆞᆷ믈 놀래노라

㉢봉화(烽火)ㅣ 석ᄃᆞᆯ 니서시니

㉣지빗 음서(音書)는 만금(萬金)이 ᄉ도다

㉤셴 머리를 글구니 ᄯᅩ 뎌르니

다 빈혀를 이긔디 몯홀 ᄃᆞᆺ ᄒ도다

— 두보, 「춘망(春望)」

- **파망(깨뜨릴破망할亡)**: 망함
- **잣**: 성(잣='성'의 옛말)
- **ᄆᅀᆞᆷ믈**: 마음을(ᄆᅀᆞᆷ='마음'의 옛말)
- **봉화(봉화烽불火)**: 나라에 병란이나 사변이 있을 때 신호로 올리던 불
- **음서(말씀音글書)**: 편지
- **뎌르니**: 짧으니(뎌르다='짧다'의 옛말)
- **빈혀**: 비녀(빈혀='비녀'의 옛말)

표현상의 특징 이해하기

01 윗글에 대한 설명으로 적절하지 <u>않은</u> 것은?

① 선경후정의 구조를 활용하고 있다.

② 인간사와 유사한 자연의 속성을 제시하고 있다.

③ 인물의 모습을 통해 세월의 흐름을 드러내고 있다.

④ 전란으로 폐허가 된 나라의 상황을 묘사하고 있다.

⑤ 이별한 가족의 소식을 몰라 안타깝고 외로운 심정을 노래하고 있다.

시어·시구의 의미 파악하기

02 ㉠~㉤에 대한 설명으로 적절하지 <u>않은</u> 것은?

① ㉠: 폐허가 된 성 안의 모습을 간접적으로 보여 주고 있다.

② ㉡: 아름다운 자연을 보아도 시름만 깊어지는 화자의 처지를 표현하고 있다.

③ ㉢: 구체적인 지명을 제시하여 현장감을 높이고 있다.

④ ㉣: 화자에게 가족의 소식이 매우 소중하다는 것을 드러내고 있다.

⑤ ㉤: 늙고 쇠약해진 육신에 대한 안타까움을 나타내고 있다.

03~04 〉 다음 글을 읽고, 물음에 답하시오.

대학수학능력시험 모의평가 변형

형님 온다 형님 온다 분고개로 형님 온다
형님 마중 누가 갈까 형님 동생 내가 가지
형님 형님 사촌 형님 시집살이 어떱뎁까
㉠이애 이애 그 말 마라 시집살이 개집살이
앞밭에는 당추 심고 뒷밭에는 고추 심어
고추 당추 맵다 해도 시집살이 더 맵더라
둥글둥글 수박 식기(食器) 밥 담기도 어렵더라
도리도리 도리소반(小盤)˙ 수저 놓기 더 어렵더라
㉡오 리(五里) 물을 길어다가 십 리(十里) 방아 찧어다가
아홉 솥에 불을 때고 열두 방에 자리 걷고
외나무다리 어렵대야 시아버니같이 어려우랴
나뭇잎이 푸르대야 시어머니보다 더 푸르랴
㉢시아버니 호랑새요 시어머니 꾸중새요
동세 하나 할림새˙요 시누 하나 뾰족새요
시아지비 뾰중새요 남편 하나 미련새요
자식 하난 우는 새요 나 하나만 썩는 샐세
㉣귀먹어서 삼 년이요 눈 어두워 삼 년이요
말 못해서 삼 년이요 석 삼 년을 살고 나니
㉤배꽃 같던 요내 얼굴 호박꽃이 다 되었네
삼단 같던 요내 머리 비사리˙춤이 다 되었네
백옥 같던 요내 손길 오리발이 다 되었네
열새˙ 무명 반물˙치마 눈물 씻기 다 젖었네
두 폭 붙이 행주치마 콧물 받기 다 젖었네
울었던가 말았던가 베갯머리 소(沼)˙ 이뤘네
그것도 소이라고 거위 한 쌍 오리 한 쌍
쌍쌍이 때 들어오네
― 작자 미상, 「시집살이 노래」

• **도리소반(작을小소반盤):** 둥글게 생긴 조그마한 상
• **할림새:** 고자질을 잘한다는 의미
• **비사리:** 벗겨 놓은 싸리의 껍질
• **열새:** 고운 베
• **반물:** 짙은 남색
• **소(늪沼):** 늪. 땅바닥이 우묵하게 뭉떵 빠지고 늘 물이 괴어 있는 곳

표현상의 특징 이해하기

03 윗글에 대한 이해로 가장 적절한 것은?

① 감탄과 반성의 어조를 교차하여 복잡한 감정을 나타내고 있다.
② 상황을 부정적으로 규정하고 나서 다양한 예들을 나열하고 있다.
③ 근경에서 원경으로 시선을 이동해 가면서 심리의 변화를 보여 주고 있다.
④ 처음과 끝에 동일한 내용을 배치하여 시상 전개에 안정감을 부여하고 있다.
⑤ 외부 세계와 내면을 대비해 가며 이상적 세계에 대한 동경을 드러내고 있다.

시어 · 시구의 의미 파악하기

04 ㉠~㉤에 대한 이해로 적절하지 <u>않은</u> 것은?

① ㉠: 물음에 대한 답변을 유보하며 사촌 동생의 결혼을 만류하고 있다.
② ㉡: 과장된 표현으로 며느리가 수행해야 하는 가사 노동의 상황을 강조하고 있다.
③ ㉢: 시집 식구들을 개별적으로 지목하여 각 인물에 대한 화자의 생각을 드러내고 있다.
④ ㉣: 며느리가 감당해야 하는 제약을 제시해 화자의 처지를 보여 주고 있다.
⑤ ㉤: 결혼 전후의 용모 변화를 자연물에 빗대어 시집살이의 고충을 토로하고 있다.

01강 본문 p.22　[향가] 월명사, 「제망매가(祭亡妹歌)」

원문

생사(生死) 길은
예 있으매 머뭇거리고
나는 간다는 말도
못다 이르고 어찌 갑니까
어느 가을 이른 바람에
이에 저에 떨어질 잎처럼
한 가지에 나고
가는 곳 모르온저
아아 미타찰(彌陀刹)에서 만날 나
도(道) 닦아 기다리겠노라

현대어 풀이

삶과 죽음의 길은
여기(이승)에 있음에 머뭇거리고
나(죽은 누이)는 간다고 말도
못다 이르고 갔는가?
어느 가을 이른 바람에
여기저기에 떨어지는 나뭇잎처럼
같은 나뭇가지에 나고서도
가는 곳을 모르겠구나
아으 극락세계에서 만날 나는
불도(佛道)를 닦으며 기다리겠다

01강 본문 p.24　[고대 가요] 어느 행상인의 아내, 「정읍사(井邑詞)」

원문

둘하 노피곰 도두샤
어긔야 머리곰 비취오시라
어긔야 어강됴리
아으 다롱디리

져재 녀러신고요
어긔야 즌 딕룰 드딕욜셰라
어긔야 어강됴리

어느이다 노코시라
어긔야 내 가논 딕 졈그롤셰라
어긔야 어강됴리
아으 다롱디리

현대어 풀이

달님이시여 높이높이 돋으시어
멀리멀리 비춰 주소서

시장에 가 계신가요?
진 데(위험한 곳)를 디딜까 두렵습니다

어느 곳에나 (짐을) 놓으시오
임 가시는 곳에 (날이) 저물까 두렵습니다

01강 본문 p.25　[향가] 충담사, 「찬기파랑가(讚耆婆郎歌)」

원문

늣겨곰 ᄇ라매
이슬 볼갼 ᄃ라리
흰 구룸 조초 ᄠ간 언저레
몰이 가른 믈서리여희
기랑(耆郎)이 즈싀올시 수프리야
일오(逸烏) 나릿 직벼긔
낭(郎)이여 디니더시온
ᄆᄉ미 ᄀᆞᆽ 좇ᄂᆞ라져
아야 자싯가지 노포
누니 모들 두폴 곳가리여

현대어 풀이

흐느끼며 바라보매
이슬 밝힌 달이
흰 구름 따라 떠간 언저리에
모래 가른 물가에
기랑(耆郎)의 모습 같구나 수풀이여
일오(逸烏)내 자갈길에서
낭(郎)이 지니시던
마음의 끝을 좇고 있노라
아아 잣나무 가지가 높아
눈이라도 덮지 못할 고깔(화랑의 우두머리)이여

02강 본문 p.26~27　[고려 가요] 작자 미상, 「청산별곡(靑山別曲)」

원문

살어리 살어리랏다 청산(靑山)애 살어리랏다
멀위랑 ᄃ래랑 먹고 청산(靑山)애 살어리랏다

현대어 풀이

살겠노라 살겠노라 청산에 살겠노라
머루랑 다래랑 먹고 청산에 살겠노라

얄리얄리 얄랑셩 얄라리 얄라

우러라 우러라 새여 자고 니러 우러라 새여
널라와 시름 한 나도 자고 니러 우니로라
얄리얄리 얄라셩 얄라리 얄라

가던 새 가던 새 본다 믈 아래 가던 새 본다
잉 무든 장글란 가지고 믈 아래 가던 새 본다
얄리얄리 얄라셩 얄라리 얄라

이링공 더링공 ᄒᆞ야 나즈란 디내와손뎌
오리도 가리도 업슨 바므란 또 엇디 호리라
얄리얄리 얄라셩 얄라리 얄라

어듸라 더디던 돌코 누리라 마치던 돌코
믜리도 괴리도 업시 마자셔 우니노라
얄리얄리 얄라셩 얄라리 얄라

살어리 살어리랏다 바ᄅᆞ래 살어리랏다
ᄂᆞ마자기 구조개랑 먹고 바ᄅᆞ래 살어리랏다
얄리얄리 얄라셩 얄라리 얄라

가다가 가다가 드로라 에졍지 가다가 드로라
사ᄉᆞ미 짒대예 올아셔 ᄒᆡ금(奚琴)을 혀거를 드로라
얄리얄리 얄라셩 얄라리 얄라

가다니 빈브른 도긔 설진 강수를 비조라
조롱곳 누로기 ᄆᆡ와 잡ᄉᆞ와니 내 엇디 ᄒᆞ리잇고
얄리얄리 얄라셩 얄라리 얄라

우는구나 우는구나 새여 자고 일어나 우는구나 새여
너보다 시름 많은 나도 자고 일어나 울고 있노라

갈던 밭이랑 본다 물 아래 갈던 밭이랑 본다
이끼 묻은 쟁기를 가지고 물 아래 갈던 밭이랑 본다

이럭 저럭 하여 낮은 지내왔지만
올 사람도 갈 사람도 없는 밤은 또 어찌 할 것인가

어디에 던지던 돌인가 누구를 맞게 하던 돌인가
미워할 사람도 사랑할 사람도 없이 맞아서 울고 있노라

살겠노라 살겠노라 바다에 살겠노라
나문재 굴과 조개 먹고 바다에 살겠노라

가다가 가다가 듣노라 외딴 부엌 가다가 듣노라
사슴이 장대에 올라가서 해금을 켜거늘 듣노라

가다가 배부른 독에 농도가 짙은 술을 빚는구나
조롱박꽃 누룩이 얽어 매어 붙잡으니 내 어찌 하리오

원문

(나)
덕(德)으란 곰ᄇᆡ예 받ᄌᆞᆸ고 복(福)으란 림ᄇᆡ예 받ᄌᆞᆸ고
덕(德)이여 복(福)이라 호ᄂᆞᆯ 나ᅀᆞ라 오소이다
아으 동동(動動)다리　〈서사〉

정월(正月)ㅅ 나릿므른 아으 어져 녹져 ᄒᆞᄂᆞ딪
누릿 가온ᄃᆡ 나곤 몸하 ᄒᆞ올로 녈셔
아으 동동(動動)다리　〈정월령〉

이월(二月)ㅅ 보로매 아으 노피 현 등(燈)ㅅ블 다호라
만인(萬人) 비취실 즈싀샷다
아으 동동(動動)다리　〈이월령〉

삼월(三月) 나며 개(開)ᄒᆞᆫ 아으 만춘(滿春) 돌욋고지여
ᄂᆞ믜 브롤 즈슬 디녀 나샷다
아으 동동(動動)다리　〈삼월령〉

(다)
가시리 가시리잇고 나ᄂᆞᆫ
ᄇᆞ리고 가시리잇고 나ᄂᆞᆫ
위 증즐가 대평셩ᄃᆡ(大平盛代)

날러는 엇디 살라 ᄒᆞ고
ᄇᆞ리고 가시리잇고 나ᄂᆞᆫ
위 증즐가 대평셩ᄃᆡ(大平盛代)

잡ᄉᆞ와 두어리마ᄂᆞᄂᆞᆫ

현대어 풀이

(나)
덕은 뒤에(뒷 잔에, 신령님께) 바치옵고, 복은 앞에(앞 잔에, 임금님께) 바치오니
덕이며 복이라 하는 것을 드리러 오시오
　〈서사〉

정월 시냇물은 아아 얼었다 녹았다 하는데
세상에 태어나서 이 몸이여 홀로 살아가는구나
　〈정월령〉

2월 보름에 아아 높이 켠 등불 같구나
만인을 비추실 모습이시도다
　〈이월령〉

3월 지나며 핀 아아 봄의 진달래꽃이여
남이 부러워할 모습을 지니고 태어나셨구나
　〈삼월령〉

(다)
가시렵니까?
버리고 가시렵니까?

날더러 어찌 살라고
버리고 가시렵니까?

붙잡아 두고 싶지만

선ᄒᆞ면 아니 올셰라　　　　　　　　　　서운하면 아니 올까 두려워
위 증즐가 대평셩디(大平盛代)

셜온 님 보내ᄋᆞᆸ노니 나ᄂᆞᆫ　　　　　　서러운 임 보내 드리니
가시ᄂᆞᆫ 듯 도셔 오쇼셔 나ᄂᆞᆫ　　　　　가시자마자 돌아오시오
위 증즐가 대평셩디(大平盛代)

03강 본문 p.34　**평시조** 송순, 「십 년(十年)을 경영(經營)ᄒᆞ야~」 / 조식, 「두류산(頭流山) 양단수(兩端水)를~」 / 한호, 「짚방석(方席) 내지 마라~」

원문

(가)
십 년(十年)을 경영(經營)ᄒᆞ야 초려 삼간(草廬三間) 지어 내니
나 ᄒᆞᆫ 간 ᄃᆞᆯ ᄒᆞᆫ 간에 청풍(淸風) ᄒᆞᆫ 간 맛져 두고
강산(江山)은 들일 ᄃᆡ 업스니 둘러 두고 보리라

(나)
두류산(頭流山) 양단수(兩單手)를 녜 듯고 이제 보니
도화(桃花) ᄯᅳᆫ 맑은 물에 산영(山影)조ᄎᆞ 잠겻셰라
아희야 무릉(茂陵)이 어듸오 나는 옌가 ᄒᆞ노라

(다)
짚방석(方席) 내지 마라 낙엽(落葉)엔들 못 안즈랴
솔불 혀지 마라 어졔 진 달 도다온다
아희야 박주산채(薄酒山菜)ㄹ망졍 업다 말고 내여라

현대어 풀이

(가)
십 년을 준비하여 초가삼간 지으니
나 한 칸 달 한 칸 맑은 바람 한 칸 맡겨 두고
강산은 들일 방이 없으니 둘러놓고 보겠노라

(나)
지리산 양단수(갈래져 흐르는 물줄기)를 옛날에 듣고 이제 와 보니
복숭아꽃이 뜬 맑은 물에 산 그림자조차 잠겼구나
아이야, 무릉도원이 어디냐 나는 여기인가 하노라

(다)
짚방석 내오지 말아라. 낙엽이라고 못 앉겠느냐
솔불(소나무 가지에 붙인 불) 켜지 말아라 어제 진 달 돌아온다
아이야 좋지 않은 술과 나물이라도 없다고 하지 말고 내어오너라

03강 본문 p.36　**연시조** 윤선도, 「만흥(漫興)」

원문

산슈 간(山水間) 바회 아래 ᄯᅵ집을 짓노라 ᄒᆞ니
그 모른 ᄂᆞᆷ들흔 욷는다 ᄒᆞ다마ᄂᆞᆫ
어리고 햐암의 ᄯᅳᆺᄋᆡ는 내 분(分)인가 ᄒᆞ노라　　〈제1수〉

보리밥 픗ᄂᆞ 믈을 알마초 머근 후(後)에
바횟 긋 믉ᄀᆞ의 슬ᄏᆞ지 노니노라
그 나믄 녀나믄 일이야 부롤 줄이 이시랴　　〈제2수〉

잔 들고 혼자 안자 먼 뫼흘 ᄇᆞ라보니
그리던 님이 오다 반가옴이 이러ᄒᆞ랴
말ᄉᆞᆷ도 우움도 아녀도 몯내 됴하ᄒᆞ노라　　〈제3수〉

누고셔 삼공(三公)도곤 낫다 ᄒᆞ더니 만승(萬乘)이 이만ᄒᆞ랴
이제로 헤어든 소부(巢父) 허유(許由) l 냑돗더라
아마도 님쳔 한흥(林泉閑興)을 비길 곳이 업셰라　　〈제4수〉

내 셩이 게으르더니 하ᄂᆞᆯ히 아ᄅᆞ실샤
인간 만ᄉᆞ(人間萬事)를 ᄒᆞᆫ 일도 아니 맛뎌
다만당 ᄃᆞ토리 업슨 강산(江山)을 딕희라 ᄒᆞ시도다　　〈제5수〉

강산(江山)이 됴타 ᄒᆞᆫᄃᆞᆯ 내 분(分)으로 누얻ᄂᆞ냐
님군 은혜(恩惠)를 이제 더욱 아노이다
아므리 갑고쟈 ᄒᆞ야도 ᄒᆡ올 일이 업셰라　　〈제6수〉

현대어 풀이

산과 물 사이 바위 아래 초가집을 지으려 하니
그 뜻을 모르는 남들은 웃는다 한다마는
어리석고 향암의 뜻에는 내 분수인가 하노라　　〈제1수〉

보리밥 풋나물을 알맞게 먹은 후에
바위 끝 물가에서 실컷 노니노라
그 밖에 여남은 일이야 부러워할 줄이 있겠느냐　　〈제2수〉

잔 들고 혼자 앉아 먼 산을 바라보니
그리워하던 임이 온들 반가움이 이러하랴
말씀도 웃음도 아니어도 못내 좋아하노라　　〈제3수〉

누가 삼정승보다 낫다 하더니 황제가 이만하랴
이제 헤아리니 소부 허유가 약았더라
아마도 자연에서 한가롭게 살아가는 즐거움을 비길 곳이 없도다　　〈제4수〉

내 성품이 게으르더니 하늘이 아셔서
인간 세상의 모든 일을 한 가지도 아니 맡겨
다만 다툴 사람이 없는 강과 산을 지키라 하시는구나　　〈제5수〉

강과 산이 좋다 한들 내 분수로 누웠겠느냐
임금의 은혜를 이제 더욱 아노이다
아무리 갚고자 하여도 해드릴 일이 없구나　　〈제6수〉

03강 본문 p.38 **연시조** 맹사성, 「강호사시가(江湖四時歌)」

원문

강호(江湖)에 봄이 드니 미친 흥(興)이 절로 난다
탁료계변(濁醪溪邊)에 금린어(錦鱗魚)ㅣ 안주로다
이 몸이 한가(閑暇)하옴도 역군은(亦君恩)이샷다 〈제1수〉

강호(江湖)에 여름이 드니 초당(草堂)에 일이 업다
유신(有信)한 강파(江波)는 보내노니 바람이로다
이 몸이 서늘하옴도 역군은(亦君恩)이샷다 〈제2수〉

강호(江湖)에 가을이 드니 고기마다 살져 잇다
소정(小艇)에 그물 시러 흘리 띄여 더뎌 두고
이 몸이 소일(消日)하옴도 역군은(亦君恩)이샷다 〈제3수〉

강호(江湖)에 겨울이 드니 눈 기픠 자히 남다
삿갓 빗기 쓰고 누역으로 오슬 삼아
이 몸이 칩디 아니하옴도 역군은(亦君恩)이샷다 〈제4수〉

현대어 풀이

자연에 봄이 찾아오니 미친 듯한 흥이 절로 난다
시냇가에서 막걸리를 마시니 쏘가리가 안주로다
이 몸이 한가롭게 지내는 것도 모두 임금님의 은혜이시도다 〈제1수〉

자연에 여름이 찾아오니 초가집에 할 일이 없어 한가하다
신의 있는 강의 물결은 바람을 보내는구나
이 몸이 서늘하게 지내는 것도 모두 임금님의 은혜이시도다 〈제2수〉

자연에 가을이 찾아오니 고기마다 살쪄 있다
작은 배에 그물 실어 물에 흘러가도록 던져 두고
이 몸이 하는 일 없이 세월을 보내는 것도 모두 임금님의 은혜이시도다 〈제3수〉

자연에 겨울이 찾아오니 눈의 깊이가 한 자가 넘는구나
삿갓 비스듬히 쓰고 도롱이로 옷을 삼아
이 몸이 춥지 아니한 것도 모두 임금님의 은혜이시도다 〈제4수〉

03강 본문 p.39 **연시조** 이황, 「도산십이곡(陶山十二曲)」

원문

이런들 엇더ᄒ며 뎌런들 엇더ᄒ료
초야우생(草野愚生)이 이러타 엇더ᄒ료
ᄒ믈며 천석고황(泉石膏肓)을 고텨 므슴 ᄒ료 〈제1수〉

고인(古人)도 날 몯 보고 나도 고인(古人)을 몯 뵈
고인을 몯 뵈도 녀던 길 알ᄑ 잇니
녀던 길 알ᄑ 잇거든 아니 녀고 엇뎔고 〈제9수〉

당시(當時)예 녀던 길을 몃 ᄒ룰 ᄇ려 두고
어듸 가 ᄃ니다가 이제사 도라온고
이제야 도라오나니 년 ᄃ 마로리 〈제10수〉

청산(靑山)은 엇뎨ᄒ야 만고(萬古)에 프르르며
유수(流水)는 엇뎨ᄒ야 주야(晝夜)애 긋디 아니ᄂ고
우리도 그치지 마라 만고상청(萬古常靑)호리라 〈제11수〉

현대어 풀이

이런들 어떠하며 저런들 어떠하랴?
시골에 묻혀 사는 어리석은 사람이 이렇게 산다고 해서 어떠하랴?
더구나 자연을 버리고는 살 수 없는 마음을 고쳐 무엇하랴? 〈제1수〉

옛 성현도 날 못 보고 나도 옛 성현을 보지 못해
옛 성현을 못 뵈어도 가던 길이 앞에 있네
가던 길이 앞에 있는데 가지 않고 어찌할 것인가? 〈제9수〉

그 당시 가던 길을 몇 해씩이나 버려두고
어디 가 다니다가 이제야 돌아왔는가?
이제야 돌아왔으니 다른 곳에 마음을 먹지 않으리 〈제10수〉

청산은 어찌하여 영원히 푸르며
흐르는 물은 어찌하여 밤낮으로 그치지 않는가?
우리도 그치지 말아 언제나 푸르리라 〈제11수〉

04강 본문 p.40 **평시조** 원천석, 「눈 마ᄌ 휘여진 ᄃ를~」 / 이방원, 「이런들 엇더ᄒ며~」 / 정몽주, 「이 몸이 주거 주거~」

원문

(가)
눈 마ᄌ 휘여진 ᄃ를 뉘라셔 굽다턴고
구블 절(節)이면 눈 속에 프를소냐
아마도 세한고절(歲寒孤節)은 너뿐인가 ᄒ노라

(나)
이런들 엇더ᄒ며 져런들 엇더하료
만수산(萬壽山) 드렁츩이 얼거진들 엇더ᄒ리
우리도 이ᄀ치 얼거져 백 년(百年)ᄭ지 누리리라

(다)
이 몸이 주거 주거 일백 번(一百番) 고텨 주거
백골(白骨)이 진토(塵土)되여 넉시라도 잇고 업고
님 향(向)ᄒ 일편단심(一片丹心)이야 가셜 줄이 이시랴

현대어 풀이

(가)
눈 맞아 휘어진 대나무를 누가 굽었다고 했던가?
굽힐 절개라면 눈 속에서도 푸르겠는가?
아마도 한겨울의 추위에 굴하지 않는 절개는 대나무뿐인가 하노라

(나)
이렇게 산들 어떠하며 저렇게 산들 어떠하리오
만수산의 칡덩굴이 서로 얽힌 것처럼 살아간들 어떠하리오
우리도 이와 같이 얽혀 한평생까지 누리리라

(다)
이 몸이 죽고 또 죽어 백 번을 되풀이하여 죽어서
죽은 사람의 몸이 썩고 남은 뼈가 티끌과 흙이 되어 영혼이 있든 없든
임 향한 변하지 않는 마음의 충성심만은 변할 줄이 있겠는가?

04강 본문 p.42　연시조　윤선도, 「견회요(遣懷謠)」

원문

슬프나 즐거오나 옳다 하나 **외다** 하나
내 몸의 해올 일만 닦고 닦을 뿐이언정
그 **밧긔** 여남은 일이야 분별(分別)할 줄 이시랴　〈제1수〉

내 일 망녕된 줄을 내라 하여 모랄 손가
이 마음 **어리기도** 님 위한 탓이로세
아뫼 아무리 일러도 임이 혜여 보소서　〈제2수〉

추성(秋城) 진호루(鎭胡樓) 밧긔 울어 예는 저 시내야
무음 호리라 **주야(晝夜)**의 흐르는다
님 향한 내 뜻을 조차 그칠 뉘를 모르나다　〈제3수〉

뫼흔 길고 길고 물은 멀고 멀고
어버이 그린 뜯은 많고 많고 **하고** 하고
어디서 외기러기는 울고 울고 가느니　〈제4수〉

어버이 그릴 줄을 **처엄부터** 알아마는
님군 향한 뜻도 하날이 삼겨시니
진실로 님군을 잊으면 긔 **불효(不孝)**인가 여기노라　〈제5수〉

현대어 풀이

슬프나 즐거우나 옳다 하나 **그르다** 하나
내 몸의 할 일만 닦고 닦을 뿐이로다
그 **밖의** 다른 일이야 걱정할 일이 있으랴　〈제1수〉

내 일이 잘못된 줄 나라 하여 모르겠는가
이 마음 **어리석은 것도** 모두 임금 위하기 때문일세
아무개가 아무리 헐뜯더라도 임이 **헤아려** 살피소서　〈제2수〉

경원성 진호루 밖에서 울며 흐르는 저 시냇물아
무엇을 하려고 **밤낮으로 흐르느냐?**
임 향한 내 뜻을 따라 그칠 줄을 모르는구나　〈제3수〉

산은 길고 길고 물은 멀고 멀어
어버이 그리워하는 뜻은 **많기도** 많다
어디서 외기러기는 울고 울며 가는가　〈제4수〉

어버이 그리워할 줄을 **처음부터** 알았지만
임금 향한 뜻도 하늘이 **생기게 하셨으니**
진실로 임금을 잊으면 그것이 **불효**인가 하노라　〈제5수〉

04강 본문 p.44　평시조　이색, 「백설(白雪)이 잦아진 골에~」 / 성삼문, 「이 몸이 주거 가셔~」

원문

(가)
백설(白雪)이 잦아진 골에 구름이 **머흐레라**
반가온 매화(梅花)는 어느 곳에 피었는고
석양(夕陽)에 홀로 셔 이셔 갈 곳 몰라 하노라

(나)
이 몸이 주거 가셔 무어시 될고 하니
봉래산(蓬萊山) 제일봉(第一峯)에 낙락장송(落落長松) 되야 이셔
백설(白雪)이 만건곤(滿乾坤)할 제 독야청청(獨也靑靑)하리라

현대어 풀이

(가)
백설이 잦아진 골짜기에 구름이 **험하구나**
(나를) 반겨 줄 매화는 어느 곳에 피어 있는가?
석양에 홀로 서서 갈 곳을 몰라 하노라

(나)
이 몸이 죽은 뒤에 무엇이 될까 생각해 보니
봉래산 제일 높은 봉우리에 우뚝 솟은 소나무가 되어서
흰 눈이 하늘과 땅에 **가득찰** 때 홀로 푸른 빛을 발하리라

04강 본문 p.45　연시조　이정환, 「비가(悲歌)」

원문

반(半) 밤중 혼자 일어 묻노라 이내 꿈아
만 리(萬里) **요양(遼陽)**을 어느덧 다녀온고
반갑다 **학가(鶴駕) 선객(仙客)**을 친히 뵌 듯하여라　〈제1수〉

박제상 죽은 후에 님의 시름 알 이 업다
이역(異域) 춘궁(春宮)을 뉘라서 모셔 오리
지금에 치술령 귀혼(歸魂)을 못내 슬허하노라　〈제4수〉

조정을 바라보니 무신(武臣)도 하 만하라
신고(辛苦)한 화친(和親)을 누를 두고 한 것인고
슬프다 조구리(趙廐吏) 이미 죽으니 참승(參乘)할 이 업세라　〈제6수〉

구중(九重) 달 발근 밤의 성려(聖慮) 일정 만흐려니
이역 풍상(風霜)에 학가인들 이즐쏘냐
이 밖에 **억만창생(億萬蒼生)**을 못내 분별하시도다　〈제7수〉

현대어 풀이

한밤중에 혼자 일어나 꿈에게 물어 본다
만 리 밖 **청나라 땅**에 어느새 다녀왔느냐?
반가운 세자를 친히 뵌 듯 하여라　〈제1수〉

박제상 죽은 후에 임의 시름을 알 이 없다
다른 나라에 계시는 세자를 누가 모셔 올까
지금에 치술령 귀혼을 못내 슬퍼하노라　〈제4수〉

조정을 바라보니 무신도 아주 많구나
고생할 화친은 누구를 위해 한 것인가?
슬프다 조구리가 이미 죽으니 참승할 이 없구나　〈제6수〉

구중궁궐 달 밝은 밤에 **임금 근심** 많으니
멀리 고생하는 세자인들 잊을소냐
이 밖에 **수많은** 백성을 못내 근심하시는구나　〈제7수〉

구렁에 났는 풀이 봄비에 절로 길어
아는 일 업스니 긔 아니 조흘쏘냐
우리는 너희만 못ᄒ야 시름겨워 ᄒ노라 　　〈제8수〉

구렁에 돋아난 풀이 봄비에 저절로 자라
알아야 할 일이 없으니 그것이 아니 좋겠느냐?
우리는 너희만 못하여 시름을 못 이겨 하노라 　　〈제8수〉

조그만 이 한 몸이 하늘 밖에 떨어지니
오색 구름 깊은 곳에 어느 것이 서울인고
바람에 지나는 검불 갓ᄒ야 갈 길 몰라 ᄒ노라 　　〈제9수〉

조그만 이 한 몸이 하늘 밖에 떨어지니
오색구름 깊은 곳 어느 것이 서울인가
바람에 지나는 마른 나뭇가지나 낙엽 같아서 갈 길 몰라 하는구나 　　〈제9수〉

원문

(가)
동지(冬至)ㅅ돌 기나긴 밤을 한 허리를 버혀 내여
춘풍(春風) 니블 아래 서리서리 너헛다가
어론 님 오신 날 밤이여든 구뷔구뷔 펴리라

(나)
묏버들 ᄀᆯ히 것거 보내노라 님의손ᄃᆡ
자시는 창(窓) 밧긔 심거 두고 보쇼서
밤비예 새닙곳 나거든 날인가도 너기쇼셔

(다)
이화우(梨花雨) 훗뿌릴 제 울며 잡고 이별(離別)ᄒ 님
추풍낙엽(秋風落葉)에 저도 날 싱각는가
천 리(千里)에 외로운 쑴만 오락가락 ᄒ노매

현대어 풀이

(가)
동짓달 기나긴 밤을 한 허리를 베어 내어
봄철에 불어오는 바람 이불 아래 헝클어지지 않게 포개어 넣었다가
사랑하는 임 오신 날 밤이면 굽이굽이 펴리라

(나)
산버들 가려 꺾어 보내노라 임에게
주무시는 창밖에 심어 두고 보소서
밤비에 새잎이 나거든 나인듯 여기소서

(다)
비 오듯 떨어지는 배꽃 흩날리던 때 울며 잡고 이별한 임
가을바람에 떨어지는 나뭇잎에 저도 나를 생각하는가
매우 먼 거리에 외로운 꿈만 오락가락 하는구나

원문

아바님 날 나ᄒ시고 어마님 날 기ᄅ시니
두분곳 아니시면 이 몸이 사라실가
하늘 ᄀᆞ튼 ᄀᆞ업슨 은덕을 어딕 다혀 갑ᄉ오리 　　〈제1수〉

님금과 빅성과 ᄉ이 하늘과 짜히로딕
내의 셜운 이룰 다 아로려 ᄒ시거든
우린돌 슬진 미나리룰 홈자 엇디 머그리 　　〈제2수〉

형아 아이야 네 슬홀 믄져 보아
뉘손ᄃᆡ 타나관ᄃᆡ 양직(樣子)조차 ᄀᆞ타슨다
ᄒ 졋 먹고 길러나 이셔 닷 ᄆᆞᄋᆞᆷ을 먹디 마라 　　〈제3수〉

어버이 사라진 제 섬길 일란 다ᄒ여라
디나간 휘면 애ᄃᆞᆲ다 엇디ᄒ리
평싱(平生)에 고텨 못홀 이리 이뿐인가 ᄒ노라 　　〈제4수〉

ᄆᆞᄋᆞᆯ 스룸들아 올흔 일 ᄒ쟈스라
스룸이 되어나셔 올치옷 못ᄒ면
ᄆᆞ쇼룰 갓 곳갈 씌워 밥 머기나 다르랴 　　〈제8수〉

풀목 쥐시거든 두 손으로 바티리라
나갈 ᄃᆡ 겨시거든 막대 들고 조초리라
향음주(鄕飮酒) 다 파흔 후에 뫼셔 가려 하노라 　　〈제9수〉

오늘도 다 새거다 호믹 메고 가쟈스라
내 논 다 믹여든 네 논 졈 믹여 주마
올 길히 뽕 ᄯᅡ다가 누에 머겨 보쟈스라 　　〈제13수〉

현대어 풀이

아버님 날 낳으시고 어머님 날 기르시니
두 분이 아니시면 이 몸이 살았을까
하늘 같은 끝없는 은덕을 어떻게 다 갚을까 　　〈제1수〉

임금과 백성과 사이 하늘과 땅이로되
나의 설운 일을 다 알려 하시거든
우린들 살진 미나리를 혼자 어찌 먹으리 　　〈제2수〉

형아 아우야 네 살을 만져 보아라.
누구에게서 태어났길래 모습마저 같은 것인가?
같은 젖을 먹고 자라났으니 딴 마음을 먹지 마라 　　〈제3수〉

어버이께서 살아계실 적에 섬기는 일을 다하여라
돌아가신 뒤에 아무리 애태운들 무슨 소용이 있겠는가
평생에 다시 할 수 없는 일이 이것뿐인가 하노라 　　〈제4수〉

마을 사람들아 옳은 일 하자꾸나
사람이 되어 나서 옳지 못하면
마소를 갓 고깔 씌워 밥 먹이나 다르랴 　　〈제8수〉

팔목 쥐시거든 두 손으로 받치리라
나갈 데 계시거든 막대 들고 쫓으리라
잔치(제사) 다 파한 후에 모셔 가려 하노라 　　〈제9수〉

오늘도 날이 밝았다 호미 메고 가자꾸나
내 논 다 매거든 네 논도 좀 매어 주마
일을 끝내고 돌아오는 길에 뽕을 따다가 누에 길러 보자꾸나 　　〈제13수〉

05강 본문 p.50 ｜평시조｜ 이정보, 「국화(菊花)야 너는 어이~」 / 이조년, 「이화(梨花)에 월백(月白)ᄒ고~」

｜원문｜

(가)

국화(菊花)야 너ᄂ 어이 삼월 동풍(三月東風) 다 지ᄂ고
낙목한천(落木寒天)에 네 홀로 퓌엿ᄂ다
아마도 **오상고절(傲霜孤節)**은 너뿐인가 ᄒ노라

(나)

이화(梨花)에 월백(月白)ᄒ고 은한(銀漢)이 삼경(三更)인 제
일지춘심(一枝春心)을 자규(子規)야 알랴마ᄂ
다정(多情)도 병(病)인 양ᄒ여 ᄌ 못 드러 ᄒ노라

｜현대어 풀이｜

(가)

국화야 너는 어찌하여 따뜻한 봄철이 다 지나간 후에야
낙엽 떨어지는 추운 계절에 너 홀로 피어 있느냐?
아마도 **서릿발도 꿋꿋이 이겨내는 절개**를 가진 이는 너뿐인가 하노라

(나)

하얗게 핀 배꽃에 달빛은 은은히 비추고 **은하수**는 (돌아서) 자정을 알리는 때에
나뭇가지에 맺힌 봄의 정서를 소쩍새가 어찌 알까마는
다정한 것도 병인 듯해서 잠을 이루지 못하노라

05강 본문 p.51 ｜연시조｜ 박인로, 「조홍시가(早紅柿歌)」

｜원문｜

반중(盤中) 조홍(早紅)감이 고와도 보이ᄂ다
유자이 안이라도 품엄즉도 ᄒ다마ᄂ
품어 가 반기리 업슬시 글노 설워 ᄒᄂ이다 　　　　〈제1수〉

왕상의 잉어 잡고 맹종의 죽순 썩어
검던 멀리 희도록 노래자의 오ᄉ 입고
일생에 **양지성효(養志誠孝)**를 증자같이 하리이다 　〈제2수〉

만균(萬鈞)을 늘려내야 길게길게 노흘 쏘아
구만리 장천에 가ᄂ 히를 자바미야
북당(北堂)의 학발쌍친(鶴髮雙親)을 더듸 늘게 ᄒ리이다 〈제3수〉

군봉(群鳳) 모다신 듸 외가마귀 드러오니
백옥 사힌 곳애 돌 ᄒ아 갓다마ᄂ
두어라 봉황도 **비조(飛鳥)**와 류(類)시니 뫼셔 논들 엇더ᄒ리 〈제4수〉

｜현대어 풀이｜

소반 위에 담긴 붉은 홍시가 곱게도 보이는구나
(비록) 유자가 아니라도 품고 갈 마음이 있지마는
품어 가도 반가워해 주실 부모님이 안 계시니 서러워하노라 　〈제1수〉

왕상의 잉어를 잡고 맹종의 죽순을 꺾어
검었던 머리가 희도록 노래자의 옷을 입고
내 평생에 **정성스러운 효성**을 증자와 같이 하겠노라 　〈제2수〉

큰 쇳덩어리를 늘려 내어 길게 길게 **노끈**을 꼬아
구만리 장천에 떨어지는 해를 잡아 매어
안방에 계신 **머리 흰 늙으신 부모**가 더디 늙게 하리라 　〈제3수〉

여러 마리의 봉황새가 모여 있는 데 까마귀 한 마리 들어오니
백옥이 쌓인 곳에 돌 하나 같다마는
아아 봉황도 **나는 새와 한 종류**이시니 모셔 놓은들 어떠하리 〈제4수〉

06강 본문 p.52 ｜사설시조｜ 작자 미상, 「어이 못 오던다~」 / 작자 미상, 「나모도 바히돌도 업슨~」 / 작자 미상, 「개를 여라믄이나 기르되~」

｜원문｜

(가)

어이 못 오던다 므스 일로 못 오던다
너 오는 길 **우희** 무쇠로 성(城)을 **ᄲ고** 성(城) 안헤 담 ᄲ고 담 안
헤란 집을 짓고 집 안헤란 **두지** 노코 두지 안헤 궤(櫃)를 노코 궤
(櫃) 안헤 너를 **결박(結縛)**ᄒ여 노코 쌍(雙)비목 외걸새에 용(龍)거
북 ᄌ물쇠로 **수기수기** 줌갓더냐 네 어이 그리 아니 오던다
ᄒ 해도 열두 ᄃ이오 ᄒ ᄃ이 설흔 날이여니 날 보라 올 ᄒ리 업스랴

(나)

나모도 바히돌도 업슨 **뫼헤** 매게 쏘친 가토릐 **안과**
대천(大川) 바다 한가온대 일천 석(一千石) 시른 빅에 노도 일코
닷도 일코 **뇽총**도 근코 돗대도 걱고 치도 싸지고 ᄇ람 부러 물결
치고 안개 **뒤섯계** 주자진 날에 갈 길은 천리 만리(千里萬里) **나ᄆ**
듸 사면(四面)이 거머어득 **져믓** 천지 적막(天地寂寞) 가치노을 쩟
ᄂᄃ 수적(水賊) 만난 **도사공(都沙工)**의 안과
엇그제 님 여흰 내 안히야 엇다가 ᄀ을ᄒ리오

(다)

개를 **여라믄**이나 기르되 요 개 ᄀ치 얄믜오랴

｜현대어 풀이｜

(가)

어이 못 오던가 무슨 일로 못 오던가
오는 길 **위**에 무쇠 성을 **쌓고** 성 안에 담을 쌓고 담 안에 집을 짓고 집안에 **뒤주** 놓고
뒤주 안에 궤를 놓고 궤 안에 너를 **단단히 묶어** 넣고 쌍배목의 외걸쇠 금거북 자물쇠
로 **깊이깊이** 잠갔더냐 네 어이 그리 아니 오더냐?
한 해도 열두 달이요 한 달 서른 날에 나를 찾아 올 하루가 없으랴

(나)

나무도 바윗돌도 없는 **산**에서 매에게 쫓기는 까투리의 **마음**과
넓은 바다 한가운데 일천 석이나 되는 짐을 실은 배가 노도 잃고, 닻도 잃고, **돛줄도**
끊어지고, 돛대도 꺾어지고, 키도 빠지고, 바람 불어 물결 치고, 안개는 **뒤섞여** 자욱
한 날에, 갈 길은 천 리 만 리 **남았는데**, 사방은 깜깜하고 어둑하게 **저물어서** 천지는
고요하고 사나운 파도는 이는데 해적을 만난 **도사공**의 마음과
엇그제 임과 이별한 나의 마음을 어디다가 비교할 수 있으랴

(다)

개를 **십여 마리**나 기르되 이 개처럼 얄미운 놈이 있겠느냐

뮈온 님 오며는 꼬리를 홰홰 치며 쉬락 느리 쉬락 반겨서 내닷고
고온 님 오며는 뒷발을 바동바동 므르락 나으락 캉캉 즈저서 도라가게 흔다
쉰밥이 그릇 그릇 난들 너 머길 줄이 이시랴

미운 님이 오면 꼬리를 홰홰 치며 올려 뛰고 내리 뛰며 반겨서 내닫고, 고운 님이 오면 뒷발을 버티고 서서 뒤로 물러났다 앞으로 나아갔다 하며 캉캉 짖어 돌아가게 한다
밥이 많이 남아서 쉰밥이 그릇그릇 쌓여도 너에게 먹일 성싶으냐

06강 본문 p.54　**사설시조** 작자 미상, 「창 내고쟈 창을 내고쟈~」 / 작자 미상, 「일신이 스쟈 ᄒᆞᆫ엿더니~」 / 작자 미상, 「뒥들에 동난지이 사오~」

원문

(가)
창(窓) 내고쟈 창(窓)을 내고쟈 이내 가슴에 창(窓) 내고쟈
고모장지 세살장지 들장지 열장지 암돌져귀 수돌져귀 비목걸새
크나큰 쟝도리로 둑닥 바가 이내 가슴에 창(窓) 내고쟈
잇다감 하 답답흘 제면 여다져 볼가 ᄒᆞ노라

(나)
일신(一身)이 스쟈 ᄒᆞᆫ엿더니 물ᄀᆞ것 계워 못 슬니로다
핏겨 것튼 가랑니며 보리알 것튼 수통니며 듀린 니 갓깐 니 쟌 벼룩 굴근 벼룩 강벼룩 왜(倭)벼룩 긔는 놈 쀠는 놈에 비파(琵琶) 것튼 빈아(蠙蛾) 삿기 사령(使令) 것튼 등에아비 갈쐬귀 삼위약이 셴 박쿼 누룬 박쿼 바금이 거절이 부리 쏒족흔 모긔 다리 기다헌 모긔 여윈 모긔 술딘 모긔 그림아 쐬록이 주야(晝夜)로 빈 씌 업시 물거니 쏘거니 셜거니 뜻거니 심(甚)흔 당(唐)비루에 더 어려웨라
그중에 춤아 못 견딜 쏜 오뉴월(五六月) 복다림에 쉬파린가 ᄒᆞ노라

(다)
뒥들에 동난지이 사오 져 쟝스야 네 황후 긔 무서시라 웨ᄂᆞᆫ다 사쟈
외골내육(外骨內肉) 양목(兩目)이 상천(上天) 전행후행(前行後行) 소(小)아리 팔족(八足) 대(大)아리 이족(二足) 청장(淸醬) 으스슥ᄒᆞᆫ 동난지이 사오
쟝스야 하 거복이 웨지 말고 게젓이라 ᄒᆞ렴은

현대어 풀이

(가)
창을 내고 싶구나 창을 내고 싶구나 이내 가슴에 창을 내고 싶구나
고모장지 세살장지 들장지 열장지 암돌쩌귀 수돌쩌귀 배목걸쇠 크나큰 장도리로 뚝딱 박아 이내 가슴에 창을 내고 싶구나
이따금 아주 답답할 때면 여닫아 볼가 하노라

(나)
이내 한 몸이 살자 하였더니 물 것 이기지 못하여 못 살겠구나
피의 껍질 같은 작은 이 보리알 같은 크고 살찐 이 굶주린 이 막 알에서 깨어난 이 작은 벼룩 굵은 벼룩 강벼룩 왜벼룩 기어다니는 놈 뛰는 놈에 비파 같은 빈대 새끼 사령 같은 등에 각다귀 사마귀 흰 바퀴 누런 바퀴 바구미 고자리 부리 뾰족한 모기 다리 긴 모기 야윈 모기 살찐 모기 그리마 뾰록이 밤낮으로 쉴 새 없이 물거니 쏘거니 빨거니 뜯거니 심한 피부병에 더 어려워라
그중에 차마 못 견디겠는 것은 오뉴월 복더위에 쉬파린가 하노라

(다)
사람들아 동난지이 사오 저 장수야 네 물건 그 무엇이라 외치느냐? 사자
밖은 단단하고 속은 물렁하며 양쪽 눈이 위로 솟아 하늘을 향하고 앞뒤로 가는 작은 다리 여덟 개 큰 다리 두 개 진하지 아니한 장이 아스슥하는 동난지이 사시오
장수야 그렇게 거북하게 말하지 말고 게젓이라 하려무나

06강 본문 p.56　**사설시조** 작자 미상, 「두터비 ᄑᆞ리를 물고~」 / 작자 미상, 「님이 오마 ᄒᆞ거ᄂᆞᆯ~」

원문

(가)
두터비 ᄑᆞ리를 물고 두험 우희 치ᄃᆞ라 안자
것넌 산(山) ᄇᆞ라보니 백송골(白松鶻)이 떠 잇거ᄂᆞᆯ 가슴이 금즉ᄒᆞ여 풀덕 쒸여 내ᄃᆞᆺ다가 두험 아래 잣바지거고
모쳐라 ᄂᆞᆯ낸 낼식망졍 어혈(瘀血)질 번 ᄒᆞ괘라

(나)
님이 오마 ᄒᆞ거ᄂᆞᆯ 져녁밥을 일 지어 먹고
중문(中門) 나서 대문(大門) 나가 지방(地方) 위에 치ᄃᆞ라 안자 이수(以手)로 가액(加額)ᄒᆞ고 오는가 가는가 건넌 산 ᄇᆞ라보니 거머횟들 셔 잇거ᄂᆞᆯ 져야 님이로다 보션 버서 품에 품고 신 버서 손에 쥐고 곰븨님븨 님븨곰븨 천방지방 지방천방 즌 데 른 데 ᄀᆞᆯ희지 말고 위렁충창 건너가서 정(情)엣말 ᄒᆞ려 ᄒᆞ고 겻눈을 흘깃 보니 상년(上年) 칠월(七月) 사흔날 ᄀᆞᆯ아 벅긴 주추리 삼대 술드리도 날 소겨거다
모쳐라 밤일식만졍 힝여 낫이런들 눔 우일 번 ᄒᆞ괘라

현대어 풀이

(가)
두꺼비가 파리를 물고 두엄 위에 뛰어올라가 앉아
건너편 산을 바라보니 흰 송골매가 떠 있거늘 가슴이 섬뜩하여 펄쩍 뛰어 내닫다가 두엄 아래 자빠졌구나
마침 날랜 나이기에 망정이지 하마터면 피멍 들 뻔했구나

(나)
임이 오겠다고 하기에 저녁밥을 일찍 지어 먹고
중문을 나와서 대문으로 나가 문지방 위에 올라가서 손을 이마에 대고 임이 오는가 하여 건넛산을 바라보니 거무희끗한 것이 서 있기에 저것이 틀림없는 임이로구나 버선을 벗어 품에 품고 신을 벗어 손에 쥐고 엎치락뒤치락 허둥거리며 진 곳 마른 곳 가리지 않고 우당탕퉁탕 건너가서 정이 넘치는 말을 하려고 곁눈으로 흘깃 보니 작년 7월 3일날 껍질을 벗긴 주추리 삼대가 알뜰하게도 나를 속였구나

마침 밤이기에 망정이지 행여 낮이었다면 남 웃길 뻔했구나

부록 작품별 현대어 풀이

06강 본문 p.57 사설시조 작자 미상, 「귓도리 져 귓도리~」 / 작자 미상, 「싀어마님 며ᄂᆞ라기 낫바~」

원문

(가)

귓도리 져 귓도리 에엿부다 져 귓도리

어인 귓도리 지ᄂᆞᆫ 달 새ᄂᆞᆫ 밤의 긴 소릐 쟈른 소릐 절절(節節)이 슬픈 소릐 제 혼자 우러 녜어 사창(紗窓) 여왼 ᄌᆞᆷ을 ᄉᆞᆯ드리도 ᄭᆡ오ᄂᆞᆫ고야

두어라 제 비록 미물(微物)이나 무인동방(無人洞房)에 내 ᄯᅳᆺ 알 리ᄂᆞᆫ 너ᄲᅮᆫ인가 ᄒᆞ노라

(나)

싀어마님 며ᄂᆞ라기 낫바 벽 바흘 구르지 마오

빗에 바든 며ᄂᆞ린가 갑세 쳐 온 며ᄂᆞ린가 밤나모 서근 등걸에 휘초리 나니ᄀᆞᆺ치 알살픠신 싀아바님 볏 뵌 쇳동ᄀᆞᆺ치 되죵고신 싀어마님 삼 년(三年) 겨론 망태에 새 송곳 부리ᄀᆞᆺ치 ᄲᅩ죡ᄒᆞ신 싀누으님 당(唐)피 가론 밧틔 돌피 나니ᄀᆞᆺ치 싀노란 외곳 ᄀᆞᆺ튼 피ᄯᅩᆼ 누ᄂᆞᆫ 아ᄃᆞᆯ ᄒᆞ나 두고

건 밧틔 멋곳 ᄀᆞᆺ튼 며ᄂᆞ리를 어듸를 낫바 ᄒᆞ시ᄂᆞᆫ고

현대어 풀이

(가)

귀뚜라미 저 귀뚜라미 불쌍하다 저 귀뚜라미

어찌된 귀뚜라미가 지는 달 새는 밤에 긴 소리 짧은 소리 마디마디 슬픈 소리로 저 혼자 계속 울어 비단 창문 안에 옅은 잠을 잘도 깨우는구나

두어라 제가 비록 미물이지만 독수공방하는 나의 뜻을 아는 이는 저 귀뚜라미뿐인가 하노라

(나)

시어머님 며늘아기 미워하여 부엌 바닥을 구르지 마오

빚 대신 받은 며느리인가 물건 값에 쳐 온 며느리인가 밤나무 썩은 등걸에 회초리 난 것같이 매서우신 시아버님 볕 쬔 소똥같이 말라빠진 시어머님 삼 년 동안 엮은 망태에 새 송곳 부리같이 뾰족하신 시누이님 좋은 곡식 갈아놓은 밭에 나쁜 곡식 난 것같이 샛노란 오이꽃 같은 피똥 누는 아들 하나 두고

기름진 밭의 메꽃 같은 며느리를 어디를 미워하시는고?

07강 본문 p.60~61 가사 정극인, 「상춘곡(賞春曲)」

원문

홍진(紅塵)에 뭇친 분네 이내 생애(生涯) 엇더ᄒᆞᆫ고
녯 사ᄅᆞᆷ 풍류(風流)ᄅᆞᆯ 미ᄎᆞᆯ가 못 미ᄎᆞᆯ가
천지간(天地間) 남자 몸이 날만ᄒᆞᆫ 이 하건 마ᄂᆞᆫ
산림(山林)에 뭇쳐 이셔 지락(至樂)을 ᄆᆞᄅᆞᆯ 것가
수간모옥(數間茅屋)을 벽계수(碧溪水) 앎픠 두고
송죽(松竹) 울울리(鬱鬱裏)예 풍월주인(風月主人) 되여셔라 〈서사〉

엇그제 겨울 지나 새봄이 도라오니
도화행화(桃花杏花)ᄂᆞᆫ 석양리(夕陽裏)예 퓌여 잇고
녹양방초(綠楊芳草)ᄂᆞᆫ 세우 중(細雨中)에 프르도다
칼로 ᄆᆞᆯ아 낸가 붓으로 그려 낸가
조화신공(造化神功)이 물물(物物)마다 헌ᄉᆞ롭다
수풀에 우ᄂᆞᆫ 새ᄂᆞᆫ 춘기(春氣)ᄅᆞᆯ 못내 계워 소ᄅᆡ마다 교태(嬌態)로다
물아일체(物我一體)어니 흥(興)이ᄋᆡ 다ᄅᆞᆯ소냐

시비(柴扉)예 거러 보고 정자(亭子)애 안자 보니
소요음영(逍遙吟詠)ᄒᆞ야 산일(山日)이 적적(寂寂)ᄒᆞᆫᄃᆡ
한중진미(閑中眞味)ᄅᆞᆯ 알 니 업시 호재로다

이바 니웃드라 산수(山水) 구경 가쟈스라
답청(踏靑)으란 오ᄂᆞᆯ ᄒᆞ고 욕기(浴沂)란 내일(來日) ᄒᆞ새
아ᄎᆞᆷ에 채산(採山)ᄒᆞ고 나조ᄒᆡ 조수(釣水)ᄒᆞ새

ᄀᆞᆺ 괴여 닉은 술을 갈건(葛巾)으로 밧타 노코
곳나모 가지 것거 수 노코 먹으리라
화풍(和風)이 건ᄃᆞᆺ 부러 녹수(綠水)ᄅᆞᆯ 건너오니
청향(淸香)은 잔에 지고 낙홍(落紅)은 옷새 진다
준중(樽中)이 뷔엿거ᄃᆞᆫ 날ᄃᆞ려 알외여라
소동(小童) 아ᄒᆡᄃᆞ려 주가(酒家)에 술을 믈어
얼운은 막대 집고 아ᄒᆡᄂᆞᆫ 술을 메고
미음완보(微吟緩步)ᄒᆞ야 시냇ᄀᆞ의 호자 안자

현대어 풀이

속세에 묻혀 사는 사람들이여 이내 삶이 어떠한가?
옛 사람들의 풍류에 미칠까, 못 미칠까?
세상에 남자 몸으로 태어나 나만한 사람이 많지만
자연 속에 묻혀 있어 지극한 즐거움을 모를 것인가?
몇 칸짜리 초가집을 푸른 시냇물 앞에 두고
소나무와 대나무가 울창한 속에 자연의 주인이 되었구나 〈서사〉

엊그제 겨울 지나 새 봄이 돌아오니
복숭아꽃, 살구꽃은 석양 속에 피어 있고
푸른 버들과 꽃다운 풀은 가랑비 속에 푸르구나
칼로 마름질한 것인가 붓으로 그려 낸 것인가?
조물주의 신기한 재주가 사물마다 야단스럽구나
수풀에서 우는 새는 봄 기운을 못 이겨 소리마다 교태롭구나
자연과 하나가 되니, 흥이 다르겠는가?

사립문에서 걸어 보고, 정자에 앉아 보니
천천히 걸으며 시를 읊어 산 속의 하루가 고요한데
한가로움 속에 느끼는 참된 맛을 알 사람 없이 혼자로구나

이봐, 이웃 사람들아 산수 구경을 가자꾸나
산책은 오늘 하고 물놀이는 내일 하세
아침에 산나물 캐고 저녁에 낚시질하세

이제 막 익은 술을 칡베로 만든 두건으로 걸러 놓고
꽃나무 가지 꺾어 술잔 수를 세며 먹으리라
화창한 바람이 문득 불어 푸른 시냇물을 건너오니
맑은 향기는 술잔에 스미고 붉은 꽃잎은 옷에 떨어진다
술동이가 비었거든 내게 일러라
심부름하는 아이에게 시켜 술집에 술이 있는지를 물어
어른은 막대기를 짚고 아이는 술을 메고
나직이 읊조리며 천천히 걸어 시냇가에 혼자 앉아

명사(明沙) 조흔 믈에 잔 시어 부어 들고　　　　　　고운 모래 맑은 물에 잔을 씻어 술을 부어 들고
청류(淸流)를 굽어 보니 써오느니 도화(桃花)] 로다　　맑은 시냇물을 굽어 보니 떠내려오는 것이 복숭아꽃이로구나
무릉(武陵)이 갓갑도다 져 미이 권 거이고　　　　　　무릉도원이 가깝도다 저 들이 바로 그곳인가?

송간(松間) 세로(細路)에 두견화를 부치 들고　　　　　소나무 사이 좁은 길에 진달래꽃 붙들고
봉두(峯頭)에 급피 올나 구름 소긔 안자 보니　　　　　산봉우리에 급히 올라 구름 속에 앉아 보니
천촌만락(千村萬落)이 곳곳이 버러 잇늬　　　　　　　수많은 마을과 집이 곳곳에 펼쳐져 있네
연하일휘(煙霞日輝)는 금수(錦繡)를 재폇는 듯　　　　안개와 노을, 빛나는 햇살은 비단을 펴 놓은 듯
엊그제 검은 들이 봄빗도 유여(有餘)홀샤　　　〈본사〉　엊그제 검었던 들은 봄빛이 넉넉하구나　　　　〈본사〉

공명(功名)도 날 씌우고 부귀(富貴)도 날 씌우니　　　공을 세워 이름을 날리는 것도 나를 꺼려 하고, 부유하고 귀하게 되는 것도 나를 꺼리니
청풍명월(淸風明月) 외에 엇던 벗이 잇스올고　　　　맑은 바람과 밝은 달 외에 어떤 벗이 있을까?
단표누항(簞瓢陋巷)에 흣튼 혜음 아니 흐늬　　　　　누추한 집에서 먹는 가난한 식사에 헛된 생각 하지 않네
아모타 백년행락(百年行樂)이 이만흔들 엇지흐리　〈결사〉　아무튼 평생 동안 누리는 즐거움이 이만한들 어찌할 것인가?　〈결사〉

07강 본문 p.62~63　　**가사** 송순, 「면앙정가(俛仰亭歌)」

원문　　　　　　　　　　　　　　　　　　　　　**현대어 풀이**

무등산(无等山) 흔 활기 뫼희 동다히로 버더 이셔　　　무등산 한 줄기 산이 동쪽으로 뻗어 있어
멀리 쎄쳐 와 제월봉(霽月峯)의 되어거늘　　　　　　멀리 떼어 내고 와 제월봉이 되었거늘
무변대야(無邊大野)의 므슴 짐쟉 흐노라　　　　　　　끝없이 넓은 들판에서 무슨 생각을 하느라고
일곱 구비 홀머움쳐 므득므득 버려는 듯　　　　　　　일곱 굽이가 한데 움츠려 우뚝우뚝 펼쳐져 있는 듯하구나
가온대 구빈는 굼긔 든 늘근 뇽이　　　　　　　　　　가운데 굽이는 구멍에 든 늙은 용이
선줌을 굿 씌야 머리를 안쳐시니　　　　　　　　　　얕은 잠을 막 깨어 머리를 얹어 놓은 듯하구나

너릭바회 우희 송죽(松竹)을 헤혀고 정자(亭子)를 안쳐시니　너럭바위 위에 소나무, 대나무를 헤치고 정자를 지었으니
구름 툰 청학(靑鶴)이 천리(千里)를 가리라 두 느릐 버렷는 듯　〈서사〉　구름 탄 푸른 학이 천리를 가려고 두 날개 펼친 듯　〈서사〉

옥천산(玉泉山) 용천산(龍泉山) 느린 물히　　　　　옥천산, 용천산에서 내려온 물이
정자(亭子) 압 너븐 들히 올올(兀兀)히 펴진 드시　　　정자 앞 넓은 들판에 끊임없이 퍼진 듯이
넙거든 기노라 프르거든 희지마니　　　　　　　　　　넓고 길고 푸르고 희구나
쌍룡(雙龍)이 뒤트는 듯 긴 깁을 칙폇는 듯　　　　　쌍룡이 뒤트는 듯, 긴 비단을 가득 펴 놓은 듯
어드러로 가노라 므슴 일 빗얏바　　　　　　　　　　어디로 가느냐, 무슨 일이 바빠서
닷는 듯 쓰로는 듯 밤늣즈로 흐르는 듯　　　　　　　달리는 듯 따르는 듯 밤낮으로 흐르는 듯하다

므소친 사정(沙汀)은 눈궃치 펴졋거든　　　　　　　물 좇은 모래밭은 눈같이 펼쳐져 있는데
이즈러온 기럭기는 므스거슬 어르노라　　　　　　　어지러운 기러기는 무엇을 달래려고
안즈락 느리락 모드락 흐트락　　　　　　　　　　　앉았다 내렸다 모였다 흩어졌다
노화(蘆花)를 스이 두고 우러곰 좃니는고　　　　　　갈대꽃을 사이에 두고 울면서 좇는가

너븐 길 밧기요 긴 하늘 아릭 두르고　　　　　　　　넓은 길 밖이요, 긴 하늘 아래 둘러싸고
쏘존 거슨 뫼힌가 병풍(屛風)인가 그림가 아닌가　　　꽂은 것은 산인가, 병풍인가, 그림인가 아닌가
노픈 듯 느즌 듯 긋는 듯 닛는 듯　　　　　　　　　　높은 듯, 낮은 듯, 끊어지는 듯, 잇는 듯
숨거니 뵈거니 가거니 머물거니　　　　　　　　　　숨다, 보이다, 가다 머무니
이츠러온 가온듸 일홈는 양흐야 하늘도 젓치 아녀　　어지러운 가운데 이름난 척하여 하늘도 두려워하지 않고
웃득이 셧는 거시 추월산(秋月山) 머리 짓고　　　　우뚝하게 서 있는 것이 추월산을 머리 삼고
용귀산(龍歸山) 봉선산(鳳旋山) 불대산(佛臺山) 어등산(漁燈山)　용귀산, 봉선산, 불대산, 어등산
용진산(湧珍山) 금성산(錦城山)이 허공(虛空)의 버러거든　　용진산, 금성산이 허공에 펼쳐져 있는데
원근(遠近) 창애(蒼崖)의 머믄 것도 하도 할샤　〈본사 1〉　멀고 가까운 높은 절벽에 머문 것이 많기도 많구나　〈본사 1〉

흰구름 브흰 연하(煙霞) 프르느는 산람(山嵐)이라　　흰구름, 뿌연 안개와 노을, 푸른 것은 산 아지랑이로구나
천암만학(千巖萬壑)을 제 집으로 사마 두고　　　　　수많은 바위와 골짜기를 제집으로 삼아 두고
나명성 들명성 일히도 구는지고　　　　　　　　　　나면서 들면서 응석도 부리는구나
오르거니 느리거니 장공(長空)의 써나거니 광야(廣野)로 거너거니　날아오르다가 내려앉았다가, 하늘로 떠났다가 넓은 들로 건너갔다가
프르락 블그락 여트락 지트락　　　　　　　　　　　푸르락붉으락, 옅으락짙으락
사양(斜陽)과 섯거 디어 세우(細雨)조차 쑤리는다　　석양과 섞여 가랑비조차 뿌리는구나

남여(籃輿)롤 빅야 투고 솔 아릭 구븐 길노 오며 가며 ㅎ〮는 적의　　　작은 가마를 재촉해 타고 소나무 아래 굽은 길로 오며 가며 하는 때에
녹양(綠楊)의 우는 황앵(黃鶯) 교태(嬌態) 겨워 ㅎ〮는고야　　　푸른 버드나무에서 우는 꾀꼬리는 흥에 겨워 아양을 떠는구나
나모 새 ㅈ〮자지어 수음(樹陰)이 얼읜 적의　　　나무 사이가 우거져서 나무 그늘이 짙어진 때에
백 척(百尺) 난간(欄干)의 긴 조으름 내여 펴니　　　높은 층계의 난간에서 긴 졸음을 내어 펴니
수면양풍(水面凉風)이야 그칠 줄 모르ㄴ〮가　　　물 위의 서늘한 바람이야 그칠 줄을 모르는구나

즌 서리 싸딘 후의 산 빗치 금슈(錦繡)로다　　　된서리 걷힌 후에 산 빛이 수놓은 비단 물결 같구나
황운(黃雲)은 또 엇디 만경(萬頃)의 편 거긔요　　　누렇게 익은 곡식은 또 어찌 넓은 들판에 펼쳐 있는가?
어적(漁笛)도 흥을 계워 들롤 ᄯ〮롸 브니ᄂ〮다　〈본사 2〉　　　어부의 피리도 흥을 이기지 못하여 달을 따라 계속 부는가　〈본사 2〉
　　　　　　　　　　　(후략)　　　　　　　　　　　　　　　　　　　　　　　(후략)

07강 본문 p.64~65　　**가사** 정철, 「관동별곡(關東別曲)」

원문　　　　　　　　　　　　　　　　　　　　　현대어 풀이

(가)

강호(江湖)애 병(病)이 깁퍼 듁님(竹林)의 누엇더니　　　강호에 병이 깊어 대숲에 누웠더니
관동(關東) 팔빅(八百) 니(里)에 방면(方面)을 맛디시니　　　관동 8백 리에 직분을 맡기시니
어와 셩은(聖恩)이야 가디록 망극(罔極)ㅎ〮다　　　아아 임금의 은혜야 갈수록 끝이 없다
연츄문(延秋門) 드리ᄃ〮라 경회(慶會) 남문(南門) ᄇ〮라보며　　　연추문으로 달려가 경회 남문 바라보며
하직(下直)고 믈너나니 옥졀(玉節)이 알픿 셧다　　　하직하고 물러나니 옥절이 앞에 섰다
평구역(平丘驛) 물을 ᄀ〮라 흑슈(黑水)로 도라드니　　　평구역에서 말을 갈아타고 흑수로 돌아드니
셤강(蟾江)은 어듸메오 티악(雉岳)이 여긔로다　　　섬강은 어디쯤인가 치악이 여기로다

쇼양강(昭陽江) ᄂ〮린 믈이 어드러로 든단 말고　　　소양강에서 내린 물이 어디로 흘러든단 말인가?
고신거국(孤臣去國)에 빅발(白髮)도 하도 할샤　　　외로운 신하가 임금 곁을 떠남에 백발도 많기도 많구나
동쥐(東州) 밤 계오 새와 북관뎡(北寬亭)의 올나ᄒ〮니　　　동주의 밤 겨우 새워 북관정에 오르니
삼각산(三角山) 뎨일봉(第一峰)이 ᄒ〮마면 뵈리로다　　　삼각산 제일봉이 웬만하면 보이리로다
궁왕(弓王) 대궐(大闕) 터희 오쟉(烏鵲)이 지지괴니　　　궁예왕 대궐 터에 까막까치가 지저귀니
천고(千古) 흥망(興亡)을 아는다 몰ᄋ〮ᄂ〮다　　　천고의 흥하고 망함을 아는가 모르는가
회양(淮陽) 녜 일홈이 마초아 ᄀ〮툴시고　　　회양 옛 이름이 때마침 같으시고
급댱유(汲長孺) 풍치(風彩)를 고텨 아니 볼 게이고　〈서사〉　　　급장유 풍채를 다시 아니 볼 것인가?　〈서사〉

(나)

금강ᄃ〮(金剛臺) 민 우(層)층의 션학(仙鶴)이 삿기 치니　　　금강대 맨 위층에 선학이 새끼 치니
츈풍(春風) 옥뎍셩(玉笛聲)의 첫 ᄌ〮음을 ᄭ〮돗던디　　　봄바람 옥피리 소리에 첫잠을 깨었던지
호의현샹(縞衣玄裳)이 반공(半空)의 소소 ᄯ〮니　　　학이 공중에 솟아 뜨니
셔호(西湖) 녯 주인(主人)을 반겨셔 넘노ᄂ〮 ᄃ〮　　　서호 옛 주인을 반겨서 넘노는 듯하구나

쇼향노(小香爐) 대향노(大香爐) 눈 아래 구버보고　　　소향로봉 대향로봉을 눈 아래 굽어보고
졍양ᄉ〮(正陽寺) 진헐ᄃ〮(眞歇臺) 고텨 올나 안ᄌ〮마리　　　정양사 진헐대에 다시 올라 앉아 보니
녀산(廬山) 진면목(眞面目)이 여긔야 다 뵈ᄂ〮다　　　여산 참모습이 여기서야 다 보이도다
어와 조화옹(造化翁)이 헌ᄉ〮토 헌ᄉ〮홀샤　　　아아, 조물주가 야단스럽기도 야단스럽구나
늘거든 ᄯ〮디 마나 셧거든 솟디 마나　　　날거든 뛰지 말거나 섰거든 솟지 말거나
부용(芙蓉)을 고잣ᄂ〮 ᄃ〮 빅옥(白玉)을 믓것ᄂ〮 ᄃ〮　　　연꽃을 꽂아 놓은 듯 백옥을 묶어 놓은 듯
동명(東溟)을 박츠ᄂ〮 ᄃ〮 북극(北極)을 괴왓ᄂ〮 ᄃ〮　　　동해를 박차는 듯 북극을 괴어 놓은 듯
놉흘시고 망고ᄃ〮(望高臺) 외로올샤 혈망봉(穴望峯)이　　　높을시고 망고대 외로울사 혈망봉이
하늘의 추미러 므스 일을 ᄉ〮로리라　　　하늘에 치밀어 무슨 일을 사뢰려고
쳔만(千萬) 겁(劫) 디나ᄃ〮록 구필 줄 모르ᄂ〮다　　　오랜 세월 지나도록 굽힐 줄 모르는가?
어와 너여이고 너 ᄀ〮ᄐ〮니 또 잇ᄂ〮가　〈본사 1〉　　　아아, 너로구나. 너 같은 이 또 있는가?　〈본사 1〉

(다)

진주관(眞珠館) 듁셔루(竹西樓) 오십천(五十川) ᄂ〮린 믈이　　　진주관 죽서루 오십천 흘러 내리는 물이
태빅산(太白山) 그림재를 동힉(東海)로 다마 가니　　　태백산 그림자를 동해로 담아 가니
출하리 한강(漢江)의 목멱(木覓)의 다히고져　　　차라리 한강의 남산(임금 계신 곳)에 닿게 하고 싶구나

왕뎡(王程)이 유흔(有限)ㅎ고 풍경(風景)이 못 슬믜니
유회(幽懷)도 하도 할샤 긱수(客愁)도 둘 듸 업다

(라)

텬근(天根)을 못내 보와 망양뎡(望洋亭) 올은말이
바다 밧근 하늘이니 하늘 밧근 므서신고
ᄀᆞᆺ득 노흔 고래 뉘라서 놀내관듸
블거니 쁨거니 어즈러이 구는 디고
은산(銀山)을 것거 내여 뉵합(六合)의 ᄂᆞ리ᄂᆞᆫ 둣
오월(五月) 댱텬(長天)의 빅셜(白雪)은 므스 일고

져근덧 밤이 드러 풍낭(風浪)이 뎡(定)ㅎ거늘
부상(扶桑) 지쳑(咫尺)의 명월을 기드리니
셔광(瑞光) 천댱(千丈)이 뵈ᄂᆞᆫ 둣 숨ᄂᆞᆫ고야
쥬렴(珠簾)을 고텨 것고 옥계(玉階)ᄅᆞᆯ 다시 쓸며
계명셩(啓明星) 돗도록 곳초 안자 ᄇᆞ라보니
빅년화(白蓮花) ᄒᆞᆫ 가지ᄅᆞᆯ 뉘라서 보내신고
일이 됴흔 세계(世界) ᄂᆞᆷ대되 다 뵈고져   〈본사 2〉

(마)

송근(松根)을 볘여 누어 픗줌을 얼픗 드니
ᄭᅮᆷ애 ᄒᆞᆫ 사람이 날ᄃᆞ려 닐온 말이
그듸ᄅᆞᆯ 내 모ᄅᆞ랴 상계(上界)예 진션(眞仙)이라
황뎡경(黃庭經) 일 ᄌᆞ(一字)ᄅᆞᆯ 엇디 그릇 닐거 두고
인간의 내려와서 우리ᄅᆞᆯ ᄯᅩ오ᄂᆞᆫ다
져근덧 가지 마오 이 술 ᄒᆞᆫ 잔 머거 보오
븍두셩(北斗星) 기우려 챵ᄒᆡ슈(滄海水) 부어 내여
져 먹고 날 머겨ᄂᆞᆯ 서너 잔 거후로니
화풍(和風)이 습습(習習)ᄒᆞ야 냥익(兩腋)을 추혀드니
구만 리 댱공(長空)애 져기면 ᄂᆞᆯ리로다
이 술 가져다가 ᄉᆞ희(四海)예 고로 ᄂᆞ화
억만창싱(億萬蒼生)을 다 취(醉)케 밍근 후의
그제야 고텨 맛나 ᄯᅩ ᄒᆞᆫ 잔 ᄒᆞ잣고야   〈결사〉

왕명을 받은 신하의 길은 유한하고 풍경은 싫지 않으니
깊은 회포도 많기도 많구나 나그네의 쓸쓸함을 둘 데 없다

(라)

하늘 끝을 못내 보고 망양정에 오르니
바다 밖은 하늘이니 하늘 밖은 무엇인가?
가뜩 노한 고래 뉘라서 놀라게 하기에
불거니 뿜거니 어지러이 구는 것인가?
은산을 꺾어 내어 온 세상에 내리는 듯
오월 멀고 넓은 하늘에 백설은 무슨 일인가?

잠깐 사이에 밤이 들어 풍랑이 가라앉거늘
해 뜨는 곳 가까이서 밝은 달을 기다리니
길게 뻗친 상서로운 빛이 보이는 듯 숨는구나
구슬 발을 고쳐 걷고 옥 층계를 다시 쓸며
샛별이 돋도록 꼿꼿이 앉아 바라보니
백련화 한 가지를 뉘라서 보내셨는가?
이렇게 좋은 세계를 남에게 다 보이고 싶구나   〈본사 2〉

(마)

송근을 베고 누워 풋잠을 얼핏 드니
꿈에 한 사람이 날더러 이르는 말이
"그대를 내 모르랴? 하늘나라의 참신선이라
황정경 한 글자를 어찌 잘못 읽어 두고
인간 세상에 내려와서 우리를 따르는가?
잠깐만 가지 마오. 이 술 한잔 먹어 보오"
북두성 기울여 창해수 부어 내어
저 먹고 나를 먹이거늘 서너 잔 기울이니
부드러운 바람이 살랑 불어 양 겨드랑이를 추켜드니
구만 리 먼 하늘에 잠깐이면 날겠구나
"이 술 가져다가 온 세상에 고루 나눠
수많은 백성을 다 취하게 만든 후에
그때에야 다시 만나 또 한잔 하자꾸나"   〈결사〉

원문

동풍(東風)이 건듯 부러 젹셜(積雪)을 헤텨 내니
창 밧긔 심근 미화(梅花) 두세 가지 피여세라
ᄀᆞᆺ득 닝담흔듸 암향(暗香)은 무스 일고
황혼(黃昏)의 ᄃᆞᆯ이 조차 벼마틔 빗최니
늣기ᄂᆞᆫ 둣 반기ᄂᆞᆫ 둣 님이신가 아니신가
뎌 미화(梅花) 것거 내여 님 겨신 듸 보내오져
님이 너를 보고 엇더타 너기실고   〈본사 1〉

곳 디고 새 닙 나니 녹음이 ᄭᆞᆯ렷ᄂᆞᆫ듸
나위(羅幃) 적막ᄒᆞ고 슈막(繡幕)이 뷔여 잇다
부용(芙蓉)을 거더 노코 공작을 둘러 두고
ᄀᆞᆺ득 시름 흔듸 날은 엇디 기돗던고
원앙금(鴛鴦錦) 버혀 노코 오싴션 플텨내여
금자히 견화이셔 님의 옷 지어 내니
슈품(手品)은 ᄏᆞ니와 제도(制度)도 ᄀᆞ즐시고
산호슈(珊瑚樹) 지게 우희 빅옥함(白玉函)의 다마 두고
님의게 보내오려 님 겨신 듸 ᄇᆞ라보니
산인가 구롬인가 머흐도 머흘시고

현대어 풀이

봄바람이 문득 불어 쌓인 눈을 헤쳐 내니
창밖에 심은 매화가 두세 가지 피었구나
가뜩이나 쌀쌀하고 담담한데, 그윽히 풍겨 오는 향기는 무슨 일인고
황혼에 달이 따라와 베갯머리에 비치니
느껴 우는 듯 반가워하는 듯하니 임이신가 아니신가
저 매화를 꺾어 내어 임 계신 곳에 보내고 싶다
그러면 임이 너를 보고 어떻다 생각하실꼬?   〈본사 1〉

꽃 지고 새 잎 나니 녹음이 우거져 나무 그늘이 깔렸는데
비단 휘장은 쓸쓸히 걸렸고 수놓은 장막만이 드리워져 텅 비어 있다
연꽃무늬가 있는 휘장을 걷어 놓고, 공작을 수놓은 병풍을 둘러 두니
가뜩이나 근심 걱정이 많은데, 날은 어찌 그리 길던고?
원앙새 무늬가 든 비단을 베어 놓고 오색실을 풀어내어
금으로 만든 자로 재어서 임의 옷을 만들어 내니
솜씨는 말할 것도 없거니와 격식도 갖추었구나
산호로 만든 지게 위에 백옥으로 만든 함에 (그 옷을) 담아 두고
임에게 보내려고 임 계신 곳을 바라보니
산인지 구름인지 험하기도 험하구나

원문	현대어 풀이
천 리(千里) 만 리(萬里) 길흘 뉘라셔 츳자 갈고	천리 만리나 되는 머나먼 길을 **누가** 찾아갈꼬?
니거든 여러 두고 날인가 반기실가 〈본사 2〉	**가거든** 열어 두고 나를 보신 듯이 반가워하실까? 〈본사 2〉
ᄒᆞᄅᆞ밤 서리김의 기러기 우러 녤 제	하룻밤 사이 서리 내릴 무렵에 기러기 울며 **날아갈** 때
위루(危樓)에 혼자 올나 수정념(水晶簾) 거든 말이	**높다란 누각**에 혼자 올라서 수정으로 **만든 발**을 걷으니
동산의 ᄃᆞᆯ이 나고 북극의 별이 뵈니	동산에 달이 떠오르고 북극성이 보이므로
님이신가 반기니 눈물이 절로 난다	임이신가 반가워하니 눈물이 절로 난다
청광(淸光)을 쥐여 내여 봉황누(鳳凰樓)의 **븟티고져**	저 맑은 달빛을 집어 내어 임이 계신 궁궐에 **부쳐** 보내고 **싶다**
누(樓) 우히 거러 두고 팔황(八荒)의 다 비최여	(그러면 임께서는 그것을) 누각 위에 걸어 두고 온 세상을 다 비추어
심산궁곡(深山窮谷) 졈낫ᄀᆞ티 밍ᄀᆞ쇼셔 〈본사 3〉	깊은 산골짜기에도 대낮같이 환하게 만드소서 〈본사 3〉
건곤이 폐ᄉᆡᆨ(閉塞)ᄒᆞ야 빅셜이 ᄒᆞᆫ 빗친 제	**천지가 겨울의 추위에 얼어 생기가 막혀** 흰 눈이 온통 덮여 있을 때
사름은 ᄏᆞ니와 ᄂᆞᆯ새도 긋쳐 잇다	사람은 말할 것도 없거니와 날짐승의 날아감도 끊어져 있다
쇼상남반(瀟湘南畔)도 치오미 이러커든	소상강 남 둔덕도 추위가 이와 같거늘
옥누고쳐(玉樓高處)야 더욱 닐너 므슴ᄒᆞ리	**임 계신 곳**이야 더 말해 무엇하랴?
양춘(陽春)을 부쳐 내여 님 겨신 ᄃᆡ 쏘이고져	따뜻한 봄기운을 (부채로) 부치어 내어 임 계신 곳에 쐬게 하고 싶다
모쳠(茅簷) 비쵠 ᄒᆡ를 옥누(玉樓)의 올리고져	**초가집 처마**에 비친 따뜻한 햇빛을 임 계신 궁궐에 올리고 싶다
홍상(紅裳)을 니믜ᄎᆞ고 **취슈(翠袖)**를 반만 거더	붉은 치마를 여미어 입고 푸른 소매를 반쯤 걷어 올려
일모슈듁(日暮脩竹)의 혬가림도 하도 할샤	**해 저물녘에 밋밋하고 길게 자란 대나무에 기대어서** 이것저것 생각함이 많기도 많구나
댜른 ᄒᆡ 수이 디여 긴 밤을 고초 안자	**짧은** 겨울 해가 이내 넘어가고 긴 밤을 꼿꼿이 앉아
청등(靑燈) 거른 겻틱 **뎐공후(鈿箜篌)** 노하 두고	청사초롱을 걸어 둔 옆에 **자개로 장식한 공후**를 놓아두고
ᄭᅮᆷ의나 님을 보려 ᄐᆞᆨ 밧고 비겨시니	꿈에서나 임을 보려고 턱을 받치고 기대어 있으니
앙금(鴦衾)도 초도 츨샤 이 밤은 언제 샐고 〈본사 4〉	**원앙새를 수놓은 이불**이 차기도 차구나 이 밤은 언제 샐꼬? 〈본사 4〉

08강 본문 p.68~69 **가사** 정철, 「속미인곡(續美人曲)」

원문	현대어 풀이
뎨 가ᄂᆞᆫ 뎌 각시 본 듯도 ᄒᆞ뎌이고	저기 가는 저 각시 본 듯도 하구나
텬상(天上) 빅옥경(白玉京)을 엇디ᄒᆞ야 니별(離別)ᄒᆞ고	하늘에 임금이 계시는 대궐을 어찌하여 이별하고
ᄒᆡ 다 뎌 뎌믄 날의 눌을 보라 가시ᄂᆞᆫ고 〈서사 1〉	해가 다 져서 저문 날에 **누구를** 보러 가시는고? 〈서사 1〉
어와 네여이고 이내 **ᄉᆞ셜** 드러 보오	아 너로구나 내 **사설**을 들어 보오
내 얼굴 이 **거동**이 님 괴얌즉 ᄒᆞᆫ가마ᄂᆞᆫ	내 몸(모습)과 나의 몸의 움직임은 임께서 **사랑하실** 만한가마는
엇딘디 날 보시고 네로다 **녀기실ᄉᆡ**	어쩐지 나를 보시고 너로구나 하고 **여기시기에**
나도 님을 미더 군ᄠᅳ디 젼혀 업서	나도 임을 믿어 딴 생각이 전혀 없어
이릭야 **교틱야** 어ᄌᆞ러이 ᄒᆞ돗던디	응석이야 **교태야** 지나치게 굴었던지
반기시ᄂᆞᆫ **ᄂᆞᆺ비치** 녜와 엇디 다ᄅᆞ신고	반기시는 **낯빛이** 옛날과 어찌 다르신고?
누어 싱각ᄒᆞ고 니러 안자 **혜여ᄒᆞ니**	누워 생각하고 일어나 앉아 **생각하니**
내 몸의 지은 죄 뫼ᄀᆞ티 ᄡᅡ혀시니	내 몸이 지은 죄가 산같이 쌓였으니
하늘히라 원망ᄒᆞ며 사름이라 허믈ᄒᆞ랴	하늘을 원망하며 사람을 탓하랴
셜워 플텨 혜니 **조믈(造物)**의 타시로다 〈서사 2〉	**서러워서** 풀어 생각하니 **조물주**의 탓이로다 〈서사 2〉
글란 싱각 마오 〈본사 1〉	그런 생각 마오 〈본사 1〉
ᄆᆞ친 일이 이셔이다	**맺힌** 일이 있습니다
님을 **뫼셔** 이셔 님의 일을 내 알거니	임을 모시고 있어 임의 일을 내가 알거니
믈 ᄀᆞ튼 얼굴이 편ᄒᆞ실 적 몃 날일고	물같이 연약한 몸이 편하실 때가 몇 날일까?
춘한(春寒) 고열(苦熱)은 엇디ᄒᆞ야 디내시며	**이른 봄날의 추위**와 여름철의 무더위는 어떻게 지내시며
츄일(秋日) 동텬(冬天)은 뉘라셔 뫼셧ᄂᆞᆫ고	**가을날** 겨울날은 누가 모셨는가?
쥭조반(粥早飯) 죠셕(朝夕) 뫼 녜와 ᄀᆞᆺ티 셰시ᄂᆞᆫ가	**자릿 조반**과 아침 저녁 진지는 예전과 같이 잡수시는가?
기나긴 밤의 ᄌᆞᆷ은 엇디 자시ᄂᆞᆫ고 〈본사 2〉	기나긴 밤에 잠은 어떻게 주무시는가? 〈본사 2〉
님다히 쇼식(消息)을 아므려나 아쟈 ᄒᆞ니	임 계신 곳의 소식을 어떻게든 알고자 하니
오늘도 거의로다 ᄂᆡ일이나 사름 올가	오늘도 거의 저물었구나 내일이나 사람이 올까?
내 ᄆᆞ음 둘 ᄃᆡ 업다 **어드러로** 가쟛 말고	내 마음 둘 데 없다 **어디로** 가자는 말인가?

잡거니 밀거니 높픈 뫼희 올라가니   잡기도 하고 밀기도 하면서 높은 산에 올라가니
구롬은ㅋ니와 안개는 므스 일고   구름은 물론이거니와 안개는 무슨 일인고?
산천(山川)이 어둡거니 일월(日月)을 엇디 보며   산과 내가 어두운데 해와 달은 어떻게 바라보며
지척(咫尺)을 모ㄹ거든 쳔 리(千里)를 ㅂ라보랴   아주 가까운 곳도 모르는데 천리나 되는 먼 곳을 바라볼 수 있으랴
출하리 믈ㄱ의 가 빈 길히나 보랴 ㅎ니   차라리 물가에 가서 뱃길이나 보려고 하니
ㅂ람이야 믈결이야 어둥졍 된뎌이고   바람과 물결로 어리둥절하게 되었구나
샤공은 어ㄷ 가고 빈 빅만 걸렷ㄴ고   뱃사공은 어디 가고 빈 배만 걸려 있는고?
강텬(江天)의 혼쟈 셔셔 디ㄴ 히를 구버보니   강가에 혼자 서서 지는 해를 굽어보니
님다히 쇼식(消息)이 더옥 아득ㅎ뎌이고   〈본사 3〉   임 계신 곳의 소식이 더욱 아득하구나   〈본사 3〉

모쳠(茅簷) 춘 자리의 밤듕만 도라오니   초가지붕의 처마 찬 잠자리에 한밤중이 돌아오니
반벽(半壁) 쳥등(靑燈)은 눌 위ㅎ야 불갓ㄴ고   벽 가운데 걸려 있는 청사초롱은 누구를 위하여 밝게 커져 있는가?
오ㄹ며 ㄴ리며 헤쓰며 바자니니   오르내리며 헤매며 방황하니
져근덧 녁진(力盡)ㅎ야 풋줌을 잠간 드니   잠깐 사이에 힘이 다하여 풋잠을 잠깐 드니
졍셩(精誠)이 지극ㅎ야 꿈의 님을 보니   정성이 지극하여 꿈에 임을 보니
옥(玉) ㄱ튼 얼구리 반(半)이나마 늘거셰라   옥 같은 모습이 반 넘어 늙었구나
ㅁ음의 머근 말씀 슬ㅋ장 솗쟈 ㅎ니   마음에 품은 생각을 실컷 사뢰려 하니
눈믈이 바라 나니 말숨인들 어이ㅎ며   눈물이 연달아 나니 말씀인들 어찌하며
졍(情)을 못다ㅎ야 목이조차 몌여ㅎ니   정회를 못 다하여 목마저 메니
오뎐된 계셩(鷄聲)의 줌은 엇디 씨돗던고 〈본사 4〉   방정맞은 닭소리에 잠은 어찌 깨 버렸는가?   〈본사 4〉

어와 허ㅅ(虛事)로다 이 님이 어ㄷ 간고   아 헛된 일이로다 이 임이 어디 갔는가
결의 니러 안자 창(窓)을 열고 ㅂ라보니   즉시 일어나 앉아 창문을 열고 바라보니
어엿븐 그림재 날 조출 쑨이로다   가엾은 그림자만이 나를 쫓을 뿐이로다
출하리 싀여디여 낙월(落月)이나 되야이셔   차라리 죽어서 지는 달이나 되어
님 겨신 창(窓) 안희 번드시 비최리라   〈결사 1〉   임이 계신 창문 안에 환히 비추리라   〈결사 1〉

각시님 ᄃ리야ㅋ니와 구ᄌ비나 되쇼셔   〈결사 2〉   각시님 달은커녕 궂은 비나 되소서   〈결사 2〉

08강 본문 p.70   **가사** 조위, 「만분가(萬憤歌)」

원문

천상(天上) 백옥경(白玉京) 십이루(十二樓) 어디매오   하늘 위 옥황상제가 사는 궁궐의 열두 누각은 어디인가?
오색운(五色雲) 깁픈 곳의 자청전(紫淸殿)이 ᄀ려시니   오색 구름 깊은 곳에 자청전이 가렸으니
천문(天門) 구만 리(九萬里)를 쑴이라도 갈동말동   구만 리 먼 하늘을 꿈에라도 갈동말동하구나
차라리 싀여지여 억만(億萬) 번 변화(變化)ㅎ여   차라리 죽어서 억만 번 변화하여
남산(南山) 늣즌 봄의 두견(杜鵑)의 넉시 되여   남산 늦은 봄에 두견새의 넋이 되어
이화(梨花) 가디 우희 밤낫즐 못 울거든   배꽃 가지 위에서 밤낮으로 못 울거든
삼청동리(三淸洞裡)에 졈은 한널 구름 되여   삼청동리의 저문 하늘 구름 되어
바람의 흘리 ᄂ라 자미궁(紫微宮)의 ᄂ라 올라   바람에 흘려 날아 자미궁에 날아 올라
옥황(玉皇) 향안젼(香案前)의 지쳑(咫尺)의 나아 안자   옥황상제의 향안 앞에 가까이 나가 앉아
흉중(胸中)에 싸힌 말씀 쓸ㅋ시 ᄉ로리라   〈서사〉   가슴 속에 쌓인 말씀 실컷 말하리라   〈서사〉

어와 이 내 몸이 천지간(天地間)에 ᄂ저 나니   아아! 이내 몸이 세상에 늦게 나니
황하수(黃河水) 믈 다만ᄂ 황하수 맑다마는
초객(楚客)의 후신(後身)인가 상심(傷心)도 ᄀ이 업고   굴원의 후신인가 상심도 끝이 없고
가 태부(賈太傅)의 넉시런가 한숨은 무스 일고   가의의 넋이런가 한숨은 무슨 일인가
형강(荊江)은 고향(故鄕)이라 십 년(十年)을 유락(流落)ㅎ니   유배지가 고향 같구나 십 년을 유배 생활로 떠돌아다니니
백구(白鷗)와 버디 되여 홈ᄭ 놀자 ᄒ엿더니   흰 갈매기와 벗이 되어 함께 놀자 하였더니
어루는 듯 괴는 듯 놈의 업슨 님을 만나   아양을 부리는 듯 사랑하는 듯하구나 남의 없는 임을 만나
금화성(金華省) 백옥당(白玉堂)의 꿈이죠차 향긔롭다   금화성 백옥당의 꿈조차 향기롭다
오색(五色)실 니음 졀너 님의 옷슬 못 ᄒ야도   오색실 이음이 짧아 임의 옷을 짓지 못하여도
바다 ᄀ튼 임의 은(恩)을 추호(秋毫)나 갑프리라   바다 같은 임의 은혜를 조금이나마 갚으리라
백옥(白玉) ᄀ튼 이 내 ᄆ음 님 위ᄒ여 직희더니   백옥 같은 이 내 마음 임 위해 지키고 있었더니
장안(長安) 어제 밤에 무서리 섯거 치니   장안 어젯밤에 무서리 섞어 치니

일모수죽(日暮脩竹)에 취수(翠袖)도 냉박(冷薄)홀샤 　　　해질녘 긴 대나무에 의지하여 서 있으니 푸른 옷소매가 얇아 찬 기운이 도는구나
유란(幽蘭)을 것거 쥐고 님 겨신 듸 브라보니 　　　난꽃을 꺾어 쥐고 임 계신 데 바라보니
약수(弱水) ▽리진듸 구름 길이 머흐러라　〈본사 1〉　　　약수가 가로놓인 곳에 구름 길이 험하구나　〈본사 1〉

09강 본문 p.72~73　**가사** 박인로, 「누항사(陋巷詞)」

원문

어리고 우활(迂闊)홀산 이 너 우히 더니 업다
길흉화복(吉凶禍福)을 하날긔 부쳐 두고
누항(陋巷) 깁푼 곳의 초막(草幕)을 지어 두고
풍조우석(風朝雨夕)에 석은 딥히 섭히 되야
셔 홉 밥 닷 홉 죽(粥)에 연기(煙氣)도 하도 할샤
설 데인 숙냉(熟冷)애 뷘 비 쇡일 뿐이로다
생애(生涯) 이러ᄒ다 장부(丈夫) 뜻을 옴길넌가
안빈 일념(安貧一念)을 적을망정 품고 이셔
수의(隨宜)로 살려 ᄒ니 날로조차 저어(齟齬)ᄒ다　〈서사〉

▽ 올히 부족(不足)거든 봄이라 유여(有餘)ᄒ며
주머니 뷔엿거든 병(瓶)의라 담겨시랴
빈곤(貧困)ᄒ 인생(人生)이 천지간(天地間)의 나뿐이라
기한(飢寒)이 절신(切身)ᄒ다 일단심(一丹心)을 이질ᄂ가
　　　　　　　（중략）

경당문노(耕當問奴)인들 눌ᄃ려 물룰ᄂ고
궁경가색(躬耕稼穡)이 너 분(分)인줄 알리로다
신야경수(莘野耕叟)와 농상경옹(壟上耕翁)을 천(賤)타 ᄒ리 업것마는
아므려 갈고젼들 어느 쇼로 갈로손고　〈본사 2〉

한기태심(旱旣太甚)ᄒ야 시절(時節)이 다 느즌 제
서주(西疇) 놉흔 논애 잠깐 긘 녈비예
도상(道上) 무원수(無源水)를 반만깐 듸혀 두고
쇼 혼 적 듀마 ᄒ고 엄섬이 ᄒᄂ 말삼
친절(親切)호라 너긴 집의 둘 업슨 황혼(黃昏)의 허위허위 다라 가셔
구디 다든 문(門) 밧긔 어득히 혼자 서셔
큰 기춤 아함이를 양구(良久)토록 ᄒ온 후(後)에
어와 긔 뉘신고 염치(廉恥) 업산 늬옵노라　〈본사 3〉
　　　　　　　（중략）

와실(蝸室)에 드러간들 잠이 와사 누어시랴
북창(北窓)을 비겨 안자 시비를 기다리니
무정(無情)ᄒ 대승(戴勝)은 이닉 한(恨)을 도우ᄂ다
종조추창(終朝惆悵)ᄒ야 먼 들흘 바라보니
즐기는 농가(農歌)도 흥(興) 업서 들리ᄂ다
세정(世情) 모른 한숨은 그칠 줄 모르ᄂ다
아ᄭ온 져 소뷔는 볏보님도 됴흘셰고
가시 엉긘 묵은 밧도 용이(容易)케 갈련마는
허당 반벽(虛堂半壁)에 슬듸업시 걸려고야
춘경(春耕)도 거의거다 후리쳐 더뎌두쟈　〈본사 5〉

강호(江湖) 혼 꿈을 꾸언 지도 오리러니
구복(口腹)이 위루(爲累)ᄒ야 어지버 이져쩌다
첨피기욱(瞻彼淇燠)혼 듸 녹죽(綠竹)도 하도 할샤
유비군자(有斐君子)들아 낙듸 ᄒ나 빌려ᄉ라
노화(蘆花) 깁푼 곳애 명월청풍(明月淸風) 벗이 되야

현대어 풀이

어리석고 세상 물정에 어둡기로는 나보다 더한 사람이 없다
길흉과 화복을 하늘에게 맡겨 두고
누추한 깊은 곳에 막집을 지어 놓고
바람 부는 아침과 비 오는 저녁에 썩은 짚이 땔감 되어
세 홉 밥 다섯 홉 죽을 만드는데 연기가 많기도 많구나
덜 데운 숭늉으로 빈 배를 속일 뿐이로다.
생활이 이러하다 한들 대장부의 뜻을 바꿀 것인가?
가난한 가운데 만족하는 마음을 적을망정 품고 있어서
옳은 일을 좇아 살려하니 날이 갈수록 뜻대로 되지 않는다　〈서사〉

가을에도 부족하거든 봄이라고 넉넉하겠으며
주머니 비었거든 술병에 담겨 있으랴
가난한 인생이 천지간에 나뿐이라
굶주림과 추위가 몸을 괴롭힌다고 한들 일편단심을 잊을 것인가?
　　　　　　　（중략）

밭 가는 일은 종에게 묻는 것이 마땅한 것인들 누구에게 물을 것인가?
몸소 밭을 갈고 씨를 뿌려 곡식을 거두는 것이 내 분수인 줄 알리로다
잡초 많은 들에서 밭 갈던 늙은이와 밭둑 위에서 밭 갈던 늙은이를 천하다 할 사람이 없지마는
아무리 갈고자 한들 어느 소로 갈겠는가?　〈본사 2〉

가뭄이 이미 크게 심하여 농사철이 다 늦은 때에
서쪽 밭 높은 논에 잠깐 갠 지나가는 비에
길 위 근원 없이 흐르는 물을 반쯤 대어 두고
소 한 번 주마 하고 엉성하게 하는 말씀
친절하다 여긴 집에 달 없는 초저녁에 허둥지둥 달려가서
굳게 닫은 문 밖에 우두커니 혼자 서서
큰 기침 헛기침을 오래도록 한 후에
어 거기 누구신가 염치없는 저올시다　〈본사 3〉
　　　　　　　（중략）

달팽이 집(누추한 집)에 들어간들 잠이 와서 누워 있겠는가?
북쪽 창에 기대 앉아 새벽을 기다리니
무정한 오디새는 나의 한을 북돋운다
아침이 끝날 때까지 슬퍼하며 먼 들을 바라보니
즐거워 부르는 농부들의 노래도 흥 없이 들리는구나
세상 물정 모르는 한숨은 그칠 줄 모른다
아까운 저 쟁기는 쟁기의 날도 좋구나
가시 엉킨 묵은 밭도 쉽게 갈 수 있으련만
빈 집 벽 가운데에 쓸데없이 걸려 있구나
봄갈이도 거의 다 지났다 팽개쳐 던져 버리자　〈본사 5〉

자연과 더불어 살겠다는 꿈을 꾼 지도 오래더니
입과 배(먹고사는 것)가 누가 되어 아아 잊었도다
저 기수의 물가를 바라보니 푸른 대나무가 많기도 하구나
교양 있는 선비들아 낚싯대 하나 빌리자꾸나.
갈대꽃 깊은 곳에서 밝은 달과 깨끗한 바람 벗이 되어

님지 업슨 풍월강산(風月江山)애 절로절로 늘그리라
무심(無心)한 백구(白鷗)야 오라 ㅎ며 말라 ㅎ랴
다토리 업슬손 다문 인가 너기로라　　　　　　　　　〈본사 6〉

무상(無狀)ㅎ 이 몸애 무슨 지취(志趣) 이스리마ᄂ
두세 이렁 밧논를 다 무겨 더뎌두고
이시면 죽(粥)이오 업시면 굴물망졍
남의 집 남의 거슨 젼혀 부러 말렷노라　　　　　　　〈결사〉

임자 없는 자연 속에서 절로절로 늙으리라
욕심 없는 갈매기야 오라고 하며 말라고 하랴?
다툴 사람이 없는 것은 다만 이뿐인가 여기노라　　　　〈본사 6〉

보잘것없는 이 몸이 무슨 의지와 취향이 있으랴마는
두어 이랑 밭과 논을 다 묵혀 던져두고
있으면 죽이오 없으면 굶을망정
남의 집 남의 것은 전혀 부러워하지 않겠노라　　　　　〈결사〉

09강 본문 p.74~75　　**가사** 　정훈, 「탄궁가(嘆窮歌)」

원문

하늘이 만드시길 일정 고루 하련마는
어찌된 인생(人生)이 이토록 괴로운고
삼순구식(三旬九食)을 얻거나 못 얻거나
십 년에 갓 한 번 쓰거나 못 쓰거나
안표누공(顔瓢屢空)인들 나같이 비었으며
원헌간난(原憲艱難)인들 나같이 심했을까　　　　　〈서사〉

봄날이 더디 흘러 뻐꾸기가 보채거늘
동편 이웃에 따비 얻고 서편 이웃에 호미 얻고
집 안에 들어가 씨앗을 마련하니
올벼 씨 한 말은 반 넘어 쥐 먹었고
기장 피 조 팥은 서너 되 심었거늘
한아한 식구(食口) 이리하여 어이 살리

이봐 아이들아 아무려나 힘써 일하라
죽 쑨 물 상전 먹고 건더기 건져 종을 주니
눈 위에 바늘 짓고 코로 휘파람 분다
올벼는 한 발 뜯고 조 팥은 다 묵히니
싸리피 바랑이는 나기도 싫지 않던가
나라 빚과 이자는 무엇으로 장만하며
부역과 세금은 어찌하여 차려 낼꼬
이리저리 생각해도 견딜 가능성이 전혀 없다
장초(萇楚)의 무지(無知)를 부러워하나 어찌하리

시절이 풍년인들 지어미 배 부르며
겨울을 덥다 한들 몸을 어이 가릴꼬
베틀 북도 쓸 데 없어 빈 벽에 걸려 있고
시루 솥도 버려두니 붉은 녹이 다 끼었다
세시(歲時) 절기 명절 제사는 무엇으로 해 올리며
친척들과 손님들은 어이하야 접대(接待)할꼬
이 얼굴 지녀 있어 어려운 일 많고 많다　　　　〈본사〉

이 원수 궁귀(窮鬼)를 어이하야 여의려뇨
술에 음식 갖추고 이름 불러 전송(餞送)하여
좋은 날 좋은 때에 사방(四方)으로 가라 하니
추추분분(啾啾憤憤)하야 화를 내어 이른 말이
어려서 지금까지 희로우락(喜怒憂樂)을 너와 함께하여

죽거나 살거나 여읠 줄이 없었거늘
어디 가 뉘 말 듣고 가라 하여 이르느뇨
타이르듯 꾸짖는 듯 온 가지로 공혁(恐嚇)커늘
돌이켜 생각하니 네 말도 다 옳도다
무정(無情)한 세상(世上)은 다 나를 버리거늘

현대어 풀이

하늘이 만드시길 일정하게 고루 하련만
어찌된 인생이 이토록 괴로운가
삼십 일에 아홉 끼니 얻거나 못 얻거나
십 년 동안 한 갓을 쓰거나 못 쓰거나 하네
안연의 밥그릇이 비었다고 나같이 비었으며
원헌의 가난인들 나같이 심할까　　　　　〈서사〉

봄날이 깊어져 뻐꾸기가 재촉하거늘
동쪽 집에서 쟁기 얻고 서쪽 집에서 호미 얻고
집 안에 들어가 씨앗을 마련하니
제철보다 일찍 여무는 벼 씨 한 말은 반 넘게 쥐가 먹었고
기장 피, 조, 팥은 서너 되 부쳤거늘
춥고 굶주린 식구 이리하여 어찌 살리

이봐 아이들아 어쨌거나 힘써서 살아가라
죽을 쑤어 국물은 주인이 먹고 좋은 진국을 종을 주었는데
(종놈들이) 눈살을 찌푸리며 콧방귀만 뀐다
올벼는 한 발만 수확하고 조와 팥은 다 묵히니
싸리피 바랑이 등 잡초는 나기도 싫지 않던가
나라 빚과 이자는 무엇으로 장만하며
노역과 세금은 어찌하여 채워 낼까
이리저리 생각해도 견딜 수가 전혀 없다
갯벌에서 자라는 나무인 장초가 아는 것이 없는 것이 부러우나 어찌하리

시절이 풍년인들 지어미 배부르며
겨울이 덥다 한들 몸을 어찌 가릴까
베틀의 북은 쓸데없이 빈 벽에 걸려 있고
시루 솥도 버려 두니 붉은 녹이 다 끼었다
설 절기 명절 제사 무엇으로 해 올리며
친척들과 손님들은 어찌하여 대접할까
이 모습 지니고 있어 어려운 일 많고 많다　　　　〈본사〉

이 원수 이 가난 귀신을 어찌해야 떼어낼 수 있을까
술에 음식을 갖추어서 이름 불러 예를 갖추어 떠나보내고자 하여
좋은 날 좋은 때에 사방으로 가라 하니
시끄럽게 떠들며 화를 내며 하는 말이
(가난 귀신이 말하기를) 어려서부터 지금까지 기쁨과 노여움과 근심과 즐거움을 너와 함께하여

죽거나 살거나 헤어질 줄이 없었거늘
어디 가서 누구 말 듣고 가라고 말하는가
타이르듯 꾸짖는 듯 온 가지로 꾸짖거늘
도리어 생각하니 네 말이 다 옳도다
쌀쌀맞고 인정 없는 세상은 다 나를 버리거늘

네 혼자 신의 있어 나를 아니 버리거든   너 혼자 신의 있어 나를 아니 버리나니
억지로 피하여 잔꾀로 여읠려냐   일부러 피하여서 잔꾀로 헤어질 수 있겠는가
하늘이 만든 이 내 궁(窮)을 설마한들 어이하리   하늘이 준 이내 **가난** 설마 한들 어찌하리
빈천(貧賤)도 내 분(分)이어니 설워 무엇하리   〈결사〉   **가난**도 내 분수니 서러워하여 무엇하리   〈결사〉

09강 본문 p.76   **가사** 안조원, 「만언사(萬言詞)」

원문

남방 염천(南方炎天) 찌는 날에 쓴지 못한 누비바지   남쪽 지방의 찌는 날에 빨지 못한 누비바지
쌈이 비고 씩 오르니 굴둑 막은 덕셕인가   땀이 배고 때 올라 굴뚝 막은 덕석 같구나
덥고 검기 다 바리고 늬음식를 엇지하리   덥고 검은 것은 다 버리더라도 냄새를 어찌하리
어와 내 일이야 가련히도 되었구나   아아, 내 일이야 가련히도 되었구나
손잡고 반기는 집 닉 아니 가옵더니   (예전에는) 손을 잡고 반기는 집에도 내 가지 않았는데
등 미러 닉치는 집 **구츠(苟且)**이 비러 잇셔   (지금은) 등 밀어 내치는 집에 **구차하게도** 빌붙어 있어
옥식 진찬(玉食珍饌) 어딕 가고 믹반 염장(麥飯鹽藏) 되어시며   **좋은 밥과 훌륭한 반찬**은 어디 가고, **보리밥에 소금장**을 대하며
금의 화식(錦衣華飾) 어딕 가고 현순 빅결(懸鶉百結) 되엿는고   **좋고 비싼 옷**은 어디 가고 헌 옷을 입고 있는가
이 몸이 스랏는가 죽어서 귀신(鬼神)인가   이 몸이 살았는가, 죽어서 귀신인가
말하니 스랏는가 모양(模樣)은 귀신(鬼神)일다   말을 하는 것을 보니 살았으나 모양은 귀신이로다
한숨 싯티 눈물 나고 눈물 싯티 어이업셔   한숨 끝에 눈물 나고 눈물 끝에 어이없어
도로혀 우슘 느니 미친 스름 되거고나   〈본사 2〉   **도리어** 웃음 나니 미친 사람 되었구나   〈본사 2〉

어와 보리 닉을 되었는가 젼산 후산에 황금빛이로다   어와 보리 익는 가을 되었는가 앞산 뒷산이 황금빛이로다
남풍은 때때 불어 보리 물결 치는고나   남풍은 때때로 불어 보리 물결치는구나
지게를 버셔노코 젼간의 **굽닐**면서   지게를 벗어 놓고 앞산의 **몸을 굽혔다 일으켰다** 하면서
한가히 **뷔는** 농부 뭇노라 뎌 농부야   한가하게 (벼를) 베는 농부 묻노라 저 농부야
밥 우히 보리든술 몃그릇 먹엇노야   밥 위에 보리술을 몇 그릇 먹었느냐
청풍의 취한 얼골 씨연들 무엇하리   청풍에 취한 얼굴 깨어난들 무엇하리
년년(年年)이 풍년드니 히마다 보리 뷔여   해마다 풍년 드니 해마다 보리 베어
마당의 두도리고 용졍(舂精)에 쓸허내야   마당에 두드려서 **방아**에 찧어 내니
일분(一分)은 밥쌀하고 일분(一分)은 술쌀하야   일부는 밥을 하고 일부는 술을 빚고
밥 먹어 빅부르고 술 먹어 취한 후에   밥 먹어 배부르고 술 먹어 취한 후에
함포고북(含哺鼓腹)하고 격양가(擊壤歌)를 부르 느냐   **배불리 먹고 태평한 노래**를 부르나니
농가의 초흔 흥이 뎌런 줄 아랏더면   농부의 즐거움이 저런 줄 알았다면
공명(功名)을 탐티 말고 농스를 힘쓰느니   **공을 세워 이름 날리는 것**을 탐하지 말고 농사를 힘쓸 것을
빅운(白雲)이 즐거는 줄 청운(靑雲)이 알양이면   백운이 즐거운 줄 청운이 알았으면
탐화봉졉(探花蜂蝶)이 망라(網羅)의 걸녀시랴   〈본사 3〉   **꽃을 탐하는 벌과 나비**가 그물에 걸렸으랴   〈본사 3〉

10강 본문 p.78~79   **가사** 허전, 「고공가(雇工歌)」

원문

집의 옷밥을 언고 들먹는 져 **고공(雇工)**아   제 집 옷과 밥을 얻고(두고) 빌어먹는 저 **머슴**아
우리 집 **긔별**을 아는다 모르는다   우리 집 **소식**을 아느냐 모르느냐?
비 오는 늘 일 업슬지 **숫쏘**면서 **니루리라**   비 오는 날 일 없을 때 **새끼 꼬면서** 말하리라
처음의 한어버이 **사름스리** 하려 홀 직   처음에 조부모님께서 **살림살이**를 하려고 할 때에
인심(人心)을 만히 쓰니 사름이 절로 모다   어진 마음을 많이 베푸시니 사람들이 저절로 모여
풀 샛고 터를 닷가 큰 집을 지어 내고   풀을 베고 터를 닦아 큰 집을 지어 내고
셔리 보십 장기 쇼로 전답(田畓)을 긔경(起耕)하니   **써레, 보습, 쟁기, 소**로 논밭을 갈아 일으키니
오려논 터밧치 여드레 **구리로다**   **올벼 논과 텃밭**이 여드레 동안 갈 만한 큰 땅이 되었도다
자손(子孫)에 전계(傳繼)하야 대대(代代)로 **나려오니**   자손에게 물려주어 대대로 내려오니
논밧도 죠커니와 고공(雇工)도 근검(勤儉)터라   〈서사〉   논밭도 좋거니와 머슴들도 근검하더라   〈서사〉

저희마다 녀름지어 가옴여리 사던 것슬   너희들이 각각 농사지어 부유하게 살던 것을

요ᄉ이 고공(雇工)들은 혬이 어이 아조 업서
밥사발 큰나 쟈그나 동옷시 죠코 즈나
ᄆᆞᄋᆞᆷ을 둣호ᄂᆞᆫ 듯 호슈을 싀오ᄂᆞᆫ 둣
무슴 일 걈드러 흘긧할긧 ᄒᆞᄂᆞᆫ다
너희ᄂᆡ 일 아니코 시절(時節)좃ᄎ 수오나와
ᄀᆞᆺ득의 닉 셰간이 플러지게 되야ᄂᆞᆫ딕
엇그저 화강도(火强盜)에 가산(家産)이 탕진(蕩盡)ᄒᆞ니
집 ᄒᆞ나 불타 붓고 먹을 껏시 젼혀 업다
큰나큰 셰ᄉ(歲事)을 엇지ᄒᆞ여 니로려료
김가(金哥) 이가(李哥) 고공(雇工)들아 식 ᄆᆞᄋᆞᆷ 먹어슬라 〈본사 1〉

너희ᄂᆡ 졀머ᄂᆞᆫ다 혬 혈나 아니ᄉ은다
흔 소틱 밥 먹으며 매양의 회회(悔悔)ᄒᆞ랴
흔 ᄆᆞᄋᆞᆷ 흔 뜻으로 녀름을 지어스라
흔 집이 가음 열면 옷밥을 분별(分別)ᄒᆞ랴
누고는 장기 잡고 누고ᄂᆞᆫ 쇼을 몰니
밧 갈고 논 살마 벼 셰워 더져 두고
늘 됴흔 호미로 기음을 믹야스라
산전(山田)도 겻츠럿고 무논도 기워 간다
사립피 물목 나셔 볏 겨틱 셰올셰라
칠셕(七夕)의 호미 씻고 기음을 다 믹 후의
ᄉᆺ 쏘기 뉘 잘ᄒᆞ며 셤으란 뉘 엿그랴
너희 직조 셰아려 자라자라 맛스라 〈본사 2〉

요새 머슴들은 생각이 아주 없어
밥그릇이 크거나 작거나, 입은 옷이 좋거나 나쁘거나
마음을 다투는 듯, 우두머리를 시기하는 듯
무슨 일에 속아서 서로 시기하고 미워하느냐?
너희들 일 아니하고 시절조차 사나워서(흉년이 들어)
가뜩이나 내 살림이 줄어들게 되었는데
엊그제 강도를 만나 재산을 잃으니
집은 불타 버리고 먹을 것이 전혀 없다
크나큰 일 년 중의 일을 어떻게 일으키려는가?
김가 이가 머슴들아, 새 마음을 먹으려무나 〈본사 1〉

너희는 젊었다 하여 생각하려고 아니하느냐?
한 솥에 밥 먹으면서 매 때마다 다투기만 하면 되겠느냐?
한마음 한뜻으로 농사를 짓자꾸나
한 집이 부유하게 되면 옷과 밥을 인색하게 하랴?
누구는 쟁기를 잡고 누구는 소를 모니
밭 갈고 논 갈아 서 벼를 심어 던져두고
날카로운 호미로 김매기를 하자꾸나
산에 있는 밭도 거칠어졌고(잡초가 우거지고) 무논에도 풀이 무성하다
도롱이와 삿갓을 말뚝에 씌워서 허수아비를 만들어 벼 곁에 세워라
칠월 칠석에 호미 씻고 김을 다 맨 후에
새끼는 누가 잘 꼬며, 섬은 누가 엮겠는가?
너희 재주를 헤아려 서로서로 맡아라 〈본사 2〉

10강 본문 p.80~81 **가사** 김인겸, 「일동장유가(日東壯遊歌)」

원문

북궐(北闕)의 하딕(下直)ᄒᆞ고 남대문 내ᄃᆞ라셔
관왕묘(關王廟) 얼풋 지나 젼싱셔(典牲署) 다ᄃᆞ르니
ᄉᆞᄒᆡᆼ을 젼별(餞別)ᄒᆞ랴 만됴(滿朝) 공경(公卿) 다 모닷닉
곳곳이 댱막(帳幕)이오 집집이 안마(鞍馬)로다
좌우 젼후 뫼와 들어 인산인히(人山人海) 되어시니
졍 잇ᄂᆞᆫ 친구들은 손 잡고 우탄(吁嘆)ᄒᆞ고
철 모르는 소년들은 불워ᄒᆞ기 측량(測量) 업닉
셕양(夕陽)이 거의 되니 ᄒᆞᆺᄒᆞᆺ치 고별(告別)ᄒᆞ고
상마포(上馬砲) 세 번 노코 ᄎᆞ례로 쩌나갈식
졀월(節鉞) 젼빅(前陪) 군관(軍官) 국셔(國書)를 인도ᄒᆞ고
비단 일산(日傘) 슌시(巡視) 녕긔(令旗) ᄉ신(使臣)을 뫼와셧다
내 역시 뒤흘 ᄯᆞ라 역마(驛馬)를 칩더 트니
가치웃 지로 나쟝(指路羅將) 깃 꼿고 압희 셔고
마두셔자(馬頭書子) 부츅ᄒᆞ고 ᄬᅡᆼ겻마 잡앗고나
셰픽놈의 된소리로 권마셩(勸馬聲)은 무슴 일고
아모리 말나여도 젼례(前例)라고 부딕 ᄒᆞ닉
빅슈(白鬚)의 늙은 션비 졸연(猝然)이 별셩(別星) 노릇
우숩고 괴괴(奇怪)ᄒᆞ니 ᄂᆞᆷ 보기 슈괴(羞愧)ᄒᆞ다
(중략)
졈심 먹고 길 쩌나셔 이십 니ᄂᆞᆫ 겨요 가셔
날 겨물고 대우(大雨)ᄒᆞ니 길이 즐기 참혹ᄒᆞ야
밋그럽고 쉬ᄂᆞᆫ디라
가마 멘 다숫 놈이 서로 가며 쳬번(遞番)ᄒᆞ딕
갈 길이 바히 업서 두던에 가마 노코
이윽이 쥬뎌(躊躇)ᄒᆞ고 갈 뜻이 업ᄂᆞᆫ지라
ᄉ면을 도라보니 텬디(天地)가 어득ᄒᆞ고

현대어 풀이

경복궁에서 하직하고 남대문으로 내달아서
동묘 서묘 남묘 북묘를 얼른 지나 전생서에 다다르니
사신 일행을 전별하려고 만조백관이 다 모였네
곳곳마다 장막이오 집집마다 안장을 얹은 말이 대기하고 있도다
전후좌우로 모여들어 인산인해가 되었으니
정 있는 친구들은 손을 잡고 탄식하며
철모르는 소년들은 부러워하기 끝이 없네
해 질 무렵이 거의 되니 하나하나 이별 인사하고
출발 신호에 따라 차례로 떠날 때에
절과 부월 앞을 인도하는 군관이 임금의 친서를 인도하고
비단으로 만든 양산과 순시 영기가 사신을 중심으로 모여 섰다
나 역시 뒤를 따라 역참에 갖추어 둔 말을 잡고 타니
제복을 입은 지로 나장이 깃을 꽂고 앞에 서고
마두서자가 부축하고 쌍두마를 잡았구나
세패놈의 큰 소리로 권마성은 무슨 일인가?
아무리 말려도 정해진 관습이라고 굳이 하네
백발의 늙은 선비가 갑자기 사신 노릇함이
우습고 괴이하니 남 보기에 부끄럽다
(중략)
점심 먹고 길 떠나서 이십 리쯤 겨우 가서
날 저물고 큰 비가 내리니 길이 진 것이 이루 말할 수 없고
미끄러워 쉬는지라
가마 멘 다섯 사람이 서로 교대를 하며 가는데
갈 길이 전혀 없어 둔덕에 가마를 놓고
이윽고 주저하고 갈 듯이 없는지라
사면을 돌아보니 천지가 어둑해지고

원문	현대어 풀이
일힝들은 간 디 업고 등불은 쩌뎌시니	일행들은 간 데 없고 등불은 꺼졌으니
지척(咫尺)은 불분(不分)ᄒ고 망망(茫茫)ᄒ 대야듕(大野中)의	아주 가까운 거리도 분별이 안 되고 망망한 들판 가운데서
말 못ᄒᄂᆫ 예놈들만 의지ᄒ고 안자시니	말 못하는 왜놈들만 의지하고 앉았으니
오늘밤 이 경샹(景狀)은 고단코 위틱ᄒ다	오늘 밤 이 정경은 고단하고 위태하다
교군(較軍)이 드라나면 낭픽(狼狽)가 오죽 홀가	가마꾼이 달아나면 낭패가 오죽할까
그놈들의 오슬 잡아 흔드러 ᄯᅳ줄 뵈고	그놈들의 옷을 잡아 흔들어 뜻을 보이고
가마 속의 잇던 음식 갓갓지로 내여 주니	가마 속에 있던 음식 갖가지로 내어 주니
지져괴며 먹은 후의 그제야 가마 메고	떠들며 먹은 후에 그제야 가마 메고
촌촌 젼진ᄒ야 곳곳이 가 이러ᄒ니	한 치 한 치 나아가 가는 곳마다 그렇게 하니
만일 음식 업돗더면 필연코 도주홀씨	만일 음식 없었으면 분명히 도망갔을 것이다
삼경냥은 겨요ᄒ야 대원셩(大垣城)을 드러가니	삼경쯤 겨우 되어서 대원성에 들어가니
두통ᄒ고 구토ᄒ야 밤새도록 대통(大痛)ᄒ다	두통이 생기고 구토하여 밤새도록 크게 앓았다

10강 본문 p.82　가사　정학유, 「농가월령가(農家月令歌)」 / 작자 미상, 「관등가(觀燈歌)」

원문	현대어 풀이
(가)	(가)
팔월이라 즁츄(仲秋) 되니 백로(白露) 추분 졀긔로다	팔월이라 가을이 한창이 되니 백로 추분의 절기로다
북두성(北斗星) 자로 도라 서편(西便)을 가ᄅ치늬	북두칠성의 국자 모양의 자루가 돌아 서쪽을 가리키니
선선ᄒ 죠셕 괴운 츄의(秋氣)가 완연ᄒ다	서늘한 아침저녁 기운은 가을 기운이 완연하다
귀쏘람이 말근 쇼리 벽간(壁間)에 들거고나	귀뚜라미 맑은 소리가 벽 사이에서 들리는구나
아참의 안기 씨고 밤이면 이슬 ᄂᆞ려	아침에 안개가 끼고 밤이면 이슬이 내려
백곡(百穀)의 셩실ᄒ고 만물을 지촉ᄒ니	온갖 곡식을 여물게 하고 만물의 결실을 재촉하니
들 구경 돌나보니 흠득인 일 공생(功生)ᄒ다	들 구경을 하니 힘들여 일한 공이 나타나는구나
백곡(百穀)의 이삭 픠고 여믈 드러 고기 숙어	온갖 곡식의 이삭이 나오고 곡식의 알이 들어 고개를 숙여
셔풍(西風)에 익ᄂᆞᆫ 빗튼 황운(黃雲)이 이러난다	서풍에 익는 빛은 누런 구름이 이는 듯하다
백셜 갓튼 면화송이 산호 갓튼 고초다리	눈같이 흰 목화송이 산호 같이 아름다운 고추 열매
첨아에 너러시니 가을 볏 명낭ᄒ다	지붕에 널어놓으니 가을볕이 맑고 밝다
안팟 마당 닷가 노코 발치 망구 작만ᄒ쇼	안팎의 마당을 닦아 놓고 발채와 옹구를 마련하소
면화 ᄯᅩᄂᆞᆫ 다락키에 수수 이샥 콩가지오	목화 따는 바구니에 수수 이삭과 콩가지도 담고
나무꾼 도라올 제 머루 다리 산과(山果)로다	나무꾼 돌아올 때 머루 다래와 같은 산과일도 따오리라
뒷동산 밤 ᄃᆡ츄ᄂᆞᆫ 아이들 셰상이라	뒷동산의 밤과 대추에 아이들은 신이 난다
알암 모화 말이어라 쳘 디여 쓰게 ᄒ쇼	알밤을 모아 말려서 필요한 때에 쓸 수 있게 하소
명지(明紬)를 끈허 내여 추양(秋陽)에 마젼ᄒ고	명주를 끊어 내어 가을볕에 마전하고
쪽 듸리고 잇 듸리니 청홍(靑紅)이 색색이라	남빛과 빨강으로 물을 들이니 청홍이 색색이로구나
부모님 연만(年晚)ᄒ니 슈의(襚衣)를 유의ᄒ고	부모님 연세가 많으니 수의를 미리 준비하고
그 남아 마로 재아 ᄌᆞ녀의 혼슈(婚需)ᄒ셰	그 나머지는 재단하여 자녀의 혼수하세
(나)	(나)
정월(正月) 상원일(上元日)에	정월 대보름날에
달과 노는 소년들은 답교(踏橋)ᄒ고 노니ᄂᆞᆫ데	달과 노는 소년들은 다리를 밟으며 노니는데
우리 님은 어듸 가고 답교(踏橋)할 줄 모로ᄂᆞᆫ고　〈정월〉	우리 임은 어디 가고 답교할 줄 모르는가　〈정월〉
이월(二月) 청명일(淸明日)에	이월 청명일에
나무마다 춘기(春氣) 들고 잔듸 잔듸 속입 나니	나무마다 봄 기운 들고 잔디 속잎 나니
만물(萬物)이 화락(和樂)한듸 우리 님은 어듸 가고	만물이 즐거운데 우리 임은 어디 가고
춘기 든 줄 모로ᄂᆞᆫ고　〈2월〉	봄기운 깃든 줄 모르는가　〈2월〉
삼월(三月) 삼일(三日)날에	삼월 삼짇날
강남(江南)셔 온 제비 왓노라 현신(現身)ᄒ고	강남에서 온 제비 왔노라 나타나고
소상강(瀟湘江) 기러기는 가노라 하직(下直)ᄒ다	소상강 기러기는 가노라 하직한다
이화도화(梨花桃花) 만발(滿發)ᄒ고 행화방초(杏花芳草) 훗날린다	배꽃 복숭아꽃 만발하고 살구꽃과 향기로운 풀 흩날린다
우리 님은 어듸 가고 화유(花遊)할 줄 모로ᄂᆞᆫ고　〈3월〉	우리 임은 어디 가고 꽃을 보고 즐길 줄 모르는가　〈3월〉

사월(四月) 초파일(初八日)에
관등(觀燈)하러 임고대(臨高臺)하니 원근(遠近) 고저(高低)에
석양(夕陽)은 **빗겼는데** 어룡등(魚龍燈) 봉학등(鳳鶴燈)과
두루미 남성(南星)이며 종경등(鍾慶燈) 선등(仙燈) 북등(燈)이며
수박등(燈) 마늘등(燈)과 연꽃 속에 **선동(仙童)**이며
난봉(鸞鳳) 우희 천녀(天女)ㅣ로다 빙등(燈) 집등(燈) 산듸등(燈)과
영등(影燈) 알등(燈) 병등(瓶燈) 벽장등(壁欌燈) 가마등(燈) 난간등(欄干燈)과
사자(獅子) 탄 체괄이며 호랑(虎狼)이 탄 오랑캐라
발노 툭 차 구을등(燈)에 일월등(日月燈) 밝아 잇고
칠성등(七星燈) 버러난듸 동령(東嶺)의 월상(月上)하고
곳고지 불을 **현다** 우리 님은 어듸 가고
관등(觀燈)할 줄 모로는고   〈4월〉

사월 석가모니의 탄생일에
관등하러 높은 곳에 오르니 원근고저의
석양은 기울었는데 어룡등 봉학등과
두루미 자라 모양 등이며 종경등 선등 북등이며
수박등 마늘등과 연꽃 속에 **신선의 시중을 드는 아이**이며
군자 위에 천녀로다 배등 집등 산대등과
영등 알등 병등 벽장등 가마등 난간등과

사자 탄 체괄이며 호랑이 탄 오랑캐라
발로차 구을등에 일월등 밝아 잇고
칠성등 벌렸는데 동쪽 고개에 달 떠오르자
곳곳에 불을 **켠다** 우리 임은 어디 가고
관등할 줄 모르는가   〈4월〉

11강 본문 p.84 | **가사** 허난설헌, 「규원가(閨怨歌)」

원문

삼삼오오(三三五五) 야유원(冶遊園)의 새 사람이 나단 말가
곳 피고 날 저물 제 정처(定處) 업시 나가 잇어
백마 금편(白馬金鞭)으로 어듸어듸 머무는고
원근(遠近)을 모르거니 소식(消息)이야 더욱 알랴
인연(因緣)을 **긋쳐신들** 싱각이야 업슬소냐
얼골을 못 보거든 그립기나 마르려믄
열두 째 김도 길샤 설흔 날 **지리(支離)**ᄒ다
옥창(玉窓)에 심근 매화(梅花) 몃 번이나 피여 진고

겨울밤 차고 찬 제 **자최눈** 섯거 치고
여름날 길고 길 제 구즌 비는 므스 일고
삼춘 화류(三春花柳) 호시절(好時節)의 경물(景物)이 시름업다
가을 둘 방에 들고 **실솔(蟋蟀)**이 상(床)에 울 제
긴 한숨 디는 눈물 속절업시 헴만 만타
아마도 모진 목숨 죽기도 어려울사   〈본사 1〉
                          (중략)
출하리 잠을 드러 꿈의나 보려 ᄒ니
바람의 디는 닢과 풀 속에 우는 즘생
므스 일 원수로서 잠조차 깨오는다
천상(天上)의 견우직녀(牽牛織女) 은하수(銀河水) 막혀서도
칠월 칠석(七月七夕) 일년 일도(一年一度) **실기(失期)**치 아니거든
우리 님 가신 후는 무슨 약수(弱水) 가렷관듸
오거나 가거나 소식(消息)조차 끄첫는고
난간(欄干)의 **비겨** 셔서 님 가신 듸 바라보니
초로(草露)는 맷쳐 잇고 모운(暮雲)이 디나갈 제
죽림(竹林) 푸른 고듸 새소리 더욱 설다
세상의 서룬 사람 수업다 ᄒ려니와
박명(薄命)ᄒ 홍안(紅顔)이야 날 가트니 쏘 이실가
아마도 이 님의 지위로 살동말동 ᄒ여라   〈결사〉

현대어 풀이

여러 사람이 떼를 지어 다니는 기생집에 새 사람이 나타났다는 말인가?
꽃 피고 날 저물 때 정처 없이 나가서
호사로운 행장을 하고 어디 어디 머물러 노는고?
멀고 가까움을 모르거니 소식이야 더욱 알 수 있으랴
인연을 끊었지만 생각이야 없을 것인가?
얼굴을 못 보거든 그립기나 말았으면 좋으련만
하루가 길기도 길구나 서른 날이 지루하다
아름답게 꾸민 창문에 심은 매화 몇 번이나 피었다 지었는고?

겨울밤 차고 찬 때 **자국눈** 섞어 내리고
여름날 길고 긴 때 궂은비는 무슨 일인고?
봄날 꽃과 버들이 피는 좋은 시절에 아름다운 경치를 보아도 아무 생각이 없다
가을 달 방에 들고 **귀뚜라미**가 침상에서 울 때
긴 한숨 쉬는 눈물 속절없이 생각만 많다
아마도 모진 목숨 죽기도 어렵구나   〈본사 1〉
                          (중략)
차라리 잠이 들어 **꿈**에서나 보려 하니
바람에 지는 잎과 풀 속에서 우는 **벌레**는
무슨 일로 원수처럼 잠마저 깨우는고?
하늘 위의 견우성과 직녀성은 은하수가 막혔어도
칠월 칠석날 일 년에 한 번씩 시기를 놓치지 아니하거든
우리 임 가신 후는 무슨 장애물이 가리었기에
오거나 가거나 소식마저 그쳤는고?
난간에 비스듬히 서서 임 가신 데를 바라보니
풀 이슬은 맺혀 있고 저녁 구름이 지나갈 때
대나무로 이루어진 숲 푸른 곳에 새소리 더욱 서럽다
세상에 설운 사람 많다고 하지만
운명이 기박한 여자야 나 같은 이가 또 있을까?
아마도 이 임의 탓으로 살 듯 말 듯 하여라   〈결사〉

11강 본문 p.86~87 | **가사** 작자 미상, 「덴동어미 화전가」

원문

첫지 낭군은 츄쳔의 죽고 둘지 낭군은 괴질의 죽고
셋지 낭군은 물의 죽고 넷지 낭군은 불의 죽어

현대어 풀이

첫째 낭군은 그네에서 떨어져 죽고 둘째 낭군은 전염병에 걸려 죽고
셋째 낭군은 물에 빠져 죽고 넷째 낭군은 불에 타 죽어

이너 흔번 못 잘살고 닉 **신명**이 그만일세 ／ 이내 한 번 잘 살지도 못하고 내 **타고난 운명**이 그만일세

첫지 낭군 죽을 씌예 나도 흔 가지 죽어거나 ／ 첫째 낭군 죽었을 때에 나도 같이 죽거나
사더릭도 **슈절**ᄒ고 다시 가지나 마라더면 ／ 살더라도 수절하고 다시 시집가지나 않았더라면
산을 보아도 북그렵잔코 져 식 보아도 **무렴찬치** ／ 산을 보아도 부끄럽지 않고 저 새를 보아도 **염치없지는 않지**
사라싱젼의 못된 사람 죽어셔 귀신도 악귀로다 ／ **살아생전**이 못된 사람 죽어서 귀신도 악귀로다
나도 슈절만 ᄒ여더면 **열여각**은 못 세워도 ／ 나도 수절만 하였더라면 **열녀각**은 못 세워도
남이라도 **충찬**ᄒ고 불상ᄒ게는 싱각홀걸 ／ 남이라도 **칭찬하고** 불쌍하게나 생각할걸
남이라도 욕홀게요 친정 일가들 반가홀가 ／ 남이라도 욕을 할 것이요 친정 식구들이 반가워할 것인가?
잔씌밧테 **물게** 안자 흔바탕 실컨 우다가니 ／ 잔디밭에 **힘없이** 앉아 한바탕 실컷 울고 있으니
모로는 온 노인 나오면서 **웃진** 사름이 **슬이** 우나 ／ 모르는 노인이 나오면서 **"어떤 사람이 슬피 우나?**
우름 근치고 마를 ᄒ게 사정이나 드러 보셰 ／ 울음 그치고 말을 하게 사정이나 들어 보세."
닉 **슬름**을 못 이겨셔 이곳딕 와셔 우나니다 ／ "내 **서러움**을 못 이겨서 이곳에 와서 웁니다."
무신 스럼인지 모로거니와 웃지 그리 스뤄ᄒ나 ／ "무슨 서러움인지 모르겠으나 어찌 그리 서러워하나?"
노인**얼낭** 드러가오 닉 스럼 아라 쓸딕읍소 ／ "노인 **얼른** 들어가오 내 서러움 알아 쓸데없소."
일분 인사을 못 차리고 쌍을 허비며 **작고** 우니 ／ 인사도 못 차리고 땅을 후비며 **자꾸** 우니
그 노인이 민망ᄒ여 겻틱 안자 ᄒ는 말이 ／ 그 노인이 민망하여 곁에 앉아 하는 말이
간 곳마다 그러ᄒ가 이곳 와셔 더 **스런가** ／ "간 곳마다 그러한가 이곳 와서 더 **서러운가?**"
간 곳마다 그러릿가 이곳딕 오니 더 스럽소 ／ "간 곳마다 그러겠습니까? 이곳에 오니 더 서럽소
져 터에 **사던** 임상찰이 지금의 웃지 사나잇가 ／ 저 터에 **살던** 임상찰이 지금 어찌 삽니까?"
그 집이 벌셔 결단나고 지금 아무도 **읍나리라** ／ "그 집이 벌써 망하고 지금 아무도 **없다네.**"
더구다나 통곡ᄒ니 그 집을 웃지 아라던가 ／ 더군다나 통곡하니, "그 집을 어찌 알았던가?
져 터의 사던 임상찰이 우리 집과 오촌이라 ／ 저 터에 살던 임상찰이 우리 집과 오촌이라."
자사이 본덜 알 슈 인나 아무 **형임**이 아니신가 ／ **자세히** 본들 알 수 있나 "아무 **형님** 아니신가?"
달여드러 두 손 잡고 통곡ᄒ며 스러ᄒ니 ／ 달려들어 두 손 잡고 통곡하여 서러워하니
그 노인도 아지 못히 형임이란 말이 원 말인고 ／ 그 노인도 알지 못해 "형님이란 말이 무슨 말인가?"

그러나 져러나 드러가셰 손목 잡고 드러가니 ／ 그러나 저러나 들어가세 손목 잡고 들어가니
청삽사리 웡웡 지져 난 모른다고 소리치고 ／ 청삽살개 웡웡 짖어 난 모른다고 소리치고
큰 딕문 안의 **계우** 흠 쌍 게욱게욱 **다라드닉** ／ 큰 대문 안의 **거위** 한 쌍 게욱게욱 **달려드네**
안방으로 드러가니 늘그나 졀무나 알 슈 인나 ／ 안방으로 들어가니 늙으나 젊으나 알 수 있나
북그려워 안자다가 그 노인과 흔딕 자며 ／ **부끄러워** 앉았다가 그 노인과 한데 자며
이젼 이이기 딕강 ᄒ고 **신명타령** 다 못홀닉 ／ 이전 이야기 대강하고 **신세타령** 다 못하네

엉송이 밤송이 다 쎠 보고 셰상의 별 고싱 다 히 봔닉 ／ 엉송이 밤송이 다 쪄 보고 세상의 별 고생 다 해 봤네
살기도 억지로 못 ᄒ깃고 직물도 억지로 못 ᄒ깃닉 ／ 살기도 억지로 못 하겠고 재물도 억지로 못 하겠네
고약흔 신명도 못 곤치고 고싱홀 팔자는 못 곤칠닉 ／ 고약한 운명도 못 고치고 고생할 팔자도 못 고치니
고약흔 신명은 고약ᄒ고 고싱홀 팔자는 고싱ᄒ지 ／ 고약한 운명은 고약하고 고생할 팔자는 고생하지
고싱딕로 홀 지경인 **그른** 사람이나 되자 마지 ／ 고생대로 할 지경에는 **잘못된** 사람이나 되지 말지
그른 사람 될 지경의는 **오른** 사람이나 되지그려 ／ 그런 사람 될 지경에는 **옳은** 사람이나 되지그려
오른 사람 되여 잇셔 남의게나 칭찬듯지 ／ 옳은 사람 되어 있어 남에게나 칭찬 듣지
청춘과부 **갈나** 하면 양식 싸고 말일나닉 ／ 청춘과부 **재혼하려** 하면 양식 싸고 (쫓아다니며) **말리겠네**
고싱 팔자 타고나면 열 변 가도 고싱일닉 ／ 고생 팔자 타고나면 열 번 가도 고생이니
이팔청춘 **쳥싱더라** 닉 말 듯고 가지 말게 ／ 이팔청춘 **청상과부들아** 내 말 듣고 재혼하지 말게

11강 본문 p.88　**가사**　작자 미상, 「상사별곡(相思別曲)」

원문

오동추야(梧桐秋夜) 밝은 달에 님 싱각이 식로 ᄂ다
흔 번 니별ᄒ고 도라가면 다시 오기 어려왜라
천금쥬옥(千金珠玉)이 귀밧기오 세사일부(世事一部) 관계ᄒ랴
근원(根源) 흘너 물이 되야 깁고 깁고 다시 깁고
사랑 믹혀 뫼히 되여 놉고 놉고 다시 놉고

현대어 풀이

오동추야 밝은 달에 임 생각이 새로 난다
한번 이별하고 돌아가면 다시 오기 어려워라
온갖 보물 그 밖이요 **세상 일의** 일부라도 관계하랴
근원 흘러 물이 되어 깊고 깊고 다시 깊고
사랑 모여 산이 되어 높고 높고 다시 높고

됴믈(造物)이 싀우는지 귀신(鬼神)이 희지는지
문허질 줄 모르더니 싄어질 줄 어이 알니
일됴 낭군(一朝郎君) 니별 후에 소식(消息)죠차 돈절(頓絕)ᄒᆞ니
오날이나 드러올가 닉일이나 긔별올가
일월무졍(日月無情) 졀노 가니 옥안운발(玉顏雲鬌) 공로(空老)로다
오동야우(梧桐夜雨) 셩긘 비에 밤은 어희 더듸 가고
녹양방쵸(綠楊芳草) 져문 날애 ᄒᆡᆫ는 어히 슈이 가노
이 닉 상사(相思) 아르시면 님도 날을 그리리라

일촌간장(一村肝腸) 셕은 물이 소스나니 눈물이라
가삼 속에 물이 나셔 퓌여나니 한숨이라
눈물이 바다 되면 빅를 타고 아니 가랴
한숨 싯히 불이 나면 님의 옷셰 당긔리라
교틱(矯態) 겨워 웃든 우슴 싱각ᄒᆞ니 목이 멘다
디쳑(咫尺) 동방(洞房) 쳔 리(千里) 되야 바라보니 암암(暗暗)토다
만쳡 쳔희(萬妾千姬) 그려 닌들 ᄒᆞᆫ 붓으로 다 그리랴
날기 돗친 학이 되면 나라가다 아니 가랴
산은 쳡쳡 고기 지고 물은 즁즁(重重) 흘너 근원 되니
쳔지인간(天地人間) 니별(離別) 즁에 날 갓트니 또 인는가
ᄒᆡᆫ는 도다 져문 날애 솟츤 퓌여 졀노 지니
이슬 갓튼 인싱이 무슴 일노 삼겨는고
바람 부러 구즌 비와 구름 씌여 져문 날에
나며들며 빈 방으로 오락가락 혼자 셔셔
기다리고 바라보니 이 닉 상사 허ᄉᆡ(虛事)ㅣ로다
공방미인(空房美人) 독상사(獨相思)가 녜로붓터 이러ᄒᆞᆫ가

나 혼자 이러ᄒᆞᆫ가 남도 아니 이러ᄒᆞᆫ가
날 사랑ᄒᆞ든 싯히 남 사랑허이는가
무졍(無情)ᄒᆞ여 그러ᄒᆞᆫ가 유졍(有情)ᄒᆞ여 이러ᄒᆞᆫ가
산계야목(山鷄野鶩) 길흘 드러 노흘 줄을 모르는가
노류장화(路柳墻花) 썩어 쥐고 츈쉭(春色)으로 닷니는가
가는 꿈이 자최 되면 오는 길이 무듸리라
ᄒᆞᆫ번 죽어 도라가면 다시 보기 어려오니
아마도 녜 명(情)이 잇거든 다시 보게 삼기쇼셔

조물주가 샘을 내는지 귀신이 장난질하는지
무너질 줄 모르더니 끊어질 줄 어이 알리
하루 아침에 낭군과 이별한 후에 소식조차 뚝 끊기니
오늘은 들어올까 내일은 기별 올까
무정한 세월이 저절로 가니 아름다운 얼굴과 탐스러운 머리가 하는 일 없이 늙는구나
오동야우 성긴 비에 밤은 어찌 더디 가고
녹양방초 저문 날에 해는 어찌 쉬이 가나
임을 그리는 내 마음을 아시게 되면 임도 나를 그리워하리라

간장과 창자 썩은 물이 솟아나니 눈물이라
가슴 속에 물이 나서 피어나니 한숨이라
눈물이 바다 되면 배를 타고 아니 가랴
한숨 끝에 불이 나면 님의 옷에 당기리라
교태 못 이겨 웃던 웃음 생각하니 목이 멘다
지척 침실 천리 되어 바라보니 아득하다
많은 여인 그려 낸들 한 붓으로 다 그리랴
날개 돋친 학이 되면 날아가다 아니 가랴
산은 첩첩 고개 되고 물은 겹겹이 흘러 근원 되니
세상의 이별 중에 나 같은 이 또 있는가
해는 돋아 저문 날에 꽃은 피어 저절로 지니
이슬 같은 인생이 무슨 일로 생겨나는고
바람 불어 궂은 비와 구름 끼어 저문 날에
나며 들며 빈 방으로 오락가락 혼자 서서
기다리며 바라보니 내 그리움이 허사로다
독수공방하며 임 생각에 몸부림치는 일이 예로부터 이러한가

나 혼자 이러한가, 남도 아니 이러한가
날 사랑하던 끝에 다른 사람을 사랑하시는가
내게 무정하여 그러한 것인가 다른 사람에게 유정하여 이러한 것인가
산 꿩과 들오리 길을 들여 놓을 줄 모르는가
화류계 여인을 얻어 기쁜 빛으로 다니는가
가는 길 자취 없어 오는 길이 무디리라
한번 죽어 돌아가면 다시 보기 어려우니
아마도 옛 정이 있거든 다시 보게 하소서

 악장 정인지 외(外), 「용비어천가(龍飛御天歌)」

원문

해동 육룡(六龍)이 ᄂᆞᆯᄋᆞ샤 일마다 천복(天福)이시니
고셩(古聖)이 동부(同符)ᄒᆞ시니 〈제1장〉

불휘 기픈 남ᄀᆞᆫ ᄇᆞᄅᆞ매 아니 뮐씨 곶 됴코 여름 하ᄂᆞ니
시미 기픈 므른 ᄀᆞᄆᆞ래 아니 그츨씨 내히 이러 바ᄅᆞ래 가ᄂᆞ니 〈제2장〉

굴허에 ᄆᆞᄅᆞᆯ 디내샤 도즈기 다 도라가니 반(半) 길 노픿인들 년기 디나리잇가
셕벽(石壁)에 ᄆᆞᄅᆞᆯ 올이샤 도ᄌᆞᄀᆞᆯ 다 자ᄇᆞ시니 현 번 뛰운ᄃᆞᆯ ᄂᆞ미 오ᄅᆞ리잇가 〈제48장〉

천 셰(千世) 우희 미리 졍(定)ᄒᆞ샨 한수(漢水) 북(北)에 누인개국(累仁開國)ᄒᆞ샤 복년(卜年)이 ᄀᆞᆺ 업스시니
셩신(聖神)이 니ᅀᅳ샤도 경천근민(敬天勤民)ᄒᆞ샤ᅀᅡ 더욱 구드리시이다

현대어 풀이

우리나라의 여섯 용(임금)이 나시어 하시는 일(개국 창업)마다 모두 하늘이 내린 복이시니
(이것은) 중국의 옛 성군(聖君)이 하신 일들과 꼭 일치하시네 〈제1장〉

뿌리 깊은 나무는 바람에 아니 움직이므로 꽃 좋고 열매가 많네
샘이 깊은 물은 가뭄에 아니 그치므로 내를 이루어 바다에 가네 〈제2장〉

(금나라 태조가) 구렁에 말을 지나게 하시어 (뒤쫓아 오던) 도적이 다 돌아가니 반길의 높이인들 남(도적)이 지나겠습니까?
(태조가) 돌벽에 말을 올리시어 도적을 다 잡으시니 몇 번을 뛰어오르게 한들 남이 오르겠습니까? 〈제48장〉

천 년 전에(먼 옛날에) 미리 정하신 한강의 북쪽 땅(한양)에 (육조께서) 여러 대에 걸쳐 어진 덕을 쌓아 나라를 여시어 왕조의 운수가 끝없으시니
성자신손(성군의 자손)이 대를 이으셔도 하늘을 공경하고 백성을 다스리는 데에 부지런히 힘쓰셔야 나라가 더욱 굳건해질 것입니다

님금하 아르쇼셔 낙수(落水)예 산행(山行) 가 이셔 하나빌 미드니
잇가
〈제125장〉

후대 임금님이시여 (역사적 사실을) 아소서 (하나라 태강왕이) 낙수에 사냥 가서 (백일이 되도록 돌아오지 않아 결국 폐위를 당하였으니) 할아버지(우왕의 공덕)만을 믿었던 것입니까?
〈제125장〉

12강 본문 p.94 　민요　작자 미상, 「잠 노래」

원문

잠아 잠아 짙은 잠아 이 내 눈에 쌓인 잠아
염치불구 이 내 잠아 겹치두덕 이 내 잠아
어제 간밤 오던 잠이 오늘 아침 다시 오네
잠아 잠아 무삼 잠고 가라 가라 멀리 가라
시상 사람 무수한데 구테 너난 간 데 없어
원치 않는 이 내 눈에 이렇다시 자심하뇨
주야에 한가하여 월명동창 혼자 앉아
삼사경 깊은 밤을 허도이 보내면서
잠 못 들어 한하는데 그런 사람 있건마는
무상 불청 원망 소래 온 때마다 듣난고니
석반을 거두치고 황혼이 대듯마듯
낮에 못 한 남은 일을 밤에 할랴 마음먹고
언하당 황혼이라 섬섬옥수 바삐 들어
등잔 앞에 고개 숙여 실 한 바람 불어 내어
더문더문 질굿 바늘 두엇 뜸 뜨듯마듯
난데없는 이 내 잠이 소리 없이 달려드네
눈썹 속에 숨었는가 눈 알로 솟아온가
이 눈 저 눈 왕래하며 무삼 요수 피우든고
맑고 맑은 이 내 눈이 절로절로 희미하다

현대어 풀이

잠아 잠아 짙은 잠아 이 내 눈에 쌓인 잠아
미안한 마음이 없는 이 내 잠아 욕심이 많은 이 내 잠아
어제 간밤에 오던 잠이 오늘 아침 다시 오네
잠아 잠아 무슨 잠이냐 가라 가라 멀리 가라
세상 사람 무수히 많은데 구태여 너는 갈 데 없이
원치 않는 이 내 눈에 이렇듯이 점점 더 심해지느냐?
낮과 밤에 한가하여 달이 환히 비치는 동쪽으로 난 창에 혼자 앉아
한밤중 깊은 밤을 아무 보람이나 실속 없이 보내면서
잠 못 들어 원망스럽게 생각하는데 그런 사람 있건마는
청하지 않은 원망 소리 올 때마다 듣는 것이냐
저녁밥을 다 먹고 황혼이 되자마자
낮에 못 한 남은 일을 밤에 하려고 마음먹고
그런 생각을 하자마자 바로 황혼이라 고운 손을 바삐 들어
등잔 앞에 고개 숙여 실 한 발을 풀어내서
드문드문 질굿 바늘 두어 땀 뜨자마자
난데없는 이 내 잠이 소리 없이 달려드네
눈썹 속에 숨었는가 눈 아래로부터 솟아왔는가?
이 눈 저 눈 왕래하며 무슨 요상한 수작을 피우는가
맑고 맑은 이 내 눈이 절로 절로 희미해진다

12강 본문 p.96 　언해　두보, 「춘망(春望)」

원문

나라히 파망(破亡)ᄒ니 뫼콰 ᄀ름ᄲᆞᆫ 잇고
잣 앉 보미 플와 나모ᄲᆞᆫ 기펫도다
시절(時節)을 감탄(感歎)ᄒ니 고지 눖므를 쓰리게코
여희여슈믈 슬ᄒ니 새 ᄆᆞᅀᆞ믈 놀래노라
봉화(烽火) ㅣ 석ᄃᆞᆯ 니어시니
지빗 음서(音書)는 만금(萬金)이 ᄉᆞ도다
셴 머리ᄅᆞᆯ 글구니 ᄯᅩ 뎌르니
다 빈혀ᄅᆞᆯ 이긔디 몯홀 ᄃᆞᆺ ᄒᆞ도다

현대어 풀이

나라가 망하니 산과 강만 있고
성 안의 봄에는 풀과 나무만 깊었구나
이때를 슬퍼하니 꽃까지 눈물을 (나에게) 흘리게 하고
(처자와) 이별하여 있음을 슬퍼하니 새 소리조차 마음을 놀라게 하네
전쟁을 알리는 봉화가 석 달째 이어지니
집의 소식은 만금보다 값지도다
(하얗게) 센 머리를 긁으니 또 짧아져서
다 비녀를 이기지 못할 것 같구나

양만 많은 문제집 푸느라 부족한 시간과
수능 D-100
눈 뜨고 있어요

오?
20XX 입시 전략
매번 바뀌는 출제 경향에 생기는 혼란

험난한 수능 코스
1등급
난 늘 제자리걸음..

이렇게 된 이상 아삽에 모든 걸 건다!!!
최신 수능 경향 매년 ASAP 반영
3/6/9 모의고사 & 수능 대비 전략적 시즌제 콘텐츠
오답률 높은 문항으로 취약 유형 대비
코칭 선생님께 학습 관리 받는 느낌이 들 정도로 체계적이라 대만족이었습니다!
깔끔한 구성에 좋은 문항들이네요!

수험생 무사 입시 완봉 기원!
아삽부흥회
수능 대박
가보 자고
수능1등급
마삽 E 영어 4회분
마삽 M 수학 4회분
아삽
수능 실전 연습 풀 모의고사
국어 | 수학 | 영어 | 사탐 | 과탐

핵심만 뽑은 효율 甲 모의고사

아삽

고등 수학의 **모든 유형**을 켜다

이투스북

 # 빠진 유형無　　**# 빠진 문항無**　　**# 불필요한 문항無**

1권　필수 유형별 문제부터
시험 대비 **변별력 문제**까지 완벽 학습!

◦ 유형별 문제　　◦ 내신 잡는 종합 문제　　◦ 수능 녹인 변별력 문제

2권　맞힌 문제도 **다시 한번!**
틀린 문제는 **꼭 다시!**

◦ 유형별 유사문제　　◦ 기출&기출 변형 문제

531 PROJECT

효과 빠른 약점 처방전

[국어] 고전 시가 S

정답과 해설

이투스북

531
PROJECT

국어 고전 시가 S

정답과 해설

01강 고대 가요, 향가

01~03   본문 • 20~21쪽

01 ②　　**02** ⑤　　**03** ④

가 [고대 가요] 백수 광부의 아내, 「공무도하가(公無渡河歌)」

작품 분석

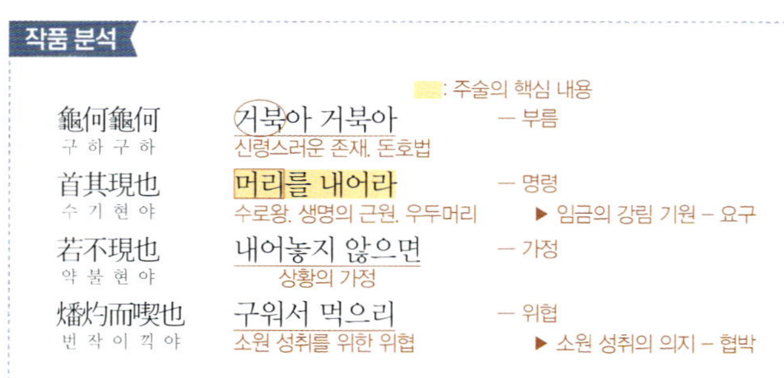

公無渡河
공 무 도 하
임아 그 **물**을 건너지 마오
돈호법　　■ : 물의 상징적 이미지
임에 대한 화자의 충만한 사랑

公竟渡河
공 경 도 하
임은 끝내 그 **물**을 건너시네
임과의 이별
(애원, 초조)

墮河而死
타 하 이 사
물에 빠져 돌아가시니
임의 죽음
▶ 임이 나를 떠나 물을 건넘.

當奈公何
당 내 공 하
가신 임을 어찌할꼬
임을 잃은 슬픔, 체념
슬픔, 체념 → 탄식과 원망으로 감정 변화
▶ 임이 물에 빠져 죽음.

핵심 정리

- 화자? 물로 들어가는 임을 간절한 마음으로 만류하나 임은 결국 죽음을 맞이하게 되고 화자는 상황을 받아들이며 체념함.
- 주제? 임을 여읜 슬픔과 한
- 특징? 돈호법을 사용하여 떠나는 임을 애절하게 부르고 있으며, 체념적 어조로 일어난 상황에 대한 화자의 심정을 표현함.

나 [고대 가요] 구간 외(外), 「구지가(龜旨歌)」

작품 분석

龜何龜何
구 하 구 하
거북아 거북아
신령스러운 존재, 돈호법
：주술의 핵심 내용
— 부름

首其現也
수 기 현 야
머리를 내어라
수로왕, 생명의 근원, 우두머리
— 명령
▶ 임금의 강림 기원 – 요구

若不現也
약 불 현 야
내어놓지 않으면
상황의 가정
— 가정

燔灼而喫也
번 작 이 끽 야
구워서 먹으리
소원 성취를 위한 위협
— 위협
▶ 소원 성취의 의지 – 협박

핵심 정리

- 화자? 임금을 맞이하고자 하는 강한 소망을 드러냄.
- 주제? 임금의 강림 기원
- 특징? 기원의 대상을 부르는 돈호법과 대상에 대한 직설적 명령 어법, 위협적 언사를 사용하여 간절한 기원의 마음을 표현하고 있음.

01 정답 ②　(표현상의 특징 이해하기)

정답 풀이

　(가)의 1행에서는 '임아'라고 구체적인 시적 대상인 '임'을 부르고 있고, (나)의 1행에서도 '거북아, 거북아'라고 소망을 이루어 줄 구체적 시적 대상인 '거북'을 부르고 있다. 이들 작품에서는 시적 대상을 부르며 노래를 시작함으로써 주의를 환기하고 있다.

오답 풀이

① (가)에서는 '어찌할꼬'에서 의문의 형식을 사용하고 있으나, (나)에서는 의문의 형식을 사용한 부분을 찾을 수 없다.
③ (가), (나) 모두에서 대립적 의미를 가진 시어가 제시된 부분을 찾을 수 없다.
④ (나)의 3행에서 '내어놓지 않으면'이라고 특정한 상황을 가정하여 화자의 정서를 드러내고 있으나, (가)에서는 특정한 상황을 가정한 부분을 찾을 수 없다.
⑤ 동물을 사람에 비겨 사람이 행동하는 것처럼 표현하는 것은 의인법이다. (가)에서 의인법이 사용된 부분은 찾아볼 수 없다. (나)에서는 거북에게 명령하고 있지만, 이 역시 의인법이 사용된 것이라고 보기는 어렵다.

02 정답 ⑤　(화자의 정서와 태도 파악하기)

정답 풀이

　ⓜ '구워서 먹으리'는 '거북'이 '머리를 내'라는 요구를 들어주지 않았을 때 행할 바를 말하고 있는 것이므로, 소망을 이룬 후에 이루어질 일을 암시하고 있다고 볼 수 없다.

오답 풀이

① ㉠ '임아 그 물을 건너지 마오'는 물에 빠지려는 임에게 '그 물을 건너지' 말라고 애원하는 부분으로, 임을 걱정하는 화자의 애절한 마음을 느낄 수 있다.
② ㉡ '물에 빠져 돌아가시니'는 임이 물에 빠져 죽음을 맞이한 상황을 직접적으로 제시하고 있는 부분이다.
③ ㉢ '가신 임을 어찌할꼬'는 임의 죽음을 맞이한 화자가 '어찌할꼬'라는 표현을 통해 체념의 정서를 드러내고 있는 부분이다.
④ ㉣ '머리를 내어라'는 기원의 대상인 '거북'에게 임금(머리)의 강림을 소망하는 화자가 자신의 소망을 명령형을 사용하여 직설적으로 표현하는 부분이다.

03 정답 ④　(자료를 통해 감상하기)

정답 풀이

　〈보기〉에서는 고대 가요의 특징과 「구지가」의 배경 설화를 설명하고 있다. (나)는 개인의 정서를 드러내기 위한 노래가 아니라 임금을 맞이하기 위한 집단의식에서 비롯된 노래이므로, 개인적 서정시로 이행되는 과정을 보여 주는 작품으로 볼 수 없다. 황금알이 내려와 사람으로 변한 것은 임금을 맞이하고자 하는 집단의 소망이 이루어진 결과라고 볼 수 있다.

오답 풀이

① 임금을 맞이하는 행위는 한 집단에서 실행하는 의식이라고 할 수 있다. 따라서 「구지가」는 임금을 맞이하는 의식에서 부른 의식요라 할 수 있다.

② 사람들이 모여서 구지봉의 흙을 함께 파면서 불렀다는 점에 주목하면 집단적으로 노동을 하며 함께 부른 노동요의 성격을 지녔다고 볼 수 있다.
③ 춤과 노래를 함께 했다고 하였으므로 시가와 무용이 분화되지 않은 원시 종합 예술의 형태로 구현되었으리라고 예상할 수 있다.
⑤ 고려 시대에 기록된 『삼국유사』에 한자로 기록되어 있다면 내용은 확인할 수 있으나 당대에 실제로 불렸던 형식적 특성은 파악하기 어려울 것이다.

04~06

본문 • 22~23쪽

04 ⑤　　**05** ②　　**06** ④

[향가] 월명사, 「제망매가(祭亡妹歌)」

작품 분석

生死路隱	생사(生死) 길은
생 사 로 은	삶과 죽음
此矣有阿米次肹伊遣	예 있으매 머뭇거리고
차 의 유 아 미 차 힐 이 견	여기(이승)
吾隱去內如辭叱都	나는 간다는 말도 — "나는 갑니다."라는
오 은 거 내 여 사 질 도	죽은 누이　　　　말도, 주체: 누이
毛如云遣去內尼叱古	못다 이르고 어찌 갑니까 ▶ 가: 누이의 죽음에 대한
모 여 운 견 거 내 니 질 고	아쉬움, 안타까움　　안타까움
於內秋察早隱風未	어느 가을 이른 바람에
어 내 추 찰 조 은 풍 미	누이의 요절 암시
此矣彼矣浮良落尸葉如	이에 저에 떨어질 잎처럼
차 의 피 의 부 량 락 시 엽 여	죽은 누이(하강적 이미지)
一等隱枝良出古	한 가지에 나고
일 등 은 지 량 출 고	같은 부모
去奴隱處毛冬乎丁	가는 곳 모르온저 ▶ 서: 혈육의 죽음에서
거 노 은 치 모 동 호 정	서방 정토, 극락세계　느끼는 무상감
阿也彌陀刹良逢乎吾	아아 미타찰(彌陀刹)에서 만날 나
아 야 미 타 찰 량 봉 호 오	낙구의 감탄사, 10구체 향가의 특성
道修良待是古如	도(道) 닦아 기다리겠노라 ▶ 결: 슬픔의
도 수 량 대 시 고 여	구도의 자세　　　　종교적 승화

♪ 핵심 정리

- **화자?** 요절한 누이를 추모하며 화자는 혈육의 죽음에서 느끼는 인간적 슬픔을 불교적 믿음으로 극복하려 함.
- **주제?** 죽은 누이에 대한 추모
- **특징?** 10구체 향가의 전형적인 특징인 낙구가 나타나고, 뛰어난 비유로 서정성을 강화함.

04　정답 ⑤　화자의 정서와 태도 파악하기

정답 풀이

이 작품에서 화자는 누이의 죽음이라는 사별의 상황을 수용하고 죽은 누이와 저승(미타찰)에서 다시 만날 것을 다짐하고 있다. 즉 화자는 인간으로서는 어쩔 수 없는 헤어짐의 슬픔을 종교적 신앙심을 통한 기다림으로 극복하고 있다.

오답 풀이

① 불도에 정진함으로써 누이의 죽음에 대한 슬픔을 극복하려 하는 것

이지 고통을 겪으면서 자신을 정화하려는 것이 아니다.
② 죽은 누이에 대한 슬픔을 드러낸 것이지 순수한 사랑을 그리고 있는 작품이 아니다.
③ 주어진 현실에 안주하는 것이 아니라, 불도에 정진함으로써 인간적 고뇌를 종교적으로 승화하려 하고 있다.
④ '미타찰'에서 다시 만날 것을 다짐하고 있으므로 영원한 이별을 받아들이는 것이 아니다.

05　정답 ②　시어·시구의 의미 파악하기

정답 풀이

ⓒ '나는 간다는 말'에서 '나'가 가리키는 대상은 죽은 누이로, 이어지는 '못다 이르고 어찌 갑니까'와 연관 지어 볼 때 화자는 누이의 갑작스러운 죽음에 대한 괴로운 심정을 드러내고 있음을 알 수 있다. 화자가 누이의 죽음을 알면서도 막지 못했다고 볼 수는 없다.

오답 풀이

① ⓐ '예'는 여기, 즉 화자가 있는 이승을 의미한다.
③ ⓒ '이른 바람'에서 '이른'은 '대중이나 기준을 잡은 때보다 앞서거나 빠른'이라는 뜻을 지니므로 누이가 젊은 나이에 죽었음을 짐작할 수 있다.
④ ⓓ '떨어질 잎'은 하강 이미지를 드러내는 시구로, 여기서 '잎'은 누이를 의미하므로 '떨어질 잎'은 누이의 죽음을 의미한다.
⑤ ⓔ '한 가지에 나고'는 '같은 부모'에게서 태어났다는 것으로, 화자가 추모하는 대상, 즉 누이와 화자가 혈육 관계임을 나타낸다.

06　정답 ④　자료를 통해 감상하기

정답 풀이

이 작품의 화자는 1~4구에서는 누이의 죽음을 마주 대한 괴로운 심정과 안타까움을, 5~8구에서는 요절한 누이를 보며 느낀 삶의 무상함에 대한 고뇌를 드러내고 있다. 9~10구에서는 이승에서 느끼는 슬픔과 고뇌를 종교적 믿음을 통해 극복하며 누이와 미타찰에서 재회할 것을 다짐하고 있다.

오답 풀이

① 9~10구에서 화자는 누이와 미래에 재회할 것을 염원하고 있고, 1~4구에서 생과 사에 대해 고뇌한다고 볼 수는 있으나 더 중요한 것은 죽은 누이에 대한 안타까움이고, 5~8구에서 원죄에 대한 비애를 드러낸 부분은 나타나지 않는다.
② 1~4구에서 화자는 누이의 죽음에 대해 슬퍼하고 5~8구에서 삶의 허무함을 느끼지만, 9~10구에서 죽음에 대한 두려움을 드러내지는 않는다.
③ 누이의 죽음에서 느끼는 슬픔과 인생에 대한 무상함이 1~8구에 걸쳐 드러나지만 깊은 혈육의 정과 추억을 드러낸 부분은 나타나지 않는다.
⑤ 이 작품에서 화자는 누이의 죽음으로 인해 삶의 무상감을 느끼고 누이와의 재회를 다짐하고 있을 뿐 삶의 허무를 극복하는 모습이나 성실한 삶을 살아가겠다는 다짐을 드러내지는 않는다.

내신 **or** 수능 실전 기출문제

01~02
본문 • 24쪽

01 ④　　**02** ⑤

[고대 가요] 어느 행상인의 아내, 「정읍사(井邑詞)」

작품 분석

둘하 노피곰 도ᄃᆞ샤
　　보조사 → 단어의 뜻을 강화함.
어긔야 머리곰 비취오시라
여음구, 조흥구
어긔야 어강됴리　♪: 리듬을 맞추기 위한 후렴구

아으 다롱디리　　　　▶ 기: 달에게 남편의 안녕을 기원함.

져재 녀러신고요
시장에 – 남편의 신분이 행상인임을 암시
어긔야 즌 ᄃᆡ를 드ᄃᆡ욜셰라
　진 곳, 위험한 곳　　−ㄹ셰라: 의구형 어미
어긔야 어강됴리　　　(~할까 두렵다, 염려된다)
　　　　　▶ 서: 남편이 밤길에 해를 입을까 걱정함.

어느이다 노코시라
　　　(짐을) 놓으십시오
어긔야 내 가논 ᄃᆡ 졈그ᄅᆞᆯ셰라
　　① 남편의 귀갓길 ② 아내의 마중길 ③ 부부의 인생길
어긔야 어강됴리

아으 다롱디리　　　　▶ 결: 남편의 무사 귀환을 기원함.

핵심 정리

• **화자?** 행상을 나간 남편을 기다리는 아내로 남편이 무사히 돌아오기를 간절히 바람.
• **주제?** 행상 나간 남편의 안전한 귀가 기원
• **특징?** 보조사, 의구형 어미, 대조적 이미지의 시어(둘, 즌 ᄃᆡ) 등을 사용하여 전통적 정한의 정서를 부각함.

01 정답 ④　표현상의 특징 이해하기

정답 풀이

이 작품에는 행상 나간 남편이 무사히 돌아오기를 바라는 아내의 간절한 기원이 주된 정서로 드러나며 어조의 변화나 화자의 태도 변화는 나타나지 않는다.

오답 풀이

① '둘(달)'은 남편의 무사 귀환을 바라는 화자의 마음이 투영된 대상으로, 높이 돋아서 먼 곳까지 비출 수 있는 광명의 존재로 시각적으로 형상화되어 있다.
② 화자는 남편이 행상을 나간 상황에서 남편을 애타게 기다리고 있으므로 부재하는 대상에 대한 정서를 드러내고 있다고 할 수 있다.

③ '어긔야 어강됴리 / 아으 다롱디리'라는 동일한 어구를 반복함으로써 리듬감을 형성하고 있다.
⑤ 이 작품은 여음구를 제외하면 3장의 형태를 이루어, '초장 – 중장 – 종장' 3장 형태인 시조의 원형과 유사하다.

02 정답 ⑤　시어·시구의 의미 파악하기

정답 풀이

ⓜ '졈그ᄅᆞᆯ셰라'의 뜻은 '저물까 두렵습니다'로, '저물다'에서 연상되는 어둠의 이미지를 통해 남편이 안전하게 돌아오지 못할까 봐 걱정하는 화자의 마음을 드러낸 표현이다. 대상에 대한 화자의 불신의 감정을 드러낸다고 보기는 어렵다.

오답 풀이

① ㉠ '둘(달)'은 광명의 존재로, 화자는 '둘(달)'에게 높이 돋아 먼 곳까지 비추어 달라며 '둘(달)'에게 남편의 안녕을 기원하고 있으므로 남편의 안전을 지켜 줄 수 있는 기원의 대상을 상징한다고 볼 수 있다.
② ㉡ '머리곰'에서 '곰'은 보조사로 '머리'에 결합하여 '멀리'라는 의미를 강화하고 있다. 이를 통해 남편이 멀리까지 밝은 곳에서 안전하게 다니기를 바라는 화자의 소망을 강조하고 있다.
③ ㉢ '즌 ᄃᆡ'는 진 곳, 즉 땅이 질척질척한 위험한 곳을 의미하며, 남편에게 닥칠 수도 있는 위험이나 위협을 비유한 말이다.
④ ㉣ '내 가논 ᄃᆡ'는 '내'가 가리키는 대상을 누구로 볼 것인지에 따라 '남편의 귀가길', '나의 마중길', '부부의 인생길' 등 다양하게 해석될 수 있다.

03~04
본문 • 25쪽

03 ④　　**04** ②

[향가] 충담사, 「찬기파랑가(讚耆婆郎歌)」

작품 분석

늣겨곰 ᄇᆞ라매
흐느끼며 → 이유: 그리움
이슬 ᄇᆞᆯ갼 ᄃᆞ라리　□: 기파랑의 숭고한 인품을 표현한 시어
　밝힌　달이 – 기파랑이 광명을 주는 존재였음을 상징함.
힌 구룸 조초 ᄠᅥ간 언저레
　　　따라　　언저리에
몰이 가ᄅᆞᆫ 믈서리여히
　　　물가에 – 기파랑의 맑고 깨끗한 모습
기랑(耆郎)이 즈ᅀᅵ올시 수프리야　▶ 기: 기파랑의 고결한 모습 연상
　　　모습 같구나　수풀이여
일오(逸烏) 나릿 ᄌᆡ벼킈
　　　자갈길에 – 기파랑의 원만하고 강직한 성품
낭(郎)이여 디니더시온
　　　　지니시던
ᄆᆞᅀᆞᄆᆡ ᄀᆞᆺ 좃ᄂᆞ라져　▶ 서: 기파랑을 추모하며 그의 인품을 찬양함.
　마음의　끝을
아야 자싯가지 노포
　잣가지 – 기파랑의 고고한 절개와 기품
누니 모ᄃᆞᆯ 두폴 곳가리여　▶ 결: 기파랑의 고고한 절개를 찬양함.
눈이　　덮지 못할　고깔이여 → 고깔: 화랑의 우두머리
→ 시련, 고난

咽嗚爾處米 / 露曉邪隱月羅理
열 오 이 처 미　　로 효 사 은 월 라 리
白雲音逐于浮去隱安支下 / 沙是八陵隱汀理也中
백 운 음 축 간 부 거 은 안 지 하　　사 시 팔 릉 은 정 리 야 중
耆郎矣兒史是史藪邪 / 逸烏川理叱磧惡希
기 랑 의 모 사 시 사 수 사　　일 오 천 리 질 적 오 희
郎也持以支如賜烏隱 / 心未際叱肹逐內良齊
랑 야 지 이 지 여 사 오 은　　심 미 제 질 힐 축 내 량 제
阿耶栢史叱枝次高支好 / 雪是毛冬乃乎尸花判也
아 야 백 사 질 지 차 고 지 호　　설 시 모 동 내 호 시 화 판 야

> **핵심 정리**

- **화자?** 눈물을 흘리며 더이상 볼 수 없는 기파랑을 그리워하면서 기파랑의 고매한 인품을 찬양함.
- **주제?** 기파랑의 고매한 인품에 대한 예찬
- **특징?** 고도의 비유와 상징을 사용하여 대상을 세련되게 예찬함. 대상의 속성을 자연물을 통해 구체적이고 시각적으로 제시함.

03 정답 ④ 표현상의 특징 이해하기

정답 풀이

이 작품에서는 흰색(눈)과 푸른색(잣나무)의 색채 대비, '달, 시냇물, 잣나무 가지' 등의 비유를 활용해 구체적이고 감각적으로 '기파랑'이라는 화랑의 인품을 강조하고 있다.

오답 풀이

①, ③ 자연물과 같은 구체적인 사물은 시적 대상인 기파랑의 인품을 드러내기 위해서 쓰였을 뿐 자연물에 빗대어 화자의 현재 상황을 부각하거나 구체적인 사물을 활용하여 화자의 삶을 드러내지는 않았다.
② '늣겨곰 브라매 / 이슬 불갼 드라리'에서 시간적 배경이 드러나고 있으나 공간의 이동은 나타나지 않는다. 또한, 이 작품의 화자는 작품의 처음부터 끝까지 기파랑을 그리워하고 그의 인품을 찬양하고 있을 뿐 심리 변화를 드러내지 않았다.
⑤ 이 작품은 개인적 서정시로 평가받는 작품이다. 개인의 정서보다는 언어의 주술성이 중점이 되는 작품은 집단적이고 제의적인 특성을 드러내는 고대 가요이다.

04 정답 ② 자료를 통해 감상하기

정답 풀이

기파랑을 상징하는 '둘'이 '흰 구름'을 따라 떠갔다는 것은 기파랑을 현실(이승)에서 더 이상 볼 수 없는 상황을 표현한 것이다. '흰 구름'이 속세를 초월한 기파랑의 욕심 없는 삶을 보여 준다는 설명은 적절하지 않다.

오답 풀이

① '둘'은 높고 밝은 이미지를 드러내는 소재로 기파랑의 훌륭한 인품을 상징한다.
③ 이 작품은 기파랑의 인품을 직접 드러내는 대신 여러 가지 자연물을 사용하여 상징적으로 드러내고 있는데 '믈'은 기파랑의 맑고 깨끗한 성품을 비유한 소재이다.
④ '지벽'은 '자갈'을 의미하는데, 단단한 속성을 통해 기파랑의 원만하고 강직한 성품을 표현하는 사물이다.
⑤ '자싯가지'는 '잣나무 가지'를 의미하는데, 이를 통해 기파랑의 고고한 절개와 기상을 드러내며 기파랑의 인품의 고매함을 표현하고 있다.

[고려 가요] 작자 미상, 「청산별곡(靑山別曲)」

작품 분석

　　　a　　　　a　　　　　b　　　　　a
살어리 살어리랏다 청산(靑山)애 살어리랏다
　　　　　　속세와 대비되는 공간. 현실 도피처로서의 자연
멀위랑 ᄃᆞ래랑 먹고 청산(靑山)애 살어리랏다
머루, 다래 → 탈속적 삶의 상징
『얄리얄리 얄랑셩 얄라리 얄라』　『 』: 후렴구(음악적 효과)
▶ 제1연: 청산에 대한 동경

우러라 우러라 새여 자고 니러 우러라 새여
　　　　　감정 이입의 대상. 화자의 분신
널라와 시름 한 나도 자고 니러 우니로라 ― 삶의 고독과 비애
너보다　　많은
『얄리얄리 얄라셩 얄라리 얄라』　▶ 제2연: 삶의 고독과 비애

가던 새 가던 새 본다 믈 아래 가던 새 본다
　　　밭고랑　　　　　속세
잉 무든 장글란 가지고 믈 아래 가던 새 본다
이끼 묻은 쟁기(화자의 속세에 대한 미련을 암시함.)
『얄리얄리 얄라셩 얄라리 얄라』　▶ 제3연: 속세에 대한 미련과 번민

이링공 뎌링공 ᄒᆞ야 나즈란 디내와손뎌
　　　　　　　　　　│ '낮'과 '밤'의 대조
오리도 가리도 업슨 바므란 또 엇디 호리라
　　　　　　화자의 고독이 극대화되는 시간
『얄리얄리 얄라셩 얄라리 얄라』　▶ 제4연: 절망적 고독과 외로움

어듸라 더디던 돌코 누리라 마치던 돌코
　　　　　운명적 비애의 상징
믜리도 괴리도 업시 마자셔 우니노라
화자의 비애(원인이 외부에 있음을 밝혀 자신의 괴로움이 운명적임을 암시함.)
『얄리얄리 얄라셩 얄라리 얄라』　▶ 제5연: 생에 대한 운명적 체념

살어리 살어리랏다 바ᄅᆞ래 살어리랏다
세속과 대비되는 공간. 청산과 함께 또 다른 이상향을 의미함.
ᄂᆞ무자기 구조개랑 먹고 바ᄅᆞ래 살어리랏다
　　해초
『얄리얄리 얄라셩 얄라리 얄라』　▶ 제6연: 새로운 세계에 대한 동경

가다가 가다가 드로라 에졍지 가다가 드로라
　　　　　　부엌'(속세) 혹은 '외딴 부엌'(속세와 단절된 곳)
사스미 짒대예 올아셔 ᄒᆡ금(奚琴)을 혀거를 드로라
① 사슴 ② 사슴으로 분장한 산대놀이의 광대　└ ① 사슴이 장대에 올라 해금을 연주함.
　　　　　　　　　　　　　　　　　　　② 연희를 즐김.
『얄리얄리 얄라셩 얄라리 얄라』　▶ 제7연: 기적을 바라는 절박한 삶의 현실

가다니 빅브른 도긔 설진 강수를 비조라
　　　　독한 술, 현실의 고통을 잊게 하는 매개체
조롱곳 누로기 미와 잡스와니 내 엇디 ᄒ리잇고
　　　누룩이
얄리얄리 얄라셩 얄라리 얄라 　▶ 제8연: 술을 통한 현실적 고통의 해소

핵심 정리

- **화자?** 고달픈 현실에 체념하여 이상향을 꿈꾸고 있으며 애상적 정서, 현실 도피적 태도를 드러냄.
- **주제?** 삶의 고뇌와 비애
- **특징?** 어구의 반복을 통해 의미를 강조하고, 'ㄹ'과 'ㅇ' 음운을 빈번히 사용하여 음악성을 살림. 8연의 분절체 작품으로 후렴구가 있으며 3·3·2조의 3음보, aaba형의 율격을 지님. 반복법과 의인법, 상징적 시어를 사용하여 주제 의식을 강조함.

01　정답 ②　자료를 통해 감상하기

정답 풀이

〈보기〉에서 '청산'은 화자의 이상향이라고 하였으므로, 만약 화자가 자신이 지향하는 이상적 공간 안에 있다면 의무감을 느끼기보다는 만족감이나 성취감을 느낄 것이다. 이상향에서의 삶을 지키겠다거나 지켜야 한다는 '의무'의 내용은 작품에 드러나지 않는다.

오답 풀이

① '청산'은 화자 자신이 동경하던 이상향이기 때문에 '살어리랏다'를 앞으로도 '청산'에 줄곧 살겠다는 뜻으로 해석할 수 있다.
③ '청산'은 화자가 동경하던 이상향이기는 하지만, 자신이 살던 현실에서 어쩔 수 없이 떠나와서 살아야 하는 곳이므로 '살어리랏다'를 '청산'에서 살아가기는 하지만 현실을 떠나 괴로운 심정도 있다는 뜻으로 해석할 수 있다.
④, ⑤ 화자가 현재 살고 있는 '청산' 밖의 현실은 괴롭고 힘든 것으로 제시되어 있으므로 '살어리랏다'를 '청산'을 동경하거나 '청산'에서 앞으로 살고 싶은 소망을 드러내는 표현으로 해석할 수 있다.

02　정답 ②　시어·시구의 의미 파악하기

정답 풀이

'가던 새'는 화자가 누구냐에 따라서 '갈던 밭', '날아가던 새' 등으로 다양하게 해석될 수 있고 속세에 대한 화자의 미련이 드러나는 대상이지만 화자의 감정이 이입된 대상은 아니다.

오답 풀이

① '널라와'는 '너보다'를 뜻하므로, 비교법을 사용하여 시름이 많아 일어나 울고 있는 화자의 슬픔을 드러내고 있다고 할 수 있다.
③ '밤'은 올 이도 갈 이도 없는 고독한 시간으로 화자의 외로운 정서가 극대화되는 시간이다.
④ 미워할 이도 사랑할 이도 없이 돌에 맞아 반항도 하지 않고 울기만 하는 화자의 모습에서 고통스러운 삶을 체념하듯 수동적으로 받아들이는 화자의 심리를 엿볼 수 있다.
⑤ 해금을 켜는 소리를 들으며 삶의 괴로움을 잊고자 하는 화자의 심정이 드러나 있다.

03　정답 ①　자료를 통해 감상하기

정답 풀이

〈보기〉의 화자는 이름난 서적을 나열하고 학식을 과시하며 학문적 자부심을 드러낸다. 하지만 이 작품의 화자는 삶의 고뇌, 이상향에 대한 동경을 나타낼 뿐 학문적 자부심을 드러내지 않는다.

오답 풀이

② 이 작품은 '살어리/살어리/랏다'로, 〈보기〉는 '당한셔/장로즈/한류문집'으로 읽히므로, 이 작품과 〈보기〉 모두 3음보의 운율로 리듬감을 형성하고 있다.
③ 이 작품은 '얄리얄리 얄라셩 얄라리 얄라'라는 후렴구를, 〈보기〉는 '위~경(景) 긔 엇더ᄒ니잇고'라는 후렴구를 통해 구조적 통일성과 안정감을 확보하고 있다.
④ 이 작품은 화자가 느끼는 삶의 고뇌와 애환을 중심으로 시상을 전개하고 있으며, 〈보기〉는 유명한 서적을 열거하는 것을 중심으로 시상을 전개하고 있다.
⑤ 이 작품은 고려 시대 평민들이 부르며 구비 전승된 노래로 훈민정음 창제 이후 우리말로 기록되었으며, 〈보기〉는 처음부터 한문으로 기록되었다.

04~07　　　　　　　　　　　본문 • 28~29쪽

04 ①　　**05** ②　　**06** ②　　**07** ④

가 [한시] 정지상, 「송인(送人)」

작품 분석

雨歇長堤草色多 우 헐 장 제 초 색 다	비 개인 긴 둑에 풀빛이 고운데

시각적 이미지
『 』: 화자의 심정과 대비되는 자연
▶ 기: 비 갠 강둑의 고운 풀빛

| 送君南浦動悲歌
송 군 남 포 동 비 가 | 남포에서 임 보내며 슬픈 노래 부르네 |

이별의 장소 / 청각적 이미지
▶ 승: 임을 보내는 슬픔

| 大洞江水何時盡
대 동 강 수 하 시 진 | 대동강 물이야 언제나 마르려나 |

설의법
▶ 전: 다함이 없는 대동강 물

| 別淚年年添綠波
별 루 년 년 첨 록 파 | 이별 눈물 해마다 푸른 물결 보태나니 |

『 』: 도치법, 과장법을 사용해 슬픔을 극대화함.
▶ 결: 이별의 정한과 눈물

핵심 정리

- **화자?** 임을 떠나보내고 있는 화자가 대동강 물을 바라보며 이별의 슬픔을 느낌.
- **주제?** 임과 이별하는 슬픔
- **특징?** 서러운 화자의 모습과 아름다운 자연의 모습을 대조하고, 과장법과 도치법을 사용하여 이별의 슬픔을 강조함.

정답과 해설 ● 7

나 [한시] 정약용, 「보리타작」

작품 분석

新篘濁酒如湩白	「새로 거른 **막걸리** 젖빛처럼 뿌옇고 — 직유법
신 추 탁 주 여 동 백	『 : 선경 : 농민들의 생활을 알 수 있는 일상적 소재
大碗麥飯高一尺	큰 사발에 **보리밥** 높기가 한 자로세 — 과장법
대 완 맥 반 고 일 척	
飯罷取耞登場立	밥 먹자 **도리깨** 잡고 마당에 나서니
반 파 취 가 등 장 립	농민의 건강함을 시각적 이미지로 표현함.
雙肩漆澤飜日赤	검게 탄 두 어깨 햇볕 받아 번쩍이네
쌍 견 칠 택 번 일 적	▶ 기: 노동하는 농민의 건강한 삶의 모습
呼耶作聲舉趾齋	옹헤야 소리 내며 발맞추어 두드리니
호 야 작 성 거 지 제	노동요를 부르며 일하는 모습을 청각적 이미지로 표현함.
須臾麥穗都狼藉	삽시간에 **보리 낟알** 온 마당에 가득하네
수 유 맥 수 도 랑 자	노동의 강도가 점차 강해짐.
雜歌互答聲轉高	주고받는 노랫가락 점점 높아지는데
잡 가 호 답 성 전 고	선후창 방식의 민요를 노동요로 사용함.
但見屋角紛飛麥	보이느니 지붕 위에 **보리티끌**뿐이로다
단 견 옥 각 분 비 맥	▶ 승: 보리타작하는 마당의 정경
觀其氣色樂莫樂	「그 기색 살펴보니 즐겁기 짝이 없어
관 기 기 색 락 막 락	『 : 후정 노동의 즐거움
了不以心爲形役	마음이 몸의 노예 되지 않았네
료 불 이 심 위 형 역	심신이 조화로운 상태 ▶ 전: 몸과 마음이 조화로운
樂園樂郊不遠有	**낙원**이 먼 곳에 있는 게 아닌데 농민의 삶
낙 원 낙 교 불 원 유	건강한 삶
何苦去作風塵客	무엇하러 고향 떠나 **벼슬길**에 헤매리오」
하 고 거 작 풍 진 객	세속적 가치, 헛된 명분
	▶ 결: 관직을 추구하는 자신의 삶에 대한 반성

핵심 정리

- **화자?** 농민들이 보리타작을 하고 있는 모습을 지켜보는 화자가 농민의 삶을 긍정하고 자신의 삶을 반성함.
- **주제?** 농민들의 건강한 노동에서 얻은 깨달음
- **특징?** 농민들의 생활상을 알 수 있는 일상적 시어를 사용하여 사실성을 높였으며, 선경후정 및 기승전결의 구성으로 시상을 전개함.

04 정답 ① 표현상의 특징 이해하기

정답 풀이

(가)의 '대동강 물이야 언제나 마르려나'는 이별의 슬픔으로 인한 눈물 때문에 대동강의 물이 마르지 않는다는 화자의 생각을, (나)의 '무엇하러 고향 떠나 벼슬길에 헤매리오'는 고향을 떠나 벼슬길에서 헤매지 말아야 한다는 화자의 생각을 의문형 어미를 사용한 설의법으로 강조한 부분이다.

오답 풀이

② (가)의 대동강 물이 이별의 눈물 때문에 마르지 않는다는 것과 (나)의 보리밥 높이가 한 자나 된다고 하는 것에서 과장된 표현이 사용되었음을 알 수 있다. 그러나 이 내용이 화자가 깨달은 바를 드러낸 것은 아니다. (가)는 화자의 슬픔의 크기를 드러내기 위한, (나)는 많은 양의 보리밥을 나타내기 위한 표현이다.
③ (가)의 '풀빛'과 '푸른 물결', (나)의 '막걸리 젖빛처럼 뿌옇고', '검게 탄 두 어깨'는 모두 색채 이미지를 사용한 구절이다. 그런데 (가)는 이를 통해 화자의 슬픔을 강조하고 있으나, (나)는 노동하는 농민들의 건강한 모습을 보여 줄 뿐 화자의 슬픔이 드러나지 않는다.
④ (가)의 '슬픈 노래 부르네', (나)의 '옹헤야 소리 내며 발맞추어 두드리니', '주고받는 노랫가락 점점 높아지는데'는 청각적 이미지를 사용한

구절이지만, 이것은 계절의 변화나 이에 따른 자연물의 아름다움과는 관련이 없다. (가)는 화자의 감정을, (나)는 농민들의 노랫소리를 표현한 것이다.
⑤ (가)의 풀빛이 고운 풍경과 슬픈 노래를 부르는 화자의 모습은 자연물과 인간사를 대조적으로 제시한 부분으로, 이를 통해 화자의 정서를 효과적으로 드러내고 있다. 그러나 (나)에서 대조적 시어로 볼 수 있는 '낙원'과 '벼슬길'은 자연물과 인간사를 대비한 것이 아니다. 두 가지 모두 인간의 생활에 관련된 것이다.

05 정답 ② 화자의 정서와 태도 파악하기

정답 풀이

화자는 임과 이별하고 있는 상황을 부정하거나 임을 붙잡으려는 모습을 보이지 않고 순순히 임을 보내고 있다. 따라서 임과의 이별을 인정하고 있다고 볼 수 있다. 또한 슬픈 노래를 부르며, 이별 눈물을 대동강 물에 보탠다는 표현을 통해 자신의 슬픈 감정을 숨기지 않고 충분히 드러내는 진솔한 모습을 보이고 있다.

오답 풀이

① 화자는 현재 사랑하는 임과 헤어지고 있는 중으로, 이후에 임과 어떤 방식으로 살아가게 될 예정인지는 작품 속에서 드러나지 않는다. 따라서 화자가 임과의 미래가 행복할 것이라 여기고 있다고 볼 수 없다.
③ 화자는 임과의 이별을 부정하기보다 받아들여야 할 것으로 생각하면서 임을 보내고 있으며 임의 마음을 돌리려는 어떠한 행동도 하고 있지 않다.
④ 임과의 이별 상황에서 느끼는 자신의 슬픈 정서를 '슬픈 노래'나 '이별 눈물'과 같은 시어를 통해 충분히 드러내고 있기 때문에 슬픔을 드러내지 않는다는 설명은 적절하지 않다.
⑤ 화자와 임의 과거 상황은 작품에 나타나 있지 않으므로 지난날을 떠올리며 미련을 버리지 못하는 모습을 보이고 있다고 보기는 어렵다.

06 정답 ② 시어 · 시구의 의미 파악하기

정답 풀이

ⓑ '검게 탄 두 어깨 햇볕 받아 번쩍이네'는 농민의 건강한 모습을 시각적인 이미지로 드러내고 있으나, 농민의 외양을 묘사했을 뿐 역동적인 몸의 움직임을 보여 주고 있는 것은 아니다.

오답 풀이

① ⓐ의 '막걸리'는 농민들의 생활상을 보여 주는 일상적 시어로 농민들이 일하는 도중에 간단하게 요기할 수 있는 소박한 음식 중 하나이다. 따라서 이 시어를 통해 관찰 대상인 농민의 소박한 일상이 드러난다.
③ ⓒ를 통해 시적 대상인 농민들이 보리 낟알을 터는 '보리타작'을 하고 있음을 알 수 있다.
④ 노동하고 있는 농민들을 보고 시적 화자는 ⓓ '마음이 몸의 노예가 되지 않았'다고 평가한다. 이는 육체와 정신이 조화로운 농민들의 삶의 모습을 나타내는 구절이다.
⑤ ⓔ의 앞에서 시적 화자는 심신의 조화를 이루며 건강하게 살아가는 농민들을 바라보며 낙원을 떠올리고, ⓔ에서 '벼슬길'이라는 세속적 가치를 추구했던 자신의 삶을 반성하고 있다.

07 정답 ④ 자료를 통해 감상하기

정답 풀이

(가)의 화자는 임과 이별하는 상황에서 느끼는 슬픔의 정서를 노래하였으며, (나)의 화자는 관찰 대상인 농민들이 보리타작하는 모습을 보고 자신의 삶을 반성하고 성찰하는 태도를 노래했다고 볼 수 있다.

오답 풀이

① (가)는 7글자씩 4행을 이루고 있어 7언 절구이지만, (나)는 7글자씩 12행을 이루고 있어 7글자씩 8행을 이루는 7언 율시라고 볼 수 없다.

② 〈보기〉에 따르면, 한시는 주로 지배층이 창작했다고 하였다. 또한 (나)의 '벼슬길'이라는 시어를 통해 (나)의 작가가 평민 계층이 아니라는 것을 파악할 수 있다.

③ (가)에서는 대구법이 사용되지 않았다. 반면 (나)의 1, 2행은 막걸리와 보리밥을 묘사한 구절이 대구를 이루고 있다.

⑤ (가)는 1행, 2행, 3행, 4행이 각각 기, 승, 전, 결을 이루면서 시상이 전개되고 있으며, (나)는 1~4행, 5~8행, 9~10행, 11~12행이 각각 기, 승, 전, 결을 이루면서 시상이 전개되고 있다.

내신 or 수능 실전 기출문제

01~03

본문 • 30~31쪽

01 ④　　**02** ③　　**03** ④

가 [한시] 작자 미상, 「관저(關雎)」

작품 분석

關關雎鳩 (관 관 저 구)　꾸욱꾸욱 우는 물수리 한 쌍
　　사랑하는 남녀 한 쌍을 비유함.

在河之洲 (재 하 지 주)　하수(河水)의 모래톱에 있도다

窈窕淑女 (요 조 숙 녀)　요조숙녀는
　　말과 행동이 품위가 있으며 얌전하고 정숙한 여자

君子好逑 (군 자 호 구)　군자의 좋은 짝이로다
　　화자

핵심 정리

- **화자?** 사랑하는 사람을 얻고자 함.
- **주제?** 아름다운 사랑의 성취 과정
- **특징?** 비유법이 두드러지고, 소박하고 진술한 어휘를 사용함.

나 [고려 가요] 작자 미상, 「동동(動動)」

작품 분석

덕(德)으란 곰빈예 받줍고 복(福)으란 림빈예 받줍고
　　뒷 잔에, 신령님께　　앞 잔에, 임에게

덕(德)이여 복(福)이라 호늘 나ᅀᆞ라 오소이다
　　하는 것을 드리러, 진상하러

「아으 동동(動動)다리」　『』: 후렴구, 북소리의 의성어　〈서사〉
　　▶ 서사: 임의 덕과 복을 기원함.

정월(正月)ㅅ 나릿므른 아으 어져 녹져 ᄒᆞ논ᄃᆡ
　　시냇물 – 객관적 상관물, 화자의 외로움 고조
　　대조　　얼었다 녹았다

누릿 가온ᄃᆡ 나곤 몸하 ᄒᆞ올로 녈셔
　　홀로 살아가는구나 – 화자의 외로움

「아으 동동(動動)다리」　〈정월령〉
　　▶ 정월령: 홀로 살아가는 외로움

이월(二月)ㅅ 보로매 아으 노피 현 등(燈)ㅅ블 다호라
　　연등절　　임의 훌륭한 인격을 비유
　　켠　　답구나. 같구나

만인(萬人) 비취실 즈싀샷다
　　모습이시도다

「아으 동동(動動)다리」　〈이월령〉
　　▶ 이월령: 임의 훌륭한 인격 예찬

삼월(三月) 나며 개(開)ᄒᆞᆫ 아으 만춘(滿春) 둘욋고지여
　　핀　　진달래꽃 – 임의 아름다운 모습 비유

ᄂᆞ미 브롤 즈슬 디녀 나샷다
　　부러워할　　지니어

「아으 동동(動動)다리」　〈삼월령〉
　　▶ 삼월령: 임의 아름다운 모습 예찬

핵심 정리

- **화자?** 임의 덕과 복을 기원하고(〈서사〉), 임의 훌륭한 인격과 아름다운 모습을 찬양하지만(〈이월령〉, 〈삼월령〉) 홀로 살아가는 외로운 처지임(〈정월령〉).
- **주제?** 임을 송축하며 사랑하고 그리워하는 정
- **특징?** 각 달의 세시 풍속에 따라 시상이 전개되는 월령체 형식의 고려 가요로 분절체이며 후렴구가 사용되었음. 화자와 임을 다양한 사물에 비유하여 정서를 드러냄.

다 [고려 가요] 작자 미상, 「가시리」

작품 분석

가시리 가시리잇고 나ᄂᆞᆫ
　　여읨

ᄇᆞ리고 가시리잇고 나ᄂᆞᆫ

「위 증즐가 대평셩ᄃᆡ(大平盛代)」　『』: 후렴구　▶ 기: 이별에 대한 원망

날러는 엇디 살라 ᄒᆞ고
　　절망의 심화

ᄇᆞ리고 가시리잇고 나ᄂᆞᆫ
1연의 2행 반복 → 이별의 슬픔과 정한 강조

「위 증즐가 대평셩ᄃᆡ(大平盛代)」　▶ 승: 임에 대한 원망의 고조

잡ᄉᆞ와 두어리마ᄂᆞᄂᆞᆫ
　　붙잡아　　순종적·체념적

선ᄒᆞ면 아니 올셰라
서운하게 생각하면. 주체: 임

「위 증즐가 대평셩ᄃᆡ(大平盛代)」　▶ 전: 임을 잡고 싶은 감정의 절제와 체념

셜온 님 보내ᅌᅳ노니 나ᄂᆞᆫ
주체 ① 화자 – 나를 서럽게 한 임 ② 임 – 나와의 이별을 서러워하는 임

가시는 ᄃᆞᆺ 도셔 오쇼셔 나ᄂᆞᆫ
화자의 소망을 직접적으로 표출함(간절한 기다림의 정서)

「위 증즐가 대평셩ᄃᆡ(大平盛代)」　▶ 결: 임이 돌아오기를 바라는 소망

- **화자?** 임과 이별한 여인으로 임과의 이별에 대해 안타까움과 원망을 드러내다 이별을 수용하며 임이 곧 돌아오기를 기원함.
- **주제?** 이별의 정한과 임에 대한 사랑
- **특징?** 분절체이면서 후렴구가 나타나는 고려 가요로, 간결한 형식과 진솔한 표현으로 임과 이별하게 된 화자의 정서를 드러냄.

01 정답 ④ 글의 세부 내용 이해하기

정답 풀이

(가)의 1, 2문단으로 볼 때, 고려 속요와 『시경(詩經)』의 '풍(風)'에 실린 노래는 민간 가요에 그 근원을 두고 있거나 민간 가요에 해당한다고 볼 수 있다. 3문단에서 '민간 가요의 궁중 악곡으로의 전환은 하층에서 상층으로의 편입·흡수 과정을 통해 상·하층이 노래를 함께 향유한 화합의 차원'이라고 하였다. 따라서 『시경』의 '풍'과 고려 속요는 하층 노래가 상층 문화에 영향을 준 것이라고 할 수 있다.

오답 풀이

① 1문단에서 고려 속요는 '조선 시대까지 궁중 연향(宴饗)에서 전승되어 불린 노래'임을 알 수 있다.

② 2문단에서 중국의 오래된 시집인 『시경(詩經)』의 '풍(風)'에 실린 노래는 '고려와 조선의 궁중 잔치에서도 불렸'으며, '조선의 궁중에서는 이를 참고하여 연향 악곡을 선정'했다고 한 것을 통해 알 수 있다.

③ 2문단에서 『시경(詩經)』의 '풍(風)'에는 '민간의 노래가 실려 있는데 사랑 노래가 대부분'이라고 한 것과, 3문단에서 이 노래들이 '민중의 생활상을 진솔하게 반영한 노래'라고 한 것을 통해 알 수 있다.

⑤ 3문단에서 민간 노래 중 '남녀 간의 사랑 노래는 그 화자와 대상이 '신하'와 '임금'의 구도로 치환되기 용이했기 때문에 궁중악으로 편입될 수 있었다.'라고 한 것을 통해 궁중악에 편입된 남녀 간의 사랑 노래는 군신 간의 관계로 바뀌어 해석될 수 있었음을 알 수 있다.

02 정답 ③ 자료를 통해 감상하기

정답 풀이

(나)의 〈서사〉에서 '아으 동동다리'를 제외한 나머지 부분은 임의 덕과 복을 빌며 송축하는 내용, 즉 경사스러움을 기리고 축하하는 내용을 담고 있다. 따라서 이 부분은 ⓒ '송축의 내용'을 담은 예로 볼 수 있다.

오답 풀이

① (나)의 '아으 동동다리'는 각 연의 마지막에 반복되는 후렴구로, 각 연이 유기적 관계를 맺게 하는 형식적 장치로 기능하며 작품 전체에 통일성을 부여하고 있으므로 ㉠ '작품 전체에 통일성을 부여하는 기능'의 예로 볼 수 있다.

② (나)의 〈서사〉에서 '아으 동동다리'를 제외한 나머지 부분은 임을 송축하는 내용을 담고 있으며 이는 〈서사〉에만 나타난다. 즉 이 부분은 작품 전체에 통일성을 부여하는 형식적 장치는 아니므로 ㉠의 예로 볼 수 없다. 그리고 후렴구를 제외한 〈서사〉 부분을 보면 '덕, 복' 등과 같이 임과 이별한 상황과 동떨어진 시어를 사용하고 있으므로 ⓒ의 예에 해당한다고 볼 수 있다.

④ (다)의 '위 증즐가 대평셩디'는 각 연의 마지막에 반복되는 후렴구로,

03 정답 ④ 자료를 통해 감상하기

정답 풀이

[A]는 1~2행의 짝을 지은 물수리 암수의 모습과, 3~4행의 요조숙녀와 군자의 모습이 상응하면서 대칭 구조를 이루고 있다. 제1행과 제2행에는 물수리 한 쌍이 하수의 모래톱에 있는 모습이 제시되어 있을 뿐 대상의 변화에 따른 대칭 구조는 나타나 있지 않다. 또한 (다)의 제1연과 제2연에서는 떠나는 임에 대한 화자의 하소연이 고조되어 드러나고 있을 뿐 역시 대칭 구조가 나타나는 것은 아니다.

오답 풀이

① (가)의 4문단에서 [A]는 '자연과 사람, 사람과 사람 사이의 조화로움을 노래한 것으로 해석'된다고 설명하였다. 또한 (나)의 〈정월령〉의 내용은, 정월 냇물은 얼었다가 녹았다가 하는데 화자는 세상 가운데 혼자 지낸다는 것으로, 화자의 외로움을 냇물과 대비하여 드러내고 있다. 따라서 이는 남녀 간의 사랑으로 인한 외로움이 드러나 있는 것이라고 할 수 있다.

② (가)의 4문단을 통해 [A]의 짝을 지은 물수리 한 쌍이 조화로운 가치를 지닌 대상으로 해석됨을 알 수 있다. 또한 (나)의 〈삼월령〉의 '만춘 둘 욋곶'은 남이 부러워할 모습을 지닌 존재이다. 따라서 [A]의 '물수리 한 쌍'과 (나)의 '만춘 둘 욋곶'은 둘 다 민중이 긍정적 가치를 부여하는 대상이라고 볼 수 있다.

③ (가)의 4문단에서 '부부간의 화락(和樂)과 공경(恭敬)을 읊은 것'이라는 내용을 통해 [A]에서 부부가 화락하는 상황을 보여 주고 있음을 알 수 있다. 그리고 (다)에서는 화자가 임이 떠나는 것을 거듭 확인하는 것을 통해 남녀가 이별하는 상황을 보여 주고 있음을 알 수 있다.

⑤ (가)의 4문단에서 [A]에 대해 '부부간의 화락(和樂)과 공경(恭敬)을 읊은 것, 풍속 교화의 시초'라고 평한다고 하였으므로 [A]는 풍속을 교화할 만한 이상적인 사랑을 노래했음을 알 수 있다. (나)는 〈이월령〉에서 임을 높이 켜 놓은 등불에 빗대어 표현하고 있으므로 임을 모두가 우러러볼 만한 덕을 지닌 존재로 나타내고 있음을 알 수 있다. (다)에서는 임과 이별하게 된 화자가 안타까움과 원망을 드러내다가 임이 곧 돌아오기를 기원하고 있으므로, 임에 대한 사랑을 노래한 작품으로 볼 수 있다.

이별 상황을 담은 노래의 내용과 맞지 않는 '태평성대'라는 시어가 사용되었다. 따라서 '위 증즐가 대평셩디'는 ⓒ '이별의 상황과 동떨어진 시어'의 예로 볼 수 있다.

⑤ (다)의 제1연에서 '위 증즐가 대평셩디'를 제외한 나머지 부분은 자신을 떠나는 임에게 화자가 '가시겠습니까?'라고 묻는 내용이 담겨 있을 뿐 송축의 내용은 나타나지 않으므로 ⓒ의 예로 볼 수 없다.

03강 시조 1 자연 예찬

01~04 본문 • 34~35쪽

01 ⑤ **02** ③ **03** ③ **04** ①

가 [평시조] 송순, 「십 년(十年)을 경영(經營)ᄒ야 ~」

작품 분석

안빈낙도(安貧樂道): 가난한 생활을 하면서도 편안한 마음으로 도를 즐겨 지킴.

십 년(十年)을 경영(經營)ᄒ야 초려 삼간(草廬三間) 지어 내니
준비하여 ▶ 초장: 십 년 동안 방 세 칸짜리 초가집을 지음.
방이 세 칸밖에 없는 초가집

나ᄒᆫ 간 돌 ᄒᆫ 간에 청풍(靑風) ᄒᆫ 간 맛져 두고 — 물아일체(物我一體)
화자 달 한 칸 맑은 바람 맡겨 두고 ▶ 중장: 화자와 달, 바람이 초가집에서 같이 지냄.
강산(江山)은 들일 듸 업스니 둘러 두고 보리라
들일 방 ▶ 종장: 자연을 있는 그대로 감상함.

핵심 정리

• **화자?** 자연과 하나되고자 하는 화자는 방에 자연물을 들인다는 기발한 발상으로 자연과 함께 사는 삶에 대한 만족감을 표현함.
• **주제?** 자연 속에서의 안빈낙도와 물아일체의 삶
• **특징?** 의인법을 활용하여 자연물을 친근한 존재로 표현함.

나 [평시조] 조식, 「두류산(頭流山) 양단수(兩端水)를 ~」

작품 분석

두류산(頭流山) 양단수(兩端水)를 녜 듯고 이제 보니
지리산 두 갈래의 물이 합쳐지는 곳 ▶ 초장: 지리산 양단수를 찾아감.
도화(桃花) ᄯᅳᆫ 묽은 믈에 산영(山影)조ᄎ 잠겻셰라
중장의 무릉도원을 암시 산 그림자 ▶ 중장: 산 그림자가 잠긴 맑은 물이 흐름.
아희야 무릉(茂陵)이 어디오 나는 옌가 ᄒ노라 — 문답법
아이야 「도화원기(桃花源記)」에 나오는 이상 세계, 무릉도원
▶ 종장: 무릉도원처럼 아름다운 자연의 풍경

핵심 정리

• **화자?** 아름다운 두류산의 경치에 감탄하며 무릉도원과 같다고 느낌.
• **주제?** 두류산 양단수의 절경에 대한 예찬
• **특징?** 문답법을 활용하여 자연에 대한 예찬적 태도를 효과적으로 드러냄.

다 [평시조] 한호, 「짚방석(方席) 내지 마라 ~」

작품 분석

△ 인위적인 것 □ 자연적인 것

짚방석(方席) 내지 마라 낙엽(落葉)엔들 못 안즈랴
인위적 낙엽(자연적) ↔ 짚방석 ▶ 초장: 자연 속에 그냥 앉고자 함. 대구
솔불 혀지 마라 어졔 진 달 도다온다
인위적 달(자연적) ↔ 솔불 ▶ 중장: 자연의 일부인 달빛을 즐기고자 함.
아희야 박주산채(薄酒山菜)ㄹ망졍 업다 말고 내여라 — 안빈낙도
초장·중장의 맛이 변변치 못한 술과 산나물. 대유법 (安貧樂道)
청자 ▶ 종장: 소박한 술과 나물에 만족함.

핵심 정리

• **화자?** 인위적인 대상을 거부하고 자연적인 것을 추구하며, 소박한 삶을 즐김.

• **주제?** 자연 속에서 즐기는 풍류와 안분지족
• **특징?** 대구법, 대조법을 활용하여 소박한 삶에 대한 화자의 지향을 드러냄.

01 정답 ⑤ 표현상의 특징 이해하기

정답 풀이

(다)에서 초장과 중장의 통사 구조가 유사하다는 것을 확인할 수 있고, 이를 통해 '낙엽', '달'과 같은 자연적인 것을 지향하는 화자의 자연 친화적 태도를 드러내고 있다. 그러나 (나)에서는 이러한 유사한 통사 구조의 반복을 확인할 수 없다. 그러므로 (나)와 (다)가 유사한 통사 구조를 반복하여 화자가 긍정적으로 생각하는 삶의 태도를 강조하고 있다고 볼 수는 없다.

오답 풀이

① (가)의 중장에서 '둘'과 '청풍'에게 각각 초려 삼간의 'ᄒ 간'씩을 맡긴다고 표현한 것은 자연물에 인격을 부여하는 의인법을 활용한 것이다. 이에 반해 (나)에서는 '두류산 양단수'의 아름다움을 '무릉'에 비유한 표현만을 찾아볼 수 있을 뿐, 의인법이 사용된 부분은 확인할 수 없다.
② (나)의 중장에서 화자는 감탄형 종결 어미 '-셰라'를 활용하여 화자가 바라보고 있는 두류산의 풍경에 대한 감탄을 드러내고 있다. 이에 반해 (가)에는 '-리라'와 같이 마음속 다짐을 드러내는 종결 어미만 쓰였을 뿐, 감탄형 종결 어미는 사용되지 않았다.
③ (나)의 종장에서 화자는 '아희'에게 '무릉'이 어디인지를 물은 뒤 이에 답하는 방식으로 '두류산 양단수'의 아름다움을 표현하고 있다. 이에 반해 (다)에서는 '아희'를 대상으로 말을 건네고는 있지만, 질문을 한 뒤 답하는 방식이 사용되지는 않았다.
④ (다)의 초장에서 '낙엽엔들 못 안즈랴'와 같이 '낙엽에 앉을 수 있다'는 뜻을 강조하는 설의적 표현을 확인할 수 있다. 그러나 (가)에는 이러한 물음 형태의 표현 자체가 드러나 있지 않다.

02 정답 ③ 화자의 정서와 태도 파악하기

정답 풀이

(나)의 화자는 '두류산 양단수'를 보고, 그 아름다움에 감탄하며 무릉을 떠올리고 있다. '두류산 양단수'가 '무릉'과 같이 아름답다고 표현한 것일 뿐이므로, 화자가 '무릉'에 간 것으로 이해하는 것은 적절하지 않다.

오답 풀이

① (가)의 화자는 십 년을 준비하여 '초려 삼간'을 지었다고 말하고 있다. 십 년이라는 긴 세월 동안 마련한 것이 한 채의 초가집이라는 것으로 보아, (가)의 화자는 소박한 삶의 태도를 지니고 있음을 알 수 있다.
② (가)의 화자는 자신이 지은 '초려 삼간'에 '둘', '청풍'을 들여 함께 머물며 살고 싶다는 소망을 노래하고 있다. 이는 '나'와 '둘', '청풍'이 초려 삼간 속에서 일체를 이루는 물아일체(物我一體)의 삶에 대한 동경을 드러낸 것으로 볼 수 있다.
④ (다)의 화자는 '짚방석', '솔불'과 같은 인위적 소재는 거부하고, '낙엽', '달'과 같은 자연적 소재에 대해서는 긍정적인 태도를 보이고 있다. 이를 통해 화자의 자연 친화적인 삶의 태도를 엿볼 수 있으므로, (다)의 화자는 성격이 대조적인 소재를 활용하여 자신이 추구하는 삶

의 방향을 드러내고 있다고 할 수 있다.

⑤ (다)의 화자는 낙엽에 앉아 달빛을 받으며 소박한 술과 안주를 즐기고자 한다. 따라서 화자는 생활 공간인 자연 속에서의 삶에 만족하고 있으므로 자연 속에서 살며 흥취를 즐기는 삶을 긍정적으로 표현하고 있다고 볼 수 있다.

03 정답 ③ 시어·시구의 의미 파악하기

정답 풀이

㉠의 '강산(江山)'은 화자가 가까이 두고 싶어 하는 자연물이고 ㉡의 '도화(桃花)'는 화자가 감상하며 감탄하는 자연의 일부이다. ㉣의 '낙엽(落葉)'과 ㉤의 '달'은 화자가 긍정적으로 생각하는 자연적인 소재이다. 그러나 ㉢의 '짚방석'은 화자가 원하지 않는, 즉 부정적으로 인식하는 인공적인 소재이므로 다른 시어들과는 성격이 다르다.

04 정답 ① 자료를 통해 감상하기

정답 풀이

〈보기〉에서는 글자 수가 많은 부분에서 시적 긴장감이 유발된다고 하였다. (가)의 종장에서 '강산은'과 '들일 되 업스니'는 각각 한 호흡 안에서 읽어야 하기 때문에 첫 어절 '강산은'보다 글자 수가 많은 '들일 되 업스니'에서 시적 긴장감이 더 강하게 유발된다고 할 수 있다.

오답 풀이

② 〈보기〉에서 시조는 4음보의 율격을 띤다고 하였으므로, (나)의 종장은 '아희야 / 무릉이 어디오 / 나는 옌가 / ᄒ노라'와 같이 끊어 읽는 것이 자연스럽다.

③ (가)~(다)는 모두 종장의 첫 구가 각각 '강산은', '아희야', '아희야'와 같이 3음절로 되어 있다.

④ (가)~(다)는 모두 초장, 중장, 종장의 3장 구성으로 되어 있으며 특정 부분의 길이가 두드러지게 확대되지 않은 것으로 보아 각 장의 글자 수의 편차가 크지 않다는 공통점을 확인할 수 있다.

⑤ (가)~(다)는 각각 '송순', '조식', '한호'가 창작한 평시조이며 모두 자연 친화적 삶을 주제로 삼고 있는 것으로 보아, 〈보기〉에 따라 사대부 계층이 창작한 작품임을 짐작할 수 있다.

본문 • 36~37쪽

05~07

05 ②   **06** ③   **07** ⑤

[연시조] 윤선도, 「만흥(漫興)」

작품 분석

산슈 간(山水間) 바회 아래 쒸집을 짓노라 ᄒ니   □: 자연
   자연   움막, 초가집   △: 세속, 현실
그 모른 ᄂᆞᆷ들흔 웃눈다 흔다마ᄂᆞᆫ
   모르는   비웃는다
어리고 햐암의 ᄠᅳᆺ의ᄂᆞᆫ 내 분(分)인가 ᄒ노라   〈제1수〉
   어리석고 햐암(鄕闇), 시골뜨기 – 화자가 자신을 낮춤.   ▶ 안분지족(安分知足)

보리밥 픗ᄂ믈을 알마초 머근 후(後)에
   소박한 식사   알맞게
바횟 긋 믉ᄀ의 슬ᄏ지 노니노라
   물가에서   실컷
그 나믄 녀나믄 일이야 부룰 줄이 이시랴   〈제2수〉
   부귀영화의 삶   부러워할   ▶ 안빈낙도(安貧樂道)

잔 들고 혼자 안자 먼 뫼흘 ᄇ라보니
   술잔   뫼('ᄒ' 종성 체언)+을
그리던 님이 오다 반가옴이 이러ᄒ랴
   그리워하던
말ᄉᆞᆷ도 우움도 아녀도 몯내 됴하ᄒ노라   〈제3수〉
   웃음   ▶ 물아일체(物我一體)

           삼정승: 영의정, 우의정, 좌의정
누고셔 삼공(三公)도곤 낫다 ᄒ더니 만승(萬乘)이 이만ᄒ랴
     보다   만승천자(萬乘天子): 만 대의 수레를 부리는 천자. 황제
이제로 헤어든 소부(巢父) 허유(許由)ㅣ 냑돗더라
     중국 요나라의 은자(隱者)   약앗더라 – 영리했구나
아마도 님쳔 한흥(林泉閑興)을 비길 곳이 업세라   〈제4수〉
   자연 속에서 느끼는 한가한 흥취   ▶ 임천한흥(林泉閑興)

내 셩이 게으르더니 하ᄂᆞᆯ히 아ᄅ실샤
   성격
인간 만ᄉ(人間萬事)를 흔 일도 아니 맛뎌
     한 가지 일도
다만당 ᄃ토리 업슨 강산(江山)을 딕희라 ᄒ시도다   〈제5수〉
   다툴 사람   지키라   ▶ 강호한정(江湖閑情)

강산(江山)이 됴타 흔들 내 분(分)으로 누얻ᄂ냐
   자연   분수   누웠겠는가
님군 은혜(恩惠)를 이제 더옥 아노이다 ─ 강호가도(江湖歌道)의
   임금   특징이 드러남.
아므리 갑고쟈 ᄒ야도 ᄒ올 일이 업세라   〈제6수〉
   갚고자   갚을 수가 없음.   ▶ 연군지정(戀君之情)

핵심 정리

- **화자?** 세속적인 것을 멀리하고 자연에서 사는 삶에 자부심을 느끼며 자연 친화적 태도를 가지고 있음.
- **주제?** 자연에 묻혀 살아가는 삶의 즐거움
- **특징?** 설의적 표현을 통해 주제를 강조하고, 세속적인 것과 자연을 대비하여 주제를 부각함. 한문투보다 우리말의 묘미를 잘 살림.

05 정답 ② 표현상의 특징 이해하기

정답 풀이

'그 나믄 녀나믄 일이야 부룰 줄이 이시랴', '누고셔 삼공도곤 낫다 ᄒ더니 만승이 이만ᄒ랴' 등에서 화자는 설의적 표현을 활용하여 세속과 떨어져 자연과 더불어 살아가면서 느끼는 삶의 만족감과 즐거움을 드러내고 있다.

오답 풀이

① 바위, 물가, 강산 등 다양한 자연물을 활용해 자연과 더불어 유유자적하며 살아가는 흥겨운 삶을 노래하고 있지만, 대상에 대한 그리움을 노래한 부분은 드러나 있지 않다.

③ 자연을 사랑하고 즐기는 화자의 정서가 일관되게 유지되고 있으므로 화자의 심리적 변화를 표출한다고 볼 수 없다.

④ 특정 상황을 구체적으로 묘사한 부분은 나타나 있지 않으며, 화자는 자연 속에서 한가로운 흥취를 즐기고 있으므로 화자의 심리적 갈등이 드러난다고도 볼 수 없다.

⑤ 화자가 낯선 자연 풍경을 소개하거나 그와 관련한 정서를 드러내지는 않았으며, 화자는 현재의 삶에 만족하고 있는 상태이므로 이상향에 대한 지향도 드러내지 않았다.

06 정답 ③   시어·시구의 의미 파악하기

정답 풀이

ⓒ에서 화자는 술잔을 들고 앉아 산의 모습을 바라보는 즐거움이 반가운 임을 만난 기쁨보다 더하다는 생각을 드러내고 있다. 즉, 화자는 비교를 통해 인간 세계(속세)보다는 '산'으로 대표되는 자연 세계에 더 애정을 느끼는 자연 친화적 태도를 드러내고 있다.

오답 풀이

① ㉠은 소박한 식사를 알맞게 먹었다는 내용으로, 감각적 이미지를 활용한 부분은 찾을 수 없다.

② ㉡의 '부를 줄이 이시랴'는 설의적 표현이 사용된 부분으로, 세속의 일에는 관심을 두지 않으려는 화자의 의지를 드러내고 있을 뿐 대립적 시어를 배치하거나 상황의 모순을 나타내고 있지는 않다.

④ ㉣에서는 자연을 벗하며 은거했던 '소부, 허유'라는 고사 속 인물을 등장시켜 자연에 묻혀 사는 삶에 대해 예찬하고 있을 뿐 반성적인 태도는 찾을 수 없다.

⑤ ㉤은 하늘이 내 성품의 게으름을 알아 세상의 일을 맡기지 않았다는 것으로, 자신의 분수와 처지를 겸손하게 받아들이고 있기에 화자가 상대와 동등한 가치를 지녔다고 여기면서 이를 강조하고 있다고 할 수 없다.

07 정답 ⑤   자료를 통해 감상하기

정답 풀이

'도토리 업슨 강산을 딕희라(다툴 이 없는 강산을 지키라)'는 세속의 경쟁적 삶을 벗어나 자연에서 살아가는 삶이 하늘이 명령한 자신의 본분임을 강조한 표현이다. 이를 통해 정쟁으로 인해 현실 정치에서 물러나 자연에 귀의한 은자의 삶에 대한 자부심을 보여 주고 있다. 따라서 '도토리 업슨 강산을 딕희라'를 통해 현실의 정치 상황에 저항하는 화자의 자세를 강조하고 있다는 감상은 적절하지 않다.

오답 풀이

① 〈보기〉에 따르면 윤선도는 유배지에서 풀려난 후 해남 금쇄동에 은거하였다. 따라서 작품 속 '산슈 간 바회 아래', '뛰집' 등은 화자가 세속과 떨어져 자연 정치를 벗으로 삼아 은거한 해남 금쇄동의 모습이 투영된 공간이라고 추측할 수 있다.

② 〈보기〉에서 윤선도는 부귀공명을 추구하기보다 자신의 분수에 만족하며 살아가는 안빈낙도를 추구하며 살았다고 하였다. '내 분인가 ᄒᆞ노라'라는 시구에서는 이러한 안빈낙도의 정서를 읽을 수 있다.

③ 〈보기〉에 따르면 윤선도는 안빈낙도를 추구하였다. '삼공'과 '만승'은 높은 지위와 권력, 재산 등을 의미하는 것으로, 화자는 자연 속에서 살아가는 삶이 삼공이나 만승보다 낫다고 함으로써 자연에 묻혀 한

가하게 지내는 흥취가 그 무엇과도 비교할 수 없는 즐거움임을 드러내고 있다.

④ 〈보기〉에 따르면 윤선도는 병자호란 때 왕을 모시고 따라가지 않았다는 이유로 유배되었다가 이후 해남 금쇄동에서 은거하며 살았다. 작품에 제시된 '인간 만ᄉᆞ를 ᄒᆞᆫ 일도 아니 맛뎌'를 통해 이와 같이 세속의 일, 즉 벼슬을 하지 않고 자연에 은거하는 화자의 삶이 드러난다.

내신 or 수능 실전 기출문제

본문 · 38쪽

01~02

01 ②   02 ⑤

[연시조] 맹사성, 「강호사시가(江湖四時歌)」

작품 분석

강호(江湖)에 봄이 드니 미친 흥(興)이 절로 난다
　자연　　광흥(狂興, 미친 듯한 흥)
탁료계변(濁醪溪邊)에 금린어(錦鱗魚)ㅣ 안주로다
　막걸리　　　　　　쏘가리
이 몸이 한가(閑暇)하옴도 역군은(亦君恩)이샷다　〈제1수〉
　　한가하게 노니는 것　　유교적 충의 - 강호가도(江湖歌道)
　　　　　　　　　　　▶ 강호에서 느끼는 봄의 흥취

　　　　　초가집, 억새나 짚 따위로 지붕을 인 조그마한 집채
강호(江湖)에 여름이 드니 초당(草堂)에 일이 업다
　　　　　　　　　　　　　할 일이 없어 한가함.
유신(有信)한 강파(江波)는 보내노니 바람이로다
　신의가 있는
이 몸이 서늘하옴도 역군은(亦君恩)이샷다　〈제2수〉
　　시원하게 지내는 것　　　▶ 여름의 한가한 초당 생활

　　　　　　　　　자연의 풍요로움
강호(江湖)에 가을이 드니 고기마다 살져 잇다
　작은 배　　　흐르게
소정(小艇)에 그물 시러 흘리 띄여 더뎌 두고
　　무위자연(無爲自然, 사람의 힘을 더하지 않은 자연). 유유자적하는 삶의 태도
이 몸이 소일(消日)하옴도 역군은(亦君恩)이샷다　〈제3수〉
　　하는 일 없이 세월을 보내는 것　　▶ 가을날 고기잡이를 하며 즐기는 생활

강호(江湖)에 겨울이 드니 눈 기픠 자히 남다
　　　　　　　　　　　깊이　한 재(30.3cm)가 넘음.
삿갓 빗기 쓰고 누역으로 오슬 삼아
　비스듬히　　도롱이
이 몸이 칩디 아니하옴도 역군은(亦君恩)이샷다　〈제4수〉
　　춥지 아니한 것　　　▶ 눈 쌓인 가운데 안분지족하는 삶

핵심 정리

- 화자? 각 계절마다 자연 속에서 흥취를 즐기는 화자는 유유자적하게 지내면서 임금의 은혜에 감사함.
- 주제? 자연 속에서 유유자적하는 삶의 즐거움과 임금의 은혜에 대한 감사
- 특징? 자연 속에서 사는 즐거움을 사계절의 흐름에 따라 한 수씩 노래한 연시조로, 각 연마다 동일한 구절을 반복하여 형식적 통일감을 형성하고 주제를 부각함.

01 정답 ② 〔표현상의 특징 이해하기〕

정답 풀이

〈제2수〉의 B는 '초당에 일이 업다'로, 초당(억새나 짚 따위로 지붕을 인 조그마한 집채)에서 소박하게 지내는 화자가 한가로움을 느끼는 모습이 나타나 있고, 〈제3수〉의 B는 '고기마다 살져 잇다'로 화자가 바라보고 있는 풍요로운 자연의 모습이 나타나 있다. 즉 〈제2수〉와 〈제3수〉의 B에는 각각 여름날의 한가로움과 가을을 맞은 자연의 모습이 나타날 뿐 자연 경관에 대한 화자의 평가가 드러나지는 않는다.

오답 풀이

① 〈제1수〉~〈제4수〉의 초장 앞부분은 각각 '강호에 봄이 드니', '강호에 여름이 드니', '강호에 가을이 드니', '강호에 겨울이 드니'로, A에는 '봄-여름-가을-겨울'과 같이 화자가 맞이하게 되는 계절이 드러나 있다.

③ 〈제1수〉의 C에는 시냇가에서 막걸리를 마시며 쏘가리를 안주로 즐기는 화자의 모습이, 〈제3수〉의 C에는 작은 배에 그물을 싣고 흐르는 대로 던져둔 화자의 모습이 구체적으로 드러나 있다.

④ 〈제1수〉의 D는 '한가하옴'으로, 초장과 중장에 나타난 봄날의 흥취를 즐기는 상황 속에서 화자가 느끼는 정서가 드러나 있다. 〈제2수〉의 D는 '서늘하옴'으로, 초장과 중장에 나타난 한가하게 강에서 불어오는 바람을 즐기는 상황에 대한 화자의 정서가 드러나 있다.

⑤ 〈제1수〉~〈제4수〉의 종장에서 반복되는 '역군은이샷다'의 의미는 '역시 모두 임금의 은혜로다'로, E의 '임금'은 화자가 봄의 한가로움과 여름의 서늘함, 가을의 소일하며 지내는 즐거움, 겨울의 춥지 아니함을 가능하게 해 주는 존재로 인식하는 대상이다.

02 정답 ⑤ 〔시어 · 시구의 의미 파악하기〕

정답 풀이

〈제4수〉에서 화자는 겨울을 맞아 눈이 온 가운데 삿갓을 비스듬히 쓰고 도롱이로 옷을 삼아 입으며 만족감을 드러내고 있다. 즉 ⑩에서 화자는 편안한 마음으로 주어진 것에 만족할 줄 아는 안분지족의 태도를 보이고 있을 뿐 자신의 모습을 해학적으로 드러내지는 않았다.

오답 풀이

① ㉠은 시냇가에서 막걸리를 마시며 쏘가리를 안주로 즐기는 모습을 보여 주는 부분으로, 소박하게 봄의 흥취를 즐기는 화자의 태도가 드러나 있다.

② ㉡은 '신의 있는 강 물결'이 바람을 보낸다고 표현한 것으로, 강 물결을 의인화한 표현을 사용해 여름날 시원한 강바람을 맞는 모습을 나타내고 있다.

③ ㉢은 작은 배에 그물을 싣고 그물이 물결을 따라 흐르게 던져둔 모습을 나타낸 부분으로, 속세를 떠나 아무 속박 없이 조용하고 편안하게 사는 유유자적한 삶의 모습이 드러나 있다.

④ ㉣은 자연 속에서 유유자적하는 화자가 그렇게 소일하며 지낼 수 있는 것이 임금의 은혜 덕이라는 태도를 드러낸 것으로, 임금에 대한 충의가 나타나 있다.

03~04

03 ② **04** ③

[연시조] 이황, 「도산십이곡(陶山十二曲)」

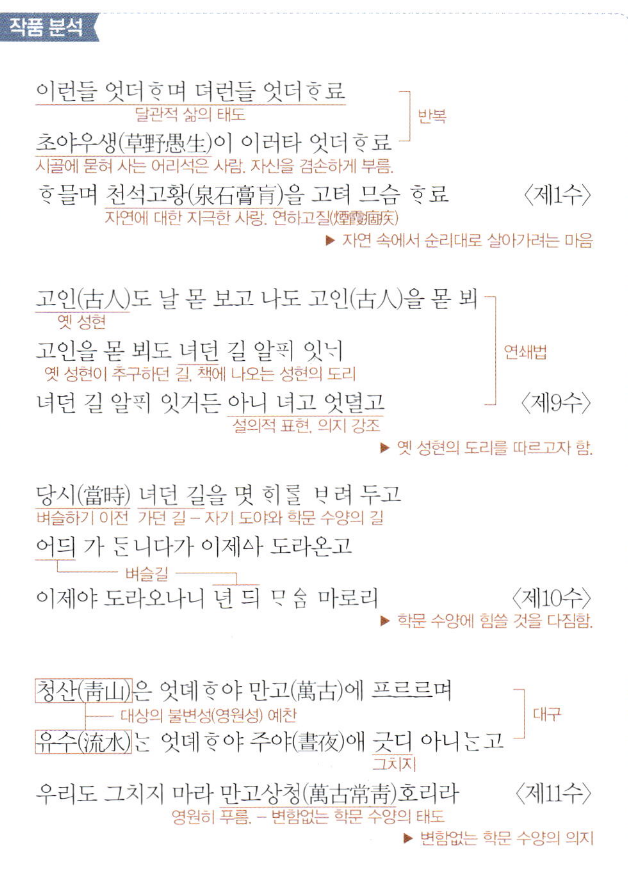

핵심 정리

- **화자?** 벼슬에서 물러난 학자인 화자는 자연에 묻혀 지내며 자연을 지극히 사랑하고 부단히 학문 수양에 정진하고자 함.
- **주제?** 자연 친화적 삶과 학문 수양에 대한 의지
- **특징?** 전 12수의 연시조로 전반부에서는 자연 속 삶의 흥취를, 후반부에서는 학문 수양의 의지를 드러냄. 반복법, 설의법, 대구법, 연쇄법 등을 활용하여 주제를 효과적으로 표현함.

03 정답 ② 〔표현상의 특징 이해하기〕

정답 풀이

연쇄법은 앞 구절의 끝 부분을 다음 구절의 첫머리에 이어받아 표현하는 방법이다. 〈제9수〉에서는 초장 뒷부분의 '나도 고인을 몯 뵈'가 중장 첫머리의 '고인을 몯 뵈도'로 이어지고, 중장 뒷부분의 '녀던 길 알ᄑᆡ 잇ᄂᆡ(가던 길 앞에 있네)'가 종장 첫머리의 '녀던 길 알ᄑᆡ 잇거든(가던 길 앞에 있거든)'으로 이어지고 있어 연쇄법이 활용되었음을 알 수 있다.

오답 풀이

① 〈제1수〉는 '이런들 엇더ᄒᆞ며 뎌런들 엇더ᄒᆞ료'와 같은 대구와 '엇더ᄒᆞ료', '므슴 ᄒᆞ료'와 같은 설의적 표현을 통해 시골에 묻혀 지내며 자연

을 사랑하는 화자의 태도를 드러내고 있을 뿐 대조를 통해 대상의 속성을 강조한 부분은 찾을 수 없다.

③ 〈제10수〉에서는 중장 뒷부분의 '이제사 도라온고'가 종장 첫머리의 '이제야 도라오나니'로 이어지는 연쇄법을 활용하여 벼슬을 그만둔 뒤 학문 수양에 정진하는 마음가짐을 드러내고 있을 뿐 대구를 활용하여 당시 세태를 비판한 부분은 찾을 수 없다.

④ 〈제10수〉에서 색채 이미지가 사용되거나 또는 색채의 대비가 드러난 부분은 찾을 수 없다.

⑤ 〈제11수〉에서는 초장과 중장의 대구적 표현을 활용해 자연의 불변성과 영속성을 예찬한 뒤 그와 같이 변함없는 태도로 학문을 수양하겠다는 화자의 의지를 드러내고 있다. 묻고 대답하는 형식으로 표현하는 문답법은 활용되지 않았다.

04 정답 ③ (자료를 통해 감상하기)

정답 풀이

〈보기〉에서 이황은 '오랜 벼슬 생활의 끝에 다시 학문에 정진하기로 결심'했다고 하였다. 〈제10수〉의 초장과 중장은 이러한 상황이 나타난 부분으로 '녀던 길', 즉 학문의 길을 몇 해 동안 버려두고 벼슬길에 나갔다가 학문의 길로 돌아왔음을 언급하고 있다. 여기에서 '몃 히룰 ᄇ려 두고'는 속세에서 벼슬을 하며 몇 해 동안 학문 수양을 멀리한 데 대한 반성을 드러낸 부분으로 볼 수 있다. 이 작품에서 화자가 자연 생활을 기피하였거나 과거 속세에서 청렴하지 못하게 살았음을 보여 주는 내용은 드러나지 않는다.

오답 풀이

① '고인을 몯 뵈도 녀던 길 알픠 잇ᄂᆡ'는 고인, 즉 옛 성현을 못 뵈어도 그가 가던 학문 수양의 길이 앞에 있음을 나타낸 것으로, 이는 학문을 통해 성현들의 지혜를 배우고자 하는 생각이 반영된 것이라고 할 수 있다.

② '녀던 길 알픠 잇거든 아니 녀고 엇멸고'는 '(고인이) 가던 길이 앞에 있으니 아니 가고 어찌하리오'라고 해석되므로, 고인들의 뜻을 이어받아 학문 수양에 정진하려는 의지를 담고 있는 표현이라고 할 수 있다.

④ '어듸'는 '녀던 길', 즉 학문의 길을 버려두고 다니던 곳이고, '년 ᄃᆡ'는 학문을 수양하며 마음을 두지 말아야 하는 '다른 데'를 뜻하는 말이다. 따라서 '어듸'와 '년 ᄃᆡ'는 화자가 학문 수양에 정진하지 못하고 벼슬 생활을 하던 시기를 환기하는 시어들이라고 볼 수 있다.

⑤ '이제야 도라오나니'는 학문의 길을 버려두고 벼슬길을 다니다가 다시 학문 수양의 길로 돌아온 상황을 나타낸 것으로, 벼슬 생활 끝에 학문에 정진할 것을 결심하고 도산 서당을 세워 학문을 수양하고자 한 상황을 제시한 것으로 볼 수 있다.

04강 시조 2 연군지정

01~03   본문 • 40~41쪽

01 ③   **02** ④   **03** ②

가 [평시조] 원천석, 「눈 마ᄌ 휘여진 ᄃᆡ를~」

작품 분석

이성계 일파   절개 있는 충신   누가   대조적

눈 마ᄌ 휘여진 ᄃᆡ를 뉘라셔 굽다턴고 ▶ 초장: 눈을 맞아 휘어진 대나무
'대'에게 주어진 시련   굽었다고 했던가

구블 절(節)이면 눈 속에 프를소냐 ▶ 중장: 대나무의 변함없는 푸르름
푸르겠는가. 설의법

아마도 세한고절(歲寒孤節)은 너뿐인가 ᄒᆞ노라 ▶ 종장: 대나무의 절개 예찬
한겨울 추위도 이겨 내는 높은 절개   대나무 – 의인법

— 시련과 고난에도 절개를 잃지 않겠다는 화자의 내면 의지를 형상화함.

핵심 정리

- 화자? 눈 맞아 휘어진 대나무를 바라보며 대나무의 세한고절을 예찬함.
- 주제? 고려 왕조에 대한 굳은 지조와 충절의 다짐
- 특징? 상징법, 설의법, 의인법 등을 사용하여 주제를 강조. 자연물을 통해 화자의 심정을 우회적으로 표현하고 대조적인 소재를 사용함.

나 [평시조] 이방원, 「이런들 엇더ᄒᆞ며~」

작품 분석

대구   어떠하리, 설의법

이런들 엇더ᄒᆞ며 져런들 엇더하료 ▶ 초장: 명분보다 현실의 이익을 따르고자 함.
칡덩굴   얽혀진들   설의법

만수산(萬壽山) 드렁츩이 얼거진들 엇더ᄒᆞ리 ▶ 중장: 상대방을 넌지시 떠봄.
도덕이나 윤리에 구애됨 없이 부귀영화를 누리며 오래 살면 그만이라는 기회주의적 태도를 드러냄.

우리도 이ᄀᆞᆺ치 얼거져 백 년(百年)ᄭᆞ지 누리리라 — 칡덩굴이 얽혀 사는 것처럼 고려 유신과 조선 신하들이
드렁츩같이 – 직유법   얽혀져   함께 살아갈 것을 권유함.

▶ 종장: 시세에 영합할 것을 회유함.

핵심 정리

- 화자? 상대방에게 자신과 같은 편이 되어 조선 건국에 협력할 것을 회유하고 권유함.
- 주제? 조선 건국에 협력하도록 회유하고 함께 어울려 살아가기를 권유함.
- 특징? 「하여가(何如歌)」로 불리며, 대구법, 설의법, 직유법 등을 사용하여 상대방을 회유함.

다 [평시조] 정몽주, 「이 몸이 주거 주거~」

작품 분석

「이 몸이 주거 주거 일백 번(一百番) 고쳐 주거」
「 」: 반복법, 점층법, 과장법   다시, 거듭

백골(白骨)이 진토(塵土)되여 넉시라도 잇고 업고
티끌과 흙   ▶ 초·중장: 극단적 상황의 가정

님 향(向)ᄒᆞᆫ 일편단심(一片丹心)이야 가실 줄이 이시랴
고려 왕조   고려 왕조에 대한 충성심   설의법
▶ 종장: 충절에 대한 단호한 의지

- **화자?** 조선의 건국에 협력하라고 회유를 받았으나 이를 단호하고 직설적인 태도로 거절함.
- **주제?** 고려 왕조에 대한 변함없는 충절
- **특징?** 반복법, 점층법, 과장법, 설의법 등을 사용하여 화자의 강한 의지를 드러내며, 이방원의 「하여가(何如歌)」에 대한 답가로 「단심가(丹心歌)」라고 불림.

01 정답 ③   표현상의 특징 이해하기

정답 풀이

(가)의 화자는 자신의 충절을 대나무에 대한 예찬으로 드러내고 있고, (나)의 화자는 상대방에게 유연하게 살아가기를 권유하고 있으며, (다)의 화자는 변함없는 충절의 마음을 드러내고 있다. 따라서 (가)~(다)의 화자는 태도의 변화 없이 자신의 가치관을 일관되게 드러내고 있음을 알 수 있다.

오답 풀이

① (나)에 함께 어울려 살아가자는 화자의 권유가 담겨 있기는 하지만 이는 회유일 뿐 대상과의 조화로 보기 어렵고, (가)와 (다)에서도 대상과 조화를 이루는 삶의 태도는 드러나지 않는다.
② (가)~(다)에서 모두 진리나 종교적인 깨달음의 경지를 구하는 구도적 자세는 드러나지 않는다.
④ (가)~(다)에서 모두 화자가 추구하는 이상 세계의 모습을 찾을 수 없다.
⑤ (가)와 (나)에서 '뒤'와 '드렁츩'이라는 자연물이 나오지만 이것의 긍정적 속성을 인간의 부정적 삶의 태도와 대비한 부분은 찾을 수 없다.

02 정답 ④   자료를 통해 감상하기

정답 풀이

'백골이 진토되여'는 앞의 시구와 연결하여 해석하면 '(화자 자신이 죽어서) 하얀 뼈가 티끌과 흙이 되더라도'를 뜻하므로 어떠한 상황에서도 화자의 충절이 변하지 않을 것임을 강조하는 표현이다.

오답 풀이

① '이런들 엇더ᄒ며 져런들 엇더하료'는 '이렇게 살든 저렇게 살든 어떠하냐(상관없다)'라는 의미를 담은 시구로 유연한 삶의 태도를 긍정하는 화자의 태도를 보여 준다. 따라서 〈보기〉를 참고하면 고려 왕조에 대한 지조를 지키기보다 유연한 삶(조선 건국에 협력하는 삶)을 살아가는 것이 좋다는 뜻을 내포한 표현으로 볼 수 있다.
② '만수산 드렁츩'은 서로 얽혀 살아가는 식물로 화자가 권유하는 삶의 모습을 간접적으로 보여 주는 소재이다. 화자는 이러한 소재를 활용해 새로운 나라를 세우는 데 협력하라고 우회적으로 권유하고 있다.
③ 〈보기〉의 내용을 고려하면 조선 건국의 주역 중 한 사람인 이방원이 지은 (나)의 시조에서 화자가 함께 누리자고 하는 백 년은 고려 왕조에서의 백 년이 아니라 새로운 나라에서의 백 년을 뜻한다.
⑤ (나)의 화자의 권유에 대해 (다)의 화자는 충절을 꺾지 않겠다고 답하고 있으므로 (다)의 '님'은 고려 왕조를 가리킨다고 이해할 수 있다.

03 정답 ②   표현상의 특징 이해하기

정답 풀이

(다)의 화자는 '님'을 향한 일편단심은 변하지 않는다며 직설적으로 자신의 의지를 전달하고 있다. 〈보기〉의 화자 역시 '님' 향한 일편단심을 바꿀 일이 없다며 직설적으로 자신의 의지를 드러내고 있다.

오답 풀이

① 일백 번을 다시 죽는다는 것은 불가능한 상황을 설정한 과장법이다. 이러한 과장법을 사용해 (다)의 화자는 임을 향한 충절을 드러내고 있다. 그러나 〈보기〉에는 과장법이 사용되지 않았다.
③ (다)와 〈보기〉에서 모두 사람이 아닌 대상을 사람인 것처럼 표현하는 의인법은 사용되지 않았다.
④ (다)와 〈보기〉는 모두 일관된 어조로 이야기하고 있으며, 어조의 변화는 나타나지 않았다.
⑤ (다)와 〈보기〉에서 모두 표면적 의미와 이면적 의미가 반대인 반어적 표현이 사용되지 않았다.

04~06   본문 • 42~43쪽

04 ③   **05** ③   **06** ②

[연시조] 윤선도, 「견회요(遣懷謠)」

작품 분석

슬프나 즐거오나 옳다 하나 외다 하나 — 대조
       그르다
내 몸의 해올 일만 닦고 닦을 뿐이언정
   할 일 – 임금과 나라에 대한 우국충정
그 밧긔 여남은 일이야 분별(分別)할 줄 이시랴   〈제1수〉
     근심, 생각   ▶ 신념에 충실한 강직한 삶

   잘못된
내 일 망녕된 줄을 내라 하여 모랄 손가
권신 이이첨의 횡포를 고발하는 상소를 올린 일
이 마음 어리기도 님 위한 탓이로세
    어리석기도 임금
아뫼 아무리 일러도 임이 혜여 보소서   〈제2수〉
아무개가   모함하여도   헤아려   ▶ 결백한 마음의 하소연

   화자가 유배된 곳
추성(秋城) 진호루(鎭胡樓) 밧긔 울어 예는 저 시내야
함경북도 경원의 옛 이름   밖에   흐르는   감정 이입의 대상
무음 호리라 주야(晝夜)의 흐르는다
  무엇을 하려고
님 향한 내 뜻을 조차 그칠 뉘를 모르나다   〈제3수〉
  임금에 대한 충성   줄을 ▶ 임금을 향한 변함없는 충성의 마음

함경도로 귀양 가는 화자의 심정 – 자연물을 통해 감정의 깊이와 거리감을 나타냄.
뫼흔 길고 길고 물은 멀고 멀고
부모와 임금을 동시에 표현함.
어버이 그린 뜻은 많고 많고 하고 하고   대구법, 반복법
   그리워하는 뜻
어디서 외기러기는 울고 울고 가느니   〈제4수〉
객관적 상관물. 감정 이입의 대상   ▶ 부모님(임금)에 대한 그리움

어버이 그릴 줄을 처엄부터 알아마는
    처음부터
님군 향한 뜻도 하날이 삼겨시니
임금을 위하는 마음   만들어 준 것이니
진실로 님군을 잊으면 긔 불효(不孝)인가 여기노라   〈제5수〉
임금에게 직언하여 보필하지 않으면   ▶ 충과 효의 일치에 대한 깨달음

핵심 정리

핵심 정리

- 화자? 유배지에서 자신의 결백함을 하소연하고 부모와 임금에 대한 그리움을 드러냄.
- 주제? 유배지에서 느끼는 부모에 대한 그리움과 임금에 대한 변함없는 충성심
- 특징? 객관적 상관물(시내, 기러기)에 화자가 느끼는 고뇌를 감정 이입하여 정서를 효과적으로 드러내고, 반복과 대조를 통해 주제를 강조함.

04 정답 ③ 표현상의 특징 이해하기

정답 풀이

이 작품에서 자연물은 '시내', '외기러기'처럼 감정 이입의 대상으로 사용되거나 '뫼', '물'처럼 시적 대상과 화자 사이의 거리감을 나타내는 존재로 사용되고 있다. 이 작품에서 자연물과 인간사를 대비하여 시적 감흥을 나타낸 구절은 찾아볼 수 없다.

오답 풀이

① 〈제3수〉의 초장에서는 '시내야'라고 하여 특정 대상을 부르고 있고, 중장에서는 '무음 호리라 주야에 흐르는다'라고 물으면서 말을 건네는 듯한 어투를 사용하고 있다.

② '그 밧긔 여남은 일이야 분별할 줄 이시랴', '내 일 망녕된 줄을 내라 하여 모랄 손가', '무음 호리라 주야에 흐르는다'에서 화자는 설의적 표현을 사용하여 자신의 뜻을 드러내고 있다.

④ 〈제4수〉의 '길고 길고', '멀고 멀고', '많고 많고', '하고 하고'에서는 시어를 반복하는 기법을 사용하였고, '뫼흔 길고 길고'와 '물은 멀고 멀고'에서는 대구의 기법을 사용하였다.

⑤ 객관적 상관물이란 시에서 정서와 사상을 표현하기 위하여 활용된 구체적인 사물·정황·사건을 이르는 말로, 감정 이입의 대상은 객관적 상관물에 해당한다. 이 작품에서 '외기러기', '시내'는 감정 이입의 대상으로서 객관적 상관물에 속한다.

05 정답 ③ 시어·시구의 의미 파악하기

정답 풀이

〈제4수〉가 부모님을 그리워하는 마음을 노래한 구절임을 생각하면, 초장 '뫼흔 길고 길고 물은 멀고 멀고'에서 ㉠ '뫼'와 ㉡ '물'은 화자와 '어버이' 사이의 장애물로서 공간적 거리감을 형상화하는 데 기여하고 있음을 알 수 있다.

오답 풀이

① 〈제4수〉는 부모님을 그리워하는 화자의 마음을 드러낸 부분으로, 화자의 자연 친화적 태도가 드러난 부분은 찾아볼 수 없다.

② 〈제4수〉에서 화자가 느끼는 세월의 덧없음이 드러난 표현은 찾아볼 수 없다.

④ 〈제4수〉의 '어버이 그린 뜯은 많고 많고 하고 하고'에서 화자는 부모님을 그리워하는 마음만 드러내고 있을 뿐, 화자가 '어버이'와 갈등을 겪고 있다고 판단할 만한 표현은 찾아볼 수 없다.

⑤ 〈제4수〉의 ㉠ '뫼'와 ㉡ '물'은 화자의 감정의 깊이와 거리감을 드러내는 것이지 '어버이'와 함께 지냈던 과거를 회상하는 매개체로 볼 수 없다.

06 정답 ② 자료를 통해 감상하기

정답 풀이

〈제2수〉에서 화자는 자신이 이이첨 등의 횡포를 규탄하는 상소를 올린 일이 '망녕된' 일, 즉 분수에 넘치는 일이었음을 인정하고 있다. 그리고 그 일이 어리석은 일임을 알고 있었음에도 불구하고 상소를 올린 까닭은 나라와 임금을 위한 충심 때문이었다고 고백하고 있다. 따라서 '내 일 망녕된 줄'은 화자가 상소를 올린 일에 대해 후회하는 마음을 담고 있다고 볼 수 없다. 오히려 화자는 종장에서 자신의 행동에 대한 결백을 하소연하고 있다.

오답 풀이

① 〈제1수〉에서 화자는 슬프나 즐거우나 남들이 무엇이라고 하든지 상관하지 않고 자신은 자신의 할 일, 즉 우국충정(憂國衷情)을 위한 신념을 따를 것임을 노래하고 있다. 이로 보아 '내 몸의 해올 일'은 자신의 할 일이 나라와 임금에게 충심을 다하는 것뿐임을 드러내는 표현이라고 할 수 있다.

③ 〈제3수〉에서 화자는 유배당한 처지임에도 불구하고 임금에 대한 변함없는 충심을 다짐하고 있다. 여기서 '울어 예는 저 시내'는 자신의 마음을 몰라주는 임금에 대한 안타까움이 담긴 것으로 유배라는 현실 속에서 화자가 느끼는 서러운 마음을 대변하는 객관적 상관물로 볼 수 있다.

④ 〈제4수〉에서 화자는 부모 곁에 있을 수 없는 유배된 처지에서 부모를 그리워하는 마음을 드러내고 있다. 화자는 이러한 자신의 마음을 '외기러기'가 '울고 울고 가'는 모습에 감정을 이입하여 표현하고 있다.

⑤ 〈제5수〉에서 화자는 '님군'을 잊는 것을 '불효'라고 표현하고 있는데, 이는 임금을 위한 충심을 '효의 확장'으로 여기며 충심과 효심을 하나라고 생각하는 화자의 인식을 보여 준다.

내신 or 수능 실전 기출문제

본문 • 44쪽

01~02

01 ④　　**02** ⑤

가 [평시조] 이색, 「백설(白雪)이 잦아진 골에~」

작품 분석

핵심 정리

- 화자? 고려의 신하로, 고려 왕조가 무너지고 조선을 건국하려는 신흥 세력이 등장한 상황에서 고뇌와 안타까움을 느낌.
- 주제? 고려 왕조가 무너지는 상황에 대한 안타까움과 우국충정

• 특징? '구름'과 '매화'라는 상징적 소재를 대비하고, '백설', '석양' 등의 비유적 표현을 사용하여 국운이 날로 쇠퇴해 가는 현실과 이에 대한 화자의 심정을 우의적으로 표현함.

🔵 [평시조] 성삼문, 「이 몸이 주거 가셔~」

🔴 핵심 정리

• 화자? 왕위를 찬탈한 수양 대군으로 인해 세상이 어지러운 상황에서 끝까지 지조를 지키겠다는 의지를 드러냄.
• 주제? 죽어도 변하지 않을 굳은 절개와 충절
• 특징? '낙락장송', '백설' 등의 상징적 소재를 활용하여 시상을 전개함. 소나무의 변함없는 이미지를 통해 끝까지 절개를 지키겠다는 의지를 비유적으로 드러냄.

01 정답 ④ 표현상의 특징 이해하기

정답 풀이

(가)의 화자는 '백설'이 녹아 없어진 골짜기에 '구름'이 험하고 사납고, '석양'이 지는 상황에서 '홀로 서 이셔 갈 곳 몰라' 하고 있다. 즉 ㉠은 석양이 지는 것을 보며 안타까움을 느끼는 화자의 모습을 드러낸 표현으로 볼 수 있다. (나)의 화자는 죽어서도 '낙락장송'이 되어 '백설'이 가득 찬 가운데 '독야청청'하겠다고 다짐하고 있다. 즉 ㉡은 세상에 백설이 가득 찬 상황에도 홀로 푸른 모습으로 서 있겠다는 뜻으로 홀로 절개를 굳게 지키겠다는 화자의 다짐을 드러낸 표현이다.

오답 풀이

① ㉡은 '낙락장송'에 빗대어 화자의 의지를 드러낸 표현이지만, ㉠은 화자의 모습을 다른 대상에 빗댄 표현이 아니며, 화자의 의지를 강조한 표현이라고 볼 수도 없다.
② (가)의 화자는 홀로 서서 도움을 받지 못한 채 갈 곳을 몰라 하고 있으므로, ㉠ '홀로 서 이셔'는 '고립'의 의미를 내포하며 화자의 외로움을 강조한 표현으로 볼 수 있다. 그런데 (나)의 화자는 세상에 백설이 가득 찬 상황에도 홀로 푸른 모습을 지키겠다며 의지를 드러내고 있다. 즉 ㉡의 '독야청청ᄒ리라'에서는 화자 스스로 고립을 선택하는 모습을 이끌어 낼 수 있는 측면이 있기도 하나, 이는 화자의 '외로움'이 아닌 굳은 의지를 강조한 표현이다.
③ ㉠ '홀로 서 이셔'에는 색채어가 활용되지 않은 데 비해, ㉡ '독야청청ᄒ리라'에는 푸른빛의 색채 이미지가 나타난다. 그러나 이는 지조와 절개를 지키려는 화자의 굳은 의지를 드러낸 표현이므로 이를 통해 부정적 의미를 강화하고 있는 것은 아니다.
⑤ ㉠에서 홀로 서 있는 모습은 외롭고 안타까운 심정을 드러낼 뿐 화자가 부정적으로 인식하는 상황을 거부하는 입장을 드러낸 것이라 볼

수 없다. 또한 ㉡의 '독야청청'하는 모습은 홀로 지조와 절개를 지키는 태도를 보여 주므로 소외된 처지를 드러낸다고 볼 수 없으므로 ㉠과 ㉡은 대조적인 의미를 지니고 있지 않다.

02 정답 ⑤ 자료를 통해 감상하기

정답 풀이

〈보기〉에서 (가)는 신흥 세력이 득세하는 상황에서 고려 왕조가 무너지는 것에 대한 안타까움을 드러낸 작품이라고 하였다. 이를 참고할 때 '백설이 잦아진 골'에서 녹아 없어진 '백설'은 고려의 유신을 의미하는 것으로 볼 수 있다. 화자는 고려 왕조가 무너지는 상황에 안타까움을 드러내는 고려의 신하이므로, '백설'은 화자와 대립하는 세력이라고 볼 수 없다. 한편 〈보기〉에서 (나)는 수양 대군의 왕권 찬탈에 대한 거부감을 드러낸 작품이라고 하였으므로, (나)에서 세상을 가득 채운 '백설'은 수양 대군 세력을 의미한다고 볼 수 있다. 화자는 수양 대군에 대한 거부감과 단종에 대한 굳은 절개를 지니고 있으므로, (나)의 '백설'은 화자와 대립하는 세력을 의미한다.

오답 풀이

① 〈보기〉에서 (가)는 신흥 세력이 득세하는 상황을 보여 주는 작품이라고 하였으므로, '구름이 머흐레라'에서 험하고 사나운 '구름'은 조선 건국을 도모하는 신흥 세력을 의미한다고 볼 수 있다.
② 〈보기〉에서 (가)는 고려의 신하인 화자가 고려 왕조가 무너지는 것에 대한 안타까움을 드러낸 작품이라고 하였으므로, '석양'은 해가 지는 것처럼 국운이 기울어 가는 고려 왕조의 상황을 비유적으로 표현한 것으로 볼 수 있다.
③ 〈보기〉에서 (나)는 수양 대군의 왕권 찬탈에 대한 거부감과 단종에 대한 화자의 굳은 절개와 충절을 드러낸 작품이라고 하였다. '낙락장송'은 수양 대군 세력을 의미하는 '백설'이 세상에 가득 찬 상황에서 홀로 절개를 지키는 존재이므로, 수양 대군의 득세에도 흔들리지 않고 단종에 대한 절개를 지키는 화자를 의미한다고 볼 수 있다.
④ 〈보기〉에서 (나)는 단종이 유배된 영월의 봉래산을 언급하면서 단종에 대한 화자의 굳은 절개와 충절을 드러내고 있다고 하였다. (나)에서 화자는 '봉래산 제일봉'에 '낙락장송'이 되어 홀로 굳은 절개를 지키겠다는 의지를 드러내고 있으므로 이때 '봉래산 제일봉'은 단종의 곁을 지키고자 하는 화자의 충절을 나타낸다고 볼 수 있다.

03~04
본문 • 45쪽

03 ④   **04** ⑤

[연시조] 이정환, 「비가(悲歌)」

박제상 죽은 후에 님의 시름 알 이 업다
임금의 시름을 알아주는 신하가 없는 현실에 대한 안타까움
이역(異域) 춘궁(春宮)을 뉘라서 모셔 오리
청나라에 끌려간 세자(소현 세자)   설의법
지금에 치술령 귀혼(歸魂)을 못내 슬허ᄒ노라   〈제4수〉
치술령에 얽힌 전설(박제상의 일화)과   ▶ 세자를 구해 오지 못하는 안타까움
관련됨. 신라의 충신 박제상을 가리킴.

「조정을 바라보니 무신(武臣)도 하 만하라
「 」: 조정에 무신이 많음에도 청나라와 굴욕적 화친을 맺은 것에 대한 한탄
신고(辛苦)ᄒ 화친(和親)을 누를 두고 ᄒ 것인고」
조씨 성을 가진 마부, 충신을 가리킴.
슬프다 조구리(趙廐吏) 이미 죽으니 참승(參乘)ᄒ 이 업세라
조구리 같은 충신이 없는 현실을 한탄함.
〈제6수〉
▶ 충신이 없는 상황에 대한 한탄

구중(九重) 달 발근 밤의 성려(聖慮) 일정 만흐려니
임금의 염려
이역 풍상(風霜)에 학가인들 이즐쏘냐
성려의 대상   걱정하는구나
이 밖에 억만창생(億萬蒼生)을 못내 분별ᄒ시도다   〈제7수〉
수많은 백성   ▶ 근심이 많은 임금에 대한 걱정

구렁에 났는 풀이 봄비에 절로 길어
화자의 처지와 대비되는 소재. 시름이 없는 존재
아는 일 업스니 긔 아니 조흘쏘냐
우리는 너희만 못ᄒ야 시름겨워 ᄒ노라   〈제8수〉
풀 – 의인법   근심하고 걱정함. ▶ 병자호란의 치욕으로 인한 비탄

조그만 이 한 몸이 하늘 밖에 떨어지니
임금과 떨어져 있는 화자
오색 구름 깊은 곳에 어느 것이 서울인고
화자의 처지와 동일시되는 소재   임금이 있는 공간
바람에 지나는 검불 갓ᄒ야 갈 길 몰라 ᄒ노라   〈제9수〉
갈 길을 모르는 채 무력감과 부끄러움을 느낌.
▶ 자신의 처지에 대한 무력감과 부끄러움

핵심 정리

- 화자? 병자호란에 패배하고 굴욕적 화친을 맺은 상황에서 볼모로 잡혀 간 세자와 근심이 많은 임금을 걱정하고 병자호란의 치욕을 느끼며 무력한 자신의 처지를 한탄함.
- 주제? 병자호란의 치욕에 대한 비탄과 세자, 임금에 대한 충정
- 특징? 병자호란을 배경으로 한 전 10수의 연시조로, 의인법 등의 비유적 표현과 인간과 자연의 대비를 통해 화자의 정서를 드러냄.

03 정답 ④   화자의 정서와 태도 파악하기

정답 풀이

〈제1수〉와 〈제4수〉에는 병자호란 이후 청나라에 볼모로 끌려간 세자를 구해 오지 못하는 상황이 드러나 있다. 이러한 문제 상황에 대해 화자는 '시름겨워(〈제8수〉)' 하거나 '갈 길 몰라(〈제9수〉)' 하는 태도를 보이고 있으므로 결국 해결하기 어려운 문제적 상황에 대해 고뇌하고 있다고 할 수 있다.

오답 풀이

① 〈제4수〉에서는 박제상을 언급하며 '이역 춘궁', 즉 청나라에 끌려간

세자를 구해 올 이가 없는 안타까움을 드러내고 있고, 〈제6수〉에서는 무신이 많음에도 국치를 겪은 상황을 언급하며 '조구리', 즉 충신이 없는 현실을 한탄하고 있다. 즉 화자는 충신이 없는 상황에 안타까워하며 한탄하고 있을 뿐 인간의 유한한 삶에 대해 한탄하고 있지 않다.

② 이상 세계의 모습은 나타나지 않는다. 〈제1수〉의 '선객'은 이상적인 존재가 아니라 청나라에 잡혀간 세자를 의미하는 것으로, 화자는 꿈에서 '학가 선객'을 뵌 듯하다며 그리움을 드러내고 있을 뿐이다.

③ 화자는 병자호란의 치욕을 겪고 세자가 청나라에 볼모로 끌려간 상황에서, 세자를 구해 오고 싶은 이상과 이를 실현할 사람이 없는 현실의 괴리를 인식하고 슬퍼하고 있다. 따라서 이상과 현실의 괴리로 인해 괴로워하고 있다고 볼 수 있으나 냉소적 태도를 드러내고 있는 것은 아니다.

⑤ 화자는 병자호란의 치욕이라는 시대적 고난에 대해 슬퍼하고 '시름겨워' 하지만, '갈 길 몰라' 하면서 고뇌하고 있을 뿐 자신의 나약함을 극복하고자 하는 태도는 보이고 있지 않다.

04 정답 ⑤   자료를 통해 감상하기

정답 풀이

〈제7수〉의 '달 발근 밤'은 임금이 '성려'하는 시간, 즉 임금이 잠을 이루지 못하고 근심하는 시간이고, 〈제8수〉의 '봄비'는 화자의 처지와 대비되는 소재인 '구렁에 났는 풀'이 저절로 자라게 하는 존재이다. 따라서 둘 다 부정적 현실이 개선되리라는 전망이나 기대와는 관련이 없다. 또한 이 작품에는 부정적 현실에 대한 비탄이 드러날 뿐 그것이 개선되리라는 기대는 드러나지 않는다.

오답 풀이

① 〈제1수〉의 '어느덧 다녀온고'는 꿈에서 세자가 끌려가 있는 요양에 다녀왔음을 의미하고, 〈제4수〉의 '뉘라서 모셔 오리'는 '이역 춘궁', 즉 청나라에 끌려간 세자를 모셔 올 이가 없음을 한탄하는 표현이다. 따라서 '어느덧 다녀온고'와 '뉘라서 모셔 오리'에는 청나라에 끌려간 세자에 대한 그리움이 담겨 있다고 볼 수 있다.

② 〈제4수〉의 '님의 시름'은 세자가 끌려간 상황에 대한 임금의 근심으로 볼 수 있다. 〈제4수〉에서 화자는 볼모로 잡힌 왕의 아우를 구했던 박제상이 죽은 후 이러한 '님의 시름'을 알아주는 이가 없다고 한탄하며 〈제6수〉의 '조구리'와 같은 충신이 없어 세자를 모셔 올 수 없는 현실에 대해 애석함을 느끼고 있다.

③ 〈제6수〉에서 화자는 조정에 '무신'이 많음에도 병자호란의 치욕을 겪고 '신고ᄒ 화친'을 맺은 것을 한탄하고 있고, 〈제7수〉에서는 임금이 '성려', 즉 근심이 많은 가운데 '학가'를 걱정함을 안타까워하고 있다. 이를 통해 화자는 임금이 '이역 풍상'의 세자를 걱정하게 된 상황이 '신고ᄒ 화친' 때문이라고 인식하고 있음을 짐작할 수 있다.

④ 〈제7수〉에서 화자는 '구중 달 발근 밤'에 근심이 많을 임금을 걱정하고 있고, 〈제9수〉에서 화자는 '하늘 밖'에 떨어져 있는 상황, 즉 임금과 떨어져 있는 상황에서 어느 곳이 '서울'인지 모르겠다며 애태우고 있다.

시조 3 사랑, 그리움, 교훈

01 ①   **02** ⑤   **03** ②

가 [평시조] 황진이, 「동지(冬至)ㅅ돌 기나긴 밤을~」

작품 분석

밤이 가장 긴 절기인 동지가
들어 있는 달, 음력 11월   허리의 한가운데   베어
동지(冬至)ㅅ돌 기나긴 밤을 한 허리를 버혀 내여,
『 』: 관념의 구체화(추상적이고 관념적인 대상인 '시간'을 감각적 대상으로 형상화함.)
     ▶ 초장: 긴 겨울밤의 일부를 베어 냄.

춘풍(春風) 니블 아레 **서리서리** 너헛다가
봄바람처럼 따스한 이불   넣었다가
     ▶ 중장: 따뜻한 이불 속에 베어 낸 밤을 넣어 둠.

어론 님 오신 날 밤이여든 구뷔구뷔 펴리라
사랑하는, 배필로 삼은 밤이 되거든   □: 우리말 의태어(음성 상징어)
     ▶ 종장: 임과 함께하는 날에 넣어 둔 밤을 펼치고자 함.

핵심 정리

- **화자?** 떨어져 있는 임을 그리워함.
- **주제?** 임에 대한 그리움과 사랑
- **특징?** 추상적 개념을 감각적으로 표현하고, 음성 상징어를 사용해 우리말의 아름다움을 드러냄.

나 [평시조] 홍랑, 「묏버들 골히 것거~」

작품 분석

산버들 ① 화자의 분신 ② 임에 대한 사랑
묏버들 골히 것거 '보내노라 님의손딕, 『 』: 도치법
가려(골라) 꺾어   에게, 께   ▶ 초장: 임에게 묏버들을 보냄.

자시는 창(窓) 밧긔 심거 두고 보쇼셔
주무시는   밖에 심어   ▶ 중장: 임 가까이 가고 싶은 바람

밤비예 새닙곳 나거든 날인가도 너기쇼셔
화자의 분신 상황의 가정   ▶ 종장: 임이 자신을 생각하기를 소망함.

핵심 정리

- **화자?** 임에 대한 사랑과 그리움을 드러냄.
- **주제?** 임에게 보내는 사랑
- **특징?** 화자의 처지와 심정을 대변하는 자연물을 활용하여 임에 대한 마음을 표현하였으며, 도치법을 사용함.

다 [평시조] 계랑, 「이화우(梨花雨) 훗쑫릴 제~」

작품 분석

① 비처럼 내려오는 배꽃 ② 봄비
이화우(梨花雨) 훗쑫릴 제 울며 잡고 이별(離別)흔 님
     적에, 때에   ▶ 초장: 봄에 임과 이별함.
계절(시간)의 변화

추풍낙엽(秋風落葉)에 저도 날 싱각는가
□: 계절적 시어.   임   ▶ 중장: 임의 생각을 궁금해함.
하강 이미지

의태어(음성 상징어)
천 리(千里)에 외로운 꿈만 오락가락 ㅎ노매
임과 화자 사이의 공간적 거리감   영탄법
     ▶ 종장: 임을 그리워함.

핵심 정리

- **화자?** 임과 이별한 화자가 임을 그리워함.
- **주제?** 임에 대한 그리움
- **특징?** 구체적인 시어를 활용하여 시간적·공간적 거리감을 구체화하였으며, 하강 이미지를 통해 이별의 슬픔을 부각함.

---

01 정답 ①   표현상의 특징 이해하기

정답 풀이

(가)의 '서리서리'와 '구뷔구뷔'는 우리말 의태어로, 추상적인 시간인 밤을 동그랗게 말아 넣었다가 다시 꺼내는 모습을 음성 상징어로 표현한 것이다. 하지만 이것이 대상의 아름다움을 나타냈다고 보기는 어렵다.

오답 풀이

② (가)에서는 관념적인 개념인 '밤', 즉 시간을 마치 눈으로 보거나 손으로 만질 수 있는 감각적인 대상처럼 허리를 베어 낼 수 있다고 표현하였다. 이것은 임이 부재하는 긴 밤을 이불 아래 넣었다가 임이 돌아온 날 꺼내어 시간을 연장하고 싶다는 의미를 담고 있으므로, 임에 대한 사랑과 그리움이라는 주제를 효과적으로 드러내는 표현이다.
③ (나)에서 '보내노라 님의손딕'는 서술어를 부사어 앞에 두어 문장 성분의 순서를 바꾼 표현이다. 이는 묏버들을 임에게 보내며 자신의 사랑을 드러내려는 화자의 마음을 강조한다.
④ (다)에서 '이화우'와 '추풍낙엽'은 모두 꽃잎 혹은 봄비, 잎사귀가 떨어지는 하강적 이미지를 드러내는 시어이다. 이는 작품 전체에 이별로 인한 쓸쓸하고 슬픈 분위기를 조성해 주는 역할을 한다.
⑤ (다)에서 화자는 임과 이별하여 거리감을 느낀다. 시간적으로는 봄(이화우)과 가을(추풍낙엽)이라는 계절적 변화를 보여 주는 시어를 이용하여 거리감을 나타내었으며, 공간적으로는 '천 리'라는 시어를 이용하여 구체적으로 드러내었다.

---

02 정답 ⑤   화자의 정서와 태도 파악하기

정답 풀이

ⓐ는 밤이 가장 긴 기간인 동짓달의 밤이므로 실제로도 긴 시간이지만, 화자가 임과 함께하지 못하기 때문에 화자는 그 시간을 심리적으로도 길게 느낀다. ⓑ는 동짓달의 밤보다 실제로도 짧은 시간이면서 임과 함께하기 때문에 화자에게 더욱 짧게 느껴지는 시간이다. 그렇기 때문에 화자는 미리 준비해 두었던 동짓달의 밤을 꺼내어 연장하고자 하는 것이다.

오답 풀이

① (가)의 ⓐ '동지(冬至)ㅅ돌 기나긴 밤'은 임이 부재한 시간이기 때문에 화자에게는 임과 만나 함께하기를 소망하는 시간이라고 볼 수 있다.
ⓑ '어론 님 오신 날 밤'은 사랑하는 임이 화자와 함께하는 시간이므로, 화자의 소망이 이루어진 시간이라고 볼 수 있다.

② 화자는 임이 부재한 ⓐ의 시간을 잘라 이불 속에 넣어 두었다가 임이 온 ⓑ에 펼쳐 임과 함께 있는 시간을 연장하려고 한다. 따라서 ⓑ는 화자가 준비한 것을 임과 공유하는 시간이라고 볼 수 있다.

③ ⓐ는 임이 화자와 떨어져서 부재하는, 화자가 임과 공간적 거리감을 느끼는 시간이다. 하지만 ⓑ는 임이 화자를 만나 함께하는 시간이므로 화자가 임과의 공간적 거리감을 느끼지 않는 시간이다.

④ ⓐ는 화자가 임과 함께하지 못하는 시간이며, ⓑ는 임이 화자의 곁에 존재하는 시간이다. 따라서 화자는 ⓑ와 달리 ⓐ의 시간은 부정적으로 생각할 것이다.

03 정답 ② 자료를 통해 감상하기

정답 풀이

(나)는 홍랑의 시조, (다)는 계랑의 시조로서 두 작가 모두 조선 시대의 기녀였다. 조선 전기에 사대부가 창작하고 향유했던 시조는 조선 중기에 이르러 이들과 교류했던 기녀들도 작가 및 향유층이 되었다. 따라서 이 작품을 통해 시조의 창작 계층이 다양화되었음을 알 수 있다.

오답 풀이

① (나)에는 '묏버들', (다)에는 '이화우', '추풍낙엽' 등의 자연물이 등장한다. 하지만 이는 화자의 사랑과 이별에 대한 감정을 효과적으로 드러내기 위한 수단이지, 자연 친화를 주제로 하는 강호가도와는 거리가 있다.

③ (다)보다 (나)에서 더 많은 우리말 시어가 사용되고 있으며, 순우리말 시어를 사용하는 것과 세련된 기교와는 필연적인 상관성이 없다.

④ (나)와 (다) 모두 창작 계층이 기녀이다. 사랑의 감정을 노래한 사대부의 작품 중에서 작품 속 애정의 대상인 '님'이 임금을 의미하는 경우가 있으나, 기녀의 시조 속 '님'은 애정의 대상으로만 보는 것이 일반적이다.

⑤ (나)와 (다) 모두 사랑과 이별이라는 인간적 감정을 표현하고 있다. 특히 (다)는 '외로운'이라는 시어를 이용하여 (나)보다 더 직접적으로 인간의 감정을 표현하고 있다. 따라서 (나)와 (다) 모두 인간의 정서를 노래하는 서정시로서의 성격을 드러내고 있다고 볼 수 있다.

04~06 본문 • 48~49쪽

04 ④   **05** ③   **06** ⑤

[연시조] 정철, 「훈민가(訓民歌)」

작품 분석

아바님 날 나ᄒ시고 어마님 날 기ᄅ시니 — 대구법

두 분곳 아니시면 이 몸이 사라실가
(두 분이 아니었다면)

하늘 ᄀ튼 ᄀ업순 은덕을 어ᄃ 다혀 갑ᄉ오리 〈제1수〉
(끝없는 / 다)
▶ 부생모육의 은혜에 대한 보답을 강조함.

님금과 빅성과 ᄉ이 하늘과 싸히로ᄃ
(확연하게 구분된다는 의미)

내의 셜운 이ᄅ 다 아로려 ᄒ시거든 — 신하를 생각하는 임금
(서러운 일을)

우린들 술진 미나리ᄅ 혼자 엇디 머그리 〈제2수〉
(평민들이 즐기는 음식 / 임금을 생각하는 신하)
▶ 임금과 백성의 관계를 강조함.

형아 아이야 네 술흘 믄져 보아
(아우야)

뉘손ᄃ 타나관ᄃ 양지(樣子)조차 ᄀ타슨다
(태어났길래 / 모양마저)

혼 졋 먹고 길러나 이셔 닷 ᄆ음을 먹디 마라 〈제3수〉
(젖 / 먹지 마라(명령형))
▶ 형제 간 우애를 해치는 일을 하지 말 것을 권함.

어버이 사라진 제 셤길 일란 다ᄒ여라
(살아계실 적에)

디나간 휘면 애둛다 엇디ᄒ리 — 풍수지탄(風樹之嘆)
(지나간 후면)

평싱(平生)에 고텨 못홀 이리 이쏸인가 ᄒ노라 〈제4수〉
(다시 / 효)
▶ 부모님이 살아계실 때 효도할 것을 권함.

ᄆ을 ᄉ름들아 올흔 일 ᄒ쟈스라
(옳은 일 / 하자꾸나(청유형))

ᄉ름이 되어나셔 올치옷 못ᄒ면
(태어나서 / 옳지를 못하면)

ᄆ쇼ᄅ 갓 곳갈 씌워 밥 머기나 다ᄅ랴 — 극단적 비유 〈제8수〉
(말이나 소(짐승))
▶ 옳은 일을 할 것을 권함.

풀목 쥐시거든 두 손으로 바티리라
(받들리라)

나갈 ᄃ 겨시거든 막대 들고 조츠리라

향음주(鄕飮酒) 다 파흔 후에 뫼셔 가려 ᄒ노라 〈제9수〉
▶ 어른을 공경하는 태도를 권함.

오늘도 다 새거다 호믜 메고 가쟈스라
(날이 밝았다 / 가자꾸나(청유형))

내 논 다 믹여든 네 논 졈 믹여 주마 — 상부상조(相扶相助)
(매거든 / 조금)

올 길희 쏭 빠다가 누에 머겨 보쟈스라 〈제13수〉
(돌아오는 길에 / 보자꾸나(청유형))
▶ 상부상조의 정신을 강조함.

핵심 정리

- **화자?** 유교적 도리와 덕목을 강조하며 백성들에게 윤리를 실천하도록 권장함.
- **주제?** 유교 윤리의 실천 권장
- **특징?** 백성들이 쉽게 이해할 수 있도록 주로 순우리말을 사용하고, 당위적 표현과 청유형 표현을 적절히 활용하여 전달 효과를 극대화함.

04 정답 ④ 표현상의 특징 이해하기

정답 풀이

이 작품은 화자의 정서를 드러내기보다는 백성들을 교화하기 위한 목적으로 지은 것으로, 자연물과 화자를 대조하는 방식을 사용하고 있지는 않다.

오답 풀이

① 〈제1수〉의 '하늘 ᄀ튼 ᄀ업순 은덕을 어ᄃ 다혀 갑ᄉ오리', 〈제2수〉의 '우린들 술진 미나리ᄅ 혼자 엇디 머그리', 〈제8수〉의 'ᄆ쇼ᄅ 갓

곳갈 쀠워 밥 머기나 다르랴와 같은 설의적 표현을 활용하여 유교적 도리와 윤리적 실천을 권장하는 화자의 의도를 부각하고 있다.
② 〈제1수〉의 '아바님 날 나흥시고 어마님 날 기르시니', 〈제9수〉의 '풀목 쥐시거든 ~ 바티리라 / 나갈 딕 겨시거든 ~ 조츠리라' 등에서 유사한 문장 구조를 반복하여 운율을 형성하고 있음을 확인할 수 있다.
③ 〈제1수〉에서는 '하늘 フ튼 フ업슨 은덕'과 같은 비유적 표현을 사용하여 효의 실천을 강조하고 있다.
⑤ 〈제3수〉의 '형아 아이야', 〈제8수〉의 '무 을 스름들아'와 같이 대상에게 말을 건네는 방식을 통해 교훈적 내용을 전달하고 있다.

05 정답 ③ （시어·시구의 의미 파악하기）

정답 풀이

〈제2수〉는 임금께서 백성들의 서러운 일들을 모두 헤아리고자 하시니 백성들 역시 임금을 생각하게 된다는 내용이다. 특히 마지막 시구는 보잘것없는 미나리지만 그중 좋은(살진) 것을 임금에게 보내고 싶다는 충정을 드러낸 것으로, ㉠은 임금에 대한 감사, 충성, 정성스러운 마음을 드러내는 소재라 할 수 있다.

06 정답 ⑤ （자료를 통해 감상하기）

정답 풀이

〈제9수〉는 어른이 움직일 때 팔목을 쥐거든 그 손을 두 손으로 받들어 잡고 잘 모셔야 한다는 내용으로, 어른에 대한 공경의 중요성을 드러낸 것이다. '향음주(鄕飮酒) 다 파흥 후에 뫼셔 가려 흥노라'라는 표현은 마을 잔치가 끝난 후에도 어른을 끝까지 잘 모셔야 함을 강조한 것으로, 흥취와 향락을 즐기는 삶을 비판한 것이라 할 수 없다.

오답 풀이

① 〈제1수〉는 자식을 낳아 정성껏 길러 준 부모의 크나큰 은혜를 강조하는 내용으로, '은덕을 어딕 다혀 갑소오리'라는 표현은 부모의 은혜에 감사하고 효도하라는 유교적 윤리 의식을 담고 있다.
② 〈제2수〉의 '님금과 빅셩과 스이 하늘과 짜히로딕'라는 표현은 임금과 백성 사이가 하늘과 땅이라는 의미로, 임금과 백성의 수직적 위계가 엄격하게 구별되어 있음을 강조하는 작가의 인식을 드러내고 있다.
③ 〈제3수〉는 '닷 무 음을 먹디 마라'라는 명령형 표현을 통해 형제자매의 우애를 중시해야 함을 강조하고 있다. 또한 〈제8수〉에서는 '올흥 일 흥쟈스라'라는 청유형 표현을 통해 옳은 일을 할 것을 권유하고 있다. 두 표현 모두 백성이 지켜야 할 윤리적 덕목을 권장한 것으로, 백성을 교화하고 설득하고자 하는 작가의 의지를 담고 있다.
④ 〈제8수〉의 '무쇼를 갓 곳갈 쀠워 밥 머기나 다르랴'라는 표현은 사람이 태어나서 옳은 일을 하지 않으면 짐승과 다를 바가 없음을 극단적 비유를 통해 드러낸 것이다. 이는 도덕적 실천이 사람으로서 행해야 할 마땅한 도리임을 백성들에게 일깨워 주는 것이라 할 수 있다.

01~02 〈본문 · 50쪽〉

01 ② 　02 ③

가 [평시조] 이정보, 「국화(菊花)야 너는 어이~」

작품 분석

국화(菊花)야 너는 어이 삼월 동풍(三月東風) 다 지너고
　　중심 소재 – 지조, 절개의 상징　　　　평온한 시절
낙목한천(落木寒天)에 네 홀로 퓌엿는다
　　국화가 꽃을 피우는 늦가을 – 화자가 극복해야 할 정치적 시련, 고난
아마도 오상고절(傲霜孤節)은 너뿐인가 흥노라
　　　서릿발도 이겨 내는 꿋꿋한 절개 국화

핵심 정리

• 화자? 늦가을에 꽃을 피우는 국화를 지사에 빗대어 예찬함.
• 주제? 국화의 지조와 절개 예찬
• 특징? 자연물인 국화를 의인화하여 친밀감 있게 표현하고 대조(삼월 동풍 ↔ 낙목한천)를 통해 국화의 특성을 드러냄.

나 [평시조] 이조년, 「이화(梨花)에 월백(月白)흥고~」

작품 분석

□: 봄날의 애상적·몽환적 분위기 형성　　은하수
이화(梨花)에 월백(月白)흥고 은한(銀漢)이 삼경(三更)인 제
　배꽃　　　시간적 배경(달밤)　　　소쩍새(이별의 정한을 상징)　　〕선경
일지 춘심(一枝春心)을 자규(子規)야 알랴마는
　한 나뭇가지에 어려 있는 봄날의 애상적인 정서 – 이화와 자규로 구체화됨.
다정(多情)도 병(病)인 양흥여 줌 못 드러 흥노라　　　　　　— 후정

핵심 정리

• 화자? 봄밤의 풍경을 바라보는 화자는 정이 많은 것도 병인 듯 느끼며 잠 못 들어 함.
• 주제? 봄밤에 느끼는 애상
• 특징? 봄밤의 정경을 묘사한 뒤 화자의 정서를 드러낸 선경후정의 시상 전개가 나타나며, 흰색('이화', '월백', '은한')의 색채 이미지를 통해 분위기를 형성함.

01 정답 ② （표현상의 특징 이해하기）

정답 풀이

(가)는 '국화', '낙목한천'이라는 시어를 통해 국화가 피는 가을의 분위기를 드러내고 있으며, (나)는 봄에 피는 '이화(배꽃)'와 '일지 춘심(한 나뭇가지에 어려 있는 봄기운)'이라는 시어를 통해 봄날의 분위기를 드러내고 있다.

오답 풀이

① (가)와 (나)는 모두 설의적 표현이 나타나 있지 않으며 쌀쌀한 태도로 비웃는 냉소적 태도 또한 찾을 수 없다.

③ (나)는 '다정도 병인 양ᄒ여'에 '다정'을 '병'에 직접적으로 빗댄 직유법
이 나타나 있으나, (가)에서는 직유법을 사용한 부분을 찾을 수 없다.
④ (나)는 '자규'에서 봄밤의 소쩍새 울음을 떠올릴 수도 있지만 (가)에는
청각적 심상이 나타나 있지 않다.
⑤ (가)는 '너쑨인가 ᄒ노라'에서 영탄적 표현이 나타나지만 이를 통해
화자의 의지를 표출하고 있는 것은 아니다. 또한 (나)에도 화자의 단
호한 의지는 나타나 있지 않다.

02 정답 ③ 시어·시구의 의미 파악하기

정답 풀이

　(가)와 (나) 모두 이별의 정서는 나타나 있지 않으므로 (가)의 '삼월'과
(나)의 '삼경'이 이별하는 상황의 시간적 배경이라고 볼 수는 없다. (가)
에서 '동풍'이 불어오는 '삼월'은 '낙목한천'과 대비되는 시간적 배경으로
국화가 아닌 다른 꽃들이 피는 시기이다. 또한 (나)에서 '은한'이 기우는
'삼경'은 '이화'에 밝은 달빛이 비쳐 애상적 분위기를 조성하는 시간적 배
경이다.

오답 풀이

① 국화가 다른 꽃들이 피는 '삼월 동풍'을 다 지나고 '네 홀로' '낙목한천'
에 피었다는 것에서, 다른 꽃들과 대조되는 국화의 속성이 드러나고
있다.
② (나)의 초장에는 '이화'가 밝은 달빛을 받는 봄밤의 애상적 분위기가 나
타나고, 중장에서는 '일지 춘심', 즉 나뭇가지에 어려 있는 봄의 애상
적인 정서를 '자규'가 알겠느냐고 하고 있다. 따라서 봄밤에 '이화'에
서 환기된 애상적 정서가 '자규'를 통해 심화되고 있다고 할 수 있다.
④ (가)의 '오상고절'은 '서릿발이 심한 추위 속에서도 굴하지 않고 외로
이 지키는 절개'를 가리키는 말로 낙목한천에 홀로 핀 국화의 절개를
나타내고 있고, (나)의 '다정'은 봄밤의 애상적 분위기에 젖어 잠 못
들어 하는 화자의 정서를 드러내고 있다.
⑤ (가)의 화자는 낙목한천에 홀로 핀 국화를 두고 '오상고절은 너쑨인
가 ᄒ노라'라며 국화의 절개를 예찬하고 있다. 또한 (나)의 화자는 봄
밤의 애상적 분위기 속에서 '다정도 병인 양'하다며 잠들지 못하고 있
으므로, '좀 못 드러 ᄒ노라'는 봄밤의 정경이 유발한 감정을 주체하
지 못하는 모습이라고 할 수 있다.

03~04　　　　　　　　　　　　　　　　본문 • 51쪽

03 ③　　**04** ③

[연시조] 박인로, 「조홍시가(早紅柿歌)」

작품 분석

반중(盤中) 조홍(早紅)감이 고아도 보이ᄂ다
　　　일찍 익은 감, 돌아가신 부모님을 떠올리는 매개체
유자이 안이라도 품엄즉도 ᄒ다마ᄂ　— 육적의 '회귤고사'와 관련 있음.
유자나무의 열매
품어 가 반기리 업슬시 글노 설워 ᄒᄂ이다　— 풍수지탄(風樹之嘆)
부모님이 돌아가신 상황　　　　　▶ 돌아가신 부모님에 대한 그리움
　　　　　　　　　　　　　　　　　　〈제1수〉

어머니를 위해 겨울에 죽순을 구해 옴.
왕상의 잉어 잡고 맹종의 죽순 썩어　□: 역사적인 효자들 – 화자가
어머니를 위해 겨울에 강물을 녹여 가며 잉어를 잡음.　　　　본받고자 하는 대상
검던 멀리 희도록 노래자의 오슬 입고
　　　부모를 위해 70살에도 색동옷을 입고 재롱을 부림.
일생애 양지성효(養志誠孝)를 증자같이 하리이다　　〈제2수〉
　부모의 뜻을 받드는 정성스러운 효도　　▶ 부모님께 효도하고자 하는 마음

만균(萬鈞)을 늘려내야 길게길게 노흘 쇠아　큰 쇳덩어리를 늘려
　　　　　　　　　　　　　　　　　　　노끈을 꼬아, 가는 해를
구만리 장천에 가ᄂ 히를 자바미야　　　잡아 매고자 함.
　　멀고도 넓은 하늘　　　　　　　　→ 불가능한 상황 설정
북당(北堂)의 학발쌍친(鶴髮雙親)을 더듸 늘게 ᄒ리이다
　부모님이 계신 곳　　머리가 흰 늙은 부모　　→ 화자의 소망
　　　　　　　　　　　　　　　　　　　　〈제3수〉
　　　　　　　　　▶ 부모님이 더듸 늙길 바라는 마음

　　　　역사적인 효자들을 본받고자 하는 이(화자)
군봉(群鳳) 모다신 듸 외가마귀 드러오니
여러 봉황새들 – 본받고자 하는 효자들을 비유함.
백옥 사힌 곳애 돌 ᄒ아 갓다마ᄂ
=군봉　　　　　=외까마귀
두어라 봉황도 비조(飛鳥)와 류(類)시니 뫼셔 논들 엇더ᄒ리
　　　　　나는 새와 한 종류이시니　　봉황을 본받고자 함.
　　　　　　　　　　　　　　　　　　〈제4수〉
　　　　　　　　　▶ 효자들을 본받고자 하는 마음

핵심 정리

• **화자?** 홍시를 보고 돌아가신 부모님을 떠올리며 안타까워하는 마음(제1수)
을 드러낸 뒤 효에 대한 태도(제2수~제4수)를 노래함.
• **주제?** 풍수지탄과 효를 다하고자 하는 마음
• **특징?** 효를 주제로 한 전 4수의 연시조로 고사와 역사적 인물을 활용하여 시
상을 전개하였고, 불가능한 상황 설정과 비유적 표현으로 주제 의식을 드러냄.

03 정답 ③ 표현상의 특징 이해하기

정답 풀이

　〈제3수〉에서는 큰 쇳덩어리를 늘려 내어 길게 노끈을 꼬아, 그것으로
가는 해를 잡아매어 늙으신 부모님을 더듸 늙게 하고 싶다고 말하고 있
다. 즉 쇠로 노끈을 꼬아 해를 잡아매는 불가능한 상황을 설정하여 부모
님이 늙지 않기를 바라는 화자의 소망을 드러내고 있는 것이다.

오답 풀이

① 〈제1수〉에서는 화자가 '조홍감'을 보고 서러워하고 있을 뿐 계절적 배
경을 묘사한 것이 아니며 생동감을 주고 있지도 않다.
② 선경후정은 앞부분에 자연 경관이나 사물에 대한 묘사를 제시한 뒤
뒷부분에 감정이나 정서를 드러내는 구성 방법으로, 〈제2수〉에서는
왕상, 맹종, 노래자, 증자 등 효를 실천한 고사의 인물들을 제시하고
있을 뿐 선경후정은 나타나 있지 않다.
④ 〈제4수〉에는 그 정도를 점점 강하게 하거나, 그 범위를 점점 크게 하
는 점층적 표현은 나타나 있지 않다.
⑤ 〈제1수〉에서는 '조홍감', 〈제3수〉에서는 '장천', '히'라는 자연물이 나
타나 있으나 이는 삶의 무상감, 즉 덧없다는 느낌을 드러내는 시어가
아니다.

정답 풀이

〈제4수〉의 중장에서 '백옥 사힌 곳'에 '돌 흔아 갓다'고 한 것은, 초장에서 '군봉 모다신 듸' 들어온 '외가마귀'의 모습을 빗댄 것일 뿐 이를 통해 부모님께 불효했던 일에 대한 자책을 드러내고 있는 것은 아니다. 〈제1수〉에서 돌아가신 부모님을 떠올리며 그리움과 서러움을 드러내고 있고, 〈제2수〉와 〈제3수〉에서 부모님께 효도하고 싶은 마음과 부모님이 더디 늙기를 바라는 마음을 노래하였으며, 〈제4수〉에서는 위대한 효자들을 의미하는 봉황과 어울리고자 하는 마음을 드러내고 있을 뿐이다.

오답 풀이

① '외가마귀'가 효를 행하고자 하는 이라고 볼 때, '외가마귀'가 어울리고자 하는 '군봉'은 〈제2수〉에서 언급된 왕상, 맹종, 노래자, 증자와 같이 효를 실천한 고사 속의 인물들이라고 볼 수 있다.
② '외가마귀'가 효를 행하고자 하는 이라고 볼 때, 부모님께 효도하고자 하는 화자 자신을 의미한다고 볼 수 있다.
④ '비조와 류시니'는 '나는 새와 한 종류이시니'라는 의미로, '봉황'이 '외가마귀'와 같은 종류라고 함으로써 위대한 효자도 화자와 같은 인간이라고 이야기한 것으로 볼 수 있다.
⑤ '봉황'은 효를 실천한 고사 속의 인물들을 빗댄 대상이므로, '외가마귀'가 '봉황'을 '뫼셔' 놀고 싶어 하는 것은 효자로 이름난 이들을 본받고 싶어 하는 태도로 볼 수 있다.

06강 시조 4 풍자와 해학(사설 시조)

01~03 본문 · 52~53쪽

01 ③   **02** ④   **03** ②

가 [사설시조] 작자 미상, 「어이 못 오던다~」

작품 분석

'못 오던다'라는 의문형을 통해 임이 오지 않는 상황에 대한 안타까움을 드러냄.
어이 못 오던다 므스 일로 못 오던다
▶ 초장: 임이 오지 못하는 이유에 대해 궁금해함.

너 오는 길 우희 무쇠로 성(城)을 빗고 성(城) 안헤 담 빗고 (그리움의 대상) (□: 임을 오지 못하게 하는 장애물/열거법, 연쇄법)
담 안헤란 집을 짓고 집 안헤란 두지 노코 두지 안헤 궤(櫃)를 노코 궤(櫃) 안헤 너를 결박(結縛)ㅎ여 노코 쌍(雙)비목 외걸새에 용(龍)거북 주물쇠로 수기수기 줌갓더냐 네 어이 그리 아니 오던다
(오지 않는 임에 대한 답답함) 「 」: 과장법
▶ 중장: 임이 오지 못하는 이유에 대해 상상함.

흔 해도 열두 둘이오 흔 둘이 셜흔 날이여니 날 보라 올 흘리 업스랴
(자신을 보러 오지 않는 임에 대한 원망을 설의적으로 드러냄.)
▶ 종장: 오지 않는 임을 원망함.

핵심 정리

• 화자? 임이 오지 않는 상황에 대해 답답함과 안타까움을 느끼고 임에 대한 원망을 드러냄.
• 주제? 오지 않는 임을 기다리는 안타까운 마음과 원망
• 특징? 연쇄적 표현과 열거법 등을 통해 이별 상황을 과장적으로 표현함.

나 [사설시조] 작자 미상, 「나모도 바히돌도 업슨~」

작품 분석

(까투리가 처한 위기 상황) (화자가 스스로와 비교하는 대상 ①)
나모도 바히돌도 업슨 뫼헤 매게 쪼친 가토리 안과
▶ 초장: 숨을 곳 없는 산에서 매에게 쫓기는 까투리의 마음

대천(大川) 바다 한가온대 일천 석(一千石) 시른 빅에 노도 (큰 바다)
일코 닷도 일코 농총도 근코 돗대도 것고 치도 빠지고 부람 부러 물결 치고 안개 뒤섯계 주자진 날에 갈 길은 천리 만리(千里萬里) 나믄듸 사면(四面)이 거머어득 져뭇 천지 적막(天地寂寞) 가치노을 썻눈듸 수적(水賊) 만난 도사공(都沙工)의 안과 (화자가 스스로와 비교하는 대상 ②)
「 」: 바다 한가운데에서 배가 난파될 상황에 해적을 만난 상황(설상가상, 진퇴양난). 사면초가)을 열거법, 과장법, 점층법을 통해 표현함.
▶ 중장: 넓은 바다 가운데에서 위험에 처한 도사공의 마음

엇그제 님 여흰 내 안히야 엇다가 フ을ㅎ리오
(화자가 처한 부정적인 상황) (까투리, 도사공의 처지와 비교하여 자신의 슬픔을 표현함. 설의법)
▶ 종장: 무엇과도 비교할 수 없는, 임을 여읜 화자의 참담한 마음

핵심 정리

• 화자? 임과 이별한 후 절망감과 참담함을 느낌.
• 주제? 임을 여읜 슬픔
• 특징? 열거법, 비교법, 과장법, 점층법 등을 활용해 화자의 슬픔과 참담함을 효과적으로 표현함.

다 [사설시조] 작자 미상, 「개를 여라믄이나 기르되~」

작품 분석

원망의 대상

개를 여라믄이나 기르되 요 개ㄱ치 얄믜오랴
열이 좀 넘게 ▶ 초장: 기르는 개 중 얄미운 개가 있음.

『뮈온 님 오며는 쇠리를 홰홰 치며 쒸락 느리 쒸락 반겨서
미운 고운 의태어

내닷고 고온 님 오며는 뒷발을 바동바동 므르락 나으락 캉캉
내닫고 실제 원망의 대상 의태어 의태어 의성어

즈져서 도라가게 흔다』「 」: 얄미운 개의 행동. 해학적 묘사
짖어서 ▶ 중장: 미워하는 임은 반기고 사랑하는 임은 돌아가게 하는 개

쉰밥이 그릇그릇 난들 너 머길 줄이 이시랴 ─ 원망. 설의법
밥이 많이 남아서 쉰밥이 너에게 먹일 줄이 있으랴
그릇그릇 쌓여도 ▶ 종장: 쉰밥이 생겨도 얄미운 개에게 먹이고 싶지 않음.

핵심 정리

- **화자?** 오지 않는 임에 대한 원망을 개에게 전가하여 임에 대한 그리움을 간접적으로 드러냄.
- **주제?** 사랑하는 임을 기다리는 안타까운 마음
- **특징?** 개에 대한 미움을 표현하며, 의성·의태어로 개의 행동을 해학적으로 묘사함.

01 정답 ③ 표현상의 특징 이해하기

정답 풀이

(나)의 중장에서는 노도 잃고, 닻도 잃고, 돛대에 맨 줄도 끊어지고, 키도 빠지고, 갈 길은 남았는데 날이 저물고, 사나운 파도도 일고, 해적까지 만났다며 도사공이 처한 위기 상황을 점차 강하게 묘사하는 점층법을 활용하고 있다. 그러나 (가), (다)에는 점층적 표현이 쓰이지 않았다.

오답 풀이

① (가)는 중장에서 연쇄적 표현을 활용하여, 임이 오지 못하는 이유를 상상하며 임에 대한 원망의 마음을 표현하고 있다. 그러나 (나), (다)에서는 연쇄적 표현이 활용된 부분을 확인할 수 없다.

② (가)에서 화자는 임이 오지 못하는 상황을 상상하며 임에 대한 원망과 의구심을 드러내고 있고, (나)에서 화자는 까투리와 도사공의 상황을 가정하여 자신의 상황과 비교함으로써 임과 이별한 자신의 슬픔을 드러내고 있다. 하지만 (다)에서는 가상의 상황을 설정한 부분을 확인할 수 없다.

④ (다)의 중장에서는 의태어 '홰홰', '바동바동', '므르락 나으락'과 의성어 '캉캉' 등을 활용하여 개의 행동을 사실적으로 묘사하고 있다. 그러나 (가)와 (나)에는 음성 상징어가 쓰이지 않았다.

⑤ (가)~(다) 모두 종장에서 '-랴', '-리오'와 같이 의문형 어미를 활용하여 오지 않는 임에 대한 원망((가), (다))과 임과의 이별에서 오는 절망감((나)) 등을 표현하며 시상을 마무리하고 있다.

02 정답 ④ 시어 · 시구의 의미 파악하기

정답 풀이

ⓔ '수적'은 '도사공'이 폭풍우 속에서 배가 망가진 가운데 만난 대상으로, 도사공의 절망적인 처지를 더욱 악화시키는 존재일 뿐, 화자가 부정적인 상황에 처하게 된 근본적 원인은 아니다.

오답 풀이

① 중장에서 화자는 오지 않는 임에 대한 답답함을 가상적 상황의 설정을 통해 드러내고 있다. 즉 화자는 임이 오는 길에 무슨 일이 펼쳐지고 있는지 상상하고 임을 오지 못하게 하는 사물을 연쇄적으로 열거하면서 그런 것들 때문에 오지 못하느냐고 묻고 있다. 이때 ㉠ '두지'를 포함하여 '성', '담', '집', '궤', '쌍비목 외걸새', '용거북 주물쇠' 등은 임이 오지 못하게 막는 장애물이라 할 수 있다.

② ㉡ '네'는 '어이 그리 아니 오던다'의 주체로, 화자가 기다리는 사랑하는 사람이다. 또한 종장으로 미루어 볼 때, 임은 화자를 보러 오지 않고 있기 때문에 화자의 원망을 유발하는 사람이라고 할 수 있다. 따라서 '네'는 화자가 애타게 기다리는 사람으로 사랑의 대상이자 원망의 대상이다.

③ ㉢ '가토리'는 나무도 바위도 없는 산에서 매에게 쫓기고 있으므로 위기에 빠진 자연물이다. 화자는 종장에서 '엇다가 ㄱ을ㅎ리오'라며 이런 까투리의 마음과 자신의 마음을 비교하며 드러내고 있다.

⑤ ㉤ '요 개'는 미운 님이 오면 반기고 고운 님이 오면 돌아가게 하는 자연물로, 쉰밥이 남아도 주지 않을 것이라며 화자가 원망의 감정을 드러내고 있는 것을 통해 화자와 '개'가 표면적 갈등 관계에 있음을 알 수 있다. 하지만 화자가 실질적으로 드러내고자 한 것은 오지 않는 임과의 갈등이며, 화자는 오지 않는 임에 대한 원망을 '개'에 전가하여 드러내고 있다.

03 정답 ② 자료를 통해 감상하기

정답 풀이

(나)의 화자는 절망적인 상황에 있는 '가토리', '도사공'보다 자신이 더 슬프다고 표현하고 있을 뿐, 낙천적인 태도를 드러내거나 삶의 애환을 긍정적으로 해소하고 있지 않다.

오답 풀이

① 〈보기〉에서 사설시조는 친숙한 소재를 활용해 일상 속에서 느끼는 진솔한 감정을 표현한 작품이 많다고 하였다. (가)의 중장에서는 '두지', '궤', '주물쇠' 등 일상의 사물을 열거하며 임이 오지 않는 상황에 대한 화자의 답답한 심정을 부각하고 있다.

③ 〈보기〉에서 사설시조는 친숙한 소재를 활용해 일상 속에서 느끼는 진솔한 감정을 표현한 작품이 많다고 하였다. 이를 바탕으로 할 때 (다)에서는 임에 대한 원망을 친숙한 대상인 '개'에 대한 원망으로 표현함으로써 임을 기다리는 안타까운 마음을 해학적으로 표현하였음을 알 수 있다.

④ (가)~(다) 모두 종장의 첫 음보가 '흔 해도', '엇그제', '쉰밥이'로 3음절이다. 〈보기〉에 따르면, 이는 평시조의 형식을 이어받은 사설시조의 특징임을 알 수 있다.

⑤ 〈보기〉에 따르면, 사설시조는 감정을 구체적으로 표현하기 위해 중장이 확대된 형태를 취한다. 이를 바탕으로 할 때 (가)~(다)는 모두 중장이 확대된 형태의 사설시조로, 이는 임에 대한 감정을 진솔하게 표현하기 위함임을 알 수 있다.

04~07

04 ④ **05** ⑤ **06** ④ **07** ①

가 [사설시조] 작자 미상, 「창(窓) 내고쟈 창(窓)을 내고쟈~」

작품 분석

답답함을 해소해 주는 매개체
『창(窓) 내고쟈 창(窓)을 내고쟈 이내 가슴에 창(窓) 내고쟈』
　　　　a　　　　　　　a　　　　　　　b　　　　　　a
『 』: 불가능한 상황 설정　a-a-b-a 구조(반복법)　▶ 초장: 가슴에 창을 내고 싶음.
고모장지 세살장지 들장지 열장지 암돌져귀 수돌져귀 비목
　　　　　　음성 상징어 – 생동감
걸새 크나큰 쟝도리로 둑닥 바가 이내 가슴에 창(窓) 내고쟈
　　　　　　　　　　　　　　　　▶ 중장: 창의 종류와 부품들을 열거함.
잇다감 하 답답홀 제면 여다져 볼가 ㅎ노라
마음에 창을 내고 싶을 정도로 현실의 답답함을 해소하고자 하는
소망이 절실함을 드러냄.　　　▶ 종장: 창을 여닫아 답답함을 해소하고자 함.

핵심 정리

- **화자?** 세상살이의 고달픔에서 벗어나고 싶은 마음을 기발한 발상을 통해 웃음으로 극복하고자 함.
- **주제?** 삶의 답답함에서 벗어나고 싶은 마음
- **특징?** 답답한 화자의 심정을 사방이 막힌 방에 비유함. 반복법과 열거법을 통해 답답한 마음을 수다스럽게 표현해 해학적 분위기를 조성함.

나 [사설시조] 작자 미상, 「일신(一身)이 스쟈 ㅎ엿더니~」

작품 분석

피를 빨아 먹는 벌레들.
백성을 수탈하는 탐관오리를 비유함.　　못 살리로다
일신(一身)이 스쟈 ㅎ엿더니 물ㄱ것 계워 못 슬니로다
　화자　　　　　살자　　　　　▶ 초장: 물것으로 인한 세상살이의 어려움
　　　　　　　　　　　　　　　굶주린
『핏겨 것튼 가랑니며 보리알 것튼 수통니며 듀린 니 갓싼 니
　피의 껍질　　작은 이　　　　　　살찐 이　　　알에서 갓 깨어난
쟌 벼룩 굴근 벼룩 강벼룩 왜(倭)벼룩 긔는 놈 뛰는 놈에 비파
　　　　　　같은　　　　　　　　　　기는
(琵琶) 것튼 빈아(蟭蛾) 삿기 사령(使令) 것튼 등에아비 갈싿
　　　사마귀　　　　　새끼　　　　　　　각다귀. 모기의 일종
귀 숨위약이 셴 박퀴 누룬 박퀴 바금이 거절이 부리 쏒쥭ㅎ
　　　　　　　　　　　　　　　그리마. 지네와 비슷하게 생긴 벌레
모긔 다리 기다헌 모긔 여읜 모긔 슬딘 모긔 그림아 샊록이
　　　　　　　　　　　　　　　　　　　　　　물것의 하나
주야(晝夜)로 븬 씌 업시 물거니 쏘거니 샐거니 쯧거니 심(甚)
백성들에 대한 탐관오리들의 착취가 끊이지 않음.　　빨거니 뜯거니
흔 당(唐)비루에 더 어려웨라』　　▶ 중장: 화자를 괴롭히는 물것들
　당비루. 피부병　　　고약하구나
『 』: 사람에게 고통을 주는 다양한 벌레들을 나열함. 수탈로 인한 백성들의 고통을 강조함.
　　　　　　　　　　　　　　　복더위
그즁에 춤아 못 견딀 쏜 오뉴월(五六月) 복다림에 쉬프 린가
　　　차마　　　　　　악랄하게 서민들을 괴롭히는 탐관오리
ㅎ노라　　　　　　　▶ 종장: 화자를 가장 괴롭히는 쉬파리

핵심 정리

- **화자?** 물것 때문에 살기 어려운 상황, 즉 탐관오리들이 가렴주구를 일삼는 상황을 풍자함.
- **주제?** 세상살이의 고단함과 탐관오리에 대한 비판
- **특징?** 탐관오리들을 물것에 빗대어 열거함. 삶의 고통을 우의적·해학적으로 표현함.

다 [사설시조] 작자 미상, 「딕들에 동난지이 사오~」

작품 분석

『 』: 게젓 장수의 말. 어려운 말을 사용함.
『딕들에 동난지이 사오』『져 쟝스야 네 황후 긔 무서시라 웨는
　　　　　　　　　　　　장수야　　　　　　　무엇이라
다 사쟈』『 』: 손님의 말. 게젓 장수의　　　▶ 초장: 게젓 장수와 손님의 대화
　　　　　말을 이해하지 못함.
『 』: 게젓 장수의 말. 한자어를 사용하여 현학적이고 장황하게 게젓을 소개함.
『외골내육(外骨內肉) 양목(兩目)이 상천(上天) 전행 후행(前
　　게의 특성　　　　　　　　게의 모양　　　　게가 다니는 모양
行後行) 소(小)아리 팔족(八足), 대(大)아리 이족(二足) 청장
　　　　　　　　　　　　　게의 구조
(淸醬) 으스슥ㅎ는 동난지이 사오』　▶ 중장: 게젓 장수의 게젓 소개
음성 상징어를 통해 생동감 있게 표현함.
『쟝스야 하 거복이 웨지 말고 게젓이라 ㅎ렴은』
너무 거북하게 외치지 말고　『 』: 손님의 말.
　　　　　　　　　　게젓 장수의 현학적 태도를 익살맞게 꼬집음.
　　　　　　　　　　　▶ 종장: 게젓 장수의 현학적 태도 풍자

핵심 정리

- **화자?** 게젓 장수를 지켜보는 사람이 게젓 장수의 현학적인 자세를 비꼬고 풍자함.
- **주제?** 게젓 장수의 현학적 태도 풍자
- **특징?** 대화체와 의성어를 사용하여 현장감을 살림. 한자어를 통해 게의 모습을 장황하게 묘사하는 게젓 장수의 현학적 태도를 해학적으로 풍자함.

04 정답 ④ 　표현상의 특징 이해하기

정답 풀이

(가)는 가슴에 창을 낸다는 불가능한 상황을 반복적으로 제시하며 삶의 답답함에서 벗어나고 싶은 소망을 나타내고 있다. (나)는 물것들이 많아서 살기 어려운 상황을 제시하고 있는데 이는 불가능한 상황의 설정이 아닐 뿐만 아니라 이를 통해 화자의 소망을 나타내고 있는 것도 아니다.

오답 풀이

① (가)에서는 '창 내고쟈 창을 내고쟈 이내 가슴에 창 내고쟈'에서 a-a-b-a 구조를 확인할 수 있고, 이 구조를 통해 운율감을 형성하고 있음을 알 수 있다. 그러나 (나)에서는 이와 같은 구조를 찾아볼 수 없다.
② (가)와 (나) 모두 겉으로 표현한 내용과 속마음에 있는 내용을 서로 반대로 표현하는 반어법을 사용하고 있지 않다.
③ (가)와 (나) 모두 색채 대비가 드러나 있지 않다. (나)의 '셴 박퀴', '누룬 박퀴'에서 색채가 드러나기는 하지만 대립을 이루고 있는 색채가 없고, 더욱이 색채를 통해 강렬한 시각적 인상을 전달하고 있지는 않다.
⑤ (가)와 (나) 모두 의인화된 청자에게 말을 건네는 방식을 사용하고 있지 않다.

05 정답 ⑤ 　작품의 세부 내용 이해하기

정답 풀이

(다)의 초장에서 상인이 '동난지이'를 사라고 외치자, 손님이 무엇을 외치고 있는지 물으며 상인에게 팔 물건을 소개하도록 요청하고 있다. 이에 상인은 자신의 상품인 게젓에 대해 장황하게 소개한다. 따라서 상인이 손님의 질문과 관계없이 일방적으로 자신이 하고 싶은 이야기만을 이어 가고 있다는 진술은 적절하지 않다.

① (다)를 대화의 형태로 정리하면 다음과 같다.

> 상인: 딕들에 동난지이 사오
> 손님: 져 쟝스야 네 황후 그 무서시라 웨는다 사쟈
> 상인: 외골내육(外骨內肉) 양목(兩目)이 상천(上天) 전행 후행(前行後行) 소(小)아리 팔족(八足) 대(大)아리 이족(二足) 청장(淸醬) ᄋᆞ스슥ᄒᆞ는 동난지이 사오
> 손님: 쟝스야 하 거복이 웨지 말고 게젓이라 ᄒᆞ렴은

　　이처럼 (다)는 상인과 손님의 대화를 그대로 표현하고 있다. 이를 통해 감상자는 상인과 손님이 이야기하는 장소에 와 있는 것과 같은 현장감을 느낄 수 있다.
② 상인은 '동난지이'에 대해 '외골내육, 양목이 상천, 전행 후행, 소아리 팔족, 대아리 이족, 청장 ᄋᆞ스슥ᄒᆞᄂᆞ'이라고 장황하게 설명하고 있다.
③ 상인은 게젓에 들어간 게의 특성을 '외골내육(外骨內肉)', '양목(兩目)이 상천(上天)', '전행 후행(前行後行)', '소(小)아리 팔족(八足), 대(大)아리 이족(二足)'이라고 한자를 동원하여 제시하고 있다.
④ 상인은 '게젓'을 '동난지이'라고 말하고 어려운 한자어를 빈번하게 사용하여 게의 모습을 장황하게 묘사하며 학식이 있음을 자랑하는 현학적 태도를 드러내고 있다. 이에 손님은 종장에서 '쟝스야 하 거복이 웨지 말고 게젓이라 ᄒᆞ렴은'이라고 못마땅하다는 반응을 보이며 상인의 현학적 태도를 풍자하고 있다.

06 정답 ④ 시어・시구의 의미 파악하기

　　ⓔ '딕들'은 작품을 읽고 있는 독자들이 아니라 시장에 있는 손님들을 의미하는 것이다. 이 말을 들은 한 손님이 관심을 보이며 상황이 전개되고 있다.

① (가)의 화자는 답답한 마음을 해결하기 위해 가슴에 창을 내겠다고 노래하고 있으므로 ㉠ '창'은 화자의 답답함을 해소해 주는 매개체라고 할 수 있다.
② (나)의 중장에서는 사람을 물어서 괴롭히는 물것들, 즉 해충들을 나열하고 있다. 따라서 ㉡ '물ㄱ것'은 일신(화자)을 괴롭게 하는 해충들을 통틀어 이르는 말이라고 할 수 있다.
③ (나)의 화자는 종장에서 많은 '물것' 중에서 차마 못 견딜 것은 '오뉴월 복다림에 쉬ᄑᆞ린가 ᄒᆞ노라'라고 노래하고 있다.
⑤ (다)의 초장과 중장에 게젓 장수가 화자에게 팔기 위해 장황하게 설명한 것은 '동난지이' 즉, '게젓'임을 알 수 있다.

07 정답 ① 자료를 통해 감상하기

　　(가)~(다)의 중장을 살펴보면, (가)는 창의 종류와 부속품을 나열하며, (나)는 다양한 물것들을 나열하고, (다)는 게의 특징을 장황하게 묘사하며 익살스러운 말투로 수다스럽게 내용을 확장해 나가는 것을 알 수 있으며, 이를 통해 해학적 분위기를 느낄 수 있다. 하지만 세상살이

의 고달픔이 드러나 있는 (가), (나)와는 달리 (다)에는 부정적 상황이 드러나 있다고 볼 수 없다. 따라서 (다)에는 부정적인 삶의 상황을 웃음으로 승화하려는 낙천적인 모습이 반영되어 있다고 할 수 없다.

② (가)의 중장은 창의 종류와 부속품들을, (나)의 중장은 사람을 괴롭히는 다양한 물것들을 나열하며 서민들의 일상적 삶에서 쉽게 볼 수 있는 소재를 활용하고 있다. 이는 이전까지 평시조가 보여 주었던 유교적이고 관념적인 세계를 탈피한 모습으로 서민들의 생활상을 진솔하게 표현한 것이라고 할 수 있다.
③ (가)는 '둑닥', (다)는 'ᄋᆞ스슥'과 같은 음성 상징어를 사용하여 상황이나 대상을 생동감 있게 전달하고 있다.
④ (나)는 백성을 괴롭히는 무리들을 '물것'에 비유하여, 백성을 괴롭히는 무리들이 너무 많아서 살기 어려운 현실을 풍자하고 있다.
⑤ (다)는 시장에서 상인과 손님이 대화하는 장면을 제시하여 당시 서민들의 진솔한 생활상을 그려 내고 있다.

내신 or 수능 실전 기출문제

01~02　　　　　　　　　　　　　　　　본문 • 56쪽

01 ③　　　**02** ④

가 [사설시조] 작자 미상, 「두터비 ᄑᆞ리를 물고~」

『　』: 약자에게 강하고 강자에게 약한 두꺼비의 모습을 희화화함.

　백성, 서민
『두터비 ᄑᆞ리를 물고 두험 우희 치ᄃᆞ라 안자　▶ 초장: 두꺼비가
　탐관오리, 양반　　　　수탈한 재물　　　　　　파리를 물고 두엄 위에 올라감.

것넌 산(山) ᄇᆞ라보니 백송골(白松鶻)이 떠 잇거늘 가슴이
　　　　　　　　중앙 관리, 외세　　　강자 앞에서 비굴한 모습

금즉ᄒᆞ여 풀덕 쒸여 내ᄃᆞᆺ다가 두험 아래 쟛바지거고』
　　　　　　　　　　　　피멍 들 뻔　　▶ 중장: 두꺼비가 백송골을
모쳐라 늘낸 낼식만졍 어혈(瘀血)질 번 ᄒᆞ괘라　　　보고 놀라 자빠짐.
　　두꺼비의 자기 합리화, 허장성세(虛張聲勢)
　　　　　　　　　　　　▶ 종장: 두꺼비가 자기의 행동을 합리화함.

핵심 정리

• **화자?** 두꺼비의 횡포와 비굴한 모습을 관찰하는 이(초장, 중장). 자기 합리화를 하며 허장성세를 드러내는 두꺼비(종장).
• **주제?** 탐관오리의 횡포와 허장성세 풍자
• **특징?** '두꺼비-파리-백송골'의 관계를 통해 탐관오리의 모습을 우의적으로 드러내고 부정적인 모습을 희화화하여 풍자함.

나 [사설시조] 작자 미상, 「님이 오마 ᄒᆞ거놀~」

『　』: 초조한 마음이 행동으로 구체화되어 나타남.

님이 오마 ᄒᆞ거놀 『저녁밥을 일 지어 먹고　　▶ 초장: 임이 온다는
　　　　　　　　일찍 지어　　　　　　　　소식에 마음이 급해짐.

중문(中門) 나서 대문(大門) 나가 지방(地方) 위에 치ᄃᆞ라
　임을 빨리 보고 싶은 마음에 대문으로 나가　　　문지방
안자 이수(以手)로 가액(加額)하고 오ᄂᆞ가 가ᄂᆞ가 건넌 산 ᄇ
　　　손을 이마에 대고　　　　　　주체 – 임

라보니 거머흿들 셔 잇거늘 져야 님이로다 보션 버서 품에
품고 신 버서 손에 쥐고 곰븨님븨 님븨곰븨 천방지방 지방
천방 즌 데 ᄆ른 데 굴희지 말고 위렁충창 건너가셔, 정(情)
엣말 ᄒ려 ᄒ고 곁눈을 흘깃 보니 상년(上年) 칠월(七月) 사흔
날 굴아 벅긴 주추리 삼대『슬드리도 날 소겨거다,『 』: 반어법
모쳐라 밤일식만졍 ᅙᅵᆼ여 낫이런들 눔 우일 번 ᄒ괘라

〔핵심 정리〕

• **화자?** 임을 기다리는 마음이 간절한 나머지 주추리 삼대를 임으로 착각하고
한바탕 소란을 일으킨 후 자신의 경솔한 행동에 멋쩍어함.

• **주제?** 임이 오기를 애타게 기다리는 마음

• **특징?** 구체적이면서도 과장된 행동 묘사를 통해 임을 기다리는 화자의 마음
을 드러내고 사설시조 특유의 낙천성과 해학성을 드러냄.

01 정답 ③ (표현상의 특징 이해하기)

〔정답 풀이〕

희화화하여 표현한다는 것은 익살맞고 우스꽝스럽게 표현하는 것을
의미한다. (가)는 초장과 중장에서 '두터비'가 파리를 물고 두엄 위에 앉
아 있다가 백송골을 보고 놀라 도망치려다 자빠지는 우스꽝스러운 모습
을 묘사하여 웃음을 유발하고 있다. 또한 (나)는 중장에서 화자가 임이
온 줄 알고 허둥지둥 정신없이 달려갔는데 알고 보니 임이라고 생각했
던 것이 주추리 삼대였다는 상황을 과장적으로 익살맞게 표현하여 웃음
을 주고 있다.

〔오답 풀이〕

① (나)는 '보션 버서 품에 품고 신 버서 손에 쥐고 곰븨님븨 님븨곰븨 천
방지방 지방천방'에서 대구법을 활용하여 리듬감을 형성하고 있지만,
(가)에서는 대구법을 활용한 부분을 찾을 수 없다.
② (나)의 '슬드리도'는 '위하는 마음이 매우 자상하고 지극하게'라는 의
미인데, '주추리 삼대'가 화자의 착각을 일으킨 상황이므로 '슬드리도
날 소겨거다'는 주추리 삼대에게 속아 얄미운 마음을 반어적으로 드
러낸 것으로 볼 수 있다. 그러나 (가)에서는 반어적 표현을 통해 화자
의 정서를 부각한 부분을 찾을 수 없다.
④ (가)에는 두꺼비의 우스꽝스러운 모습과 허세가, (나)에는 임을 애타
게 기다리는 화자의 모습이 구체적으로 나타날 뿐, (가)와 (나)에 불가
능한 상황은 나타나 있지 않다.
⑤ 우의적인 표현은 다른 사물에 빗대어 비유적인 뜻을 나타내는 표현
방식이다. (가)는 탐관오리의 횡포와 허세를 '두터비'의 행동에 빗대
어 우의적으로 표현함으로써 탐관오리의 횡포와 허장성세의 풍자라
는 작품의 주제를 효과적으로 드러내고 있지만, (나)에는 우의적인
표현이 나타나 있지 않다.

02 정답 ④ (자료를 통해 감상하기)

〔정답 풀이〕

(가)에서 '두터비'는 '파리'를 물고 '두험' 위에 거만하게 앉아 있다가,
백송골을 보고 놀라 ⓔ '두험' 아래로 자빠진다. 따라서 '두험'은 '두터비'
가 거만한 태도를 취하다 비굴하고 우스꽝스러운 모습을 보이게 되는
장소이며, '두험'에서 떨어진 두터비는 자기 합리화를 하고 있으므로 성
찰이 나타난다고 할 수 없다. 한편 (나)의 ⓓ '주추리 삼대'는 화자가 '건
넌 산'을 바라보다가 '거머흿들' 서 있는 것을 보고 '님'이라고 착각한 것
의 정체이므로, 착각을 유발하는 소재라고 할 수 있다.

〔오답 풀이〕

① (가)에서 ㉠ '두터비'는 거만하게 위세를 뽐내다가 강자 앞에서 비굴
해지는 탐관오리를 빗댄 대상이므로 비판의 대상으로 볼 수 있다.
(나)에서 ⓐ '님'은 오겠다고 했지만 아직 오지 않은 이로, 화자가 간
절히 기다리는 그리움의 대상이다.
② (가)에서 '두터비'는 파리를 물고 두엄 뒤에 앉아 거만하게 위세를 뽐
내며 '것넌 산'을 바라보다가 백송골을 보고 놀란다. 따라서 ㉡ '것넌
산 ᄇ라보니'는 거만하게 위세를 뽐내려는 모습이 반영된 것으로 볼
수 있다. (나)에서 화자는 임이 오는지 보려고 '건넌 산'을 바라보았으
므로, ⓑ '건넌 산 ᄇ라보니'는 화자의 기대감이 행동화된 것이라고
볼 수 있다.
③ (가)의 초장과 중장은 화자가 시적 대상인 '두터비'의 행동을 관찰하
여 묘사하고 있는 부분으로, ㉢ '가슴이 금즉ᄒ여는' 백송골을 본 '두
터비'의 놀란 심정을 나타낸 것이다. (나)의 ⓒ '져야 님이로다'는 화
자가 '건넌 산'의 '거머흿들 셔' 있는 것을 보고 한 생각으로, 주추리
삼대를 보고 임이라고 착각하는 모습이라고 할 수 있다.
⑤ (가)의 ㉣은 '마침 날렵한 나이기에 망정이지 피멍이 들 뻔했구나.'라
는 의미로, 백송골 때문에 놀라 피하려다 나자빠진 '두터비'가 자신은
날렵해서 자빠졌지만 피멍은 들지 않았다며 자기 합리화하는 모습이
나타난다. (나)의 ⓔ는 '마침 밤이기에 망정이지 행여나 낮이었으면
남 웃길 뻔했구나.'라는 의미로, 착각 때문에 우스운 행동을 한 화자
가 스스로를 비웃는 자조적인 표현이라 할 수 있다.

본문 • 57쪽

03~04

03 ②   **04** ②

〔가〕 **[사설시조] 작자 미상, 「귓도리 져 귓도리~」**

〔작품 분석〕

귓도리 져 귓도리 에엿부다 져 귓도리   ▶ 초장: 불쌍한 귀뚜라미
어인 귓도리『지는 달 새는 밤의 긴 소릐 쟈른 소릐 절절(節
節)이 슬픈 소릐 제 혼자 우러 녜어,사창(紗窓) 여읜 즘을 슬
드리도 ᄭᅵ오ᄂ고야
두어라 제 비록 미물(微物)이나 무인동방(無人洞房)에 ᄂ내
뜻 알 리ᄂ 너뿐인가 ᄒ노라,『 』: 동병상련(同病相憐)을 느끼는
화자의 심정이 드러남.
▶ 중장: 귀뚜라미 울음소리가 잠을 깨움.
▶ 종장: '나'의 마음을 알아주는 귀뚜라미

핵심 정리

- **화자?** 가을밤 임과 이별하여 독수공방하며 외로워함.
- **주제?** 임을 그리워하는 마음. 독수공방의 외로움
- **특징?** 임과 이별한 화자의 외로움을 대상(귀뚜라미)에 이입하여 표현하고, 반어법을 통해 화자의 심정을 강조함.

나 [사설시조] 작자 미상, 「싀어마님 며ᄂᆞ라기 낫바~」

작품 분석

싀어마님 며ᄂᆞ라기 낫바 벽 바흘 구르지 마오
청자. 대화 형식 — 부엌 바닥을 — 미워하여 며느리에 대한 못마땅함을 표현하는 행동
▶ 초장: 며느리를 미워하는 시어머니에 대한 당부

빗에 바든 며ᄂᆞ린가 갑세 쳐 온 며ᄂᆞ린가 밤나모 서근 등걸
에 휘초리 나니ᄀᆞ치 알살픠신 싀아바님 볏 뵌 쇳동ᄀᆞ치 되죵
난 것같이 / 돈을 주고 사 온 / 매서우신 / 쇠똥같이
고신 싀어마님 삼 년(三年) 겨론 망태에 새 송곳 부리ᄀᆞ치 쏀
말라빠진 / 삼 년 동안 엮은
죡ᄒ신 싀누으님 당(唐)피 가론 밧틔 돌피 나니ᄀᆞ치 싀노란
좋은 곡식 ← 대조 → 안 좋은 곡식
외곳 ᄀᆞ튼 피ᄊᆞ 누ᄂᆞ 아들 ᄒᆞ나 두고
오이꽃 / 병약하고 보잘것없는 남편을 이르는 말
▶ 중장: 시댁 식구들의 부정적인 모습
건 밧틔 멋곳 ᄀᆞ튼 며ᄂᆞ리를 어듸를 낫바 ᄒᆞ시ᄂᆞᆫ고
곡식이 잘되는 기름진 밭에 메꽃 같은 며느리를 구박하는 시집 식구들에 대한 원망.
며느리 – 부족함이 없는 며느리 / 며느리의 억울함 호소(설의법)
▶ 종장: 며느리가 억울함을 호소함.

핵심 정리

- **화자?** 며느리가 시집 식구들에 대한 비판적 태도를 드러내고, 호된 시집살이에 대한 억울함을 호소함.
- **주제?** 시집살이의 어려움 한탄
- **특징?** 시집 식구들의 외양과 성격을 일상적인 소재에 비유하여 나열함으로써 해학적으로 표현함.

03 정답 ② 표현상의 특징 이해하기

정답 풀이

(가)는 밤새 울어 대는 '귓도리'의 긴 소리, 짧은 소리, 슬픈 소리라는 청각적 심상을 통해 화자의 외로움과 슬픔을 드러내고 있다. 그러나 (나)에는 청각적 심상이 나타나 있지 않다.

오답 풀이

① (가)는 '귓도리'라는 시어의 반복을 통해 운율을 형성하고 있다. (나) 역시 중장의 '빗에 바든 며ᄂᆞ린가 / 갑세 쳐 온 며ᄂᆞ린가'에서 시어의 반복과 대구법을 통해 운율을 형성하고 있다.
③ (나)는 '당피'와 '돌피'라는 대조적 소재를 활용하고 있을 뿐 색채가 대비될 만한 시어는 나타나 있지 않다. 또한 (가)에서도 색채가 대비된 부분은 확인할 수 없다.
④ (나)는 종장의 '어듸를 낫바 ᄒᆞ시ᄂᆞᆫ고'에서 설의법을 통해 화자의 억울함을 호소하고 있으나 (가)에는 설의법이 활용되지 않았다.
⑤ (가)는 '밤'이라는 시간적 배경을 통해 귀뚜라미 소리에 잠을 못 이루고 독수공방하는 화자의 상황을 구체화하고 있으나 (나)에는 시간적 배경이 나타나 있지 않다.

04 정답 ② 시어·시구의 의미 파악하기

정답 풀이

ⓛ '여왼 줌을 슬드리도 ᄭᆡ오ᄂᆞᆫ고야'에서 '슬드리도'는 '얄밉게도'의 뜻으로, 밤새 울어 대며 자신의 잠을 깨우는 귀뚜라미에 대한 화자의 부정적 인식이 담겨 있다.

오답 풀이

① ㉠ '절절이 슬픈 소릐'는 임과 이별하여 슬픈 화자의 감정을 '귓도리'라는 대상에 이입하여 간접적으로 드러낸 것이다.
③ ㉢ '무인동방에 내 뜻 알 리는 너쑨인가 ᄒᆞ노라'에서 화자는 '무인동방', 즉 혼자 지내는 자신의 처지를 알아주는 대상이 '귓도리'뿐이라고 이야기하고 있다.
④ ㉣ '밤나모 서근 등걸에 휘초리 나니ᄀᆞ치 알살픠신 싀아바님'은 '싀아바님'을 밤나무 썩은 등걸에 회초리 난 것에 빗대어 '싀아바님'의 매서움을 표현하고 있다. 이는 '싀아바님'의 외양과 성격을 일상적인 소재에 빗대어 표현한 것으로 해학성을 높이는 효과가 있다.
⑤ ㉤ '어듸를 낫바 ᄒᆞ시ᄂᆞᆫ고'는 의문형 어미 '-ᄂᆞᆫ고'를 통해 며느리의 어디를 미워하냐고 물으며 시집살이의 고충과 억울함을 호소하는 설의적 표현이다.

07강 가사 1 자연 예찬

01~03

01 ⑤　　**02** ⑤　　**03** ④

[가사] 정극인, 「상춘곡(賞春曲)」

작품 분석

홍진(紅塵)에 뭇친 분네 이내 생애(生涯) 엇더ᄒᆞ고
　　붉은 먼지(속세)　　　　분들(사람들)
녯 사ᄅᆞᆷ 풍류(風流)ᄅᆞᆯ 미ᄎᆞᆯ가 ᄆᆞᆺ 미ᄎᆞᆯ가
　　　　　　　　미칠 것이다(자부심)
천지간(天地間) 남자 몸이 날만ᄒᆞᆫ 이 하건 마ᄂᆞᆫ
　　　　　세상에　　　　　　　　　　　많지만은
산림(山林)에 뭇쳐 이셔 지락(至樂)을 ᄆᆞ를 것가　□: 공간의 이동
　　　　　　　　　　　지극한 즐거움
수간모옥(數間茅屋)을 벽계수(碧溪水) 앏픠 두고 ─ 안분지족
몇 칸짜리 초가집　　　 푸른 시냇물　　　　　　（安分知足）
송죽(松竹) 울울리(鬱鬱裏)에 풍월주인(風月主人) 되여셔라
　　　　울창한 속에　　　 자연을 즐기는 사람　▶ 서사: 자연에 묻혀
엇그제 겨ᄋᆞᆯ 지나 새봄이 도라오니　　　　　　　사는 즐거움
　　　　　　　　　　　　　　　　대구법, 봄의 아름다운 경치 묘사
도화행화(桃花杏花)ᄂᆞᆫ 석양리(夕陽裏)예 퓌여 잇고
　　복숭아꽃, 살구꽃
녹양방초(綠楊芳草)ᄂᆞᆫ 세우 중(細雨中)에 프르도다
　　푸른 버들과 꽃다운 풀　가랑비가 내리는 속에서
칼로 ᄆᆞᆯ아 낸가 붓으로 그려 낸가 ─ 봄의 아름다운 경치에 대한 감탄
　　마름질
조화신공(造化神功)이 물물(物物)마다 헌ᄉᆞ롭다 ─ 영탄법
　　조물주의 신기한 재주　　　　　야단스럽다(화려하다)
수풀에 우는 새는 춘기(春氣)ᄅᆞᆯ 못내 계워 소리마다 교태
　　　　　　　　　　봄기운
(嬌態)로다

물아일체(物我一體)어니 흥(興)이이 다를소냐
　자연과 하나가 됨.　　　　화자도 봄을 맞아 새처럼 즐거움.
시비(柴扉)예 거러 보고 정자(亭子)애 안자 보니
　사립문
소요음영(逍遙吟詠)ᄒᆞ야 산일(山日)이 적적(寂寂)ᄒᆞᄃᆡ
　천천히 걸으며 시를 읊음.　　　산속의 하루
한중진미(閑中眞味)ᄅᆞᆯ 알 니 업시 호재로다
　한가로움 속에 느끼는 참된 맛
이바 니웃드라 산수(山水) 구경 가쟈ᄉᆞ라
　이웃들아
답청(踏靑)으란 오ᄂᆞᆯ ᄒᆞ고 욕기(浴沂)란 내일(來日) ᄒᆞ새
　풀을 밟으며 하는 산책　　　목욕, 물놀이
아ᄎᆞᆷ에 채산(採山)ᄒᆞ고 나조히 조수(釣水)ᄒᆞ새
　　　　나물을 캠　　　　　　낚시
ᄀᆞᆺ 괴여 닉은 술을 갈건(葛巾)으로 밧타 노코
　　　　　　　　　 술을 걸러 마시는 칡베로 만든 수건
곳나모 가지 것거 수 노코 먹으리라

화풍(和風)이 건듯 부러 녹수(綠水)ᄅᆞᆯ 건너오니
　　　　　문득
청향(淸香)은 잔에 지고 낙홍(落紅)은 옷새 진다

준중(樽中)이 뷔엿거든 날ᄃᆞ려 알외여라
　술동이 속　　　　　　　　알리어라
소동(小童) 아ᄒᆡ ᄃᆞ려 주가(酒家)에 술을 믈어
　　　　　　　　　　　　　 술이 있는가를 물어
얼운은 막대 집고 아ᄒᆡᄂᆞᆫ 술을 메고
　어른

미음완보(微吟緩步)ᄒᆞ야 시냇ᄀᆞ의 호자 안자
　나직이 읊조리며 천천히 걸음.
명사(明沙) 조흔 믈에 잔 시어 부어 들고
　고운 모래
청류(淸流)ᄅᆞᆯ 굽어 보니 ᄯᅥ오ᄂᆞᆫ이 도화(桃花) ㅣ 로다
　「: 시냇물에 떠내려오는 복숭아꽃을 보고 무릉도원을 연상함.
무릉(武陵)이 갓갑도다 져 ᄆᆡ이 권 거이고」

송간(松間) 세로(細路)에 두견화를 부치 들고
　소나무 사이　좁은 길　 진달래꽃
봉두(峯頭)에 급피 올나 구름 소긔 안자 보니
　산봉우리
천촌만락(千村萬落)이 곳곳이 버러 잇ᄂᆡ
　　수많은 마을　　　벌려 있네
연하일휘(煙霞日輝)ᄂᆞᆫ 금수(錦繡)ᄅᆞᆯ 재폇ᄂᆞᆫ 듯
　안개와 노을과 빛나는 햇살(자연) 수를 놓은 비단
엇그제 검은 들이 봄빛도 유여(有餘)ᄒᆞ샤　▶ 본사: 봄의 흥취와
　공을 세워 이름을 날리는 것　넉넉하구나　　자연 속 풍류
공명(功名)도 날 씌우고 부귀(富貴)도 날 씌우니
　'나'가 부귀와 공명을 꺼림. 주객전도의 표현
청풍명월(淸風明月) 외에 엇던 벗이 잇ᄉᆞ올고
　맑은 바람과 밝은 달(자연)　허튼 생각 – 벼슬을 하거나 부를 축적하려는 마음
단표누항(簞瓢陋巷)에 훗튼 혜음 아니 ᄒᆞᄂᆡ　　안빈낙도
누추한 거리에서 먹는 한 그릇의 밥, 한 표주박의 물 – 선비의 청빈한 생활　（安貧樂道）
「아모타 백년행락(百年行樂)이 이만ᄒᆞᆫ 들 엇지ᄒᆞ리」
　백년(평생) 동안 누리는 즐거움　　　　만족함. 설의법
「 」: 평시조 종장의 음수율과 유사함.　　　▶ 결사: 안빈낙도에 대한 만족

핵심 정리

- **화자?** 봄을 맞은 화자는 자연의 아름다움에 감탄하며, 가난하지만 자연에 사는 자부심을 느낌.
- **주제?** 봄을 맞이한 자연에 대한 감상과 즐거움
- **특징?** 대구법, 직유법, 의인법, 고사 인용 등의 다양한 표현 방법을 사용하여 봄의 풍경과 자연의 아름다움을 예찬하고, 화자의 시선(공간)의 이동에 따라 시상을 전개함.

01　정답 ⑤　（표현상의 특징 이해하기）

정답 풀이

이 작품은 봄의 경치를 예찬하고 자연을 벗삼아 사는 강호가도를 표현한 작품으로 사대부가 창작하기는 하였으나 유교적 관념인 충(忠)이나 절의가 드러나지는 않는다.

오답 풀이

① '녯 사ᄅᆞᆷ 풍류를 미ᄎᆞᆯ가 ᄆᆞᆺ 미ᄎᆞᆯ가', '아모타 백년행락이 이만ᄒᆞᆫ 들 엇지ᄒᆞ리' 등에서 현재의 삶에 대한 화자의 만족감과 자부심을 확인할 수 있다.

② '청향은 잔에 지고 낙홍은 옷새 진다'에서 후각적 이미지와 시각적 이미지가 드러나고, 좁은 공간인 '수간모옥'에서 넓은 공간인 '봉두'로 화자가 이동하면서 만나게 되는 자연 경관을 시각적 이미지를 중심으로 묘사하고 있다.

③ 소박하고 청빈한 생활에 만족하는 모습을 담은 '단표누항에 훗튼 혜음 아니 ᄒᆞᄂᆡ'에서 헛된 욕심을 부리지 않고 자연 속에서 안빈낙도하는 화자의 태도를 확인할 수 있다.

④ 이 작품은 3·4조 또는 4·4조의 4음조 연속체의 특징을 가진 가사의 대표적인 작품으로, 연속된 4음보의 율격이 운율을 형성하며 안정감을 주고 있다.

02 정답 ⑤　시어·시구의 의미 파악하기

정답 풀이

작품의 내용으로 보아 '공명'이나 '부귀'를 꺼리는 주체는 화자인 '나'이다. 그런데 ⑩에서는 '공명'과 '부귀'가 주체로, '나'가 객체로 표현되고 있다. 이렇게 주객이 전도된 표현은 자연을 벗삼아 안빈낙도하는 화자의 모습을 강조하기 위한 것이다. 화자가 세상에 두고 온 부귀공명에 미련을 나타내는 것으로 해석하는 것은 적절하지 않다.

오답 풀이

① ㉠에서 화자는 '미출가 및 미출가'와 같은 의문문의 형식을 활용하여 옛 사람들의 풍류적 삶과 비교해 볼 때 자신의 풍류가 그에 못지않다는 자부심을 표현하고 있다.

② ㉡의 '도화행화', '녹양방초'는 모두 봄을 나타내는 자연물로 화자는 이들을 대구 형태로 배치하여 제시함으로써 봄의 아름다운 경치를 인상 깊게 전달하며 예찬하고 있다.

③ 감정 이입은 자연물에 화자의 감정을 불어넣어 마치 대상이 자신과 같이 느끼는 것처럼 표현하는 방법이다. ㉢에서 화자는 흥겨움을 '새'에게 이입하여 표현하고 있다.

④ ㉣은 봄바람이 시냇물을 건너와 화자의 술잔에 맑은 향이 떨어지고(잔에 향이 가득하고) 옷에 꽃잎이 떨어진다는 표현이다. '청향은 잔에 지고'는 후각을 시각화한 표현이고 '낙홍은 옷새 진다'는 시각적 이미지를 활용한 표현이므로, ㉣은 감각적 이미지를 활용해 아름다운 봄의 모습을 표현하고 있다고 할 수 있다.

03 정답 ④　자료를 통해 감상하기

정답 풀이

화자는 도화(복숭아꽃)가 떠내려오는 청류를 굽어보며 거기가 '무릉'이 아니냐고 말하고 있다. 즉 자신이 있는 공간을 '무릉'으로 본 것이다. 따라서 ⓒ '시냇ㄱ'에서 '무릉'에 머무르지 못한 이유가 드러난다고 할 수 없다.

오답 풀이

① '홍진에 뭇친 분네(속세에 묻혀 사는 분들)'와 달리 화자는 '벽계수(시냇물)'를 앞에 두고 '송죽'으로 둘러싸인 ⓐ '수간모옥'에서 생활하고 있다. 이로 보아 ⓐ는 화자가 혼탁한 세상에서 벗어나 자연과 더불어 살아가고 있는 공간이라 할 수 있다.

② ⓑ '정자'는 사방이 트여 있어 '수간모옥'보다 더 자연을 가깝게 만날 수 있는 공간이다. 여기에서 화자는 '한중진미'를 홀로 알고 있다고 말하고 있다.

③ 화자는 미음완보, 즉 작게 읊조리며 천천히 걸은 뒤 ⓒ '시냇ㄱ'에 홀로 앉아 술을 마시며 시냇물에 떠내려오는 복숭아꽃을 발견하고는 그곳이 무릉도원이라고 느끼고 있다.

⑤ ⓓ '봉두'에서 화자는 '천촌만락'을 내려다보면서 그 풍경이 비단을 펴 놓은 듯 아름답다고 예찬하고 있다. 또한, '공명', '부귀'를 따르는 대신 '청풍명월'을 벗삼아 '단표누항'의 삶, 즉 청빈한 삶을 지향하는 태도를 보이고 있다.

본문 • 62~63쪽

04~05

04 ③　　**05** ③

[가사] 송순, 「면앙정가(俛仰亭歌)」

작품 분석

무등산(无等山) 흔 활기 뫼희 동다히로 버더 이셔
　　　　　　　줄기　신이　동쪽으로

멀리 쎼쳐 와 제월봉(霽月峰)의 되어거늘
　떼어 내고 – 의인법

무변대야(無邊大野)의 므슴 짐쟉 ᄒᆞ노라 – 의인법
　끝없이 넓은 들판　　　　생각

일곱 구비 홀머움쳐 므득므득 버려ᄂᆞᆫ 듯 – 직유법
　굽이 한데 움츠려 우뚝우뚝 펼쳐져 있는 듯

가온대 구비ᄂᆞᆫ 굼긔 든 늘근 뇽이
　　　　　　구멍에　　　용(龍)이

선줌을 ᄀᆞᆺ 씨야 머리를 안쳐시니
　깨어

너ᄅᆞ바회 우히 송죽(松竹)을 헤혀고 정자(亭子)를 안쳐시니
　너럭바위 위에　　　　헤치고 면앙정 날개 – 면앙정의 지붕

구름 튼 청학(靑鶴)이 천리(千里)를 가리라 두 ᄂᆞ릐 버렷ᄂᆞᆫ 듯
　푸른 학 – 면앙정을 비유함.　　　　▶ 서사: 면앙정의 모습

옥천산(玉泉山) 용천산(龍泉山) ᄂᆞ린 믈히
　　　　　　　　　내려온 물이

정자(亭子) 압 너븐 들히 올올(兀兀)히 펴진 드시
　　　　넓은 들에 끊임없이

넙ᄀᆞ든 기노라 프ᄅᆞ거든 희지마니 – 시냇물의 모습을 대구와 대조로 표현
　푸르거든　　　　　　함. 정철의 「관동별곡」에 영향을 줌.

쌍룡(雙龍)이 뒤트ᄂᆞᆫ 듯 긴 깁을 치폇ᄂᆞᆫ 듯 – 시냇물을 비유함.
　　　　　　　비단　 가득 펴 놓은 듯

어드르로 가노라 므슴 일 비얏바
　　　　무슨　　　바빠서

닷ᄂᆞᆫ 듯 ᄯᆞ로ᄂᆞᆫ 듯 밤낫즈로 흐르ᄂᆞᆫ 듯
　달리는　 따르는　 밤낮으로

므소친 사정(沙汀)은 눈ᄀᆞᆺ치 펴졋거든 – 직유법
　믈 좋은　 모래밭　 눈같이(눈=모래)

이즈러온 기럭기ᄂᆞᆫ 므스거슬 어르노라
　어지러운　　　　　무엇을 달래려고

안즈락 ᄂᆞ리락 모드락 흐트락
　앉았다 내렸다 모였다 흩어졌다

노화(蘆花)을 ᄉᆞ이 두고 우러곰 좃니ᄂᆞ고
　갈대꽃　　　　　　울면서

너븐 길 밧기요 긴 하ᄂᆞᆯ 아릐 두르고
　넓은　밖이요

쏘츤 거슨 뫼힌가 병풍(屏風)인가 그림가 아닌가
　꽃은　　산인가　　　　　　그림인가

노픈 듯 ᄂᆞ즌 듯 긋ᄂᆞᆫ 듯 닛ᄂᆞᆫ 듯
　　　　　　　끊어지는 듯 이어지는 듯

숨거니 뵈거니 가거니 머믈거니

이츠러온 가온듸 일홈ᄂᆞᆫ 양ᄒᆞ야 하ᄂᆞᆯ도 젓치 아녀
　이름난　　　　　　　　　두려워하지

웃득이 셧ᄂᆞᆫ 거시 추월산(秋月山) 머리 짓고
　우뚝　　　것이

용귀산(龍歸山) 봉선산(鳳旋山) 불대산(佛臺山) 어등산(漁燈山)

용진산(湧珍山) 금성산(錦城山)이 허공(虛空)의 버러거든
　　　　　　　　　많기도 많구나　벌어져 있거든

원근(遠近) 창애(蒼崖)의 머믄 것도 하도 할샤 – 영탄적 표현
　푸른 절벽　　　　　　▶ 본사 1: 면앙정 주변의 풍경(근경 → 원경)

흰구름 브흰 연하(煙霞) 프르니ᄂᆞᆫ 산람(山嵐)이라
　뿌연 안개와 노을　　　　산 아지랑이

천암만학(千巖萬壑)을 제 집으로 사마 두고
　수많은 바위와 여러 골짜기

나명셩 들명셩 일희도 구는 지고
아양도 떠는구나

오르거니 ᄂ리거니 장공(長空)의 쩌나거니 광야(廣野)로 거

너거니 — 생동감, 운율감

프르락 블그락 여트락 지트락
모음과 '락' 연속 – 경쾌하고 밝은 느낌

사양(斜陽)과 섯거 디어 세우(細雨)조차 쑤리는다
석양　가랑비

남여(籃輿)를 빈야 ᄐ고 솔 아리 구븐 길노 오며 가며 ᄒᄂ
뚜껑 없는 가마　재촉하여

적의
때에

녹양(綠楊)의 우는 황앵(黃鶯) 교태(嬌態) 겨워 ᄒᄂ고야
푸른 버드나무　꾀꼬리

나모 새 ᄌ자지어 수음(樹陰)이 얼읜 적의
사이　우거져　나무 그늘　어우러진 때에

백 척(百尺) 난간(欄干)의 긴 조으름 내여 펴니

수면양풍(水面凉風)이야 그칠 줄 모르는가
물 위의 서늘한 바람
여름날의 한가로운 풍경

즌 서리 쌔딘 후의 산 빗치 금수(錦繡)로다
된서리　빠진, 걷힌　수놓은 비단(=단풍)

황운(黃雲)은 또 엇디 만경(萬頃)의 펀 거긔요
누런 구름(=가을 들판)　지면이나 수면이 아주 넓음.

어적(漁笛)도 흥을 계워 돌 를 ᄯ롸 브니는다
어부가 부는 피리　▶ 본사 2: 면앙정의 계절 변화(봄~가을)에 따른 경치

핵심 정리

- **화자?** 면앙정과 주변의 아름다운 자연에서 느끼는 흥취를 사계절의 변화에 따라 노래함.
- **주제?** 면앙정과 주변 자연에 대한 예찬과 임금의 은혜에 대한 감사
- **특징?** 의인법, 직유법, 대구법 등 다양한 표현 방법을 사용하여 대상을 생동감 있게 묘사함.

04 정답 ③ 　시어·시구의 의미 파악하기

정답 풀이

ⓔ은 면앙정 주위에 둘러선 산봉우리의 모습을 병풍과 그림에 비유하여 묘사한 것으로, 이는 화자가 산봉우리의 장관에 매료되었음을 보여 주는 표현이다. 따라서 가상 세계와 현실 세계 사이에서 혼란스러워하는 화자의 모습과는 관련이 없다.

오답 풀이

① ㉠은 면앙정이 위치한 제월봉을 선잠을 깬 늙은 용이 머리를 얹어 놓은 모습에 빗대어 표현함으로써 그 형상을 구체화하고 있다.
② ㉡은 면앙정 앞 시냇물이 흐르는 모습을 '달리는 듯, 따르는 듯, 밤낮으로 흐르는 듯'과 같이 연속적이고 속도감 있게 표현하여 생동감과 역동성을 더하고 있다.
④ ㉣에서 화자는 푸른 버드나무 숲의 꾀꼬리가 지저귀는 모습에 자신의 감정을 이입하여 자연의 아름다움에 대한 감흥을 드러내고 있다.
⑤ ㉤은 가을 달빛 아래에서 어부가 부는 피리 소리가 울리는 모습을 표현한 것으로 시각과 청각이라는 감각적 이미지를 활용하여 가을 풍경을 보며 느끼는 감흥과 즐거움을 노래하고 있다.

05 정답 ③ 　자료를 통해 감상하기

정답 풀이

면앙정 앞에 흐르는 시냇물의 모습에서 시작된 묘사가 면앙정 주변의 산봉우리에 대한 묘사로 이어지고 있다. 이를 통해 근경에서 원경으로 시선이 옮겨 가며 정경에 대한 묘사가 이루어지고 있음을 알 수 있다.

오답 풀이

① 면앙정이 있는 제월봉이 무등산 동쪽 줄기산에서 비롯되었음을 나타내는 대목으로, 이를 통해 제월봉이 무등산의 동쪽에 위치한다는 것을 알 수 있다.
② 제월봉 너럭바위 위에 위치한 면앙정의 지붕을 청학의 두 날개에 빗대어 표현한 대목으로, 면앙정을 청학에 비유한 것은 면앙정의 고고한 기풍을 묘사하기 위한 의도로 해석할 수 있다.
④ 면앙정 앞 푸른 시냇물이 넓으면서도 길게 뻗쳐 있는 듯하고, 푸르면서도 흰 듯하다고 표현한 대목으로, 대구법과 대조의 기법을 활용하여 넓고 길게 흐르며 푸르고 흰 빛깔을 띤 시냇물의 특징을 표현하고 있다.
⑤ 물가를 날아다니는 기러기의 모습을 표현한 대목으로, 음절 '락'을 반복하여 운율을 형성하고 있다.

내신 **or** 수능 실전 기출문제

본문 • 64~65쪽

01~04

01 ②　　**02** ②　　**03** ④　　**04** ①

[가사] 정철, 「관동별곡(關東別曲)」

작품 분석

가

강호(江湖)애 병(病)이 깁퍼 듁님(竹林)의 누엇더니 — ▢ : 여정
자연을 사랑하는 마음이 병처럼 깊음. – 연하고질(煙霞痼疾), 천석고황(泉石膏肓)

관동(關東) 팔빅(八百) 니(里)에 방면(方面)을 맛디시니
관찰사의 소임

어와 셩은(聖恩)이야 가디록 망극(罔極)ᄒ다
임금의 은혜　여정의 과감한 생략 → 관찰사로 임명받은 기쁨을 표현함.

연츄문(延秋門) 드리드라 경회(慶會) 남문(南門) ᄇ라보며
경복궁의 서문

하직(下直)고 믈너나니 옥절(玉節)이 알픠 셧다
옥으로 만든 부신(符信) – 관직의 증서

평구역(平丘驛) 믈을 ᄀ라 흑슈(黑水)로 도라드니
양주　한강 지류인 여강의 옛 이름(여주)

셤강(蟾江)은 어듸메오 티악(雉岳)이 여긔로다
원주를 지나 흐르는 강　원주

쇼양강(昭陽江) ᄂ린 믈이 어드러로 든단 말고 — 연군지정
소양강

고신거국(孤臣去國)에 빅발(白髮)도 하도 할샤
임금 곁을 떠나는 외로운 신하　근심, 걱정 – 우국지정

동쥐(東州) 밤 계오 새와 븍관뎡(北寬亭)의 올나ᄒ니
철원　겨우　새워　오르니

삼각산(三角山) 뎨일봉(第一峰)이 ᄒ마면 뵈리로다 — 연군지정
북한산 – 한양(임금이 계시는 곳)

궁왕(弓王) 대궐(大闕) 터희 오쟉(烏鵲)이 지지괴니
궁예왕 / 까마귀와 까치
천고(千古) 흥망(興亡)을 아는다 몰으는다 — 인생무상
한 나라의 흥하고 망함
회양(淮陽) 녜 일홈이 마초아 ㄱ틀시고
마침 / 같구나
급댱유(汲長孺) 풍치(風彩)를 고텨 아니 볼 게이고　▶ 관찰사 부임과 순시
선정을 베풀었던 중국 회양의 태수

나

금강듸(金剛臺) 민 우(層)층의 선학(仙鶴)이 삿기 치니
꼭대기 / 신선이 탄다는 학. 미화법
츈풍(春風) 옥뎍셩(玉笛聲)의 첫 줌을 ᄭᆡ돗던디
옥피리 소리
호의현샹(縞衣玄裳)이 반공(半空)의 소소 ᄯᅳ니
흰 저고리와 검은 치마 – 학
셔호(西湖) 녯 주인(主人)을 반겨셔 넘노는 듯
서호 지방에서 '임포'가 매화를 아내로, 학을 아들로 삼고 풍류를 즐겼다는 고사에서 유래 – 화자(정철)
쇼향노(小香爐) 대향노(大香爐) 눈 아래 구버보고
정양ᄉᆞ(正陽寺) 진혈듸(眞歇臺) 고텨 올나 안준마리
다시 / 앉으니
녀산(廬山) 진면목(眞面目)이 여긔야 다 뵈ᄂᆞ다
중국 여산의 참모습. 금강산의 절경을 비유함.
어와 조화옹(造化翁)이 헌ᄉᆞ토 헌ᄉᆞ홀샤
야단스럽기도 야단스럽구나
늘거든 ᄯᅱ디 마나 셧거든 솟디 마나 — 대구법, 송순의 「면앙정가」에서
산봉우리의 변화무쌍하고 역동적인 모습　영향을 받음.
부용(芙蓉)을 고잣는 듯 ᄇᆡ옥(白玉)을 믓것는 듯 ┐
연꽃 / 꽂아 놓은 / 묶어 놓은
동명(東溟)을 박ᄎᆞ는 듯 북극(北極)을 괴왓는 듯 ┘ 대구법
임금을 상징함.
놉흘시고 망고듸(望高臺) 외로올샤 혈망봉(穴望峯)이
└ 화자가 추구하는 충신의 모습
하ᄂᆞᆯ의 추미러 므ᄉᆞ 일을 ᄉᆞ로리라
치밀어 / 사뢰려고
천만(千萬) 겁(劫) 디나ᄃᆞ록 구필 줄 모ᄅᆞᄂᆞ다
영원한 시간 / 주체: 망고대, 혈망봉(충신의 굳은 지조와 절개를 비유함.)
어와 너여이고 너 ᄀᆞᄐᆞ니 ᄯᅩ 잇ᄂᆞ가　▶ 진혈대에서 바라본 금강산
망고대, 혈망봉

다

진주관(眞珠館) 듁셔루(竹西樓) 오십쳔(五十川) ᄂᆞ린 믈이
흘러내린 물이
태ᄇᆡᆨ산(太白山) 그림재를 동ᄒᆡ(東海)로 다마 가니
그림자 / 닿게 하고 싶다. 이르게 하고 싶다
출하리 한강(漢江)의 목멱(木覓)의 다히고져
한양, 임금이 계시는 곳을 뜻함.
왕뎡(王程)이 유ᄒᆞᆫ(有限)ᄒᆞ고 풍경(風景)이 못 슬믜니 ┐
임금의 일로 다니는 여정 – 관찰사로서의 의무 / 싫증나지 않으니
유회(幽懷)도 하도 할샤 긱슈(客愁)도 둘 듸 업다 ┘
마음속에 품은 회포 / 나그네의 쓸쓸한 심정 – 객창감
위정자로서의 책임감과 자연인으로서의 욕망 사이에서의 갈등이 드러남.
　　　　　　　　　　▶ 죽서루에서 느끼는 객창감

라

뎐근(天根)을 못내 보와 망양뎡(望洋亭) 올은말이
하늘의 끝 / 오르니
바다 밧근 하ᄂᆞᆯ이니 하ᄂᆞᆯ 밧근 므서신고
바다 → 하늘 → 무엇 연쇄적 표현
ᄀᆞ득 노호 고래 뉘라셔 놀내관ᄃᆡ
거칠고 성난 파도 – 은유법
블거니 ᄲᅮᆷ거니 어즈러이 구는 디고
불기도 하고 뿜기도 하면서 / 구는 것인가
은산(銀山)을 것거 내여 뉵합(六合)의 ᄂᆞ리ᄂᆞ 듯
흰 파도 – 은유법 / 온 세상. 온 천하

오월(五月) 댱텬(長天)의 ᄇᆡᆨ셜(白雪)은 므스 일고
무슨 일인가
5월의 멀고도 넓은 하늘 / 하얗게 부서지는 물보라 – 은유법
져근덧 밤이 드러 풍낭(風浪)이 뎡(定)ᄒᆞ거늘
잠깐 동안에. 시간적 배경 / 가라앉거늘
부상(扶桑) 지척(咫尺)의 명월(明月)을 기ᄃᆞ리니
해가 뜨는 곳 / 달맞이
셔광(瑞光) 천댱(千丈)이 뵈ᄂᆞ 듯 숨ᄂᆞ고야
천 길이나 뻗친 상서로운 빛 – 달빛
쥬렴(珠簾)을 고텨 것고 옥계(玉階)를 다시 쓸며
구슬을 꿰어 만든 발 / 옥같이 희고 고운 섬돌 / 달이 보이지 않자 – 경건한 마음가짐으로 기다리는 모습
계명셩(啓明星) 돗도록 곳초 안자 ᄇᆞ라보니 — 시간의 경과
샛별(금성) / 고쳐
ᄇᆡᆨ년화(白蓮花) 혼 가지를 뉘라셔 보내신고
달 – 임금의 은혜. 은유법 / 누가
일이 됴흔 세계(世界) 눔대되 다 뵈고져 — 목민관으로서 애민 정신과
이렇게 좋은 / 남(백성)에게 보이고 싶어라 / 선정의 포부를 드러냄.
　　　　　　　　　　▶ 망양정에서의 파도 조망과 달맞이

마

숑근(松根)을 베여 누어 풋줌을 얼픗 드니
소나무 뿌리 / 선잠 / 얼핏
ᄭᅮᆷ애 ᄒᆞᆫ 사름이 날ᄃᆞ려 닐온 말이　　☐: 신선
신선 / 나에게 / 이르는　　○: 화자(정철)
「그듸를 내 모ᄅᆞ랴 상계(上界)예 진션(眞仙)이라
하늘나래(선계)
황뎡경(黃庭經) 일 ᄌᆞ(一字)를 엇디 그릇 닐거 두고
도가의 경서. 신선이 옥황상제 앞에서 이 경서의 한 글자만 잘못 읽어도 인간 세상에 내쳐진다는 말이 있음.
인간의 내려와서 우리를 ᄯᆞᆯ오ᄂᆞ다
인간 세상(하계) / 따르느냐
져근덧 가지 마오 이 술 혼 잔 머거 보오」 「 」: 꿈 속 신선의 말
잠시 동안. 잠깐만
북두셩(北斗星) 기우려 챵ᄒᆡ슈(滄海水) 부어 내여
국자를 비유함. / 푸른 바닷물
저 먹고 날 머겨늘 서너 잔 거후로니
먹이거늘 / 기울이니
화풍(和風)이 습습(習習)ᄒᆞ야 냥익(兩腋)을 추혀드니
봄바람이 산들산들 불어서 / 양쪽 겨드랑이
구만 리 댱공(長空)애 져기면 ᄂᆞᆯ리로다
아득히 높고 먼 하늘에 / 잠깐이면 날 것 같구나
이 술 가져다가 ᄉᆞ히(四海)예 고로 ᄂᆞ화 ┐
온 세상 / 골고루 나누어
억만창ᄉᆡᆼ(億萬蒼生)을 다 취(醉)케 밍근 후의
세상의 수많은 백성들 / 만든
그제야 고텨 맛나 ᄯᅩ 혼 잔 ᄒᆞ쟛고야
다시 만나　▶ 꿈 속 신선을 만난 후의 감회
┘ 화자(정철)의 말. 백성들과 즐거움을 함께 나누고자 하는 목민관으로서의 애민 정신과, 먼저 세상을 걱정하고 나중에 즐긴다는 선우후락(先憂後樂) 정신이 나타남. – 갈등 해소

핵심 정리

- **화자?** 관동 지방의 관찰사로 부임하게 된 화자는 금강산과 관동 팔경을 유람하면서 아름다운 경치에 감탄하고 애민 정신과 선정을 베풀고자 하는 포부를 드러냄.
- **주제?** 관동 지방의 절경에 대한 감탄 및 연군지정과 애민 정신
- **특징?** 여정에 따라 시상을 전개한 기행 가사로 다양한 비유와 대구법, 생략법, 고사 등을 활용하여 내용을 효과적으로 표현함.

01 정답 ②　　표현상의 특징 이해하기

정답 풀이

(나)의 '춘풍(봄바람)', (라)의 '오월 댱텬(오월의 멀고도 넓은 하늘)', (마)의 '화풍(솔솔 부는 화창한 바람. 문맥상 봄바람)' 등을 통해 봄의 계절감을 표현하고 있지만, 계절의 변화에 따른 자연의 변화 과정을 서술하고 있지는 않다.

① 화자가 임금의 명을 받고 강원도 관찰사로 부임하며 관내를 돌아보는 여정이 '듁님(전남 창평) – 연츄문(경복궁) – 평구역(양주) – 흑슈(여주) – 셤강·티악(원주) – 쇼양강 – 동쥐(철원) – 회양'과 같이 나타나 있으며, 이후 '금강딕 – 진혈딕 – 듁셔루 – 망양뎡' 등 금강산과 동해안을 유람한 여정이 시간의 흐름에 따라 드러나 있다.

③ (가)의 '쇼양강 ᄂᆞ린 믈이 어드러로 든단 말고 / 고신거국에 빅발도 하도 할샤(소양강의 흘러내리는 물이 어디로 흘러든다는 말인가? / 임금 곁을 떠나는 외로운 신하가 근심이 많기도 많구나.)', '삼각산 뎨일봉이 ᄒᆞ마면 뵈리로다(서울의 삼각산 제일 높은 봉우리가 웬만하면 보이겠구나.)' 등에서 한양, 즉 임금을 떠올리고 나라를 걱정하는 유교적 충의 사상을 엿볼 수 있다. 또한 (마)의 '샹계', '진선', '황뎡경' 등은 도교와 관련된 소재들로 이를 통해 도교적 신선 사상이 반영되어 있음을 알 수 있다.

④ (나)의 '셔호 녯 주인을 반겨서 넘노는 ᄃᆞᆺ(서호의 옛 주인을 반기듯 나를 반겨 넘나들며 노는 듯하구나.)'은 송나라 시인 임포가 서호에서 매화를 아내로, 학을 아들로 삼고 풍류를 즐겼다는 고사를 끌어와 화자의 풍류를 드러낸 부분이다. 또한 '녀산 진면목이 여긔야 다 뵈ᄂᆞ다(여산의 참모습이 여기서야 다 보인다.)'는 송나라 시인 소동파의 시의 한 구절인 '여산 진면목'을 인용한 부분이다. 소동파의 시에서 '여산 진면목'은 여산이 보는 장소에 따라 달리 보이므로 참모습을 알기 어렵다는 뜻인데, 화자는 진혈대 위에서 바라보는 금강산의 절경을 여산에 빗대어 그 참모습이 다 보인다며 감탄을 드러내고 있다.

⑤ (다)~(마)는 화자가 관동 팔경인 죽서루를 거쳐 망양정에 올라 바다와 월출을 본 여정을 담은 부분으로, 연군과 애민의 정서가 드러나 있다. (다)에서 화자는 '듁셔루 오십쳔 ᄂᆞ린 믈이 태백산의 그림자를 동해로 담아 가는 것을 보고 그 물줄기를 '한강의 목멱', 즉 임금이 계시는 곳에 닿게 하고 싶다고 하며 연군지정을 드러내고 있다. (라)에서는 '일이 됴흔 세계 ᄂᆞᆷ대되 다 뵈고져(이렇게 좋은 세상 남(백성)에게 다 보이고 싶구나.)', (마)에서는 '이 술 가져다가 ᄉᆞ히예 고로 ᄂᆞ화 / 억만창싱을 다 취케 밍근 후(이 술을 가져다가 온 세상에 골고루 나누어 / 세상의 수많은 백성들을 다 취하게 만든 후)'라고 하여 백성들과 즐거움을 나누고 싶어 하는 화자의 애민 정신을 드러내고 있다.

02 정답 ②

ⓒ은 임금 곁을 떠나게 되면서 나라를 걱정하는 마음에 머리가 하얗게 세어 버린 것에 대한 탄식을 드러낸 것으로, '빅발'은 나랏일을 근심하는 마음을 상징하는 것으로 이해할 수 있다. 따라서 ⓒ을 단순히 나이 들어 버린 것에 대한 한탄으로 해석하는 것은 적절하지 않다.

① '강호'를 사랑하는 마음이 깊어 은거지인 '듁님(죽림, 전남 창평)'에서 지내던 화자는 '관동 팔빅 니에 방면(팔백 리가 되는 관동(강원도) 관찰사의 소임)'을 맡고 관동 지방으로 떠나게 된다. 따라서 ㉠은 은거하던 화자가 새로운 공간으로 이동하는 계기라고 할 수 있다.

③ ⓒ의 '급댱유(급장유)'는 옛날 중국 한나라 시절 회양 지역의 태수로 부임하여 선정을 베푼 인물이다. ⓒ에서 화자는 자신이 관찰사 소임을 맡은 지역 중 '회양'이 한나라 '회양'과 이름이 같음을 언급하면서

'급장유의 풍채를 (나를 통해) 다시 볼 것 아닌가.'라며 선정을 베풀고자 하는 포부를 드러내고 있다.

④ ⓔ에서 화자는 진주관 죽서루 오십천의 흘러내리는 물이 태백산 그림자를 동해로 담아 가는데, 그것을 차라리 한강의 목멱(서울 남산)에 이르게 하고 싶다는 생각을 드러내고 있다. '한강의 목멱'은 임금이 계신 한양을 가리키므로, 이는 '태백산 그림자', 즉 오십천의 물에 담긴 태백산의 아름다운 풍경을 임금에게 보여 주고 싶은 마음을 표현한 것이다.

⑤ ⓜ에서 '왕뎡이 유ᄒᆞ고'는 관리로서의 임무가 유한하다는 것으로 공인으로서의 책임감을 드러낸 것이고, '풍경이 못 슬믜니 / 유회도 하도 할샤'는 풍경이 싫증나지 않으니 마음속에 품은 생각이 많다는 것으로 자연을 즐기고 싶은 마음을 나타낸 것이다.

03 정답 ④

(나)의 '녀산 진면목이 여긔야 다 뵈ᄂᆞ다 / 어와 조화옹이 헌ᄉᆞ토 헌ᄉᆞ홀샤'에서 진혈대에서 바라본 금강산의 아름다운 경치에 감탄하는 화자의 태도를 확인할 수 있다. 그러나 (라)에서는 화자가 바라본 바다의 풍광과 파도의 역동적인 모습을 묘사한 뒤, 솟아오르는 달을 보고 '빅년화 ᄒᆞ 가지를 뉘라서 보내신고 / 일이 됴흔 세계 ᄂᆞᆷ대되 다 뵈고져'라고 한 것에서 감탄하는 태도와 애민 정신만을 확인할 수 있을 뿐, 대상이 사라진 사실에 좌절하는 화자의 모습은 찾아볼 수 없다.

① (나)는 '놀거든 씨디 마나 셧거든 솟디 마나'에서 진혈대에서 바라본 산봉우리의 모습을 역동적으로 그리고 있고, (라)는 '곳득 노흔 고래 ~ 빅셜은 므스 일고'에서 커다란 파도가 거칠게 출렁이고 부서지며 물보라를 일으키는 모습을 은유법을 활용하여 역동적으로 묘사하고 있다.

② (나)는 금강대에서 진혈대로의 공간 이동만이 나타날 뿐 시간의 흐름을 알 수 있는 표현은 찾을 수 없다. 반면 (라)는 '져근덧 밤이 드러', '계명성 돗도록 곳초 안자 브라보니'에서 밤이라는 시간적 배경과 샛별이 돋아오를 때까지의 구체적인 시간의 흐름을 확인할 수 있다.

③ (나)에서 화자는 자신을 신선과 같은 삶을 살았던 '셔호 녯 주인'에 빗대어 신선적인 풍모를 드러내고 있고, (라)에서 화자는 망양정에 올라 바라본 바다의 정경과 월출에 대한 감상을 드러내고 있다.

⑤ (나)의 '놉흘시고 망고딕 외로올샤 혈망봉이 ~ 구필 줄 모ᄅᆞᆫ다'에서 화자는 망고대와 혈망봉의 모습에서 절의가 있고 임금에게 직간하는 충신의 면모를 이끌어 내어, 신하로서 그와 같은 자세를 추구하려는 태도를 드러내고 있다. 또한 (라)에서는 바다의 풍광과 달맞이를 즐기는 모습을 통해 아름다운 자연을 향유하는 화자의 모습을 드러내고 있다.

04 정답 ①

(마)는 송근을 베고 누워 선잠에 들었다가 꿈속에서 'ᄒᆞ 사름', 즉 신선을 만나 나눈 대화를 담고 있다. 이로 보아 화자는 'ᄒᆞ 사름'을 현실 세계가 아닌 비현실적 세계에서 만난 것으로 이해할 수 있다.

오답 풀이

② 화자의 꿈에 언급된 '상계'는 하늘나라, 즉 신선이 사는 선계이며, '인간'은 그와 구분되는 인간 세상을 의미한다. 화자의 의식 세계가 꿈을 통해 표출된 것임을 감안한다면, 화자는 이중적 세계관을 가졌다고 수 있다.

③ 화자는 '북두성'의 모양이 국자의 형태와 유사하다는 점에 착안하여 '북두성'을 국자로 삼아 '챵히슈'를 술로 부어 '신선'과 함께 나누어 마셨다고 표현하고 있다. 하늘의 거대한 '북두성'을 도구 삼아 드넓은 '챵히슈' 즉 동해 바다를 부어 마신다는 발상을 한 것으로 볼 때 화자는 매우 호탕한 기상을 지니고 있는 인물임을 알 수 있다.

④ 화자가 꿈속에서 신선이 권하는 술을 마시며 그 술을 가져다가 '억만 창싱', 즉 세상의 수많은 백성들이 다 즐기게 하고 싶다고 한 부분에서 화자의 애민 정신이 드러난다.

⑤ '이 술 가져다가 ~ 흔 잔 ㅎ쟛고야'는 신선이 준 술을 온 세상에 나누어 수많은 백성들을 다 취하게 한 다음 자신의 즐거움을 찾겠다는 의미로, 이를 통해 화자는 책임 있는 위정자의 본분을 잘 자각하고 있음을 알 수 있다.

08강 가사 2 연군지정

본문 • 66~67쪽

01~03

01 ③　　**02** ⑤　　**03** ⑤

[가사] 정철, 「사미인곡(思美人曲)」

작품 분석

동풍(東風)이 건듯 부러 젹설(積雪)을 헤텨 내니
창 밧긔 심근 민화(梅花) 두세 가지 피여셰라
굿득 닝담흔딕 암향(暗香)은 무ᄉ 일고
황혼(黃昏)의 둘이 조차 벼마틱 빗최니
늣기ᄂ 듯 반기ᄂ 듯 님이신가 아니신가
「뎌 민화(梅花) 것거 내여 님 겨신 딕 보내오져」
님이 너를 보고 엇더타 너기실고
곳 디고 새 닙 나니 녹음이 쌀렷ᄂ딕
「나위(羅幃) 젹막ᄒ고 슈막(繡幕)이 뷔여 잇다」
「부용(芙蓉)을 거더 노코 공쟉을 둘러 두니
굿득 시름 흔딕 날은 엇디 기돗던고
원앙금(鴛鴦錦) 버혀 노코 오싴션 플텨내여
금자히 견화이셔 님의 옷 지어 내니
슈품(手品)은 ㅋ니와 졔도(制度)도 ᄀ즐시고
산호슈(珊瑚樹) 지게 우히 빅옥함(白玉函)의 다마 두고
님의게 보내오려 님 겨신 딕 ㅂ라보니

산인가 구롭인가 머흐도 머흘시고
쳔 리(千里) 만 리(萬里) 길흘 뉘라셔 ᄎ자 갈고
니거든 여러 두고 날인가 반기실가
ᄒᄅ밤 서리김의 기러기 우러 녤 제
위루(危樓)에 혼자 올나 수졍념(水晶簾) 거든 말이
동산의 둘이 나고 북극의 별이 뵈니
님이신가 반기니 눈믈이 절로 난다
쳥광(淸光)을 쥐여 내여 봉황누(鳳凰樓)의 븟티고져
누(樓) 우히 거러 두고 팔황(八荒)의 다 비최여
심산궁곡(深山窮谷) 졈낫ᄀ티 밍ᄀ쇼셔
건곤이 폐식(閉塞)ᄒ야 빅셜이 흔 빗친 제

사름은 쿠니와 늘새도 긋쳐 잇다
눈으로 인해 사람은커녕 새도 보이지 않는 모습
쇼상남반(瀟湘南畔)도 치오미 이러커든
소상강 남쪽. 여기서는 전라도 창평   추위가
옥누고쳐(玉樓高處)야 더옥 닐너 므슴ᄒ리
임금이 계신 궁궐   (부채로) 부치어
양츈(陽春)을 부쳐 내여 님 겨신 ᄃᆡ 쏘이고져
임을 향한 정성과 사랑 ④---- 임을 향한 정성과 사랑 ⑤
모쳠(茅簷) 비쵠 ᄒᆡ를 옥누(玉樓)의 올리고져
초가집 처마   임 계신 궁궐
홍샹(紅裳)을 니믜ᄎ고 취슈(翠袖)를 반만 거더
붉은 치마 – 화자가 여성임을 알려 줌.   푸른 소매
일모슈듁(日暮脩竹)의 혬가림도 하도 할샤
임을 기다리는 모습   여러 가지 생각
댜른 ᄒᆡ 수이 디여 긴 밤을 고초 안자
짧은   꼿꼿이
청등(靑燈) 거른 겻틱 뎐공후(鈿箜篌) 노하 두고
자개로 장식한 공후(악기)
쑴의나 님을 보려 특 밧고 비겨시니
임에 대한 그리움으로 꿈에서나마 임을 보려 함.
앙금(鴛衾)도 ᄎ도 출샤 이 밤은 언제 샐고
원앙새를 수놓은   차가운 이불을 통해 외로운   ▶ 본사 4(동사): 임에 대한 그리움과
이불   처지를 다시 확인함.   긴 겨울 밤을 보내는 외로움

핵심 정리

- **화자?** 임에게 버림받아 홀로 지내며, 임을 간절히 그리워함.
- **주제?** 임(임금)을 향한 일편단심
- **특징?** 계절의 변화에 따른 자연의 모습을 그리면서 연군의 정을 드러내고, 우리말 구사가 절묘하며 다양한 비유와 상징적 기법을 활용함.

01 정답 ③ 표현상의 특징 이해하기

정답 풀이

이 작품은 '봄(매화를 임에게 보내려 함.) → 여름(옷을 지어 임에게 보내려 함.) → 가을(청광을 임에게 보내려 함.) → 겨울(양춘과 햇빛을 임에게 보내려 함.)'의 계절의 흐름에 따라 시상을 전개하고 있다. '동풍', '녹음', '서리김', '기러기', '빅셜' 등은 모두 계절적 배경을 나타내는 시어에 해당한다.

오답 풀이

① 이 작품에는 공감각적 표현이 사용되지 않았다.
② 이 작품은 임에 대한 그리움과 임을 향한 일편단심을 노래하고 있을 뿐 부정적 현실에 대한 비판을 드러내고 있지 않다. 또한 풍자의 기법도 사용되지 않았다.
④ 이 작품에는 의성어나 의태어가 활용되지 않았다.
⑤ 자연물인 '미화'를 '너'라고 표현한 것을 의인화라고 볼 수 있지만, '미화'와 대화를 나누는 형식을 취하고 있지는 않다.

02 정답 ⑤ 시어·시구의 의미 파악하기

정답 풀이

ⓜ에서 화자는 임에 대한 그리움을 견디지 못해 꿈에서나마 임을 만나고자 하지만, 이어진 구절에서 차가운 이불을 통해서 자신의 외로운 처지를 다시 확인하고 독수공방의 처지를 탄식하고 있다. 따라서 화자가 꿈에서 원하는 바를 이루었다고 보고 턱을 받치고 기대는 모습을 기쁨과 연관 짓는 것은 적절하지 않다.

오답 풀이

① ㉠에서는 날이 쌀쌀하고 적막한 상황인데 매화가 그윽한 향기를 내뿜는다고 하며 주변 환경과 매화를 대비하고 있다. 여기서 매화의 은은한 향기인 '암향'은 임금에 대한 변함없는 충성심을 의미하므로 ㉠은 '미화'의 긍정적인 면을 부각하고 있다고 볼 수 있다.
② ㉡에서는 화자가 머물고 있는 공간을 비단 휘장과 장막이 텅 비어 있다고 표현하여 함께하기를 바라는 '님'이 부재한 현실을 드러내고 있다.
③ ㉢에서는 '산호슈 지게(산호로 만든 지게)', '빅옥함(백옥으로 만든 함)'과 같이 사물을 아름답게 표현하는 미화법을 사용하여 화자의 정성을 강조하고 있다.
④ ㉣에서는 눈으로 인해 사람은 물론 새도 이동하지 않는 상황을 통해 상황의 적막감을 나타내고 있다.

03 정답 ⑤ 자료를 통해 감상하기

정답 풀이

[A]의 '심산궁곡'은 화자가 있는 곳 혹은 어렵게 사는 백성들이 있는 곳을, [B]의 '옥누고쳐'는 임금이 계신 궁궐을 의미한다. [A]에서 임금이 계신 궁궐을 의미하는 시어는 '봉황누'이다.

오답 풀이

①, ② 화자는 자신이 보낸 '청광'으로 임금이 온 세상을 대낮같이 환하게 할 정도로 선정을 베풀어 주기를 기원하고 있으므로 '청광'은 선조 임금을 향한 정철의 충절을 의미한다고 할 수 있다. 이때 '청광'을 '누우히 거러 두는' 행위의 주체는 선조 임금으로 볼 수 있다.
③ '쇼상남반'은 소상강 남쪽을 뜻하는데, 이 작품에서는 정철이 은거하며 지낸 지역인 전라도 창평을 의미한다고 볼 수 있다.
④ 화자는 추운 겨울 임이 계신 곳에 따뜻한 햇빛인 '양춘'을 보내고 싶어 하므로 '양춘'은 임에 대한 화자의 사랑과 정성을 의미한다. 〈보기〉에서 정철은 이 작품의 화자를 여성으로 설정하여 연군의 정을 이별한 여인이 임을 그리워하는 심정에 빗대어 노래하고 있다고 하였으므로 '양춘'은 임금에 대한 화자의 연군의 정을 표현한 것으로 볼 수 있다.

04~06 본문 • 68~69쪽

04 ③   **05** ①   **06** ④

[가사] 정철, 「속미인곡(續美人曲)」

작품 분석

뎨 가는 뎌 각시 본 듯도 흔뎌이고
저기   을녀 – 중심 인물
텬샹(天上) 빅옥경(白玉京)을 엇디ᄒ야 니별(離別)ᄒ고
옥황상제가 있다고 하는 곳. 여기서는 임금이 있는 한양   을녀의 상황
ᄒᆡ 다 뎌 져믄 날의 눌을 보라 가시는고
화자의 쓸쓸한 상황을 강조하는 배경   갑녀의 질문 – 주의 환기, 을녀의 대답 유도   ▶ 서사 1: 갑녀의 물음
어와 네여이고 이내 스셜 드러 보오 — 을녀의 대답이 이어짐.
갑녀 – 보조적 인물   사설. 이야기
내 얼굴 이 거동이 님 괴얌즉 ᄒᆞᆫ가마는
형상   행동거지   사랑받음직
엇딘디 날 보시고 네로다 녀기실ᄉᆡ
여기시기에(사랑하시기에)

정답과 해설

나도 님을 미더 군ᄠᅳ디 젼혀 업서
(딴 뜻이 / 굴었던지)

이릭야 교틱야 어즈러이 ᄒ돗썬디
(을녀가 생각하는 이별의 원인 ① – 자신의 탓)

반기시ᄂ 눗비치 녜와 엇디 다ᄅ신고 — '나'를 대하는 임의 태도가 변함.
(낯빛이 예전과)

누어 싱각ᄒ고 니러 안자 혜여ᄒ니
(생각하니)

내 몸의 지은 죄 뫼ᄀ티 빠혀시니

하ᄂᆯ히라 원망ᄒ며 사름이라 허믈ᄒ랴 ⌉ 운명론적 체념. 자책
(이별의 원인 ② – 조물주의 탓)

셜워 플텨 헤니 조믈(造物)의 타시로다 ▶ 서사 2: 을녀의 대답
(서러워 풀어 버리고 헤아리니   표면적: 조물주를 탓함. 이면적: 자책)

글란 싱각 마오 ▶ 본사 1: 갑녀의 위로
(갑녀의 위로)

미친 일이 이셔이다
(임(선조) 을녀의 하소연)

님을 뫼셔 이셔 님의 일을 내 알거니
(임을 가까이서 모셔왔으므로 임의 일상을 잘 알고 있음.)

믈 ᄀ튼 얼굴이 편ᄒ실 적 몃 날일고
(연약한 혹은 물같이 맑고 아름다운)

「츈한(春寒) 고열(苦熱)은 엇디ᄒ야 디내시며 『』: 노심초사
(봄추위(꽃샘추위)와 여름의 괴로운 더위   ◯: 화자의 걱정거리들 – 임금에 대한 충정)

츄일(秋日) 동텬(冬天)은 뉘라셔 뫼셧ᄂ고
(가을날과 겨울날)

쥭조반(粥早飯) 죠셕(朝夕) 뫼 녜와 ᄀ티 셰시ᄂ가
(아침밥 전에 먹는 죽 '밥'의 궁중어 잡수시는가)

기나긴 밤의 ᄌ옴은 엇디 자시ᄂ고」 ▶ 본사 2: 을녀의 하소연

님다히 쇼식(消息)을 아므려나 아쟈 ᄒ니
(임 계신 곳 – 한양 어떻게든)

오ᄂᆯ도 거의로다 ᄂᆡ일이나 사름 올가
(거의 지나갔구나 임의 소식을 전하는 사람)

내 ᄆᆞᆷ 둘 ᄃᆡ 업다 어드러로 가쟛 말고
(소망 성취를 위한 공간 ①)

잡거니 밀거니 놉픈 뫼히 올라가니 — 임과의 거리를 좁히려는 화자의 노력
(잡기도 하고 밀기도 하면서)

구롬은 ᄏ니와 안개ᄂᆞᆫ 므ᄉ 일고 △: 임과 화자 사이를 가로막는 장애물. 정적 혹은 간신

산쳔(山川)이 어둡거니 일월(日月)을 엇디 보며
(화자의 막막한 상황 임금(선조))

지쳑(咫尺)을 모ᄅ거든 쳔 리(千里)를 ᄇ라보랴
(아주 가까운 거리)

츨하리 믈ᄀ의 가 ᄇᆡ 길히나 보랴 ᄒ니
(소망 성취를 위한 공간 ②)

ᄇ람이야 믈결이야 어둥졍 된뎌이고
(– 화자의 심란함 비유 – 어수선하게 되었구나)

샤공은 어ᄃᆡ 가고 빈 ᄇᆡ만 걸렷ᄂ고
(객관적 상관물 – 화자의 외로움 부각)

강텬(江天)의 혼쟈 셔셔 디ᄂ 히를 구버보니
(지는)

님다히 쇼식(消息)이 더옥 아득ᄒ뎌이고 ▶ 본사 3: 을녀의 안타까움

모쳠(茅簷) 춘 자리의 밤듕만 도라오니
(초가지붕의 처마 한밤중에)

반벽(半壁) 쳥등(靑燈)은 눌 위ᄒ야 불갓ᄂ고
(벽 가운데에 걸린 청사초롱. 객관적 상관물 – 화자의 외로움을 부각함.)

「오ᄅ며 ᄂᆞ리며 헤쓰며 바자니니 『』: 낮 시간의 행위를 간략히 제시함.
(헤매며 방황하니)

져근덧 녁진(力盡)ᄒ야 풋ᄌᆞᆷ을 잠간 드니」
(기운이 다해서)

졍셩(精誠)이 지극ᄒ야 ᄭ옴의 님을 보니
(임과 만날 수 있게 하는 매개체)

옥(玉) ᄀ튼 얼구리 반(半)이나마 늘거셰라
(화자가 곁에 있을 때 ← 화자가 곁에 없을 때)

ᄆᆞ옴의 머근 말씀 슬ᄏ장 ᄉᆞᆲ쟈 ᄒ니
(온갖 정과 회포 실컷 사뢰고자 하니)

눈믈이 바라 나니 말씀인들 어이ᄒ며
(연달아 나니)

졍(情)을 못다ᄒ야 목이조차 몌여ᄒ니

오뎐된 계셩(鷄聲)의 ᄌ옴은 엇디 ᄭ댓던고 – 꿈에서 임을 만났으나 닭 울음소리에 깸.
(방정맞은 닭 울음소리 – 임과의 만남을 방해하는 장애물)

어와 허ᄉ(虛事)로다 이 님이 어ᄃᆡ 간고 ▶ 본사 4: 을녀의 독수공방
(꿈에서 깬 을녀의 허탈함)

결의 니러 안자 창(窓)을 열고 ᄇ라보니

어엿븐 그림재 날 조츨 ᄯ이로다 – 임의 부재를 강조함.
(불쌍한)

「출하리 싀여디여 낙월(落月)이나 되야이셔 『』: 비장미
(사라져서, 죽어서 화자의 분신 – 소극적 사랑)

님 겨신 창(窓) 안히 번드시 비최리라 – 화자의 변함없는 사랑
(환히 ▶ 결사 1: 을녀의 다짐)

각시님 ᄃᆞᆯ이야ᄏᆞ니와 구준비나 되쇼셔 ▶ 결사 2: 갑녀의 위로
(달은커녕 화자의 분신 – 적극적 사랑)

◖ 핵심 정리

- **화자?** 보조 화자(갑녀) – 을녀의 이야기를 들어주고 위로함. / 중심 화자(을녀) – 임과 이별한 상황에서 임을 향한 일편단심을 노래하며 임에 대한 간절한 그리움을 드러냄.
- **주제?** 임에 대한 그리움과 일편단심
- **특징?** 대화체로 시상을 전개하며 우리말을 세련되고 뛰어나게 구사함.

04 정답 ③   표현상의 특징 이해하기

정답 풀이

이 작품에서는 '낙월', '구준비' 등 자연물을 동원하여 임과 함께하고 싶은 화자의 바람을 드러내고 있다.

오답 풀이

① 이 작품에는 사람이나 사물의 소리를 흉내 낸 말인 의성어가 쓰이지 않았다.

② 이 작품에는 동일한 문장 구조를 반복하여 주제를 강조한 부분이 나타나지 않는다.

④ 이 작품에는 실제와 반대되게 말을 하는 반어적 표현이 사용되지 않았으며, 부조리한 현실을 비판하는 부분도 나타나지 않는다.

⑤ '어엿븐 그림재 날 조츨 ᄯ이로다'에서 화자가 스스로를 비웃는 자조 섞인 목소리를 확인할 수는 있지만, 이를 통해 삶의 의지를 상실한 모습을 드러내고 있는 것은 아니다.

05 정답 ①   시어·시구의 의미 파악하기

정답 풀이

'ᄇ람'과 '믈결'은 화자가 임을 만나러 갈 수 없게 하는 것으로, 임과 화자 사이를 가로막는 장애물을 의미한다. 'ᄇ람'과 '믈결'이 포함된 'ᄇ람이야 믈결이야 어둥졍 된뎌이고'에는 화자인 을녀의 심란한 마음이 반영되어 있을 뿐 화자의 내적 갈등은 드러나 있지 않다.

오답 풀이

② '빈 ᄇᆡ'는 객관적 상관물로, 사공 없이 텅 비어 있어 화자를 더욱 외롭게 만들고 있다.

③ '쳥등은 눌 위ᄒ야 불갓ᄂ고'로 볼 때 누군가를 위해 밝게 빛나고 있

는 '청등'은 화자의 쓸쓸한 처지를 잘 보여 주는 소재로, 임의 부재에 따른 화자의 외로움을 부각한다.

④ 꿈속에서나마 임을 뵈려 했던 화자의 소망은 '계성'에 잠이 깨어 무산되고 만다. 따라서 '계성'은 임과 화자의 만남을 방해하는 장애물로 볼 수 있다.

⑤ '어엿븐 그림재 날 조출 뿐이로다'는 화자의 그림자만이 텅 빈 집에 있다는 표현이므로 임이 부재하는 상황을 강조하며 홀로 남은 화자의 쓸쓸함을 드러낸다고 볼 수 있다.

06 정답 ④

정답 풀이

'미친 일이 이셔이다'는 각시가 자신의 마음에 맺힌 한을 하소연하는 것으로, 이후에 이어지는 구체적인 내용을 통해 그 의미 파악이 가능하다. 즉, '미친 일'은 임에 대한 염려와 임의 소식에 대한 궁금함, 임에 대한 그리움 등을 의미한다. 자신을 헐뜯었던 무리들에 대한 한은 드러나지 않는다.

오답 풀이

① '길 가던 여인'은 과거 천상 백옥경에서 지내던 '각시'가 현재는 왜 그곳을 떠나 누구를 찾아다니는지 묻고 있다.

② '각시'는 '길 가던 여인'의 물음에 대해 '이내 수셜'을 풀어놓고 있다. 그 이야기의 내용은 화자가 임과 만나 사랑하다가 이별하게 된 것, 즉 임과 이별하게 된 사연과 관련된 내용이다.

③ '길 가던 여인'은 '각시'가 이별의 원인을 자신의 탓으로 돌리자 '글란 싱각 마오'라고 하며 각시를 위로하고 있다.

⑤ '각시'는 현실에서 임과의 만남이 어려워지자 죽어서 '낙월'이 되어서라도 임과 만나고 싶다는 소망을 드러낸다. 이에 대해 '길 가던 여인'은 '낙월'보다는 '구준비'가 되라고 조언하면서 각시를 위로하고 있다.

내신 or 수능 실전 기출문제

01~03

본문 • 70~71쪽

01 ① **02** ② **03** ③

[가사] 조위, 「만분가(萬憤歌)」

작품 분석

천상(天上) 백옥경(白玉京) 십이루(十二樓) 어듸매오
　옥황상제가 사는 궁궐. 여기서는 임금(성종)이 있는 궁궐
오색운(五色雲) 깁픈 곳의 자청전(紫淸殿)이 ᄀ려시니
　　　　　　　　　신선이 사는 집
　　　　　　　　　　　　　　　　유배지에서 임(왕)을 그리는 마음
천문(天門) 구만 리(九萬里)를 숨이라도 갈동말동
　유배지와 한양 궁궐의 심리적 거리감. 먼 길
차라리 싀여지여 억만(億萬) 번 변화(變化)ᄒ여
　죽어　　숫자를 통해 화자의 심정 강조
남산(南山) 늦즌 봄의 두견(杜鵑)의 넉시 되여
이화(梨花) 가디 우희 밤낫즐 못 울거든
　가지　위에　　　　　　　　　　화자의 분신
삼청동리(三淸洞裡)에 졈은 한널 구름 되여
　신선이 사는 곳

바람의 흘리 ᄂ라 자미궁(紫微宮)의 ᄂ라 올라
　북두성 북쪽의 별. 여기서는 한양의 궁궐
옥황(玉皇) 향안전(香案前)의 지척(咫尺)의 나아 안자
　향로나 향합을 올려놓는 상 앞　　　　아뢰리라
흉중(胸中)의 싸힌 말솜 쓸커시 ᄉ로리라 ── 글을 쓰는 동기: 자신의
　　　　　　　실컷　　　　　　　　　　억울함을 호소하려 함.
『어와 이 내 몸이 천지간(天地間)에 느저 나니　▶ 임금에게 마음속의 말을 아뢰고 싶은 마음
『 』: 억울한 누명을 썼던 인물들을 자신과 비유함.
황하수(黃河水) 물 다만는
　초나라 때의 사람 굴원. 누명을 쓰고 귀양을 가서 물에 빠져 죽음.
초객(楚客)의 후신(後身)인가 상심(傷心)도 ᄀ이 업고
　── 화자를 비유　　　　　　　　　　끝이 없고
가 태부(賈太傅)의 넉시런가 한숨은 무스 일고
　한나라 때의 가의. 대신들의 시기를 받아 벼슬에서 좌천됨.
형강(荊江)은 고향(故鄉)이라 십 년(十年)을 유락(流落)ᄒ니
　중국 강소성 근처의 강인 징장강. 유배지　　유배 생활로 떠돌아다니니
백구(白鷗)와 버디 되여 홈끠 놀자 ᄒ엿더니
　사랑하는 듯　　　함께
어루는 듯 괴는 듯 눔의 업슨 님을 만나
　아양을 부리는 듯　　　　　　임금(성종)
금화성(金華省) 백옥당(白玉堂)의 꿈이죠차 향긔롭다
　중국 절강성 금화현. 금화현의 금화산에서 신선 적송자가 득도했다고 함.
오색(五色)실 니음 졀너 님의 옷슬 못 ᄒ야도
　　　　　이음이 짧아　화자가 여성임이 드러남.　　임금에 대한 충성심
바다 ᄀ튼 임의 은(恩)을 추호(秋毫)나 갑프리라
　　　　　　　　조금이나마
백옥(白玉) ᄀ튼 이 내 ᄆ음 님 위ᄒ여 직희더니
　　　　　　　　변함없는 마음
장안(長安) 어제 밤에 무서리 섯거 치니
　한양　　　　　　시련 – 조정의 어지러움(무오사화)을 의미함.
일모수죽(日暮脩竹)에 취수(翠袖)도 냉박(冷薄)홀샤
　해 질 녘 긴 대나무에 의지하여 섬. 푸른 옷소매　찬 기운이 돌 만큼 얇음.
유란(幽蘭)을 것거 쥐고 님 겨신 듸 ᄇ라보니
　난초　　　　　　　　　　　　험하구나
약수(弱水) ᄀ리진듸 구룸 길이 머흐러라 ── △: 임과 화자를
　부력이 낮아 기러기의 털도 가라앉는다는 전설의 강.　가로막는 장애물
　건널 수 없는 강　　　　　　　　　　▶ 임에 대한 사랑과 그리움

• **화자?** 어지러운 조정 상황으로 인해 유배 생활을 하고 있는 화자가 억울함을 호소하며 임금을 그리워함.
• **주제?** 유배로 인한 억울한 심정과 연군의 정
• **특징?** 임금이 있는 곳을 천상으로, 유배로 임금과 떨어져 있는 상황을 임과 이별한 상황으로 설정함. 고사와 자연물을 활용하여 화자의 처지와 정서를 드러냄.

01 정답 ①

정답 풀이

'천상 백옥경'에 계신 임과 이별하여 멀리 떨어져 있는 화자는 차라리 죽어서 '두견'의 넋이 되어 밤낮을 울거나 '구름'이 되어 임이 계신 자미궁에 날아올라 임의 지척에 앉아 자신의 흉중에 쌓인 말을 실컷 전하고 싶다고 말하고 있다. 즉 화자는 '두견', '구름' 등의 자연물을 활용하여 자신의 억울한 심정을 드러내고 있는 것이다.

오답 풀이

② 실제와 반대되는 표현으로 의도를 강조하는 반어적 표현을 활용한 부분은 찾을 수 없으며, 임을 의도적으로 우스꽝스럽게 묘사하는 희화화 또한 나타나 있지 않다.

③ 사람이나 사물의 소리를 흉내 낸 의성어나 모양이나 움직임을 흉내

낸 의태어를 활용한 부분은 찾을 수 없다.
④ 화자는 어지러운 조정의 상황('장안 어제 밤에 무서리 섯거 치니')으로 유배 생활을 하고 있는 처지를 한탄하고 있을 뿐 현실의 부정적 현상이나 모순 따위를 빗대어 비웃는 풍자적 기법을 활용하여 교훈을 나타내는 부분은 찾아볼 수 없다.
⑤ 이 작품에는 '백옥경', '자청전' 등이 임이 계신 곳으로 제시되고 있을 뿐 공간에 대한 구체적인 묘사가 드러난 부분은 찾을 수 없으며 경치의 변화를 보여 주고 있는 것도 아니다.

02 정답 ② 시어·시구의 의미 파악하기

정답 풀이

임이 계신 곳에 꿈이라도 갈 듯 말 듯하다고 한 화자는, '구름'이 되어 '옥황 향안전의 지적의 나아 안자 / 흉중의 싸힌 말슴 쓸커시 ᄉ로리라'라고 말하고 있다. 이는 구름이 되어 임 앞에 나아가 가슴속에 쌓인 말씀을 실컷 아뢰고 싶다는 것이므로, ⓛ '구름'은 화자와 대상 사이를 가로막는 방해물이 아니라 화자의 분신, 즉 화자가 임과 만나기 위해 되고 싶은 존재이다.

오답 풀이

① 화자는 '천상 백옥경'에 있는 임과 이별한 처지로, '천문 구만 리를 꿈이라도 갈동말동'하다고 말하고 있다. 따라서 '먼 길'을 의미하는 ㉠ '구만 리'는 화자와 임 사이의 거리감을 나타낸다.
③ ㉢ '바람'은 화자의 분신인 '구름'이 흩날리며 자미궁까지 날아오르도록 하므로 화자와 임과의 만남을 도와주는 매개체라고 할 수 있다.
④ ㉣ '초객'은 초나라 시인 굴원으로, 굴원은 누명을 쓰고 귀양을 가서 물에 빠져 죽은 인물이다. 화자는 자신이 '초객의 후신', 즉 초객이 죽어서 다시 태어난 몸인지 상심도 끝이 없다고 하고 있으므로 초객에게 동질감을 느낀다고 볼 수 있다.
⑤ ㉤ '백구'는 화자가 벗이 되어 함께 놀고자 한 대상이므로 화자가 교감을 나누는 대상이라고 할 수 있다.

03 정답 ③ 자료를 통해 감상하기

정답 풀이

〈보기 1〉을 통해 이 작품과 「속미인곡」의 '임'을 임금으로 해석할 수 있음을 알 수 있다. 이를 바탕으로 볼 때 [C]는 '백옥 같은 이 내 마음 임금 위하여 지키고 있었더니'라는 의미로, 화자는 임금을 향한 자신의 마음이 '백옥'과 같이 순수하다고 말하고 있다. 그러나 〈보기 2〉의 [나]는 '옥 같은 임금의 얼굴이 반이나 넘게 늙으셨네.'라는 의미로, 임금의 얼굴이 '옥'처럼 고왔다고 표현하고 있을 뿐 임금에 대한 자신의 마음을 옥에 빗대고 있지는 않다.

오답 풀이

① 이 작품에서 화자는 '두견'의 넋이 되어 배꽃 가지 위에 앉아 밤낮으로 울겠다고 하였고, 〈보기 2〉에서 화자는 '낙월'이 되어 임 계신 창 안을 비추겠다고 하였다. 따라서 [A]에서 '두견'의 넋, [마]에서 '낙월'이 되고 싶다고 한 것에는, 임과 이별하여 멀리 떨어진 상황에서 죽어서 다른 존재가 되어서라도 임을 만나 임에게 마음을 전하고 싶은 의지가 담겨 있다고 할 수 있다.

② [B]는 '구름'이 되어 임 앞에 나아가 마음속에 쌓인 말씀을 실컷 아뢰고 싶다는 것이고, [다]는 꿈에서 만난 임에게 마음에 먹은 말씀을 실컷 아뢰고자 하는 것이므로 둘 다 임에게 마음에 담아 둔 말을 전하고 싶다는 화자의 바람을 보여 준다.
④ 〈보기 1〉을 통해 이 작품과 「속미인곡」 두 작품이 임금에 대한 그리움, 즉 연군의 정을 노래한 작품임을 알 수 있다. 이를 바탕으로 볼 때 이 작품에서 화자는 '천상 백옥경'에 계신 임과 멀리 떨어져 '십 년을 유락'하는 처지로, [D]에서는 '해 질 녘 긴 대나무에 의지하여 서 있으니 푸른 옷소매도 차디차구나.'라고 말하고 있다. 즉 [D]는 임(임금)과 떨어져 있는 고독한 시·공간(일모수죽)에서 느껴지는 쓸쓸함을 옷소매가 차디차다고 표현하고 있는 것이다. 〈보기 2〉의 화자 역시 임(임금)과 이별한 처지로, [가]에서는 '모첨', '밤듕'이라는 임(임금)과 떨어져 있는 고독한 시·공간에서 느끼는 쓸쓸함을 '촌 자리'라는 촉각적 이미지를 통해 드러내고 있다고 할 수 있다.
⑤ [E]에서는 외로움과 쓸쓸함을 느끼던 화자가 임이 계신 데를 바라보는 모습이 나타나 있고, [라]에서는 꿈에서 임을 잠깐 본 화자가 잠에서 깬 뒤 허망해하면서 일어나 앉아 '창을 열고 브라보'는 모습이 나타나 있다. 그런데 〈보기 1〉에서 이 작품과 「속미인곡」 두 작품이 임금에 대한 그리움, 즉 연군의 정을 노래한 작품이라고 하였으므로 [E]와 [라]에 나타난 화자의 모습에는 멀리 떨어져 있는 임(임금)을 향한 그리움이 담겨 있다고 볼 수 있다.

09강 가사 3 안분지족, 농촌 생활, 신세 한탄

01~03　　　　　　　　　　　　　본문 • 72~73쪽

01 ⑤　　　02 ④　　　03 ③

[가사] 박인로, 「누항사(陋巷詞)」

작품 분석

어리고 우활(迂闊)홀산 이 니 우히 더니 업다
어리석고　세상 물정에 어두운　　　위에　더한 사람이

길흉화복(吉凶禍福)을 하날긔 부쳐 두고
　　　　　　운명론적 세계관

누항(陋巷) 깁푼 곳의 초막(草幕)을 지어 두고
누추한 곳 – 자기가 사는 곳을 겸손하게 이르는 말

풍조우석(風朝雨夕)에 석은 딥히 셥히 되야
　　　변화가 심한 날씨　　썩은 짚이　　섶이

셔 홉 밥 닷 홉 죽(粥)에 연기(煙氣)도 하도 할샤
　　조라한 음식　　　　　　많기도 하구나

설 데인 숙냉(熟冷)애 뷘 빗 쇡일 쑨이로다 – 곤궁한 생활
덜 데운. 뜨겁게 데우지 못한

생애(生涯) 이러ᄒ다 장부(丈夫) 쓰을 옴길넌가
　현실　→　　　이상　　　옮길 것인가

안빈 일념(安貧一念)을 젹을망정 품고 이셔
빈궁에 처해서도 마음이 편하여 근심하지 않는 한결같은 마음

수의(隨宜)로 살려 ᄒ니 날로조차 저어(齟齬)ᄒ다　▶ 누항에서
옳은 일을 좇음.　　날이 갈수록　어긋나다　　안빈 일념으로
　　　　　　　　　　　　　　　　　　　　살고자 함.

ᄀ 을히 부족(不足)거든 봄이라 유여(有餘)ᄒ며
　　　　　　　　　　　여유가 있으며

주머니 뷔엿거든 병(甁)의라 담겨시랴
　　　　　　　술병이라고 한들 술이 담겨 있겠는가

빈곤(貧困)ᄒ 인생(人生)이 천지간(天地間)의 나쑨이라

기한(飢寒)이 절신(切身)ᄒ다 일단심(一丹心)을 이질는가
배고픔과 추위　　몸을 끊는가

(중략)
　　　　　　　누구예게 물을 것인가

경당문노(耕當問奴)인들 눌드려 물롤 느고
밭 가는 일은 종에게 묻는 것이 마땅함.

궁경가색(躬耕稼穡)이 니 분(分)인 줄 알리로다
몸소 밭을 갈고 씨를 뿌리어 곡식을 거둠.

신야경수(莘野耕叟)와 농상경옹(壟上耕翁)을 천(賤)타 ᄒ리
잡초 많은 들에서 밭 갈던 늙은이　　　　밭두둑 위에서 밭 갈던 늙은이
업것마는　– 신야에서 밭을 갈다 입신하여　– 진나라의 진승을 말함.
　　　　　재상이 된 이윤을 말함.

아므려 갈고젼들 어니 쇼로 갈로손고 – 소가 없어 농사를 짓지 못함.
　　　　　　　　　　갈겠는가　▶ 몸소 농사일을 하고자 하나

한기태심(旱旣太甚)ᄒ야 시졀(時節)이 다 느즌 졔　소가 없어
가뭄이 이미 크게 심하여　농사짓기에 알맞은 시기　고심함.

서주(西疇) 놉흔 논애 잠깐 긴 녈비예
서쪽 두락　　　　잠깐 오다가 갠 여우비

도상(道上) 무원수(無源水)를 반만깐 디혀 두고
길 위에 흐르는 근원 없이 흐르는 물

쇼 흔 젹 듀마 ᄒ고 엄섬이 ᄒᄂ 말삼 – 진심으로 하는 말이 아님.
　　　　　　　엉성히. 탐탐하지 않게

친절(親切)호라 너긴 집의 둘 업슨 황혼(黃昏)의 허위허위
　　　　　　　　　　　　　　　　　　허둥지둥

다라 가셔

구디 다둔 문(門) 밧긔 어득히 혼자 서셔　현실과 체면
　　　　　　우두커니　　　　　　사이의 상반된

큰 기춤 아함이를 양구(良久)토록 ᄒ온 후(後)에　모습이 드러남.
　　　　　　오래도록

어와 긔 뉘신고 염치(廉恥) 업산 닉옵노라　▶ 농사를 짓기 위해
　　소 주인의 말　　　　화자의 말　　　소를 빌리러 감.

(중략)

와실(蝸室)에 드러간들 잠이 와사 누어시랴
달팽이 집 – 작고 누추한 집

북창(北窓)을 비겨 안자 싴비를 기다리니
　　　　의지하고 앉아　새벽

무정(無情)ᄒ 대승(戴勝)은 이닉 한(恨)을 도우ᄂ다
오디새. 봄에 밭 갈기를 재촉한다고 함. – 화자의 참담한 심정을 고조시킴.

종조추창(終朝惆悵)ᄒ야 먼 들흘 바라보니
　　　아침이 끝날 때까지 서글퍼함.

즐기는 농가(農歌)도 흥(興) 업서 들리ᄂ다　▶ 소를 빌리지 못한
　　　　　　　　　　　　　　　　　　　화자의 실망과

세정(世情) 모룬 한숨은 그칠 줄을 모르ᄂ다　안타까움. 한탄

아ᄉᆞ온 져 소뷔는 볏보님도 됴홀셰고
　　　　쟁기　　보습 위에 대는 쇳조각

가시 엉귄 묵은 밧도 용이(容易)케 갈련마는

허당 반벽(虛堂半壁)에 슬듸업시 걸려고야
　　　　　빈 집 벽 가운데

춘경(春耕)도 거의거다 후리쳐 더뎌두쟈
　　　　　거의 지내었다 팽개치어　▶ 각박한 세상 인심에 농사를 포기함.

강호(江湖) ᄒ 쑴을 쑤언 지도 오리러니
자연과 더불어 살겠다는 꿈

구복(口腹)이 위루(爲累)ᄒ야 어지버 이져써다
　　　먹고 입는 것이 누가 됨.

첨피기욱(瞻彼淇澳)ᄒ되 녹죽(綠竹)도 하도 할샤
기수의 물가를 바라보니

유비군자(有斐君子)들아 낙듸 ᄒ나 빌려스라
빛나는 군자. 교양 있는 선비

노화(蘆花) 깁픈 곳애 명월청풍(明月淸風) 벗이 되야　자연
갈대꽃　　　　　　　　　　　　　　　　　　　친화적.

님ᄌᆞ 업슨 풍월강산(風月江山)애 절로절로 늘그리라　유유
　　　　　　　　자연　　　　　　　　　　　　자적한

무심(無心)ᄒ 백구(白鷗)야 오라 ᄒ며 말라 ᄒ랴　태도
　　　　　　자연과의 동화

다토리 업슬슨 다문 인가 너기로다
　　　　　　다만 이것뿐인가

무상(無狀)ᄒ 이 몸애 무슨 지취(志趣) 이스리마는
보잘것없는　　　　　　　　뜻과 취향

두세 이렁 밧논를 다 무겨 더뎌두고
　　　　　　　묵혀

이시면 죽(粥)이오 업시면 굴물망졍
　　　　　　안빈낙도의 삶 추구

남의 집 남의 거슨 전혀 부러 말렷노라 – 욕심 없이 살고자 함.
　　　　　　　　　밀려고 하노라　▶ 자연에 묻혀 욕심 없이
　　　　　　　　　　　　　　　　　　살고자 함.

핵심 정리

• **화자?** 가난한 현실로 인해 비애와 좌절감을 느끼지만 원망하지 않고 안빈낙도의 삶을 추구함.

• **주제?** 누항에 묻혀 사는 선비의 곤궁한 삶과 안빈낙도하는 삶의 추구

• **특징?** 임진왜란 직후의 궁핍한 삶을 일상 언어를 사용하여 사실적이고 구체적으로 형상화하고, 어려운 한자어가 많이 쓰임. 대구법, 설의법, 과장법, 열거법 등 다양한 표현법이 사용됨.

01 정답 ⑤   표현상의 특징 이해하기

정답 풀이

'주머니 뷔엿거든 병의라 담겨시랴', '와실에 드러간들 잠이 와사 누어시랴', '무심ᄒ 백구야 오라 ᄒ며 말라 ᄒ랴' 등에서 설의적 표현을 활용하여 화자의 태도를 드러내고 있다.

오답 풀이

① 참뜻과는 반대의 말을 하여 문장의 의미를 강화하는 반어적 표현은 사용되지 않았으며, 대상을 풍자하는 내용도 나타나지 않는다.
② 의태어 '허위허위'가 사용되었지만, 의태어를 나열하여 화자의 심리를 드러낸 부분은 나타나지 않는다.
③ 공감각적 이미지가 사용된 부분은 나타나지 않는다.
④ '어와 긔 뉘신고 염치 업산 늬옵노라'에서 소 주인(어와 긔 뉘신고)과 화자(염치 업산 늬옵노라)의 대화가 나타나지만, 묻고 답하는 형식으로 대상과의 친밀감을 형성하고 있는 것은 아니다.

02 정답 ④   시어·시구의 의미 파악하기

정답 풀이

ⓔ에는 소를 빌리지 못해 봄 농사를 포기하려는 화자의 모습이 나타나 있을 뿐, 자연의 순환적 흐름에 순응하며 가난으로 인한 비애를 극복하고자 하는 태도는 나타나지 않는다.

오답 풀이

① ⓐ은 설 데운 숭늉으로 배를 채우는 모습으로, 제대로 된 밥을 챙겨 먹지 못하는 모습을 통해 화자가 매우 궁핍한 생활을 하고 있음을 알 수 있다.
② ⓑ에서 화자는 굶주림과 추위로 인해 괴로운 상황에서도 '일단심'을 잊지 않겠다고 말하며 자신이 추구하는 정신적 가치를 지키고자 하는 모습을 보이고 있다.
③ ⓒ에서 화자는 사대부인 신분에도 불구하고 농사를 지어야 하는 가난한 현실을 인식하고 손수 밭을 경작하고자 하지만, 농사짓는 수단인 소가 없어 그마저도 불가능한 상황에 고심하고 있다.
⑤ ⓔ에는 남의 것을 부러워하지 않고 주어진 상황에 만족하며 욕심을 부리지 않고 살아가겠다는 화자의 다짐이 나타나고 있다. 이를 통해 안빈낙도를 추구하는 삶의 자세를 확인할 수 있다.

03 정답 ③   자료를 통해 감상하기

정답 풀이

소를 빌리지 못하고 아침이 오도록 슬퍼하며 먼 들을 바라보고 있는 화자의 모습에서 화자의 처량하고 암담한 심리가 나타나 있지만, 여기서 암담함을 극복하려는 의지는 찾을 수 없다.

오답 풀이

① 안빈 일념은 가난 속에서도 마음을 편히 갖겠다는 생각을 의미한다. 화자는 생활이 가난하다 한들 장부의 뜻을 바꿀 수는 없다고 말하고 있으므로 몸소 농사를 지어야 하는 어려운 현실 속에서도 안빈 일념하려는 삶의 의지를 드러내고 있다고 볼 수 있다.

② 사대부임에도 불구하고 몸소 농사를 지어야 하는 상황에 처한 화자가 직접 농사를 짓는 데 필요한 소를 빌리기 위해 허위허위 가는 모습에서 상황 해결을 위한 화자의 모습이 나타나 있다.
④ '아ᄉ온 져 소뷔는 벗보님도 됴흘셰고'는 쟁기의 날이 잘 관리된 상태이지만 쓰이지 못하여 아깝다는 의미로 볼 수 있다. 또한 화자는 잘 관리된 쟁기를 보며 '허당 반벽에 슬듸업시 걸려고야'라고 하였으므로, 벽에 걸린 쟁기는 농사를 못하게 되어 쓸모없어진 물건으로 볼 수 있다.
⑤ 화자는 현실의 어려움으로 인해 농사를 포기한 상황에서, 교양 있는 선비들에게 낚싯대를 빌려 달라고 한 뒤, '노화 깁픈 곳애 명월청풍 벗이 되'어 '님ᄌ 업순 풍월강산애 절로절로 늘그리라'라고 하였다. 따라서 낚시대를 빌리는 것은 ⓒ의 상황을 실천하기 위한 화자의 의도를 드러내고 있다고 할 수 있다.

04~06 본문 • 74~75쪽

04 ③   **05** ③   **06** ④

[가사] 정훈, 「탄궁가(嘆窮歌)」

작품 분석

하늘이 만드시길 일정 고루 하련마는
  빈부의 차이 없이 평등하련만
어찌된 인생(人生)이 이토록 괴로운고
  가난한 현실에 대한 원망
삼순구식(三旬九食)을 얻거나 못 얻거나
  서른 날 동안 아홉 끼를 먹음. – 몹시 가난함.
십 년에 갓 한 번 쓰거나 못 쓰거나
  십 년 동안 한 갓만 씀. – 지독히 가난함.
안표누공(顔瓢屢空)인들 나같이 비었으며
  안연(顔淵)의 표주박이 자주 빔. – 안연이 가난하여 음식을 담는 표주박이 자주 비어 있음을 일컬음.
원헌간난(原憲艱難)인들 나같이 심했을까 — 설의법
  공자의 제자 – 청빈을 대표하는 인물   ▶ 서사: 궁핍한 생활에 대한 한탄
봄날이 더디 흘러 뻐꾸기가 보채거늘
  재촉하거늘
동편 이웃에 따비 얻고 서편 이웃에 호미 얻고 — 가난하여 농기구를
  동쪽에 사는 이웃 쟁기   서쪽에 사는 이웃   이웃에게 빌림.(대구법)
집 안에 들어가 씨앗을 마련하니

올벼 씨 한 말은 반 넘어 쥐 먹었고
  농사지을 올벼 씨마저 반이나 쥐가 먹음. – 설상가상(雪上加霜)
기장 피 조 팥은 서너 되 심었거늘
  조와 팥   서너 되밖에 농사짓지 못함.
한아한 식구(食口) 이리하여 어이 살리 — 설의법
  춥고 배고픈
이봐 아이들아 아무려나 힘써 일하라

죽 쑨 물 상전 먹고 건더기 건져 종을 주니
  윗사람
눈 위에 바늘 젓고 코로 휘파람 분다
  눈살을 찌푸리며 콧방귀를 뀜. – 종들의 무시
올벼는 한 발 뜯고 조 팥은 다 묵히니
  잡초의 일종   조와 팥은 다 일구지 않으니
싸리피 바랑이는 나기도 싫지 않던가
  곡식은 안 나고 잡초만 무성함.
나라 빚과 이자는 무엇으로 장만하며
  봄에 곡식을 빌려 갚아야 할 빚과 이자
부역과 세금은 어찌하여 차려 낼꼬
  국가에서 시켜 의무적으로 해야 하는 육체적 노동과 세금

이리저리 생각해도 견딜 가능성이 전혀 없다
난관을 극복할 방도가 없음. – 절망감

장초(萇楚)의 무지(無知)를 부러워하나 어찌하리
갯벌에서 자라는 나무 – 화자가 부러워하는 대상　설의법

시절이 풍년인들 지어미 배 부르며

겨울을 덥다 한들 몸을 어이 가릴꼬
설의법

베틀 북도 쓸 데 없어 빈 벽에 걸려 있고
남아 있고

시루 솥도 버려두니 붉은 녹이 다 끼었다
가난하여 베틀 북과 시루 솥을 쓸 일이 없음.

세시(歲時) 절기 명절 제사는 무엇으로 해 올리며
명절 때의 각종 잔치와 제사

친척들과 손님들은 어이하야 접대(接待)할꼬
설의법

이 얼굴 지녀 있어 어려운 일 많고 많다
▶ 본사: 명절이나 제사도 지낼 수 없는 가난한 형편에 대한 한탄

『이 원수 궁귀(窮鬼)를 어이하야 여의려뇨 『 』: 가난을 의인화함.
가난 귀신　가난을 벗어나고 싶음.

술에 음식 갖추고 이름 불러 전송(餞送)하여

좋은 날 좋은 때에 사방(四方)으로 가라 하니
가난 귀신을 쫓으려 함.

추추분분(啾啾憤憤)하야 화를 내어 이른 말이
시끄럽게 떠들며 화를 냄.

어려서 지금까지 희로우락(喜怒憂樂)을 너와 함께하여
화자의 가난이 오랫동안 지속되어 왔음을 알 수 있음.

죽거나 살거나 여일 줄이 없었거늘

어디 가 뉘 말 듣고 가라 하여 이르느뇨
가난 귀신의 말: 가난과 화자는 뗄 수 없음. → 가난에 대한 화자의 인식이 변화하는 계기가 됨.

타이르듯 꾸짖는 듯 온 가지로 공혁(恐嚇)커늘
꾸짖거늘

돌이켜 생각하니 네 말도 다 옳도다
화자의 체념

무정(無情)한 세상(世上)은 다 나를 버리거늘
세상에 대한 화자의 부정적 인식

네 혼자 신의 있어 나를 아니 버리거든
가난

억지로 피하여 잔꾀로 여윌려냐
설의법

하늘이 만든 이 내 궁(窮)을 설마한들 어이하리
체념적 어조 – 가난이 운명임. 설의법

빈천(貧賤)도 내 분(分)이어니 설워 무엇하리 ▶ 결사: 가난한 삶에 대한 체념과 수용
안분지족. 안빈낙도　설의법

핵심 정리

- **화자?** 가난한 생활을 한탄하다가 결국 가난을 자신의 운명으로 수용하고 체념함.
- **주제?** 가난한 생활에 대한 원망과 체념
- **특징?** 가난을 의인화하여 가난한 상황을 희화화하고, 설의법을 활용하여 가난에 대한 한탄의 정서를 강조함. 구체적이고 사실적인 생활 묘사가 나타나고, 고사를 인용하여 화자의 궁핍한 생활을 부각함.

04 정답 ③ （표현상의 특징 이해하기）

정답 풀이

'동편 이웃에 따비 얻고 서편 이웃에 호미 얻고', '나라 빚과 이자는 ~ 어찌하여 차려 낼꼬', '시절이 풍년인들 ~ 몸을 어이 가릴꼬' 등에서 대구의 형식을 활용하여 화자의 가난한 처지를 드러내고 있다.

오답 풀이

① 이 작품에는 일정한 간격을 두고 반복되어 나타나는 말과 소리인 여음구가 사용되지 않았다.

② 이 작품에는 색채 대비가 나타나지 않으며, 화자의 긍지보다는 가난에 대한 원망과 체념이 드러나 있다.

④ '원헌간난인들 나같이 심했을까', '한아한 식구 이리하여 어이 살리' 등에서 설의법이 사용되었으나 이를 통해 가난을 한탄하고 있을 뿐 절대자를 믿고 의지하려는 다짐은 나타나 있지 않다.

⑤ 이 작품에는 대립적 공간이나 이상 세계에 대한 소망은 드러나 있지 않다.

05 정답 ③ （시어·시구의 의미 파악하기）

정답 풀이

화자가 종들에게 건더기를 주지만 ⓒ에서 종들은 눈살을 찌푸리며 콧방귀만 뀌고 있다. 이는 종들조차 가난한 화자를 무시하는 것으로, 화자를 적극적으로 돕는 종들의 모습이라고 볼 수 없다.

오답 풀이

① ㉠에서 동쪽 이웃에게 따비를 빌리고, 서쪽 이웃에게 호미를 빌리며 농사를 준비하는 화자의 모습이 드러나 있다.

② ㉡은 농사지을 올벼 씨를 쥐가 반이나 먹은 상황으로, 화자가 처한 어려움이 구체적으로 나타나 있다.

④ ㉣에는 가난으로 인해 명절에 제사를 지내는 것이나 손님을 접대하는 것과 같은 자신의 도리마저 다하기 어려운 상황에 대한 화자의 한탄이 드러나 있다.

⑤ ㉤은 화자가 어릴 때부터 지금까지 가난 귀신과 함께하였다는 것에서 화자의 가난이 오랫동안 지속되어 왔음을 알 수 있다.

06 정답 ④ （자료를 통해 감상하기）

정답 풀이

'타이르듯 꾸짖는 듯 온 가지로 공혁'하는 것은 화자가 아니라 가난 귀신이다. 가난 귀신은 어려서부터 자신과 함께해 온 화자가 자신과 떨어지려 하자, 어디서 누구의 말을 듣고 자신에게 가라고 말하느냐며 화자를 꾸짖고 있는 것이다.

오답 풀이

① 화자는 '어찌된 인생이 이토록 괴로운고'와 같이 인생이 괴롭다고 말하며 가난한 현실을 원망하고 있다.

② 화자는 가난하여 나라 빚을 갚을 돈과 이자를 마련하기 어렵고, 부역과 세금을 감당하기 힘든 처지로, 이리저리 생각해도 가난으로 인한 난관을 극복할 방도가 없다고 하며 절망감을 드러내고 있다.

③ 화자는 가난 귀신인 '궁귀'를 떼어내기 위해 가난 귀신에게 술과 음식을 대접하는 방법으로 가난에서 벗어나려는 시도를 하고 있다.

⑤ 화자는 가난에서 벗어나려 노력하다가 실패하자, 가난을 자신의 운명으로 받아들이며 체념하고 있다.

내신 or 수능 실전 기출문제

01~03
본문 • 76~77쪽

01 ①　　**02** ④　　**03** ③

[가사] 안조원, 「만언사(萬言詞)」

작품 분석

여름이 되었지만 유배될 당시의 겨울 의복으로 생활하는 어려움

남방 염천(南方炎天) 씨는 날에 쌘지 못흔 누비바지
　남쪽 지방의 몹시 더운 날씨

쌈이 비고 쎄 오르니 굴둑 막은 덕셕인가
　　　　　　　　　　덮는 용도로 쓰이는 멍석

덥고 검기 다 바리고 닉음식를 엇지흐리

어와 내 일이야 가련히도 되었구나
　유배지에서 초라한 자신의 처지를 한탄함.

손잡고 반기는 집 닉 아니 가옵더니　□⋯△
　유배를 오기 전의 처지　　　　　　과거　현재
　　　　　　　　　　　　　　　　　　　　(유배지에서의 생활)

등 머러 닉치는 집 구추(苟且)이 비러 잇셔
　유배지에서 지내는 집

옥식 진찬(玉食珍饌) 어듸 가고 밀반 염장(麥飯鹽藏) 되어
　훌륭한 밥과 반찬　　　　　　　보리밥과 소금장 – 보잘것없는 식사
시며　　　　　　　　　　　　　　　　　　　　　　　　　　대구·
　　　　　　　　　　　　　　　　　　　　　　　　　　　　대조
금의 화식(錦衣華飾) 어듸 가고 현순 빅결(懸鶉百結) 되엿
　비단옷과 화려한 옷　　　옷이 해어져서 백 군데나 기움. – 누덕누덕 기운 옷
는고

이 몸이 스랏는가 죽어서 귀신(鬼神)인가

말흐니 스랏는가 모양(模樣)은 귀신(鬼神)일다　◯: 비참한 모습의
　　　　　　　볼품없고 초라한 모양　　　　　　　　　화자 자신 비유

한숨 씃퇴 눈물 나고 눈물 씃퇴 어이업셔

도로혀 우슴 느니 미친 스름 되거고나　▶ 유배 생활의 고통스러움
　자조적 웃음

어와 보리ㄱ을 되었는가 전산 후산에 황금빛이로다
　곡식을 거두어들이는 시기. 계절의 변화　　곡식이 익어 황금빛을 띰.
남풍은 때때 불어 보리 물결 치는고나

지게를 버셔노코 젼간의 굽닐면서
　　　　　　　　　밭과 밭 사이
한가히 뷔는 농부 뭇노라 뎌 농부야

밥 우히 보리든술 몃그릇 먹엇노야
　보리쌀로 빚은 단술
청풍의 취흔 얼골 씨연들 무엇흐리

년년(年年)이 풍년드니 히마다 보리 뷔여
　해마다
마당의 두도리고 용정(舂精)에 쁠허내야

일분(一分)은 밥쁠흐고 일분(一分)은 술쁠흐야
　일부
밥 먹어 비부르고 술 먹어 취흔 후에
　농부들의 편안한 삶　풍년이 들어 농부가 태평한 세월을 즐기는 노래
함포고복(含哺鼓腹)흐고 격양가(擊壤歌)를 부르느냐
　잔뜩 먹고 배를 두드림. – 먹을 것이 풍족하여 즐겁게 지냄.
농가의 초흔 흥이 뎌런 줄 아랏더면
　농사짓는 삶의 즐거움
공명(功名)을 탐티 말고 농수를 힘쓰느니
　공명을 탐하던 자신의 지난 삶에 대한 반성

（오른쪽 주석: 농사를 지어 소박하지만 즐겁게 지내는 농부의 모습）

빅운(白雲)이 즐거는 줄 청운(靑雲)이 알양이면
　욕심 없는 삶 의미　→　공명을 추구하는 삶 의미
탐화봉접(探花蜂蝶)이 망라(網羅)의 걸녀시랴
　꽃을 탐하는 벌과 나비 – 공명을 좇던 화자 비유
　　▶ 가을에 풍년을 즐기는 농부를 보며 공명을 추구했던 지난날을 반성함.

핵심 정리

- **화자?** 유배지에서 힘겹게 지내는 화자가 풍년이 든 가을의 풍경과 즐거운 농부의 모습을 바라보며 자신의 지난날을 후회함.
- **주제?** 유배 생활의 고통스러움과 자신의 죄에 대한 반성
- **특징?** 현재와 과거를 대비하고 대구와 비유적 표현을 활용하여 화자의 처지와 심정을 드러냄.

01 정답 ①　작품의 세부 내용 이해하기

정답 풀이

1문단에서 '가사는 연속체로, 길이의 조절이 자유로웠기에 유배지에서의 삶과 정서를 좀 더 구체적으로 담아낼 수 있었다.'라고 하였다.

오답 풀이

② 1문단에서 유배 시가는 '고려 시대 정서의 「정과정곡(鄭瓜亭曲)」을 시초로 하'며, 조선 시대에 들어와 다양한 문학 양식으로 활발하게 창작되었다고 하였으므로, 유배 시가가 조선 시대에 처음 창작된 것은 아니다.

③ 1문단에서 '유배 시가는 유배지로 가는 여정이나 유배지에서 느끼고 경험한 바를 소재로 하여 창작된 시가'로, '조선 시대에 들어와 시조나 가사 등의 다양한 문학 양식으로' 창작되었다고 하였다. 즉 유배 시가는 유배객으로서의 일상과 유배지에서 보고 들은 바 등 유배지에서 경험한 내용을 담고 있으나 이를 왕에게 보고하는 형식인 것은 아니다.

④ 1문단에서 '시조는 초·중·종 3장의 정형화된 형식 안에 유배객의 삶과 정서를 간결하게 응축해서 전달'했다고 한 것으로 보아, 시조가 유배지에서의 정서보다는 상황을 자세하게 묘사할 수 있었다고 보기는 어렵다. 유배지에서의 삶과 정서를 좀 더 구체적으로 담아낸 것은 길이의 조절이 자유로운 가사 형식이다.

⑤ 2문단에서 조선 시대의 유배 시가에는 '정적에 대한 원망, 결백의 호소, 정계 복귀에 대한 소망' 등이 주로 표현되었고, '정치적 유배객들은 임금에 대한 변함없는 충정을 드러'냈다고 하였다. 하지만 정계에 복귀하고자 하는 유배객의 소망이 탈속적 세계에 대한 지향으로 표현되었다는 내용은 찾아볼 수 없다.

02 정답 ④　표현상의 특징 이해하기

정답 풀이

ⓔ에서는 '～ 씃퇴 ～ 나고', '～ 씃퇴 어이업셔'와 같은 대구적 표현을 활용하여, 한숨과 눈물이 나는 자신의 비참한 처지에 대한 한스러운 감정을 드러내고 있다.

오답 풀이

① ㉠은 더운 여름날에 겨울부터 입었던 누비바지를 입고 있어 덥고 더

러운 데다 냄새가 심한 상황에 대해 화자가 '어와 내 일이야 가련히도 되었구나'라며 직접적으로 한탄하고 있는 부분으로 대상에 감정을 이입하고 있는 것은 아니다.

② ㉢에서는 '훌륭한 밥과 반찬'을 뜻하는 '옥식 진찬'과 '초라한 음식'을 의미하는 '밉반 염장'이라는 시어가 대조를 이루며 화자의 궁핍한 현재 처지를 강조하고 있다. 이는 편안한 마음으로 제 분수를 지키며 만족할 줄 아는 태도인 안분지족의 태도와는 거리가 멀다.

③ ㉣에서는 '귀신'이라는 시어가 반복되고 있는데, 화자는 궁핍하고 비참한 처지인 자신의 모습을 '귀신'에 빗대어 유배 생활의 고통스러움을 드러내고 있을 뿐 그리움의 정서와는 관련이 없다.

⑤ ㉤에서는 '어와'와 같은 영탄적 표현을 사용하여 곡식을 거두어들일 시기를 맞아 전산 후산이 황금빛으로 물든 풍경에 대한 감탄을 드러내고 있다. 하지만 이러한 풍경이 화자 자신의 성과인 것은 아니다.

03 정답 ③   (자료를 통해 감상하기)

정답 풀이

'함포고복ᄒ고 격양가를 부르는' 것은 보리를 베어서 그것으로 밥과 술을 지어 배부르게 먹고 노래를 부르며 즐겁게 지내는 농부의 모습이다. 화자는 이러한 농부의 모습을 보며 과거 자신의 모습을 반성하고 있을 뿐, 이 부분에서 과거와의 비교를 통해 현재의 고통스러운 삶을 드러내고 있는 것은 아니다. 과거와의 비교를 통해 현재의 고통스러운 삶을 드러낸 부분은 '손잡고 반기는 집 ~ 현순 빅결 되엿는고'로, 과거의 '옥식 진찬', '금의 화식'과 현재의 '밉반 염장', '현순 빅결'의 비교를 통해 유배지에서의 고통스러운 삶을 강조하고 있다.

오답 풀이

① '남방 염천 씨는 날에 쐰지 못한 누비바지'는 더운 여름날에 전부터 입고 있던 누비바지를 빨지도 못하고 입고 있는 모습을 드러낸 부분으로, 유배지에서의 체험을 사실적이고 구체적으로 보여 주고 있다.

② '등 미러 너치는 집'은 유배지에서 화자가 '구챠이 비러' 있는 곳으로, 자신을 거부하는 곳에 구차하게 붙어 지내는 것에서 유배지에서의 화자의 초라하고 괴로운 처지를 엿볼 수 있다.

④ 화자는 즐겁게 지내는 농부의 모습을 보고 '농가의 초흔 흥이 뎌런 줄 아랏더면 / 공명을 탐티 말고 농사를 힘쓰ᄂ니'라고 말하는데, 이는 '공명을 탐'하던 과거 자신의 삶에 대한 후회를 드러낸 것이다.

⑤ [A]에서 (나)는 작가가 공무상의 개인 비리로 유배되어 쓴 가사라고 하였다. (나)에서 화자는 과거 자신이 '공명을 탐'했던 것을 후회하며 '탐화봉졉이 망라의 걸녀시랴'라고 말하고 있는데, 이때 '탐화봉졉'은 공명을 탐하던 화자의 모습, '망라의 걸린' 것은 자신의 잘못으로 유배에 처한 것을 비유한 것으로 볼 수 있다.

[가사] 허전, 「고공가(雇工歌)」

작품 분석

집의 옷밥을 언고 들먹는 져 고공(雇工)아
        얻고   머슴(관리). 돈호법
우리 집 긔별을 아는다 모로는다
     조선의 역사
비 오는 눌 일 업슬지 숫쓰면서 니른리라
머슴들과 달리 화자는 일 없는 날에도 쉬지 않음.
처음의 한어버이 사롬ᄉ리 ᄒ려 홀 지
조부모―조선을 건국한 이성계
「인심(人心)을 만히 쓰니 사롬이 절로 모다
「 」: 조선 건국에 들인 노력   모이어
풀 썟고 터을 닷가 큰 집을 지어 내고
       조선의 건국
셔리 보십 장기 쇼로 전답(田畓)을 긔경(起耕)ᄒ니,

오려논 터밧치 여드레 ᄀ리로다
       조선 팔도를 의미함.
자손(子孫)에 전계(傳繼)ᄒ야 대대(代代)로 나려오니

논밧도 죠커니와 고공(雇工)도 근검(勤儉)터라
     과거의 머슴   ▶ 서사: 집안(나라)의 내력
저희마다 녀름지어 가옴 여리 사던 것슬
     농사지어   부유하게
요ᄉ이 고공(雇工)들은 혬이 어이 아조 업서
     현재의 머슴
밥사발 큰나 쟈그나 동옷시 죠코 즈나
나라에서 주는 녹봉   이권. 벼슬자리
ᄆ음을 둣ᄒ는 둣 호슈을 싀오는 둣
        화자. 임금
무슴 일 갬드러 흘긧할긧 ᄒᄂ순다, 「 」: 반목, 시기, 질투하는 모습을 표현
     속임을 들어   서로 미워하느냐
「너희ᄂ 일 아니코 시절(時節)좃ᄎ ᄉ오나와
「 」: 설상가상   흉년이 듦.
ᄀᄌ득의 ᄂᄂ 셰간이 플러지게 되야ᄂᄃ
     나라의 살림. 재정
엇그지 화강도(火强盜)에 가산(家産)이 탕진(蕩盡)ᄒ니,
     임진왜란 때 왜적 때문에 나라 살림이 황폐해짐.
집 ᄒ나 불타 붓고 먹을 쩟시 전혀 업다

큰나큰 셰ᄉ(歲事)을 엇지ᄒ여 니로려료
     일 년 중의 일. 나라의 살림살이
김가(金哥) 이가(李哥) 고공(雇工)들아 싀 ᄆ음 먹어슬라
     신하들의 각성 촉구. 돈호법   ▶ 본사 1: 머슴들(관리들)의
                           반목으로 인한 폐해
너희ᄂ 절머ᄂ다 혬 혈나 아니ᄉ다
       생각하려고 아니하는가?
ᄒ 소틔 밥 먹으며 매양의 회회(恢恢)ᄒ랴
한 솥에. 한 조정에서   다투기만 하면 되겠느냐?(설의법)
ᄒ ᄆ음 ᄒ 쯧으로 녀름을 지어스라

ᄒ 집이 가옴 열면 옷밥을 분별(分別)ᄒ랴
     부유해지면
누고는 장기 잡고 누고는 쇼을 몰니
     협동심을 강조함. 대구법
밧 갈고 논 살마 벼 셰워 더져 두고
     벼 심어

늘 됴흔 호미로 기음을 미야스라
　　　　　　　　　매려무나. 청유형
산전(山田)도 것츠럿고 무논도 기워 간다
　　　　(잡초가) 우거지고　　　(풀이) 무성하여 간다
사립피 물목 나셔 볏 겨틔 셰올셰라
　허수아비를 만들어서
칠석(七夕)의 호미 씻고 기음을 다 민 후의

숫 쏘기 뉘 잘ᄒ며 셤으란 뉘 엿그랴
새끼 꼬기　　　　짚으로 엮어 만든 그릇은
너희 지조 셰아려 자라자라 맛스라　　▶ 본사 2. 머슴들(벼슬아치들)의
각자의 일에 충실할 것을 당부함.　　　　　　각성을 촉구함.

핵심 정리

- **화자?** 집주인인 화자가 근면하지 않은 머슴을 비판하며 성실히 일할 것을 머슴에게 요구함.
- **주제?** 게으르고 이기적인 머슴들(관리들)에 대한 비판
- **특징?** 대구법, 설의법을 사용하여 주제를 효과적으로 나타내고, 말을 건네는 방식을 활용하여 작품의 상황을 잘 드러냄.

01　정답 ⑤　표현상의 특징 이해하기

정답 풀이

작품의 전반부에서 화자는 '고공도 근검터라'를 통해 옛 고공의 근면함을 드러내고 있고, 이후 '요ᄉ이 고공들은 헴이 어이 아조 업서'를 통해 현재 고공의 불성실함을 비판하고 있다. 여기서 과거의 고공과 현재의 고공은 각기 다른 인물이므로 시간의 경과에 따른 동일 대상의 변화를 제시하였다고 볼 수는 없다.

오답 풀이

① '혼 소틱 밥 먹으며 매양의 회회ᄒ랴', '혼 집이 가음 열면 옷밥을 분별ᄒ랴' 등에서 의문형 어미를 사용하여 힘을 모아 집안을 풍요롭게 만드는 것이 고공들에게도 좋은 일이라는 화자의 생각을 부각하고 있다.
② '마ᄋᆞᆷ을 둧호ᄂᆞᆫ 듯 호슈을 쉬오ᄂᆞᆫ 듯', '누고ᄂᆞᆫ 장기 잡고 누고ᄂᆞᆫ 쇼을 몰니' 등에서 유사한 문장 구조를 병렬적으로 배치하는 대구법을 활용하여 작품에 리듬감을 부여하고 있다.
③ '밥사발 큰나 쟈그나 동옷시 죠코 즈나', '마ᄋᆞᆷ을 둧호ᄂᆞᆫ 듯 호슈을 쉬오ᄂᆞᆫ 듯'에서 화자가 관찰한 고공의 모습을 구체적으로 표현하여 서로를 비교하고 시기하는 고공의 특성을 나타내고 있다.
④ 작품의 초반에 '집의 옷밥을 언고 들먹ᄂᆞᆫ 져 고공아'라고 하며 고공을 청자로 설정하고 있으며, 작품 전체에서 화자가 고공에게 말을 건네는 방식을 취하고 있다. 이는 고공을 비판하고 행동의 변화를 촉구하는 주제를 더욱 효과적으로 드러내는 표현 방식이라고 할 수 있다.

02　정답 ⑤　시어·시구의 의미 파악하기

정답 풀이

ⓔ '엇그지'는 화자가 '화강도' 때문에 가산을 탕진하게 된 시간을 나타내는 표현이다. 이미 고공들의 행동 때문에 어려워진 살림살이가 강도를 당해 더욱 줄어들게 되었으므로, ⓔ는 화자를 둘러싼 상황이 매우 부정적인 시간으로 볼 수 있다.

오답 풀이

① ⓐ '비 오ᄂᆞᆫ 늘'에 화자는 쉬지 않고 새끼줄을 꼬며 일을 하고 있다. 이와 동시에 근면함과는 거리가 먼 고공에게 맡은 일에 최선을 다할 것을 우회적이 아니라 직접적으로 이야기를 하고 있다.
② ⓑ '처음'은 화자의 조상이 집안을 세우고 살림살이를 시작하는 때이다. 이 시기에는 큰 집을 짓고 큰 땅을 물려줄 수 있었을 뿐더러 고공들도 근검하였기 때문에 집안이 경제적으로 어려웠다고 보기는 어렵다.
③ ⓒ '요ᄉ이'는 현재의 고공이 과거의 고공과 달리 생각 없이 서로 반목하며 싸우고 자신이 맡은 일은 하지 않는 시기이다. 이 시기의 고공들이 서로 다투거나 화자를 시기한다고는 할 수 있으나 화자와 서로를 질투하여 갈등을 일으킨다고는 볼 수 없다.
④ ⓓ '시절'이 사납다는 것은 문맥적으로 흉년이 들었다고 해석할 수 있으나 날씨와 직접적 관계가 있다고 보기는 어렵다. 또한 화자는 지속적으로 고공에게 맡은 일을 할 것을 촉구하고 있기 때문에, ⓓ를 화자가 고공에게 일을 시킬 수 없는 시기라고 볼 수는 없다.

03　정답 ⑤　자료를 통해 감상하기

정답 풀이

'너희 지조'는 기존의 신하들이 지니고 있는 재주, 즉 능력이라고 볼 수 있다. 이것이 나라를 재건하기 위해 필요한 조건 중 하나인 것은 맞지만 이것을 발전시켜야만 나라를 재건할 수 있는 것은 아니다. 따라서 '너희 지조'를 나라를 재건하기 위해 발전시켜야 하는 유일한 요건으로 이해하는 것은 적절하지 않다.

오답 풀이

① '근검'은 처음에 나라를 세운 시기부터 작품 창작 이전 시기까지 성실했던 신하들이 지니고 있던 덕목이다. 이 작품은 현재의 신하들이 자신들의 사리사욕을 채우는 데에만 혈안이 된 행태를 비판하는 것이므로, 과거 신하들의 '근검'은 현재의 신하들이 본받아야 할 태도라고 할 수 있다.
② '녀름'은 농사라는 의미로, 농가의 농사는 한 나라의 정치로 볼 수 있다. 과거에는 농사를 잘 지어 부유하게 살았다는 내용으로 볼 때, '녀름'은 현재의 신하들이 마땅히 나라를 위해 수행해야 하는 일로 볼 수 있다.
③ 화자는 고공들이 '밥사발'이 큰가 작은가를 두고 서로 다투고 있음을 비판하고 있다. 〈보기〉에서 신하를 고공에 비유하였다고 하였으므로 '밥사발'은 뒤의 '동옷'과 함께 신하들의 사리사욕을 의미한다고 볼 수 있다. 이 작품이 자신들의 사욕을 두고 계속적으로 싸움을 하고 있는 신하들의 모습을 비판한 것임을 감안하면, '밥사발'은 신하들이 다투는 이유라고도 할 수 있다.
④ 화자는 '화강도'로 인해 가산을 탕진하게 되었다고 이야기하고 있다. 이를 '임진왜란 직후'라는 창작 배경과 연결 지어 생각해 보면, '화강도'는 임진왜란을 일으킨 왜적을 의미하는 것이며 백성과 나라를 황폐하게 만든 원인에 해당한다는 것을 알 수 있다.

04~06

04 ④   **05** ②   **06** ②

[가사] 김인겸, 「일동장유가(日東壯遊歌)」

작품 분석

북궐(北闕)의 하딕(下直)ᄒ고 남대문 내ᄃ라셔
　궁궐. 경복궁의 별칭
관왕묘(關王廟) 얼풋 지나 젼싱셔(典牲署) 다ᄃ르니

ᄉ힝을 젼별(餞別)ᄒ랴 만됴(滿朝) 공경(公卿) 다 모닷ᄂᆞ
　사신의 행차　　　　　　　조정의 높은 벼슬아치　모여 있네
곳곳이 댱막(帳幕)이오 집집이 안마(鞍馬)로다
　　　　　　　　　　안장을 얹은 말
좌우 전후 뫼와 들어 인산인ᄒᆡ(人山人海) 되어시니
　　　　　모여　　　　　　　과장법
'졍 잇ᄂᆞ 친구들은 손 잡고 우탄(吁嘆)ᄒ고 「」: 대구법

철 모르ᄂᆞ 소년들은 불워ᄒ기 측량(測量) 업ᄂᆡ」
　　　　　　　　　　　　한이나 끝이 없네
셕양(夕陽)이 거의 되니 늣늣치 고별(告別)ᄒ고

상마포(上馬砲) 세 번 노코 ᄎ례로 ᄯ나갈ᄉᆡ
　출발 신호
'졀월(節鉞) 젼ᄇᆡ(前陪) 군관(軍官) 국셔(國書)를 인도ᄒ고「」열거법
　　　　　　　　　　　임금의 친서
비단 일산(日傘) 슌시(巡視) 녕긔(令旗) ᄉ신(使臣)을 뫼와셧다
　비단으로 만든 양산
내 역시 뒤흘 ᄯᅡ라 역마(驛馬)를 칩더 트니
　　　　　　　　　　　올라타니
가치옷 지로 나쟝(指路羅將) 깃 ᄭᅩᆺ고 압희 셔고
　까치옷을 입고 길을 인도하는 나장 – 하급 군인　앞에
마두셔자(馬頭書子) 부츅ᄒ고 ᄲᅡᆼ것마 잡앗고나
　　　　　　　　　　　　쌍두마
셰픠놈의 된소리로 권마셩(勸馬聲)은 무슴 일고」
　　　　큰소리　　　　　설의법
아모리 말나여도 젼례(前例)라고 부듸 ᄒᆞᄂᆡ
　　　　말려도　　　　　　　계속하네
빅슈(白鬚)의 늙은 션ᄇᆡ 졸연(猝然)이 별셩(別星) 노릇
　　　　　　　　　　　갑작스럽게
우습고 긔괴(奇怪)ᄒ니 눕 보기 슈괴(羞愧)ᄒ다
　우습고　　　　　　　　　　부끄럽고 창피하다
(중략)　　▶ 사신단의 출발 모습과 분위기

졈심 먹고 길 ᄯ나셔셔 이십 니ᄂᆞ 겨요 가셔
　점심　　　떠나서　　　　　　　겨우
날 져물고 대우(大雨)ᄒ니 길이 즐기 참혹ᄒ야
　　　　　　　　　　질퍽한 것이
밋그럽고 쉬ᄂᆞ 디라
미끄러워서 쉬어야 하는지라
가마 멘 다ᄉᆞᆺ 놈이 서로 가며 체변(遞番)ᄒᆞ듸

갈 길이 바히 업서 두던에 가마 노코
　바이, 전혀　　두던　　　놓고
이윽이 쥬뎌(躊躇)ᄒ고 갈 ᄯ 업ᄂᆞ지라
　이윽고
ᄉ면을 도라보니 텬디(天地)가 어득ᄒ고
　사면　　　　　　　　어둑하고
일ᄒᆡᆼ들은 간 딕 업고 등불은 ᄭᅥ더시니
　일행　　　간 데　　　　　꺼졌으니
지쳑(咫尺)은 불분(不分)ᄒ고 망망(茫茫)ᄒ 대야듕(大野中)의
　　　　　분별이 안 되고　　　　　큰 들판 가운데서
말 못ᄒᆞᄂᆞ 예놈들만 의지ᄒ고 안자시니
　　　　　왜놈　　　　　　앉아 있으니
오늘밤 이 경상(景狀)은 고단코 위퇴ᄒ다
　　　　　좋지 못한 몰골　　　고단하고 위태하다

교군(較軍)이 ᄃ라나면 낭픽(狼狽)가 오즉 홀가
　가마 메는 사람　　　　　　　　오죽할까
그놈들의 오슬 잡아 흔드러 ᄯᅳᆯ 뵈고
　　　　　옷을　　　　　뜻을 보이고
가마 속의 잇던 음식 갓갓지로 내여 주니

지져괴며 먹은 후의 그제야 가마 메고
한 치 한 치　　　　　　가는 곳마다
촌촌 젼진ᄒ야 곳곳이 가 이러ᄒ니
　전진하여　　없었으면
만일 음식 업듯더면 필연코 도주홀씨
　　　　　겨우 되어　　　　　도주했을 것이
삼경냥은 겨요ᄒ야 대원셩(大垣城)을 드러가니
　삼경(23~01시)쯤 되는 때
두통ᄒ고 구토ᄒ야 밤새도록 대통(大痛)ᄒ다
　▶ 곤경에 처한 사신단을 보살피지 않고 자기들의 이익만 챙기는
　　(후략)　　야비한 일본인 가마꾼의 모습

핵심 정리

• 화자? 통신사 임무를 수행하기 위해 일본으로 떠남.
• 주제? 일본의 풍속과 문화에 대한 견문과 감상
• 특징? 일본의 풍속에 대한 사실적인 묘사가 나타남. 대구법, 열거법, 과장법, 직유법 등 다양한 표현법을 사용함. 약 11개월 동안의 여정을 추보식 구성으로 서술함.

04 정답 ④ 표현상의 특징 이해하기

정답 풀이

이 작품에서는 의성어나 의태어와 같은 음성 상징어를 사용하고 있지 않다. '촌촌'을 음성 상징어로 오해할 수 있는데, 이는 명사로 '한 치 한 치'의 의미이기 때문에 음성 상징어로 볼 수 없다.

오답 풀이

① '졍 잇ᄂᆞ 친구들은 손 잡고 우탄ᄒ고 / 철 모르ᄂᆞ 소년들은 불워ᄒ기 측량 업ᄂᆡ' 등에서 비슷한 어구가 짝지어 나타나는 대구법이 사용되었음을 확인할 수 있으며, 이를 통해 운율감을 생성하고 있다.
② '교군이 ᄃ라나면 낭픽가 오즉 홀가'에서 설의법을 사용하여 낭패가 클 것이라며 우려하는 화자의 정서를 강조하고 있다.
③ 이 작품은 화자를 포함한 사신단이 일본으로 출발하는 과정과 일본에 당도한 화자가 대원성에 이르는 과정을 시간의 흐름에 따라 서술하고 있다.
⑤ '졀월 젼ᄇᆡ 군관 국셔를 인도ᄒ고 ~ 권마셩은 무슴 일고'에서 열거법을 사용하여 사신단 행렬의 출발 광경을 묘사하고 있다.

05 정답 ② 작품의 세부 내용 이해하기

정답 풀이

이 작품에서 '졍 잇ᄂᆞ 친구들은 손 잡고 우탄'하고, '철 모르ᄂᆞ 소년들은 불워ᄒ기 측량 업ᄂᆡ'라고 하였다. 즉 절친한 친구들은 사신 길에 오르는 화자를 염려하여 탄식하고, 철없는 소년들만 화자를 부러워하고 있는 것이다. 따라서 화자의 친한 친구를 연기하는 사람들에게 사신단을 향한 부러움을 표정에 담아내도록 요청한다는 것은 이 작품을 영화로 제작할 때의 계획으로 적절하지 않다.

오답 풀이

① '스힝을 젼별ᄒ랴 만됴 공경 다 모닷닉 / 곳곳이 댱막이오 집집이 안마로다 / 좌우 젼후 뫼와 들어 인산인힉 되여시니'에서 만조 공경을 포함한 많은 사람들이 사신단을 배웅하고 있음을 알 수 있다.

③ '셰픠놈의 된소릭로 권마성은 무슴 일고 / 아모리 말나여도 전례라고 부듸 ᄒ닉 ~ 우습고 괴괴ᄒ니 눔 보기 슈괴ᄒ다'에서 권마성이 전례라고 이야기하는 사람과 이를 부끄러워하는 화자의 모습이 나타나 있다.

④ '날 져물고 대우ᄒ니 길이 즐기 참혹ᄒ야 / 밋그럽고 쉬ᄂ 디라'에서 밤에 내린 큰비로 길이 질퍽하여 다니기 어렵게 되었음을 알 수 있다.

⑤ '삼경냥은 겨요ᄒ야 대원셩을 드러가니 / 두통ᄒ고 구토ᄒ야 밤새도록 대통ᄒ다'에서 대원셩에 도착한 일행들이 두통과 구토로 고통스러워하는 모습을 알 수 있다.

06 정답 ② 〔자료를 통해 감상하기〕

정답 풀이

　'비단 일산 슌시 녕긔 ᄉ신을 뫼와셧다'는 단순히 사신단 행렬의 모습을 묘사하고 있는 것일 뿐, 중화주의에 기반한 우월 의식이 반영된 표현으로는 볼 수 없다.

오답 풀이

① '국셔'는 사신이 상대국에 전달해야 하는 임금의 친서이다. 따라서 이를 인도했다는 것은 사신이 공적 업무를 수행하기 위해 일본으로 떠나는 것임을 보여 준다.

③ '빅슈의 늙은 션비 졸연이 ~ 눔 보기 슈괴ᄒ다'에는 늙어서 사행을 떠나는 화자의 개인적인 부끄러운 감정이 드러나 있다.

④ '그놈들의 오슬 잡아 흔드러 ~ 촌촌 젼진ᄒ야 곳곳이 가 이러ᄒ니'에서 가마꾼들의 행태와 이들을 대하는 사신들의 모습을 구체적이고 사실적으로 묘사하고 있다.

⑤ '만일 음식 업듯더면 필연코 도주ᄒᆯ씨'는 화자가 일본에서 만난 일본인 가마꾼들이 날씨로 인해 고생하는 사신단을 도와줄 생각은 하지 않고 먹을 것이 없으면 도망갈 것처럼 행동하는 등 자신의 욕심만을 채우려 하는 모습을 그린 것이다.

내신 ㉮ 수능 실전 기출문제

본문 • 82~83쪽

01~03

01 ②　　02 ③　　03 ⑤

가 〔가사〕 정학유, 「농가월령가(農家月令歌)」

작품 분석

팔월이라 중츄(仲秋)되니 백로(白露) 츄분 졀긔로다

북두셩(北斗星) 자로 도라 서편(西便)을 가ᄅ치닉
　　　　　　자루. 손잡이

선선흔 죠셕 긔운 츄의(秋氣)가 완연ᄒ다
　　　아침저녁　가을의 뜻. 가을다운 기운

귀쏘람이 말근 쇼릭 벽간(壁間)에 들거고나
　　　　　　　　　벽 사이

아참의 안긔 씨고 밤이면 이슬 ᄂ려

백곡(百穀)을 성실ᄒ고 만물을 직촉ᄒ니
　온갖 곡식　열매를 여물게 하고

들 구경 돌나보니 흠 들인 일 공생(功生)ᄒ다
　　　　　　　　　공이 나타나는구나

백곡(百穀)의 이삭 픠고 여믈 드러 고기 슉어
　넓은 들판에 누렇게 익은 벼의 물결을 누런 구름에 비유한 표현(은유법)

셔풍(西風)에 익ᄂ 빗ᄎ 황운(黃雲)이 이러난다
　　　　　　　▶ 팔월의 절기와 들판의 풍경

백셜 갓튼 면화송이 산호 갓튼 고초다릭
　　　　　　　　　　　고추 열매

쳠아에 너러시니 가을 볏 명낭ᄒ다
　처마

안팟 마당 닷가 노코 발칙 망구 작만ᄒ쇼
　싸리로 망태기를 만들어 지게에 얹고 물건을 담아서 지는 것

면화 ᄯᄂ 다락키에 수수 이샥 콩가지오
　　　입구가 작은 바구니

나무꾼 도라올 졔 머루 다릭 산과(山果)로다

뒷동산 밤 디츄ᄂ 아이들 세상이라

알암 모화 말이어라 철 디여 쓰게 ᄒ쇼 ─ 제사 준비. 유비무환(有備無患)

명지(明紬)를 끈허 내여 추양(秋陽)에 마젼ᄒ고
　명주　　　　　　　가을볕

쪽 듸리고 잇 듸리니 청홍(靑紅)이 색색이라
　쪽과 잇으로 물을 들이니

부모님 연만(年晩)ᄒ니 슈의(繼衣)를 유의ᄒ고
　　나이가 아주 많음.　염습할 때 시신에 입히는 옷

그 남아 마로 재아 ᄌ녀의 혼슈(婚需)ᄒ셰
　마름질하여. 재단하여　　　　　▶ 면화와 곡식의 과실

핵심 정리

• **화자?** 음력 팔월을 맞아 농촌의 풍요로운 풍경을 바라보던 화자는 해야 할 농사일을 나열하고 제사와 수의, 혼수를 미리 준비할 것을 권함.

• **주제?** 각 달의 세시 풍속 소개 및 필요한 농사일 장려

• **특징?** 열두 달의 흐름에 따라 구성된 월령체 가사로 절기에 따른 농촌의 모습과 세시 풍속을 소개하고 그에 따라 해야 할 농사일들을 구체적으로 나열함. 청유형, 명령형 어미를 활용하여 계몽적 의도를 전달함.

나 〔가사〕 작자 미상, 「관등가(觀燈歌)」

작품 분석

정월(正月) 상원일(上元日)에
　정월 대보름(음력 1월 15일)

달과 노ᄂ 소년들은 답교(踏橋)ᄒ고 노니ᄂ데
　화자의 처지와 대조　　다리를 밟는 풍속

「우리 님은 어듸 가고 답교(踏橋)할 줄 모로ᄂ고」　▶ 정월
「 」: 후렴구. 화자의 외로움과 임에 대한 그리움 강조

이월(二月) 청명일(淸明日)에
24절기 중 하나. 춘분과 곡우 사이. 봄 일을 시작하는 시기

나무마다 춘기(春氣) 들고 잔듸 잔듸 속입 나니
　　　　　　　　　　　　　　속잎 나니

만물(萬物)이 화락(和樂)한듸 「우리 님은 어듸 가고
　　　　　　화평하고 즐거움.

춘기 든 줄 모로ᄂ고」　　　　　　　　▶ 2월

삼월(三月) 삼일(三日)날에
삼짇날. 남쪽으로 날아갔던 제비가 돌아온다는 날

강남(江南)셔 온 졔비 왓노라 현신(現身)ᄒ고
완연한 봄기운 – 화자의 처지와 대조
나타나고

소상강(瀟湘江) 기러기는 가노라 하직(下直)ᄒ다

이화도화(梨花桃花) 만발(滿發)ᄒ고 행화방초(杏花芳草) 홋날린다
배꽃, 복숭아꽃
살구꽃과 향기로운 풀

「우리 님은 어듸 가고 화유(花遊)할 줄 모로ᄂ고」 ▶ 3월
석가모니의 탄생일
꽃놀이

사월(四月) 초파일(初八日)에
석가모니의 탄신을 축하하기 위해 등에 불을 밝혀 달아매는 행사

관등(觀燈)하러 임고대(臨高臺)하니 원근(遠近) 고저(高低)에
높은 곳에 오르니
멀고 가깝고 높고 낮은 곳

석양(夕陽)은 빗겼는데 〈어룡등(魚龍燈) 봉학등(鳳鶴燈)과
기울어졌는데 〈 〉: 가지각색의 등이 밝혀진 모습

두루미 남성(南星)이며 종경등(鍾慶燈) 선등(仙燈) 북등(燈)이며

수박등(燈) 마늘등(燈)과 연꼿 속에 선동(仙童)이며
신선의 시중을 든다는 아이

난봉(鸞鳳) 우희 천녀(天女)ㅣ로다 빙등(燈) 집등(燈) 산듸등(燈)과

영등(影燈) 알등(燈) 병등(甁燈) 벽장등(壁欌燈) 가마등(燈) 난간등(欄干燈)과

사자(獅子) 탄 체괄이며 호랑(虎狼)이 탄 오랑캐라
체괄, 망석중(나무로 만든 꼭두각시 인형)

발노 툭 차 구을등(燈)에 일월등(日月燈) 밝아 잇고

칠성등(七星燈) 버러난듸 동령(東嶺)의 월상(月上)하고
동쪽 고개에 달이 뜨고

곳고지 불을 현다〈우리 님은 어듸 가고
켠다

관등(觀燈)할 줄 모로ᄂ고」 ▶ 4월

핵심 정리

- 화자? 각 달의 세시 풍속과 정경을 바라보던 화자는 부재하는 임을 그리워하며 외로움을 드러냄.
- 주제? 이별의 정한
- 특징? 월령체 가사로 각 달의 명절에 따라 세시 풍속과 정경을 노래한 뒤 '우리 님은 어듸 가고 ~ 줄 모로ᄂ고'라는 후렴구를 반복하여 외적 상황과 대비되는 화자의 정서를 강조함.

01 정답 ② | 표현상의 특징 이해하기 |

정답 풀이

(가)는 '츄의가 완연ᄒ다 ~ 가을 볏 명낭ᄒ다'에서 가을의 계절적 배경을 바탕으로 결실을 맺은 농촌의 정경에 대한 인식을 드러내고 있다. 또한 (나)는 이월과 삼월을 노래한 부분에서 '나무마다 춘기 들고 잔듸 잔듸 속입 나니 / 만물이 화락한듸', '이화도화 만발ᄒ고 행화방초 홋날린다'와 같이 봄의 계절적 배경을 바탕으로 외로운 화자의 처지와 대비되는 봄기운에 대한 인식을 드러내고 있다.

오답 풀이

① (가)는 '작만ᄒ쇼(마련하소)', '쓰게 ᄒ쇼(쓰게 하소)', '혼슈ᄒ세(혼수하세)' 등의 명령형, 청유형 어미를 사용하여 화자가 권하는 내용을

제시하고 있을 뿐 대화체와 독백체를 교차하여 시상을 전개한다고 볼 수 없다. (나) 또한 화자의 독백적 어조가 나타날 뿐 대화체가 사용된 부분은 찾을 수 없다.

③ (가)와 (나) 모두 공간의 대조나 그에 따른 정서 변화는 드러나 있지 않다. (나)에서는 외부 상황과 화자의 내면 심리가 대조되고 있을 뿐이다.

④ (가)와 (나) 모두 말하고자 하는 바와 반대로 표현하는 반어적 표현은 찾아볼 수 없다. 또한 (가)는 음력 팔월을 맞은 농촌의 모습과 이 시기에 해야 할 일을, (나)는 정월부터 사월까지 각 달의 명절과 세시 풍속, 임에 대한 그리움을 표현하고 있을 뿐 현실에 대한 비판적 인식은 드러나 있지 않다.

⑤ (가)는 '북두성', '귀쏘람이', '안기', '이슬', '백곡' 등, (나)는 '잔듸', '졔비', '이화도화', '행화방초' 등의 자연물이 나타나지만, (가)와 (나) 모두 자연물에 감정을 이입한 부분은 찾아볼 수 없으며 (가)와 (나)의 화자가 세상과 거리를 두려는 태도 또한 확인할 수 없다.

02 정답 ③ | 화자의 정서와 태도 파악하기 |

정답 풀이

㉠ '셔풍에 익ᄂ 빗츤 황운이 이러난다'는 들판의 곡식들이 서풍에 익는 빛이 황운이 일어나는 듯하다는 의미로, 이때 황운은 넓은 들판에 곡식이 누렇게 익은 모습을 비유적으로 표현한 것이다. ㉠의 앞부분 '백곡을 셩실ᄒ고 ~ 흠들인 일 공생ᄒ다'에서 가을이 와 만물의 결실을 재촉하고 들에는 힘들여 일한 공이 나타난다고 한 내용을 고려하면, ㉠은 곡식이 풍요롭게 익어 가는 현재 상황에 대한 만족감을 드러낸 것으로 볼 수 있다. ㉡ '우리 님은 어듸 가고 관등할 줄 모로ᄂ고' 앞부분에서 화자는 사월 초파일을 맞아 관등하다가 ㉡과 같이 임에 대한 그리움을 드러내고 있다. 따라서 ㉡은 외로움, 임에 대한 그리움 등의 내적 갈등의 심화를 보여 준다고 할 수 있다.

오답 풀이

① ㉠은 현재 곡식이 익어 가는 들판의 모습을 표현한 것이고 ㉡은 임에 대한 그리움을 표현한 것일 뿐, 미래의 소망을 나타낸 것은 아니다.

② ㉡은 부재하는 임을 떠올리고 있는 것일 뿐, 특정한 대상을 비유적으로 표현하고 있지 않다. 반면에 ㉠은 넓은 들판에 누렇게 익은 벼를 누런 구름에 비유하고 있다. 즉 특정 대상을 비유적으로 표현한 것은 ㉡이 아니라 ㉠이다.

④ '무상함'은 덧없음, 즉 보람이나 쓸모없이 헛되고 허전함을 의미한다. ㉠은 만족감, ㉡은 외로움과 그리움의 정서를 표현한 것일 뿐이므로 이것이 인생의 무상함을 느끼게 한다고 볼 수 없다.

⑤ '구도적'은 진리나 종교적인 깨달음의 경지를 구하는 것으로, ㉠과 ㉡ 모두 구도적인 자세나 사물이 지닌 의미에 대한 깨달음과는 거리가 멀다.

03 정답 ⑤ | 자료를 통해 감상하기 |

정답 풀이

ⓔ는 강남에서 날아 온 제비가 왔노라 알리고 소상강 기러기는 떠난다고 작별을 고한다는 내용으로, 이는 '삼월 삼일'의 봄기운을 나타낸 것이다. ⓔ의 뒷부분에서 화자는 '우리 님은 어듸 가고 화유할 줄 모로ᄂ고'라고 말하며 이별의 정한을 드러내고 있다. 따라서 ⓔ가 놀며 즐기는

유락적 요소를 통해 이별의 정한이 해소된 상황을 드러냈다고 볼 수는 없다.

오답 풀이

① ⓐ에서는 안팎 마당을 닦고 농사 기구를 마련하라고 하고 있다. 〈보기〉에서 (가)는 농촌에 거주하는 양반이 달의 변화에 따른 농사 일정을 고려하여 농민들에게 필요한 농사일을 장려한 시가라고 한 것을 참고할 때, ⓐ는 화자인 양반이 농민들에게 음력 팔월에 해야 할 농사일을 권하는 내용이라고 볼 수 있다.

② ⓑ는 '알암(알밤)'을 모아 말려서 필요한 철에 쓰게 하라는 것이다. 〈보기〉에서 (가)는 의식의 충족을 위한 실용적 측면을 지니고 있다고 하였는데, ⓑ는 알밤을 모아 미래 용도를 대비할 것을 장려한 것이므로 실용적 측면을 고려하고 있다고 볼 수 있다.

③ ⓒ에서는 부모님의 연세가 많으니 수의를 미리 준비하라고 하고 있는데, 이는 부모님의 수의를 미리 마련하며 장수를 기원하던 관습과 관련이 있다. 따라서 〈보기〉에서 (가)가 농민들에게 유교적 윤리를 강조한 작품이라고 한 것을 고려하면, ⓒ는 유교적 윤리인 효에 따라 해야 할 일을 제시한 것으로 볼 수 있다.

④ ⓓ에서는 정월 상원일을 맞아 다리를 밟는 풍속을 즐기는 소년들의 행락에 대해 이야기하고 있다. 화자는 이러한 소년들의 모습을 부러워하며 부재하는 임을 떠올리고 그리워한다. 〈보기〉에서 (나)는 매월의 세시 풍속을 상사의 매개로 삼아 이별의 정한을 드러내고 있다고 하였으므로, ⓓ에서 '답교'하는 것은 상사의 매개가 되는 세시 풍속이라고 볼 수 있다.

11강 가사 5 사랑, 그리움, 세태 풍자

본문 · 84~85쪽

01~03

01 ② **02** ⑤ **03** ②

[가사] 허난설헌, 「규원가(閨怨歌)」

작품 분석

삼삼오오(三三五五) 야유원(冶遊園)의 새 사람이 나단 말가
　난봉꾼이나 한량들이 노는 곳. 기생집
곳 피고 날 저물 제 정처(定處) 업시 나가 잇어
꽃
백마 금편(白馬金鞭)으로 어디어듸 머무는고
　훌륭한 말과 값비싼 채찍. 호사스러운 행장
원근(遠近)을 모르거니 소식(消息)이야 더욱 알랴
　　　　　　　　　　임의 소식
인연(因緣)을 긋쳐신들 싱각이야 업슬소냐
　　　　　　끊었으나
얼골을 못 보거든 그립기나 마르려믄

열두 째 김도 길샤 설흔 날 지리(支離)ᄒ다 ― 외로움과 시름의 깊이를
　　　길기도 길구나　　　　　　　　　　　수량으로 나타냄.
옥창(玉窓)에 심근 매화(梅花) 몃 번이나 피여 진고
　규방의 창　　　　　　　　　　　피었다 졌는고
겨울밤 차고 찬 제 자최눈 섯거 치고 ― □: 화자의 정서(외로움,
　　　　　　　　　자국눈(적게 내리는 눈)　　　쓸쓸함)를 드러내는
여름날 길고 길 제 구즌 비는 므스 일고　　　객관적 상관물

삼춘 화류(三春花柳) 호시절(好時節)의 경물(景物)이 시름
　온갖 꽃이 피고 버들잎이 돋아나는 봄날
업다 ― 봄의 경치를 봐도 아무런 감흥이 없음.

가을 둘 방에 들고 실솔(蟋蟀)이 상(床)에 울 제 〈 〉: 감정 이입의
　　　　　　　　귀뚜라미　　침상　　　　　　대상
긴 한숨 디는 눈물 속절업시 헴만 만타
　　　　떨어지는　　　　　　근심
아마도 모진 목숨 죽기도 어려울사
　　　　　　　　　　　▶ 본사 1(승): 임에 대한 원망과 외로움
(중략)

　　　　　　　　　┌─ 임과 재회할 수 있게 하는 매개체
출하리 잠을 드러 꿈의나 보려 ᄒ니
　차라리　　　　　꿈에서나
바람의 디ᄂ 닢과 풀 속에 우는 즘생
　　　　　　　　　　　　　벌레
므스 일 원수로서 잠조차 ᄭᅢ오ᄂ다
　무슨 일이 원수가 되어　　　　깨우는고
천상(天上)의 견우직녀(牽牛織女) 은하수(銀河水) 막혀서도

칠월 칠석(七月七夕) 일년 일도(一年一度) 실기(失期)치 아
　　　　　　　　　1년에 한 번씩　　　때를 어기지
니거든

우리 님 가신 후는 무슨 약수(弱水) 가렷관듸
　　　　　　　　　신선이 살았다는 중국 서쪽의 전설 속의 강
오거나 가거나 소식(消息)조차 ᄭᅳ쳣는고

난간(欄干)의 비겨 셔서 님 가신 디 바라보니
　　　　　　기대어
초로(草露)ᄂ 맷쳐 잇고 모운(暮雲)이 디나갈 제
　풀 이슬　　　　　　　저녁 구름

죽림(竹林) 푸른 고딕 새소리 더욱 설다

세상의 서룬 사람 수업다 ᄒᆞ려니와
　　　　서러운
박명(薄命)ᄒᆞᆫ 홍안(紅顔)이야 날 가틋니 쏘 이실가
　운명이 기박한　　볼이 불그스레한(젊고 아름다운) 여자의 얼굴
아마도 이 님의 지위로 살동말동 ᄒᆞ여라
　　　　　탓, 까닭　　　살 듯 말 듯 하여라
　　　　　　　▶ 결사(결): 임을 기다리는 마음과 기구한 운명 한탄

핵심 정리

- **화자?** 임에게 버림받은 여성으로, 자신의 신세를 한탄하며 임을 원망하고 그리워함. 슬픔과 한을 드러내면서도 우아한 품격을 잃지 않음.
- **주제?** 봉건 제도하에서 겪는 부녀자의 한
- **특징?** 한문 투의 고사를 많이 사용함. 여인의 애절하고 안타까운 심리를 잘 묘사하였고, 대구·비유 등 여러 표현 기교를 구사하여 유려한 느낌을 줌. 감정 이입과 객관적 상관물을 통해 화자의 심정을 드러냄.

01 정답 ②　표현상의 특징 이해하기

정답 풀이

'옥창에 심ᄀᆞᆫ 매화 몃 번이나 피여 진고'에서 자연물인 매화가 몇 번이나 피고 질 동안 자신의 외로운 처지는 변함없음을 드러내며 덧없이 흘러가는 시간을 형상화하고 있다.

오답 풀이

① 이 작품에서는 '삼삼오오(三三五五)', '백마 금편(白馬金鞭)', '삼춘 화류(三春花柳)', '호시절(好時節)' 등의 한자어를 사용하고 있으나, 이 시어들이 화자의 태도 변화를 나타내고 있지는 않다.
③ 이 작품에서는 '실솔', '죽림 푸른 고딕 새소리' 등의 자연물을 활용하여 화자의 슬픔과 외로움을 강조하고 있다.
④ 이 작품에서는 대구와 비유 등의 표현을 사용하고 있을 뿐, 역설적 표현을 활용한 부분은 찾아볼 수 없다.
⑤ '삼춘 화류 호시절'이라는 시구를 통해 화자의 처지와 대비되는 봄의 아름다운 풍경을 표현하고 있지만, 이 부분에서 공감각적 심상을 활용하고 있지는 않다.

02 정답 ⑤　시어·시구의 의미 파악하기

정답 풀이

'견우'와 '직녀' 또한 임과 화자처럼 서로 떨어져 지내기는 하지만, 1년에 한 번은 약속을 어기지 않고 재회한다는 점에서 이들의 관계는 임과 화자의 관계와는 다르다고 할 수 있다.

오답 풀이

① 화자에게는 관심을 보이지 않은 채 호사스러운 치장을 하고 야유원 따위의 공간을 배회하는 임의 부정적인 모습을 시각적으로 형상화하고 있다.
② '옥창'은 규방(부녀자가 거처하는 방)의 창을 의미하므로 현재 화자가 머무르고 있는 공간을 드러내는 소재로 볼 수 있다.
③ '실솔'은 감정 이입의 대상으로, 가을밤에 울고 있는 실솔(귀뚜라미)은 화자의 외로움 및 슬픔을 한층 더 깊게 만들고 있다.

④ 화자는 꿈속에서나마 임을 만나려 하나 '즘생(벌레)'의 울음소리가 잠을 깨워 버려 안타까워하고 있으므로, '즘생'은 임과 화자의 재회를 방해하는 장애물이라고 볼 수 있다.

03 정답 ②　자료를 통해 감상하기

정답 풀이

'삼춘 화류 ~ 시름업다'는 봄의 아름다운 경치를 보아도 아무런 감흥이 느껴지지 않는다는 의미를 담은 부분으로, 임의 부재에 따른 화자의 외로움을 부각하고 있는 구절이다. 이를 통해 모순된 사회 현실을 상징적으로 드러내고 있는 것은 아니다.

오답 풀이

① 앞선 대목에서 오지 않는 임을 원망하고 있기는 하지만, 얼굴을 보지 못해도 임이 그립다는 표현에는 임을 향한 그리움 또한 함께 느끼고 있는 화자의 모습이 나타나 있다.
③ 한숨 쉬고, 눈물짓고, 근심이 많다고 직접적으로 토로하는 화자의 모습에 임에 대한 원망과 슬픔이 드러나 있다.
④ 규방을 벗어나지 못하고 난간에 기대어 속절없이 임을 기다리는 화자의 소극적인 모습이 그려져 있다.
⑤ '박명ᄒᆞᆫ 홍안'이라는 표현을 통해 자신이 기구한 운명을 타고났다고 생각하는 화자의 운명론적 태도를 드러내고 있다.

04~06
본문 • 86~87쪽

04 ④　　**05** ②　　**06** ④

[가사] 작자 미상, 「덴동어미 화전가」

작품 분석

『첫지 낭군은 츄쳔의 죽고 둘지 낭군은 괴질의 죽고
『 』: 네 명의 남편들이 모두 죽어 과부의 운명에서 벗어나지 못함.
셋지 낭군은 물의 죽고 넷지 낭군은 불의 죽어』

이늬 혼번 못 잘살고 늬 신명이 그만일세

첫지 낭군 죽을 씌예 나도 혼 가지 죽어거나
　　　　　　　　　　　　　같이
사더리도 슈졀ᄒᆞ고 다시 가지나 마라더면
　　　재혼을 하지 않음. – 당시 여성들에게 요구되던 가부장적 가치관
산을 보아도 북그럽잔코 져 ᄉᆡ 보아도 무렴찬치
　　　수절하지 못한 것을 부끄러워함.
사라싱젼의 못된 사람 죽어서 귀신도 악귀로다

나도 슈졀만 ᄒᆞ여더면 열여각은 못 셰워도
　　　　　　　　　　수절한 여성들을 기려 세운 누각
남이라도 충찬ᄒᆞ고 불상ᄒᆞ게ᄂᆞᆫ 싱각ᄒᆞᆯ걸
　　　　　　　수절하지 못한 것을 후회함.
남이라도 욕ᄒᆞᆯ게요 친졍 일가들 반가ᄒᆞᆯ가

잔ᄶᅵ밧테 물게 안자 혼바탕 실컨 우다가니

모로ᄂᆞᆫ 은 노인 나오면셔 웃진 사ᄅᆞᆷ이 슬이 우나
　　　　　　　　노인과의 만남
『우름 근치고 마를 ᄒᆞ계 사졍이나 드러 보셰
『 』: 노인과 덴동어미의 대화
늬 슬픔을 못 이겨셔 이곳ᄃᆡ 와셔 우나니다

무신 스럼인지 모로거니와 웃지 그리 스뤄ㅎ나

노인얼낭 드러가오 늬 스럼 아라 쓸듸읍소

일분 인사을 못 차리고 쌍을 허비며 작고 우니

그 노인이 민망ㅎ여 겻틱 안자 ㅎ는 말이

간 곳마다 그러흔가 이곳 와셔 더 스런가

간 곳마다 그러릿가 이곳듸 오니 더 스럽소
　　　고향에 돌아오니 자신의 신세가 더 서럽게 느껴짐.
져 터에 사던 임상찰이 지금의 웃지 사나잇가
　　　덴동어미의 아버지
그 집이 벌셔 결단나고 지금 아무도 읍나리라
　　　살림이 망하여 거덜 나고
더구다나 통곡ㅎ니 그 집을 웃지 아라던가

져 터의 사던 임상찰이 우리 집과 오촌이라
　　　덴동어미와 노인이 친척임을 알게 됨.
자사이 본덜 알 슈 인나 아무 형임이 아니신가

달여드러 두 손 잡고 통곡ㅎ며 스러하니

그 노인도 아지 못히 형임이란 말이 원 말인고

그러나 져러나 드러가셰 손목 잡고 드러가니

청삽사리 웡웡 지져 난 모른다고 소릭치고
┌ ♪: 낯선 사람을 경계함. – 덴동어미의 어색함을 간접적으로 드러냄.
큰 듸문 안의 계우 홈 쌍 게욱게욱 다라드늬 ┘

안방으로 드러가니 늘그나 졀무나 알 슈 인나

북그려위 안자다가 그 노인과 흔듸 자며

이젼 이이기 딕강 ㅎ고 신명타령 다 못ㅎ늬
　　　▶ 과부가 된 덴동어미가 고향에 돌아와 친척을 만남.
엉송이 밤송이 다 쪄 보고 세상의 별 고싱 다 히 봔늬
덴동어미의 힘든 삶을 비유한 표현
살기도 억지로 못 ㅎ깃고 지물도 억지로 못 ㅎ깃늬

고약흔 신명도 못 곤치고 고싱홀 팔자는 못 곤칠늬
┌ ♪: 운명론적 사고
고약흔 신명은 고약ㅎ고 고싱홀 팔자는 고싱ㅎ지 ┘

고싱딕로 홀 지경인 그른 사람이나 되지 마지
　　　　　　　　　개가한 여성
그른 사람 될 지경의는 오른 사람이나 되지그려
　　　　　　　　　수절한 여성
오른 사람 되어 잇셔 남의게나 칭찬듯지

청춘과부 갈나 하면 양식 싸고 말일나늬
　　　　　　다시 시집가려 하면
고싱 팔자 타고나면 열 번 가도 고싱일늬

이팔청춘 쳥싱더라 늬 말 듯고 가지 말게
　　　　　　　▶ 덴동어미가 청춘과부의 개가를 만류함.

· 화자? 덴동어미가 청춘과부에게 시련 속에서도 운명에 순응하며 화전놀이를 즐길 것을 권유함.
· 주제? 기구한 운명과 시련 속에서도 잃지 않는 희망과 화전놀이의 즐거움
· 특징? 여성들이 화전놀이를 즐기는 내용 속에 덴동어미의 삶이 액자식 구성으로 제시되고, 여러 화자가 등장하여 이야기를 이끌어 감.

04 정답 ④ 표현상의 특징 이해하기

정답 풀이

이 작품에서 계절적 배경을 나타내는 시어는 제시되어 있지 않다.

오답 풀이

① '남이라도 욕홀게요 친정 일가들 반가홀가'에서 설의적 표현을 활용하여 시적 의미를 강조하고 있다.
② '웡웡', '게욱게욱'과 같은 음성 상징어를 사용하여 상황을 생동감 있게 표현하고 있다.
③ '간 곳마다 그러흔가 이곳 와셔 더 스런가 / 간 곳마다 그러릿가 이곳듸 오니 더 스럽소'와 같이 대화를 주고받는 방식으로 화자의 정서를 드러내고 있다.
⑤ '첫직 낭군은 츄천의 죽고 둘직 낭군은 괴질의 죽고', '간 곳마다 그러흔가 이곳 와셔 더 스런가 / 간 곳마다 그러릿가 이곳듸 오니 더 스럽소' 등에서 유사한 문장 형태를 반복하여 화자가 처한 안타까운 상황을 제시하고 있다.

05 정답 ② 시어·시구의 의미 파악하기

정답 풀이

자신의 기구한 운명에 시름을 느끼는 덴동어미는 ⓑ '이곳'을 찾아가 울면서, '져 터에 사던 임상찰'에 대해 이야기한다. '임상찰'은 덴동어미의 아버지로, 덴동어미는 결혼하기 전에 자신이 살던 마을에 찾아간 것이다. 이는 덴동어미가 그곳에서 친척 노인을 만나는 것에서도 확인할 수 있다.

오답 풀이

① ⓐ '못된 사람'은 덴동어미가 수절하지 않은 자신을 가리키는 말이다.
③ ⓒ '청삽사리'는 덴동어미를 보자 소리를 내어 짖는데, 덴동어미는 노인을 처음 만난 상황이므로 이는 덴동어미를 반기는 것이 아니라 경계하는 것으로 볼 수 있다.
④ ⓓ '엉송이 밤송이'는 덴동어미의 삶이 아프고 고되었음을 비유적으로 나타낸 말이다.
⑤ ⓔ '양식'은 '먹을거리'를 의미한다. 덴동어미는 재가한다는 청춘과부가 있다면 양식을 싸서 가지고 다니면서 말릴 것이라고 말하고 있다.

06 정답 ④ 자료를 통해 감상하기

정답 풀이

ⓔ은 친척 관계임을 확인한 덴동어미가 노인의 손을 부여잡고 통곡하는 부분이다. 따라서 ⓔ을 통해 기구한 운명에 좌절하지 않고 희망적으로 살고자 하는 여성들의 모습을 파악할 수 있다는 감상은 적절하지 않다.

오답 풀이

① ⓐ은 덴동어미의 남편들이 죽게 된 사연을 압축적으로 나타내고 있다. 즉, 여러 번 재가하였음에도 불구하고 불운한 삶을 살아야 했던 덴동어미의 기구한 인생 이야기가 압축적으로 나타나 있다.
② ⓑ에서 덴동어미는 수절을 하였으면 칭찬을 받거나 동정이라도 얻을 것을 그렇게 하지 못하였다고 한탄하고 있다. 이를 통해 조선 후기

가부장적 사회에서 여성에게 '슈절(수절)'을 강조하였음을 짐작할 수 있다.

③ ⓒ에서 한 노인은 울고 있는 덴동어미의 사연을 들어 주며 그를 위로하려 하고 있다. 이를 통해 비극적 모습을 외면하지 않고 위로하는, 여성들 사이의 인간적 유대의 모습을 확인할 수 있다.

⑤ ⑩에서 덴동어미는 고약한 운명과 팔자는 고치지 못한다고 말하고 있다. 즉, 덴동어미는 자신의 삶을 운명론적으로 인식하고 있다고 할 수 있다.

내신 or 수능 실전 기출문제

01~03　　　　　　　　　　본문 • 88~89쪽

01 ③　　**02** ②　　**03** ④

[가사] 작자 미상, 「상사별곡(相思別曲)」

작품 분석

오동추야(梧桐秋夜) 밝은 달에 님 싱각이 시로 난다
　　　　　　　　　임에 대한 그리움을 심화시키는 매개물
혼번 니별ᄒ고 도라가면 다시 오기 어려왜라

천금쥬옥(千金珠玉)이 귀밧기오 셰사일부(世事一部) 관계
　　　　　　　　온갖 보물　　그 밖이요　　세상에서 일어나는 온갖 일
ᄒ랴 ─ 임이 없으면 온갖 보물이나 세상 일이 모두 무의미함.

근원(根源) 흘너 물이 되야 깁고 깁고 다시 깁고
　　　　　　　　임에 대한 사랑　　　　　　　　'a-b-a-b' 구조
사랑 미혀 뫼히 되여 놉고 놉고 다시 놉고

됴물(造物)이 싀우는지 귀신(鬼神)이 희지는지
　조물주　　샘을 내는지　　　　　장난질하는지
문허질 줄 모르더니 싄어질 줄 어이 알니
　　　　　　젊은 아내가 자기 남편을 사랑스럽게 이르는 말
일됴 낭군(一朝郎君) 니별 후에 소식(消息)조차 돈절(頓絶)
하루아침 또는 하룻저녁과 같은 짧은 시각　　　　뚝 끊어짐.
ᄒ니 ─ 하루아침에 임의 소식이 끊어짐.

오날이나 드러올가 닉일이나 긔별 올가 ─ 임을 기다림.

일월무정(日月無情) 졀노 가니 옥안운발(玉顔雲髮) 공로(空
　무정하게 흐르는 세월　　　　　옥같이 곱고 해맑은 얼굴과
老)로다　　　　　　　　　　　　삼단 같은 검은 머리
아무 하는 일도 보람 없이 늙음.
오동야우(梧桐夜雨) 셩긘 비에 밤은 어희 더듸 가고
　오동나무에 떨어지는 밤비
녹양방쵸(綠楊芳草) 져문 날애 히는 어히 슈이 가노
　푸른 버드나무와 향기로운 풀
이 닉 상사(相思) 아르시면 님도 날을 그리리라
　　　　서로 생각하고 그리워함.
일촌간장(一村肝腸) 셕은 물이 소스나니 눈물이라
애달프거나 애가 타는 마음을 이름.
가삼 속에 물이 나셔 퓌여나니 한슘이라
　　　　　　　　　　한숨
눈물이 바다 되면 빈를 타고 아니 가랴
　　과장법
한슘 싯히 불이 나면 님의 옷세 당긔리라
　　과장법　　　　　　　당기리라
교틱(矯態) 겨워 웃든 우슘 싱각ᄒ니 목이 멘다

디쳑(咫尺) 동방(洞房) 쳔 리(千里) 되야 바라보니 암암(暗
　　　　　　　　　　　　　　　　　　　아득하도다
暗)토다

만쳡 쳔희(萬妾千姬) 그려 닌들 혼 붓으로 다 그리랴
　만 명의 첩과 천 명의 여자
날기 돗친 학이 되면 나라가다 아니 가랴

산은 쳡쳡 고기 지고 물은 즁즁(重重) 흘너 근원 되니

쳔지인간(天地人間) 니별(離別) 즁에 날 갓트니 또 인는가
　　　　　　　　　　　　　　　　　설의법

히는 도다 져문 날에 쏫츤 퓌여 졀로 지니
　　　　돋아
이슬 갓튼 인싱이 무슴 일노 삼겨는고
　　　　　　　　　　생겨나는고
바람 부러 구즌 비와 구름 쯰여 져믄 날에

나며들며 빈 방으로 오락가락 혼자 셔셔
「 」: 임에 대한 그리움이 행동으로 표출됨.
기다리고 바라보니 이 닉 상사 허ᄉ(虛事)ㅣ로다

공방미인(空房美人) 독상사(獨相思)가 녜로붓터 이러혼가
　독수공방하며 임 생각에 몸부림치는 일　　▶ 본사: 소식 없는 임을 기다리며
나 혼자 이러혼가 남도 아니 이러혼가　　　　　　외로움만 깊어감.

날 사랑ᄒ든 싯히 남 사랑ᄒ이는가
주체: 임 / 대상: 나　　끝에　　주체: 임 / 대상: 다른 여인
무정(無情)ᄒ여 그러혼가 유정(有情)ᄒ여 이러혼가
산 꿩과 들오리. 길들이기 어려운 날짐승들 ─ 성미가 깔깔하여 다잡을 수 없는 사람을 비유하여 이르는 말
산계야목(山鷄野鶩) 길흘 드러 노흘 줄을 모르는가
　　　　　　　　　　　　술과 여색
노류장화(路柳墻花) 썩어 쥐고 쥰식(春色)으로 닷니는가
갈가의 버들가지와 담장 위의 꽃송이를 가리키는 것으로, 지나는 사람 누구든지 언제나 꺾을 수 있는 것. 즉 화류계의 여인
가는 솜이 자취 되면 오는 길이 무뎌리라 ─ 임에게 갈 수 있는 길의
　　　　　　　　　　　무디다, 더디다　　자취가 없어서 임이
혼 번 죽어 도라가면 다시 보기 어려오니　　나에게 올 수 있는 길도
　　　　　임을 다시 보지 못할 것에 대한 염려　　무뎌짐을 의미
아마도 네 뎡(情)이 잇거든 다시 보게 삼기쇼셔
　　　　　　　　　재회에 대한 소망
　　　　　　　▶ 결사: 임의 마음을 궁금해하며 임이 돌아오기를 기원함.

핵심 정리

• **화자?** 임과 이별한 뒤 소식조차 듣지 못한 화자는 독수공방으로 외로워하면서 임을 그리워하고 임과 다시 만나기를 소망함.

• **주제?** 임과 이별한 뒤의 외로움과 임에 대한 간절한 그리움

• **특징?** 다양한 비유와 대구법, 설의법, 가정의 방식을 활용함. 자연물을 활용해 화자의 처지와 정서를 드러냄.

01 정답 ③   표현상의 특징 이해하기

정답 풀이

[A]에는 해, 꽃, 이슬, 바람, 비, 구름 등의 자연물이 나타나 있지만, 이러한 자연물에 인격을 부여하고 있지는 않다.

오답 풀이

① '나 혼자 이러흔가 남도 아니 이러흔가', '무졍흐여 그러흔가 유졍흐여 이러흔가' 등에서 비슷하거나 동일한 문장 구조를 짝을 맞추어 늘어놓는 대구법을 활용하여 리듬감을 형성하고 있다.

② '아마도 네 녕이 잇거든 다시 보게 삼기쇼셔'에서 '아마도 ~ 거든'이라는 가정의 방식을 활용하여 임과의 재회를 소망하는 마음을 드러내고 있다.

④ '쳔지인간 니별 즁에 날 갓트니 쏘 인는가'에서 설의적인 표현을 활용하여 이별한 세상 사람들 중에 자신같이 이별의 슬픔이 큰 이(사람)는 없을 것이라며 화자의 처지를 강조하고 있다.

⑤ '이슬 갓튼 인싱이 무슴 일노 삼겨는고'에서 인생을 '이슬'에 빗대어 화자가 처한 상황을 드러내고 있다.

02 정답 ②   시어·시구의 의미 파악하기

정답 풀이

㉠ '오동추야 밝은 달(가을밤의 밝은 달)'로 인해 '님 싱각이 시로 난다'고 하였으므로, ㉠은 화자에게 임에 대한 생각과 그리움을 유발하는 소재로 볼 수 있다. 한편 '오동야우 성긘 비에 밤은 어히 더듸 가고'는 '녹양방쵸 저문 날애 히는 어히 슈이 가노'와 대구를 이루는 구절로, 가을밤에 내리는 비에 밤은 더디게 가고, 녹양방초 저문 날에 해가 쉽게 간다고 느끼는 것은 임의 부재로 인한 외로움 때문이다. 따라서 ㉡ '오동야우 성긘 비'는 임을 기다리는 화자의 외로움을 심화시키는 기능을 한다고 볼 수 있다.

오답 풀이

① ㉠은 화자가 임과 이별한 상황에서 임의 생각을 유발하는 배경이므로 화자와 임을 단절시킨다고 볼 수 없으며, ㉡을 통해 화자가 임을 떠올리거나 화자와 임의 관계가 연결되는 것은 아니므로 ㉡이 화자와 임을 매개한다고 볼 수도 없다.

③ ㉠은 이별한 임에 대한 생각을 유발하는 소재로, 화자는 임과 이별한 뒤 외로워하고 있으므로 ㉠이 화자에게 심정적 위안을 준다고 볼 수는 없다. 또한 ㉡을 통해 화자가 깨달음을 얻는 모습도 나타나지 않는다.

④ ㉠과 ㉡은 화자의 그리움이나 외로움과 관련이 있을 뿐 화자가 삶에서 지향해야 하는 바를 제시해 주는 것은 아니다.

⑤ 화자는 독수공방으로 외로워하면서 임을 그리워하고, 임이 돌아오기를 기다리고 있을 뿐 미래에 대한 인식의 전환을 보이고 있지는 않다. 따라서 ㉠과 ㉡은 화자의 인식이 전환되는 것과는 아무런 관련이 없다.

03 정답 ④   자료를 통해 감상하기

정답 풀이

'날기 돗친 학이 되면 나라가다 아니 가랴'는 자신이 날개가 있는 학이 되면 날아서 임에게 아니 가겠느냐는 의미이다. 따라서 '학'은 과거 화자의 모습과 동일시한 대상이 아니라 현재 임에게 가고 싶은 마음을 보여 주는 대상이다.

오답 풀이

① 화자는 임에 대한 사랑이 깊어 식을 줄 몰랐는데, '됴물이 시우는지 귀신이 희지는지' 임과 뜻밖에 이별을 하고 소식조차 끊어졌다고 말하고 있다. 즉 화자는 임과의 이별과 그 상황이 지속되는 이유가 조물주가 샘을 내고 귀신이 방해를 한 탓이라며 외부에서 그 요인을 찾고 있다.

② 화자는 하루아침에 임과 이별한 후에 소식조차 끊어진 상황에서, '오날이나 드러올가 니일이나 긔별 올가'라며 임의 기별을 기다리고만 있다. 임과의 이별을 안타까워하면서도 이별의 상황을 적극적으로 극복하려 하기보다는 임이 돌아오거나 기별을 보내오기를 기다리기만 하는 모습에서 소극적인 자세를 엿볼 수 있다.

③ 화자는 임을 생각하고 그리워하면서 '교티 겨워 웃든 우슴 싱각ᄒ니 목이 멘다'라고 말하는데, '교티 겨워 웃든 우슴'은 과거 임과 함께했을 때 화자가 웃음짓던 상황을 가리키는 것으로 화자는 그것을 생각하니 '목이 멘다'라며 서러운 감정을 직접적으로 드러내고 있다.

⑤ 화자는 독수공방으로 외로워하면서 돌아오지 않는 임에 대해 '날 사랑ᄒ든 긋치 남 사랑허이는가'라고 추측하고 있다. 즉 자신을 사랑하던 임이 내가 아닌 '남'을 사랑하게 되었기에 돌아오지 않는 것은 아닌지 추측하며 임을 원망하고 있는 것이다.

 **12강 악장, 언해, 민요**

01~04

01 ②   **02** ④   **03** ③   **04** ③

[악장] 정인지 외(外), 「용비어천가(龍飛御天歌)」

작품 분석

가

발해의 동쪽, 중국을 기준으로 본 우리나라의 별칭
해동(海東) 육룡(六龍)이 ᄂᆞᄅᆞ샤 일마다 천복(天福)이시니
　조선을 건국한 육조　　조선의 건국　천우신조, 하늘이 내린 복
고성(古聖)이 동부(同符)ᄒᆞ시니　　　　　　〈제1장〉
중국의 옛 성군과 한 일이 꼭 들어맞으시니　▶ 조선 건국의 정당성

나

△: 나라를 흔들리게 하는 풍파, 고난
불휘 기픈 남ᄀᆞᆫ ᄇᆞᄅᆞ매 아니 뮐ᄊᆡ 곶 됴코 여름 하ᄂᆞ니
기초가 튼튼한 나라의 비유적 표현 ①　　└나라의 번영┘
ᄉᆡ미 기픈 므른 ᄀᆞ무래 아니 그츨ᄊᆡ 내히 이러 바ᄅᆞ래 가
기초가 튼튼한 나라의 비유적 표현 ②
ᄂᆞ니　　　　　　　　　　　　　　　　〈제2장〉
　　　　　　　　　　　　　　　　▶ 조선의 영원한 발전 기원

다

「굴허에 ᄆᆞᆯ 디내샤 도ᄌᆞ기 다 도라가니 반(半) 길 노핀ᄃᆞᆯ
　구렁에　　　　　　「 」: 중국의 고사와 태조의 일화를 대구적으로 제시하여
넌기 디나리잇가　　　　　　태조의 영웅적 면모를 부각함.

석벽(石壁)에 ᄆᆞᆯ 올이샤 도ᄌᆞᆨ글 다 자ᄇᆞ시니 현 번 뛰운
　　초인적 면모　　　　　　　민생을 편안히 함.
ᄃᆞᆯ ᄂᆞ미 오ᄅᆞ리잇가」　　　　　　　〈제48장〉
다른 사람은 오를 수 없음.　　　　　　▶ 태조의 영웅적인 능력

라

천 세(千世) 우희 미리 정(定)ᄒᆞ샨 한수(漢水) 북(北)에 누인
오래 전에 하늘이 정당성을 부여함.　　　　조선의 수도
개국(肇仁開國)ᄒᆞ샤 복년(卜年)이 ᄀᆞᆺ 업스시니
　　조선 왕조의 운이 끝이 없으시니
성신(聖神)이 니ᅀᅡ 샤도 경천근민(敬天勤民)ᄒᆞ샤ᅀᅡ 더욱 구
　　　　　　　　　　　　　　굳건해질 것입니다
드리시이다

님금하 아ᄅᆞ쇼셔 낙수(落水)예 산행(山行) 가 이셔 하나빌
　　　　　　　　후대 임금에 대한 권계
미드니잇가　　　　　　　　　　　　〈제125장〉
　　　　　　　　　　　　　　▶ 후왕들에 대한 권계

핵심 정리

• **화자?** 조선 건국 후 조선 왕조의 정당성을 강조하며, 조선 왕조가 영원히 번창하기를 바람.
• **주제?** 조선 건국의 정당성, 왕실에 대한 송축, 후대 왕들에 대한 권계
• **특징?** 〈제1장〉과 〈제125장〉을 제외한 모든 장이 2절 4구체로 대구를 이루고 있으며 1절에서는 중국 제왕의 사적을, 2절에서는 이와 유사한 조선 왕조의 사적을 배치함.

---

01 정답 ②　작품의 세부 내용 이해하기

정답 풀이

(다)의 1절은 좁은 길에서 적을 피하기 위해 한 길이 넘는 언덕을 뛰어넘었던 금나라 태조의 고사이며, 2절은 말을 타고 단숨에 석벽을 뛰어올라 도적을 잡은 이성계의 영웅적 면모에 대한 내용이다. 이는 금나라 태조와 같이 이성계 또한 영웅적 역량이 있음을 강조하기 위한 것으로, 태조 이성계의 능력이 중국 성군보다 훨씬 더 뛰어남을 부각하기 위한 것은 아니다.

오답 풀이

① (가)의 1절은 조선 건국이 천복임을, 2절은 이것이 중국의 옛 성군이 한 일과 꼭 들어맞음을 이야기하고 있다. 따라서 조선의 건국과 중국 옛 성군의 일이 들어맞음을 들어 조선 건국의 정당성을 강조하고 있음을 알 수 있다.
③ (다)의 2절에서는 태조가 도적의 침입을 격퇴한 일화를 통해 백성들의 어려움을 해결해 줄 수 있는 그의 초인적 지략과 영웅적 면모를 부각하고 있다. 이를 통해 태조가 민생을 편안히 할 왕의 자질을 갖추었음을 역설하고 있다.
④ (라)의 1절에서는 한양에 새 나라가 건국될 것, 즉 조선의 건국이 이미 천년 전에 하늘에 의해 정해진 것이었음을 이야기하고 있다.
⑤ (라)의 3절은 할아버지의 공덕만을 믿고 정사를 소홀히 한 채 낙수에 사냥을 갔다가 폐위당한 중국 태강왕의 고사를 인용한 것으로, 태강왕처럼 정사를 게을리해서는 안 된다는 권계의 의미를 담고 있다.

02 정답 ④　표현상의 특징 이해하기

정답 풀이

ㄴ. (나)의 1절과 2절은 유사한 문장 구조를 반복하여 운율감을 살리면서, 조선 왕조는 기초가 튼튼하고 유서가 깊어 무궁히 발전할 것이라는 주제 의식을 부각하여 표현하고 있다.
ㄹ. (나)에서는 기초가 튼튼한 나라를 비유하는 '뿌리 깊은 나무', '샘이 깊은 물', 왕조의 번영을 상징하는 '꽃', '열매' 등 비유적이고 상징적 의미를 담은 자연물을 활용하여 왕조의 번영을 기원하고 송축하는 화자의 생각을 드러내고 있다.

오답 풀이

ㄱ. (나)에서는 크고 높고 강한 것에서부터 점차 작고 낮고 약한 것으로 끌어내려 표현하는 점강법을 활용하고 있지 않다.
ㄷ. (나)는 '불휘', '남ᄀᆞᆫ' 등의 순우리말을 사용하고 있을 뿐, 한자어를 활용하고 있지 않다.

03 정답 ③　시어 · 시구의 의미 파악하기

정답 풀이

㉠ '일'은 조선 건국을, ㉡ '불휘'와 ㉢ 'ᄉᆡ미'은 나라의 튼튼한 기초를, ㉣ 'ᄇᆞᄅᆞᆷ'은 나라를 흔들어 위기에 빠뜨릴 수 있는 풍파를, ㉤ '肇仁開國(조인개국)'은 조선 왕조의 개국을 의미하는 시어이다. 화자는 조선 왕조의 건국을 긍정하면서 조선이 융성하고 발전하기를 바라므로 나머지 시어와 그 성격이 가장 다른 시어는 ㉣ 'ᄇᆞᄅᆞᆷ'이다.

04 정답 ③ 자료를 통해 감상하기

정답 풀이

(다)에서는 태조의 행동을 묘사하여 그의 영웅적 면모를 강조하고 있을 뿐, 다른 영웅적 인물의 출현에 대한 기대는 드러나 있지 않다.

오답 풀이

① 4구 2절로 이루어진 (나), (다)와 달리 (가)의 2절은 2구로 구성되어 있고, (라)는 3절로 구성되어 있다. 그러므로 (가), (라)는 (나), (다)와 달리 4구 2절의 형식에서 벗어나 있음을 알 수 있다.

② (가)의 '천복(天福)이시니'는 조선 건국을 하늘이 도와 복을 내렸다는 의미이므로, 조선 건국이 천명에 의한 것임을 강조하기 위한 표현으로 볼 수 있다.

④ (라)의 '복년(卜年)이 ㄱ 업스시니'를 풀이하면 '왕조의 운수가 끝이 없으시니'이다. 그러므로 조선의 무궁한 발전을 송축하는 표현으로 볼 수 있다.

⑤ (라)는 '경천근민(敬天勤民)'해야 나라가 굳건해질 것이며, 중국 태강왕처럼 할아버지의 공만 믿고 정사를 게을리해서는 안 된다고 후대 왕들에게 경고하고 있다. 그러므로 (라)는 '경천근민(敬天勤民)'의 자세로 올바른 정치를 하라는 권계의 내용을 담고 있다고 볼 수 있다.

05~07 본문 • 94~95쪽

05 ⑤　**06** ③　**07** ④

[민요] 작자 미상, 「잠 노래」

작품 분석

　　　　　a　　a　　　b　　　a
잠아 잠아 짙은 잠아 이 내 눈에 쌓인 잠아
'a-a-b-a' 구조, 잠을 의인화하여 청자로 설정함.

염치불구 이 내 잠아 검치두덕 이 내 잠아 ▶ 기: 염치 불구하고
　　　욕심 언덕, 언덕처럼 쌓인 잠에 대한 욕심　　계속 쌓이는 잠

어제 간밤 오던 잠이 오늘 아침 다시 오네

잠아 잠아 무삼 잠고 가라 가라 멀리 가라
　　　무슨 잠이냐? '잠'을 내쫓을 수 있는 구체적 사물로 인식함.

시상 사람 무수한데 구테 너간 간 데 없어
세상　　　　　　　구태여

「원치 않는 이 내 눈에 이렇다시 자심하뇨」「」: '잠'에 대한 원망과
　　　　이렇게도　심해지느냐?　　　　　　일을 해야 하는 여인의
　　　　　　　　　　　　　　　　　　　고달픔이 드러남.
주야에 한가하여 월명동창 혼자 앉아
밤낮으로　　　　달 밝은 동쪽 창

삼사경 깊은 밤을 허도이 보내면서
삼경~사경(밤 11시~새벽 3시)

잠 못 들어 한하는데 그런 사람 있건마는
　　　한탄하는데　잠 못 드는 사람… 화자

무상 불청 원망 소래 온 때마다 듣난고니
청하지 않은　　소리　　▶ 승: 잠 못 드는 사람에게는 가지 않고 원치 않는
　　　　　　　　　　　　자신에게만 오는 잠에 대한 원망
석반을 거두치고 황혼이 대듯마듯
저녁밥

낮에 못 한 남은 일을 밤에 할랴 마음먹고

언하당 황혼이라 섬섬옥수 바삐 들어
말이 끝나자마자(생각을 하자마자)

등잔 앞에 고개 숙여 실 한 바람 불어 내어
　　　　　　　　　　　　　발　풀어

[오른쪽 단]

더문더문 질긋 바늘 두엇 뜸 뜨듯마듯
드문드문　　　　　땀
난데없는 이 내 잠이 소리 없이 달려드네
　　　　　　　　▶ 전: 저녁밥을 먹고 바느질을 하려고 하니 찾아오는 잠
눈썹 속에 숨었는가 눈 알로 솟아온가
　　　　　　　아래로부터
이 눈 저 눈 왕래하며 무삼 요수 피우든고
　　　　　　　　　요상한 수작
맑고 맑은 이 내 눈이 절로절로 희미하다
　　　　　　　　▶ 결: 쏟아지는 잠으로 희미해지는 눈

핵심 정리

• 화자? 이른 새벽부터 한밤중까지 일을 해야 하는 여성이 자신을 찾아와 괴롭히는 잠을 원망하고 있음.
• 주제? 밤낮으로 일해야 하는 삶의 고달픔
• 특징? 일상적이고 사소한 소재를 활용하여 진술한 정서를 표현하였고, 잠을 의인화하여 삶의 애환을 익살스럽고 해학적으로 풀어냄.

05 정답 ⑤ 표현상의 특징 이해하기

정답 풀이

이 작품은 민요로, 시조나 가사처럼 4·4조의 4음보 율격을 규칙적으로 사용하여 운율감을 형성하고 있다. 참고로 리듬을 중시하는 민요는 주로 3음보 또는 4음보의 형태를 이루는 것이 특징이다.

오답 풀이

① 이 작품은 처음과 끝이 유사하게 반복되는 구조를 이루고 있지 않다.
② 이 작품에서 여음을 반복적으로 사용한 부분은 찾아볼 수 없다.
③ 이 작품은 시선을 이동하며 시상이 확대되는 방식이 아닌 시간의 흐름에 따라 시상을 전개하고 있다.
④ 이 작품에서 계절감을 드러내는 시어는 찾아볼 수 없다.

06 정답 ③ 시어·시구의 의미 파악하기

정답 풀이

ⓒ의 '그런 사람'은 마음껏 잠을 자고 있는 사람이 아니라 잠을 자고 싶어도 밤에 잠을 이루지 못해 한탄하는 사람으로, 쏟아지는 잠을 몰아내고 싶어 하는 화자와 대비되는 처지에 있는 사람이다.

오답 풀이

① ㉠에는 염치도 없고 욕심도 많은 잠을 원망하는 화자의 심정이 드러나 있다.
② ㉡에서 화자는 잠에게 멀리 가라고 명령하며 잠을 떨치려 하고 있다.
④ ㉣에서 낮에 하지 못한 일을 밤에도 할 정도로 하루 종일 노동에 시달리는 화자의 처지를 짐작할 수 있다.
⑤ ㉤에서 눈이 점점 감기며 잠에 빠져 드는 화자의 모습을 확인할 수 있다.

07 정답 ④ 자료를 통해 감상하기

정답 풀이

㉮는 '잠'이라는 객체를 주체로 전도하여 능동적인 행위를 하는 대상

으로 표현하고 있다. 이러한 방식은 화자가 잠을 참을 수 없을 상태가 되었음을 강조하기 위해 사용된 것이다. 〈보기〉의 ④도 주체인 화자가 추구하지 않는 대상인 '공명'과 '부귀'를 마치 주체처럼 제시하여 화자를 꺼린다고 표현함으로써 '부귀'와 '공명'을 꺼리는 화자의 마음을 강조하고 있다.

내신 or 수능 실전 기출문제

01~02
본문 • 96쪽

01 ② 02 ③

[언해] 두보, 「춘망(春望)」

작품 분석

> 화자가 느끼는 슬픔의 원인
> 나라히 파망(破亡)ᄒ니 뫼콰 ᄀ름쁜 잇고
> 　나라가　　　　　　　　　산과 강뿐 ┐ 대구
> 잣 앉 보믹 플와 나모쁜 기펫도다
> 　성(城)　봄에　풀　　　　깊었구나 ┘
> ▶ 수: 나라는 망했지만 그대로 남아 있는 자연
> 시절(時節)을 감탄(感歎)ᄒ니 고지 눗므를 쁘리게코
> 　이때를　　　슬퍼하니　꽃이　뿌리게 하고 ┐ 대구
> 여희여슈믈 슬호니 새 ᄆᆺ믈 놀래노라
> 　여의였음을 – 이별　　　마음을 ┘
> ▶ 함: 전란으로 인해 가족과 헤어진 슬픔
> 봉화(烽火)ㅣ 석ᄃᆞ롤 니어시니 — 석 달째 전쟁이 계속됨.
> 전쟁이 일어났음을 알리는 봉화
> 지빗 음서(音書)는 만금(萬金)이 ᄉ도다 — 집에서 편지가 없음.
> 　집의　편지　　　만금보다 값지다(희소하다)
> ▶ 경: 전쟁이 계속되어 집의 소식을 알 수 없음.
> 셴 머리를 글구니 ᄯᅩ 뎌르니
> 　센　　　　　짧아지니
> 다 빈혀를 이긔디 몯홀 둣 ᄒ도다 — 머리가 세고 빠져서 비녀를 못 꽂음(늙음).
> 　비녀
> ▶ 미: 늙고 쇠약해져 가는 자신에 대한 안타까움

핵심 정리

- **화자?** 전란으로 폐허가 된 나라를 걱정하고, 가족과 헤어져 안타까워함.
- **주제?** 전란에 휩싸인 나라에 대한 걱정과 가족과 이별한 안타까움
- **특징?** 있는 그대로의 자연과 폐허가 된 나라를 대조하고, 대구법과 과장법 등을 활용하여 전란으로 인한 슬픔이라는 주제를 강조함.

01 정답 ②　표현상의 특징 이해하기

정답 풀이

전란으로 인해 망한 나라와 그대로 남아 있는 자연을 대조하고 대구법을 통해 자연과 대비되는 인간 세상의 비극을 드러내고 있을 뿐, 인간사의 모습과 유사한 자연의 속성을 제시하고 있지는 않다.

오답 풀이

① 앞부분에 폐허가 된 장안성과 자연의 모습이 나타나 있고, 뒷부분에 가족과 이별하고 늙어 가는 자신의 처지를 안타까워하는 화자의 정서가 나타나 있으므로 선경후정의 구조를 활용하고 있다고 볼 수 있다.
③ 전쟁이 계속되는 상황 속에서 화자는 머리가 하얗게 세고 빠져 비녀를 꽂지 못할 것이라고 이야기하고 있다. 이는 전란으로 어지러운 세

상 속에서 늙어 가는 화자의 모습을 통해 세월의 흐름을 제시한 부분으로 볼 수 있다.
④ 나라가 망하여 산과 강물만 남아 있고 성 안에는 풀과 나무만 있는 폐허가 된 상황이 묘사되고 있는데, 전쟁이 일어났음을 알리는 '봉화'가 석 달째 이어진다는 내용으로 보아 이는 전란 때문에 생긴 일임을 알 수 있다.
⑤ '지빗 음서는 만금이 ᄉ도다'는 가족을 만나지 못해 느끼는 안타까움, 집에서 편지가 오지 않아 가족의 소식을 듣지 못한 화자의 가족에 대한 그리움을 드러낸 부분이라 할 수 있다.

02 정답 ③　시어 · 시구의 의미 파악하기

정답 풀이

ⓒ의 '봉화'는 '나라에 병란이나 사변이 있을 때 신호로 올리던 불'을 가리키는 말로, 전쟁이 계속되고 있는 상황을 보여 주는 소재이다. 따라서 ⓒ이 구체적 지명을 제시하고 있다는 설명은 적절하지 않다.

오답 풀이

① ㉠은 다른 것들은 모두 사라지고 남은 것은 산과 강 등의 자연물뿐임을 부각함으로써 폐허가 된 성 안의 모습을 간접적으로 보여 주는 표현이라 할 수 있다.
② ㉡은 화자가 가족을 만날 기약조차 없는 상황에서 꽃을 보고 눈물을 흘리는 모습을 표현한 것으로, 이때의 아름다운 '꽃'은 화자의 불행을 더욱 환기하는 역할을 한다. 따라서 ㉡은 아름다운 자연을 보아도 시름이 깊어지는 화자의 처지를 잘 보여 준다고 할 수 있다.
④ ㉣은 가족의 안부를 전해 듣기 어려운 상황임을 표현한 것으로, 가족의 소식을 만금보다 가치 있게 여기는 화자의 마음을 드러낸 것이라 할 수 있다.
⑤ ㉤은 가족과 나라 걱정에 하얗게 센 머리를 긁다 보니 머리카락이 많이 빠져 버린 상황을 나타낸 것으로, 화자의 늙고 쇠약해진 육신에 대한 안타까움을 잘 보여 준다고 할 수 있다.

03~04
본문 • 97쪽

03 ② 04 ①

[민요] 작자 미상, 「시집살이 노래」

작품 분석

> 　　　a　　　　a　　　　b　　　　a
> 형님 온다 형님 온다 분고개로 형님 온다 — 'a-a-b-a' 구조
> 언니(주요 화자)　　　　지명
> 형님 마중 누가 갈까 형님 동생 내가 가지
> 　　　사촌 누이 동생(주요 화자의 대답을 이끌어 냄.)
> 형님 형님 사촌 형님 시집살이 어떱뎁까 — 사촌 동생의 질문
> ▶ 1~3행: 친정에 오는 사촌 형님에게 시집살이를 물어봄.
> 　: 시집살이의 고됨을 적나라하고 해학적으로 표현함.
> 이애 이애 그 말 마라 시집살이 개집살이 — 언니의 대답
> 　　　　고생하고 있음을 해학적으로 표현함. – 언어유희
> 앞밭에는 당추 심고 뒷밭에는 고추 심어 — 대구법
> 고추: 뒤의 고추와 동음 반복을 피하고 운율감을 살림.
> 고추 당추 맵다 해도 시집살이 더 맵더라
> 　　　고통스럽고 힘들다는 것을 맛으로 표현함. – 관용적 표현
> ▶ 4~6행: 고통스럽고 매운 시집살이

둥글둥글 수박 식기(食器) 밥 담기도 어렵더라
    수박처럼 둥근 밥그릇
도리도리 도리소반(小盤) 수저 놓기 더 어렵더라
둥글고 작은 밥상 – 언어유희(쉽게 흔들림).
오 리(五里) 물을 길어다가 십 리(十里) 방아 찧어다가
물 긷는 곳이 멀다는 의미   방아 찧는 곳이 멀다는 의미
아홉 솥에 불을 때고 열두 방에 자리 걷고
    시집 식구가 많음.   이부자리
외나무다리 어렵대야 시아버니같이 어려우랴
시아버지를 대하는 어려움 비유 시아버지 '서슬이 퍼렇다': 무섭다
나뭇잎이 푸르대야 시어머니보다 더 푸르랴
시어머니의 무서움 비유 ▶ 7~12행: 시집에서 살림살이하는 것의 어려움
시아버니 호랑새요 시어머니 꾸중새요
  호랑이같이 무서움. 자주 꾸중을 함.
동세 하나 할림새요 시누 하나 뾰족새요
동서 고자질을 잘함. 성질이 날카로움.
시아지비 뾰중새요 남편 하나 미련새요
시아주버니 퉁명스러움. 미련해서 화자의 고생스러움을 몰라줌.
자식 하나 우는 새요 나 하나만 썩는 샐세
  아직 어려서 자꾸 울음. 고달픈 시집살이에 속이 썩음.
  시집 식구를 새에 비유
▶ 13~16행: 못된 시집 식구들 때문에 겪는 고충
귀먹어서 삼 년이요 눈 어두워 삼 년이요
못 들은 척함. 시집의 일들을 못 본 척함.
말 못해서 삼 년이요 석 삼 년을 살고 나니
하고 싶은 말을 하지 않음.
배꽃 같던 요내 얼굴 호박꽃이 다 되었네
하얗고 예쁜 꽃 못생긴 꽃
삼단 같던 요내 머리 비사리춤이 다 되었네
삼을 묶은 단처럼 탐스러움. 싸리나무 껍질처럼 거칠어짐.
  시집살이 후 바뀐 외모
백옥 같던 요내 손길 오리발이 다 되었네
  거칠어짐.
열새 무명 반물치마 눈물 씻기 다 젖었네
곱게 짠 무명 짙은 남색
두 폭 붙이 행주치마 콧물 받기 다 젖었네
▶ 17~23행: 고된 시집살이로 인해 변한 외모
울었던가 말았던가 베갯머리 소(沼) 이뤘네
  눈물을 많이 흘려 베개에 연못이 생김. 과장법
그것도 소이라고 거위 한 쌍 오리 한 쌍
  자식들을 비유함. 해학적이고 체념적인 마무리
쌍쌍이 때 들어오네
때를 맞추어 / 때를 지어 / 물에 떠 들어오네 ▶ 24~26행: 시집살이의 고충을 체념함.

🌙 **핵심 정리**

- **화자?** 사촌 형님에게 시집살이가 어떤지 묻는 동생과, 자신의 고된 시집살이를 진술하면서도 해학적으로 토로하는 사촌 형님
- **주제?** 시집살이의 괴로움과 체념
- **특징?** 두 화자의 대화 형식으로 구성됨. 언어유희와 비유, 대구, 열거 등의 다양한 표현 방법을 활용하여 시집살이의 어려움을 표현하였고 동일 어구가 반복되어 운율이 잘 느껴짐.

03   정답 ② (표현상의 특징 이해하기)

정답 풀이

사촌 동생이 '시집살이 어떱뎁까'라고 질문하자 사촌 형님은 '시집살이 개집살이'라고 시집살이에 대해 부정적으로 규정한 뒤, '앞밭에는 당추 심고 ~ 열두 방에 자리 걷고'에서는 시집살이의 고된 노동을 나열하고, '외나무다리 어렵대야 ~ 남편 하나 미련새요'에서는 시집 식구들을 대할 때의 어려움과 괴로움을 나열하고 있다.

오답 풀이

① '형님 온다 ~ 시집살이 어떱뎁까'는 사촌 동생이 사촌 형님에게 질문하는 부분으로 시집살이에 대해 궁금해하는 태도를 확인할 수 있고,

'이애 이애 그 말 마라 ~ 쌍쌍이 때 들어오네'는 사촌 형님의 대답으로 고된 시집살이에 대한 해학적, 체념적 태도를 엿볼 수 있다. 감탄이나 반성적 어조가 드러난 부분은 찾을 수 없다.

③ 사촌 동생의 질문을 받은 사촌 형님이 시집살이의 고된 노동과 시집 식구들을 대하는 어려움, 시집살이로 인한 괴로운 심정을 구체적인 예를 통해 나열하고 있을 뿐 가까운 곳에서 먼 곳으로 시선을 이동해 가며 심리의 변화를 드러내고 있지는 않다.

④ 처음 부분에는 사촌 동생의 질문, 마지막 부분에는 사촌 형님의 푸념이 드러나 있으므로, 처음과 끝에 동일한 내용을 배치했다고 볼 수 없다.

⑤ 외부 세계라고 할 수 있는 시집살이에 대해 묘사하고 있으나 이것을 내면과 대비하고 있다고 볼 수는 없으며, 괴로움과 체념의 심정을 드러냈을 뿐 이상적 세계에 대한 동경을 나타내고 있다고 볼 수 없다.

04   정답 ① (시어·시구의 의미 파악하기)

정답 풀이

㉠ '이애 이애 그 말 마라'는 '시집살이 어떱뎁까'라는 사촌 동생의 질문에 대한 대답으로, 이어진 '시집살이 개집살이'라는 말로 보아 시집살이가 고되고 어렵다는 것을 강조하기 위한 표현일 뿐 물음에 대한 답변을 유보하는 것으로는 볼 수 없다. 또한 사촌 형님은 자신이 겪고 있는 시집살이의 괴로움에 대해 토로하고 있을 뿐이므로 사촌 동생의 결혼을 만류한다고 볼 수 없다.

오답 풀이

② ㉡의 '오 리', '십 리', '아홉 솥', '열두 방' 등은 화자가 수행한 가사 노동을 과장된 수치로 표현한 것으로, 이를 통해 시집에서 화자가 겪은 가사 노동이 매우 고됨을 강조하고 있다.

③ ㉢에서는 시아버지, 시어머니, 동서, 시누이, 시아주버니를 차례로 지목하면서 그들의 행동이나 성격을 새에 비유함으로써 그들에 대한 화자의 인식을 드러내고 있다.

④ ㉣의 '귀먹어서', '눈 어두워', '말 못해서'는 시집살이를 하면서 들어도 못 들은 척, 봐도 못 본 척하고 하고 싶은 말도 하지 말아야 했던 며느리의 제약을 드러내는 표현으로 시집에서의 며느리의 처지를 보여 주고 있다.

⑤ ㉤에서는 결혼 전의 용모를 '배꽃'에, 결혼 후의 용모를 '호박꽃'에 빗대어 고된 시집살이로 아름답던 용모가 변하였다고 함으로써 시집살이의 괴로움을 드러내고 있다.

531
PROJECT

수능·내신 영어의 모든 것을 마스터하세요!

MASTER
Series

독해를 마스터 듣기를 마스터 영단어를 마스터

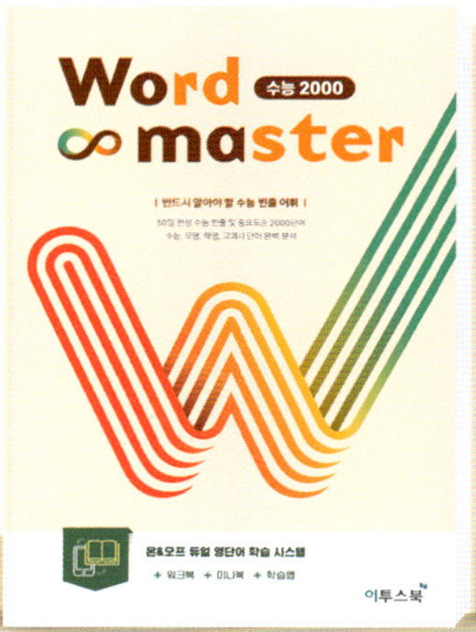

최신 수능 경향 반영!
수준별 독해서

"유형 - 실전 - 고난도"로
영어 독해 체계적 완성

1등급 목표!
수능 영어 듣기 훈련서

유형 학습부터 고난도까지
완벽한 3단계 난이도 구성

반드시 알아야 할
빈출 어휘 영단어장

학습앱&워크북, 미니북
온&오프 복습 시스템